国家自然科学基金项目（71774129）
本研究得到 西安交通大学人文社会科学学术著作出版基金 资助
中央高校基本科研业务费专项资金
Supported by "the National Natural Science Foundation Projects (71774129)"
and "the Fundamental Research Funds for the Central Universities"

中国高等教育国际化研究

ZHONGGUO GAODENG JIAOYU GUOJIHUA YANJIU

王增涛 著

西安交通大学出版社
XI'AN JIAOTONG UNIVERSITY PRESS
国家一级出版社
全国百佳图书出版单位

图书在版编目(CIP)数据

中国高等教育国际化研究 / 王增涛著.— 西安 ：西安交通大学出版社，2021.12
ISBN 978-7-5693-2387-0

Ⅰ.①中… Ⅱ.①王… Ⅲ.①高等教育-国际化-研究-中国
Ⅳ.①G649.2

中国版本图书馆 CIP 数据核字(2021)第 238590 号

书　　名 中国高等教育国际化研究
著　　者 王增涛
责任编辑 柳　晨
责任校对 赵怀瀛

出版发行 西安交通大学出版社
(西安市兴庆南路 1 号　邮政编码 710048)
网　　址 http://www.xjtupress.com
电　　话 (029)82668357　82667874(市场营销中心)
(029)82668315(总编办)
传　　真 (029)82668280
印　　刷 西安五星印刷有限公司

开　　本 720 mm×1000 mm　1/16　**印张** 22.875　**字数** 449 千字
版次印次 2021 年 12 月第 1 版　2023 年 2 月第 1 次印刷
书　　号 ISBN 978-7-5693-2387-0
定　　价 98.00 元

如发现印装质量问题，请与本社市场营销中心联系。
订购热线：(029)82665248　(029)82667874
投稿热线：(029)82668133

序一

高等教育国际化伴随着现代大学的出现而诞生，并随着 20 世纪 80 年代以来的全球化而迅速发展，继而成为高等教育发展的关键乃至优先性领域。高等教育国际化的发展直接推动了全球教育服务贸易的快速发展。因此，就中国高等教育国际化问题进行研究对于推动中国高等教育发展，提升中国服务贸易质量和水平均具有重要的意义。

中国高等教育国际化研究运用国际商务理论和高等教育管理相结合的理论和方法，从高等教育国际化进入方式和教育服务贸易两个方面对中国高等教育国际化问题进行了系统研究。该研究的特点体现在五个方面。

第一，在引入方向维度基础上，提出了具有高度概括性、浓缩性和综合性的高等教育国际化类型概念，构建了中国高等教育国际化类型（方式）的概念框架。研究创新性地观察到，发展中国家早期通常采用的高等教育国际化属于“内向国际化”，而后才逐步开展“外向国际化”，且外向国际化与内向国际化互相影响，从而为发展中国家（中国）高等教育国际化发展提供了一个新的理论机制。

第二，揭示了教育服务贸易与产品贸易的相同本质，为高等教育服务贸易与产品贸易架起了沟通的桥梁。产品出口属于外向国际化，产品进口属于内向国际化；国际学生流出属于内向国际化，国际学生流入则属于外向国际化。不过，二者的差异仅是表象，其本质相同。因为人员流出是本国的支出，类似于产品进口；人员流入则使本国获得外汇收入，类似于产品出口。成果通过对学生流动与产品出口现象和本质之比较，为产品贸易与高等教育服务贸易之间架起了桥梁。

第三，引入国际商务理论，为高等教育国际化研究建立了多学科的理论基础。成果运用国际商务和高等教育管理理论相结合的方法研究高等教育国际化问题，在深化高等教育国际化研究的同时，为高等教育国际化研究建立了多学科的理论基础。

第四，检验并发现了国际化进入方式选择的影响因素以及内外向国际化进入方式对高等教育质量的异质性作用效果。成果不仅通过理论分析并实证检验了高等教育内外向国际化进入方式选择的影响因素，还在综合测量高等教育质量基础上，检验并发现了国际化以及外向国际化对中国高等教育质量的显著积极影响。

第五，分析并检验了高等教育服务贸易的系列作用效果和作用机理。成果运用理论和实证研究相结合的研究方法，研究了教育服务贸易对中国对外直接投资和地区全要素生产率的作用效果以及对区域创新的空间溢出效应；研究并发现了教育服务贸易通过学习效应、竞争效应和规模效应对地区全要素生产率的作用机理；通过人才支撑效应、成本降低效应和风险规避效应促进了对外直接投资发展；通过区域吸收能力对区域创新产生了空间溢出效应。

冯宗宪

“一带一路”与全球发展研究院首席教授、

“一带一路”自由贸易试验区研究院服务贸易中心主任

序二

2005年以来，全球服务贸易平均每年增长5.4%，高于货物贸易年均4.6%的增速(世界贸易报告，2019)。其中，教育服务贸易更是异军突起，成为各国竞相发展的新兴领域。微观层面，超过73%的全球高等院校将国际化列为具有高度优先性地位的重要课题，国际化已经成为全球大学发展的关键战略。可见，就中国高等教育国际化问题进行研究，对于中国高校实现建设世界一流大学的目标具有重要意义。

《中国高等教育国际化研究》从国际化进入方式和教育服务贸易两个维度对中国高等教育问题进行了全面而深入的研究。该研究的特点主要体现在三个方面。

一是视角新颖。进入方式是高等教育国际化的核心战略。因而，成果首先从进入方式视角对高等教育国际化问题进行了系列研究；其次，基于国际学生流动数据，成果从前因变量、作用效果和作用机理三个层次对中国高等教育服务贸易问题进行了系统性的研究，是近年来高等教育服务贸易研究的力作。

二是内容丰富。成果在进入方式和服务贸易两个主题研究中，均从多个方向进行了深入研究。高等教育国际化进入方式研究中，成果提出了国际化的类型概念，构建了中国高等教育国际化类型的概念框架，实证研究了进入方式的影响因素以及进入方式对中国高等教育质量的影响。高等教育服务贸易研究中，从来源国视角测量了中国高等教育服务贸易竞争力，实证检验了服务贸易竞争力的影响因素；分析并实证检验了高等教育服务贸易的对外直接投资效应、全要素生产率效应和创新的空间溢出效应；讨论了高等教育服务贸易的对外投资效应、全要素生产率效应和创新空间溢出效应的作用机理。

三是创新性发现多。成果发现了不同类型国际化进入方式影响因素的异质性结果以及内外向国际化进入方式对教育质量的差异性影响；基于来源国视角的中国高等教育服务贸易竞争力具有四种模式；基于钻石模型研究发现，高等教育生产要素、需求条件、高校竞争、货物贸易等相关支持产业要素对中国高等教育服务竞争力产生了显著的积极影响；高等教育服务出口能够显著促进中国对外直接投资的发展，高等教育服务出口显著提升了地区全要素生产率，高等教育服务出口对区域创新(突变型和渐进型创新)具有显著的空间溢出效应；高等教育服务出口通过学习效应、竞争效应和规模效应促进了地区全要素生产率的发展，区域吸收能力在高等教育服务出口对区域创新的空间溢出效应之间具有调节作用。

总体来看，中国高等教育国际化研究视角新颖、内容丰富、创新突出、方法科学、逻辑严谨，涉及教育服务贸易的多个前沿领域，具有重要的理论和实践意义。希望著作的出版能够抛砖引玉，推动中国高等教育服务贸易理论和实践的快速发展和进步！

秦德增

陕西省教育科学研究院副院长

前 言

作为高等教育管理和国际贸易共同关注的交叉领域，高等教育（机构）国际化已成为高等教育发展的重要趋势。高等教育国际化在提升大学国际排名，扩大大学国际影响的同时，推动了教育服务贸易的发展。因而得到了国际贸易和高等教育等诸多领域学者的共同关注和研究。

据统计，2005 年以来，世界服务贸易以年均 5.4％增速（货物贸易年均 4.6％增速）快速发展。中国服务贸易近年来同样发展迅速，日益成为开放型经济发展的新引擎和对外开放深化的新动力，但中国服务贸易却存在巨额逆差①。具体到高等教育服务贸易，出口规模虽持续增长（来华留学生从 2009 年到 2018 年的十年间累计增长 106.6％），但仍存在贸易逆差严重、来华留学层次低、来源国集中等一系列问题。因此，研究中国高等教育国际化问题具有重要的理论和现实意义。

本书在国内外相关文献研究基础上，从高等教育国际化类型、进入方式、高等教育服务出口（国际学生来华留学）的影响因素、竞争力和作用效果五方面，对中国高等教育国际化问题进行了全方位的探索和研究，以弥补既有研究存在的不足，并为中国高等教育服务贸易以及中国高等教育国际化发展提供理论依据。

一、研究框架

围绕高等教育国际化问题，首先，聚焦于高等教育国际化类型问题，建立了兼顾方式和方向的国际化类型，识别了中国高等教育国际化的发展路径，构建了高等教育国际化的类型框架，架设了高等教育国际化与货物（服务）贸易理论和实践的桥梁；其次，以高等教育国际化类型框架为基础，从国际化方式及国际学生来华留学（高等教育服务出口）两个方面展开。

（一）高等教育国际化方式研究

进入方式的选择决定着国际化的成败，是国际化战略的核心，本书首先以国际商务理论中企业国际化进入方式既有理论为基础，结合高等教育行业特性，实证研究了高等教育机构国际化进入方式选择的影响因素。其次，基于国际化的方式和

① 服务贸易逆差从 2000 年的 58 亿美元增加到 2019 年的 2594 亿美元（中国海关）。

方向划分，在对教育质量测度的基础上，实证检验了内外向国际化以及国际化的具体方式对高等教育质量的影响。

(二)高等教育服务出口(国际学生来华留学)研究

学生流动是高等教育国际化最主要的类型。学生流动，特别是向东道国的流动属于教育服务出口，所以，聚焦于国际学生流动的研究，即国际学生来华留学的研究，既是从学生流动视角的研究，也是从服务贸易出口视角的研究。本部分研究是全书的研究重点。具体研究又细化为三个层次：一是影响因素研究，二是作用效果研究，三是竞争力研究。影响因素研究以推拉理论为基础，对国际学生来华留学的影响因素进行了研究；作用效果研究既研究了高等教育服务出口对区域创新的空间溢出效应，又分析了高等教育服务出口对中国对外直接投资(outward foreign direct investment，OFDI)的影响以及对区域全要素生产率的影响；竞争力研究基于来源国市场，对中国高等教育服务出口竞争力进行了测量与比较，然后以钻石理论为基础，对中国高等教育服务出口竞争力的影响因素进行了研究。研究内容框架见图0-1。

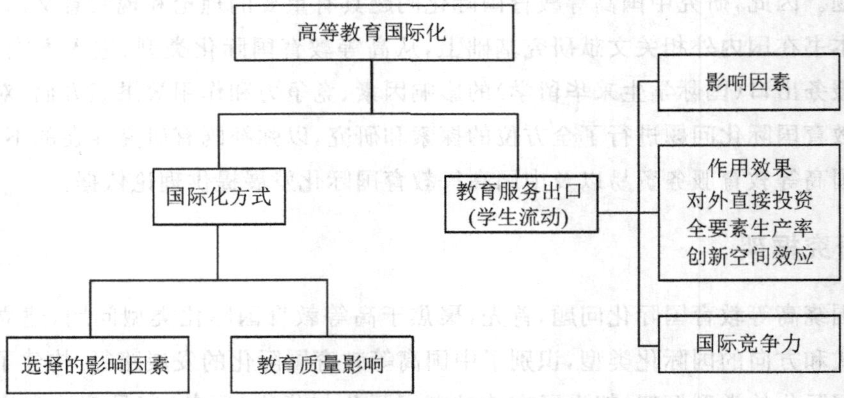

图0-1　中国高等教育国际化研究的内容框架图

二、研究内容

(一)高等教育国际化类型研究

本部分以高等教育管理和国际商务理论为基础，构建了一个中国高等教育国际化的类型框架，然后利用该框架对中国高等教育国际化现状进行了较为全面的评价。

（二）高等教育国际化方式研究

1. 国际化对中国高等教育质量的影响研究

从内向国际化和外向国际化两个层面，教师国际交流、中外合作办学、国际学生来华留学和海外办学四个维度，分析了高等教育国际化对中国高等教育质量的影响机理，然后基于104所高校的截面数据，采用多元回归方法，实证检验了国际化对中国高等教育质量的影响。

2. 高等教育机构国际化进入方式选择的影响因素

基于交易成本理论和组织能力理论，结合高等教育行业特点，分析了中国高等教育机构国际化进入方式选择的影响因素；选取中国大陆200所普通高等院校为样本，采用二元Logit回归模型进行了实证分析。

（三）国际学生来华留学（高等教育服务出口）研究

1. 影响因素研究

运用推拉理论对东道国和母国影响学生流动的因素进行分析后，改进传统贸易引力模型，构建了包括经济、教育、科技和社会文化因素的国际学生流动的引力模型；运用中国与留学生输出国的面板数据，探究了对国际学生来华留学影响因素的影响性质和程度。

2. 经济效应研究

（1）高等教育服务出口对中国OFDI的影响

在高等教育服务出口对中国对外直接投资影响机制分析基础上，以2008—2017年中国30个省（区、市）的数据为样本，运用两阶段最小二乘法，就高等教育服务出口对中国OFDI影响进行了实证研究。

（2）高等教育服务出口对地区全要素生产率的影响

运用新经济增长理论和人力资本理论，分析了高等教育服务出口对地区全要素生产率的影响机制，发现了高等教育服务出口通过发挥学习效应、竞争效应和规模效应促进了地区全要素生产率的发展，然后构建了高等教育服务出口对地区全要素生产率影响的直接效应和间接效应模型，并运用2000—2016年中国区域层面的面板数据，实证检验了高等教育服务出口对地区全要素生产率及其分解指标——技术效率和技术进步的影响。

（3）高等教育服务出口对区域创新的空间溢出效应

在通过数理推导等方式，分析高等教育服务出口对区域创新的关联机制，讨论吸收能力在高等教育服务出口影响区域创新过程中的调节作用的基础上，运用空间计量方法，就高等教育服务出口和区域创新的空间分布特征进行了初步探索；运用中国 30 个省 2008—2019 年的面板数据，实证检验了高等教育服务出口对区域突变型创新和渐进型创新的空间溢出效应；检验了吸收能力（包括潜在吸收能力和实际吸收能力）在高等教育服务出口对区域创新产生空间溢出效应过程中的调节作用。

3. 中国高等教育服务出口竞争力研究

首先，从来源国视角测量了中国高等教育服务贸易出口竞争力，刻画了中国高等教育服务贸易出口竞争力结构，量化比较了中美澳三国高等教育出口竞争力，识别了高等教育服务贸易出口竞争力在各来源国的变化。其次，基于钻石模型，从相关支持产业、生产要素、高校战略及竞争、需求条件角度就中国高等教育服务贸易出口竞争力的影响因素进行了理论分析。再次，运用中国与国际学生来源 28 国 2006—2017 年的面板数据，实证研究了中国高等教育服务贸易出口竞争力的影响因素。

考虑到研究问题的多样性，理论基础的丰富性以及文献的差异性，全书按照研究主题安排了具体章节，即一个主题一个章节，各章独立成篇。这样做的好处是，在研究与写作过程中可以就各个主题进行深入的文献综述与理论探索；读者在阅读过程中既可以从第一章开始，也可以从自己喜欢的内容开始，甚至只浏览自己关注的内容。

目　录

第一章　中国高等教育国际化的类型框架与评价[①]

全球化推动大学从提供公共物品到私人物品、从提供当地产品到全球商品、从提供精英教育到大众教育等多种改变，尤其从公共物品到私人物品的改变，促使高等教育服务贸易不仅在本国普及而且在全球快速发展(Mok,2017)，促使国际化成为高等教育领域的核心问题，继而成为全球高等教育发展的一个基本趋势(Mok,2017;Teichler,2004)。对发展中国家而言，高等教育国际化更成为建设高水平大学的必然路径(袁本涛 等,2009)。因此，就中国高等教育国际化的类型及现状进行研究对于我们制定切实可行的发展战略，继而把中国建设成为高等教育强国具有重要意义。

本部分的主要特点是：第一，以高等教育管理和国际商务理论为基础，构建了中国高等教育国际化的一个类型框架，明晰了中国高等教育国际化类型，阐述了各类型之间的关系，在丰富高等教育国际化理论的同时，为中国高等教育国际化评价提供了依据；第二，以中国高等教育国际化类型框架为基础，从内向和外向两个层面对中国高等教育国际化发展状况进行了评价，指明了中国高等教育国际化的未来发展方向。

一、中国高等教育国际化的一个类型框架

(一)文献综述

20世纪90年代以来，高等教育国际化的定义焦点从活动演进为战略；分析单位从国家演进到部门再到机构，进而使国际化概念从多个视角的分散观点演进为综合与集成观。目前，学界虽然在国际化概念层面尚没有达成完全共识，但整体而言，现存国际化概念间的联结与相似要远大于分歧与矛盾(Haan,2014)。伴随高等教育国际化概念的演进，高等教育国际化类型研究受到了众多机构(学者)的关注与研究：《服务贸易总协定》(General Agreement on Trade in Services, GATS)认为，教育服务是国际服务贸易的重要构成部分，包括了跨境交付(远程教育)、境外消费(留学生教育)、商业存在(境外合作和独立办学)和自然人流动(教师和专家的国际流动)四种形式；黄福涛指出，教育国际化的形式有人员交流、课程国际化、

① 本部分最初发表于《比较教育研究》2018年第5期。

跨境教育、建立区域(全球)性协作组织(黄福涛,2003)……我们把文献中的相关分类进行了简单的汇总(见表1-1)。

表1-1 高等教育国际化分类

相关分类	代表学者
进口导向、出口导向、进口及出口导向	Hammond,2016
联盟、结对子、海外分校、跨国网络提供	Tayar,2013
出口、双认证、特许、合资、独资	Li, Roberts,2012
国内国际化与国外国际化	Knight,2011
学生、教师、项目和机构流动	Czinkota,et al. ,2009
招募国际生、派出学生、课程国际化、教师研究与交流、组织国际承诺	Oyler,2009
特许项目、项目合作/联合学位、结对子项目、离岸校园	Chadee,2008
内向型国际化、外向型国际化和综合型国际化	毕晓玉,张晓明,2006
国际研究计划、国际机构连接、学生交换项目等11种元素	Elkin,et al. ,2005
人员交流、课程国际化、跨境教育、建立区域(全球)性协作组织	黄福涛,2003
学术项目、研究和学术合作、课外活动、外部关系和服务	Zha,2003
机构流动、学生流动、人员提升和课程变革	Mazzarol, Soutar,2002
科研和教育有关的活动、技术援助与合作、课外活动与服务	Knight, Wit,1995
员工发展、学生流动、课程革新、组织变革	Rudzki,1995

资料来源:作者根据相关资料整理。

不难发现,现有高等教育国际化类型研究虽然成果繁多,但仍存在两个方面的不足:第一,高等教育国际化分类很多,但这些分类并非严格意义上的分类,更像是国际化活动的全面罗列,活动之间重叠与混杂严重(金帷,2013)。

第二,现有国际化分类缺乏国际化方向的考量。仅有的考虑方向性的研究(毕晓玉 等,2006)国际化方向分类过于绝对化,认为一国教育国际化要么内向,要么外向,要么综合,从而事实上将各国高等教育国际化归入"综合型",进而导致该分类失去了分类的意义。因此,以既有研究为基础,在对国际化活动提炼与归类的基础上,考虑国际化方向成为我们构建中国高等教育国际化类型框架的基本思路。

(二)高等教育国际化类型

本部分以高等教育管理和国际商务理论相结合的方法,研究高等教育国际化类型,主要的考虑是:第一,理论与方法薄弱是高等教育国际化研究长期存在的一个重要问题(金帷,2013),但尝试运用多学科的理论视角来建构研究以及解释研究的文献仍然非常有限。第二，高等院校和企业至少存在竞争（自由和开放的竞争）和制度（获取政治权力和合法性）两种形式的同构（Stromquist，2007）；高等教育国际化包括了专业服务和商业服务，与知识密集型服务企业的国际化存在相似之处（Mckelvey，2009）。第三，高等教育机构虽然不是企业，不是利润最大化的经济组织，但高等教育机构也是独立的法人，也要考虑收入与支出问题，随着财政拨款的减少，各高校支出的持续增加（如为获取优秀人才而提供的高待遇等），收支问题更成为高校共同关心的问题。因此，借鉴国际商务领域的既有研究成果，结合高等教育管理理论来研究高等教育国际化类型是本部分的理论基础。

国际商务理论认为，企业国际化方式包括了贸易式、契约式和投资式三类。三类国际方式，企业卷入程度不同，控制程度、资源承诺及承担的风险也存在着较大的差异。直接将企业国际化分类引入高等教育国际化领域虽然具有减少高等教育国际化类型数量，体现不同类型活动在控制和风险等关键指标上的差异等优点，但却无法体现高等教育国际化的特殊性。因此，结合国际商务理论及高等教育国际化相关研究，以 Czinkota（2009）和 Knigt（2011）的国际化分类为依据，我们把高等教育国际化方式归类为人员流动、项目流动和机构流动三类，其中，人员流动包括了学生、教师和研究人员流动；项目流动包括了项目特许、结对子等；机构流动包括了机构虚拟流动（远程教育）和机构实质流动（合资或独资海外分校）。与国际商务理论一致，三类国际化方式的机构承诺、卷入度、控制力和承担的经济风险从人员流动到项目流动到机构流动均逐渐增加；但与国际商务理论不同的是，三类国际化方式的质量风险从项目流动到机构流动却逐渐减少。究其原因，质量保证依赖于质量控制机制的充分实施。质量控制机制在国际化过程中虽然可以通过合同安排来实现，但在国外，尤其是在母国不拥有法律管辖权的东道国却并不容易实施，因此，只有投入更多的资源才能确保更多的学术控制力，才能促进并确保质量控制机制的实施，进而实现质量保证的目的。所以，投入越多质量风险越小；反之，质量风险越大（Naidoo，2014）（见图 1－1）。

可以看出，把高等教育国际化方式归类为人员流动、项目流动和机构流动三类，减少了国际化类型数目，有助于研究者和实践者从整体上把握和理解高等教育国际化，并根据关键指标的差异制定切实可行的国际化战略，继而推动高等教育国际化发展。不过，深入分析却可以发现，以方式为依据的单一分类存在国际化对一国高等教育、社会及经济发展影响模糊的问题。之所以如此，是因为三类活动均存在流入和流出两个方向不同的活动，而流入和流出对东道国和母国却存在着完全不同的影响。以学生流动对中国的影响为例，学生流入可以增加贸易收入，改善高校收支，有利于吸引人才以及促进高校学生来源多元化；而学生流出却是贸易支出，是人才流出，据统计，中国留学赤字达 70 万人以上（陈蕴哲，2016），中国高等教育服务贸易逆差严重。可见，在以方式为依据的单一标准分类基础上，明晰国际化

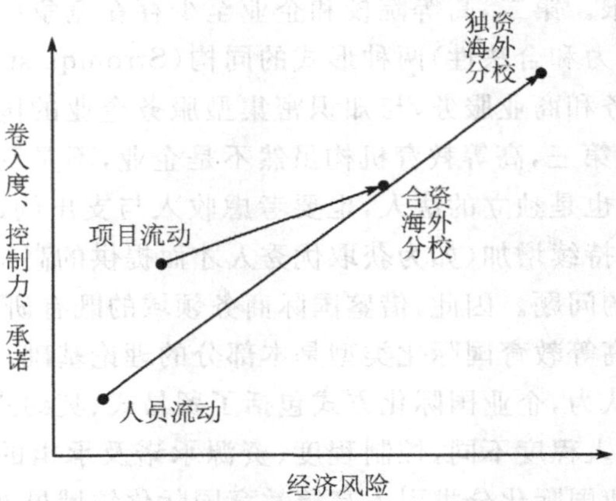

图 1-1 高等教育国际化方式主要指标差异

方向，继而建立结合方向属性的中国高等教育国际化分类不仅在实践上具有迫切性，而且在理论上具有必要性。

国际化方向也是国际商务理论的重要研究内容。国际商务理论认为，企业国际化包括内向国际化（inward internationalization）和外向国际化（outward internationalization）两种类型（Welch，1993）。内向国际化是指企业意识到在国内市场存在的国内和国际竞争压力而寻求国内经营的国际化过程，其类型包括间接进口、直接进口、成为外国企业的特许经营方或合资方等，从而在国内市场通过与外国企业进行合作的方式实现企业的国际化；而外向国际化则是企业瞄准国际市场，把国内业务向国外扩展的过程，其类型包括间接出口、直接出口、许可证贸易、特许经营、对外直接投资等形式，其中，对外直接投资是外向国际化的最高级形式。在内向与外向国际化的关系中，内向国际化可以引起外向国际化，外向国际化也可以引起内向国际化（Fletcher，2001）。对发展中国家企业而言，内向国际化是基础。企业起初通过内向国际化的学习可以获取国际化知识和经验，然后借助知识和经验的积累与增加，在提高自身竞争力并降低海外经营不确定性的基础上，逐步进行外向国际化。

借鉴国际商务理论的企业国际化方向分类思想，结合前文的高等教育国际化方式分类，我们将高等教育国际化类型进一步划分为外向国际化与内向国际化两类，两类均包括了人员流动、项目流动和机构流动三种方式。不过，由于二者的方向不同，因而人员流动、项目流动和机构流动在两类国际化中呈现出不同的流动方向。具体来讲：内向国际化包括人员流出中国，项目和机构流入中国；外向国际化包括了人员流入中国，项目和机构流出中国。不难发现，前者以引进为主，属于中国高等教育的“引进来”；后者以输出为主，属于中国高等教育的“走出去”。

(三)中国高等教育国际化:一个类型的概念框架

结合前文从方式和方向两个方面对中国高等教育国际化类型的讨论与分析，我们构建了一个中国高等教育国际化类型的概念框架(见图1－2)。

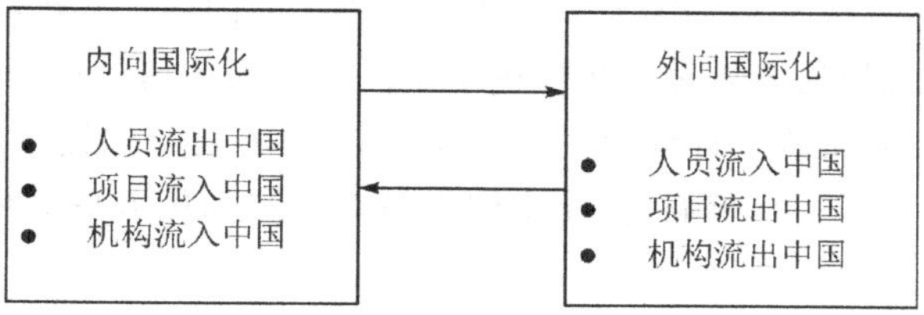

图1－2　中国高等教育国际化类型的一个概念框架

该概念框架的基本内容是:

①中国高等教育国际化类型包括方式和方向两个层面。具体来讲,中国高等教育国际化方式包括了人员流动、项目流动和机构流动三种类型;高等教育国际化方向包括了内向国际化和外向国际化两种类型。

②中国高等教育国际化类型是方式和方向分类的有机结合。方式分类虽然有助于我们了解中国高等教育国际化的具体方式,但却无法了解各类国际化活动对中国的影响;方向分类虽然有助于我们清晰国际化活动对中国的不同影响,却无法了解国际化活动的具体方式。可见,只有将国际化活动的方式与方向分类结合起来,才能构建完整的中国高等教育国际化类型概念:内向国际化包括人员流出中国,项目(外国高校在华设立合作项目)以及机构流入中国;外向国际化具体表现为人员(外国学生以及教学科研人员)流入中国,项目及机构流出中国(中国高校在海外设立合作项目、建立分校)[①]。也就是说中国高等教育国际化包括了方式和方向两个维度六种具体类型(见表1－2)。

表1－2　高等教育国际化具体类型

方式	方向	
	内向	外向
人员流动	人员流出中国	人员流入中国
项目流动	项目流入中国	项目流出中国
机构流动	机构流入中国	机构流出中国

① 高等教育的内外向国际化分类虽以国际商务理论为基础而建立,但国际商务和高等教育内外向国际化的表现形式并非完全一致:国际商务中,产品出口属于外向国际化,产品进口属于内向国际化;而教育国际化中,人员流出属于内向国际化,人员流入则属于外向国际化。不过,虽然从表面来看二者存在差异,但从实质来讲二者却完全相同。因为人员流出是本国的支出,类似于产品进口;人员流入则使本国获得外汇收入,类似于产品出口。

③中国高等教育内向与外向国际化互相影响，促使中国高等教育国际化水平不断提升。中国高等教育的内外向国际化之间存在互相影响、相互促进的关系。这种互相影响，不仅体现在中国学生和科研人员的流出促进了外国学生和科研人员的流入，也体现在外国学生和教师等人员的流入进一步促进了中国学生和教师等人员的流出；不仅体现在中国人员的流出促进了外国项目和机构流入中国，也体现在外国项目和机构的流入进一步促进了中国人员的流出。这种相互影响同样体现在了人员、项目和机构内外向流动之间的交互影响方面。最终，人员、项目和机构的内外向流动及其相互影响，促使中国高等教育国际化水平不断提升，规模不断扩大。

中国高等教育国际化类型框架的优点是：第一，它把方式和方向两个互补且不冲突的维度整合到同一个框架之中，从而使该框架囊括了高等教育国际化的所有类型，具有高度的概括性、浓缩性和综合性；第二，国际化方式维度符合了高等教育管理理论，而方向维度又是国际商务理论的核心，因而，该框架具有综合的理论基础；第三，它是一个动态框架，中国高等教育内向国际化影响外向国际化，而外向国际化又影响内向国际化，从而使中国高等教育的内外向国际化紧密结合、互相促进，进而使中国高等教育国际化水平不断提升。

二、研究数据与方法

中国高等教育国际化，尤其是外向国际化的数据资料非常有限，因而，准确评价中国高等教育国际化状况难度较大。为了解决数据缺乏问题，我们首先收集了分散在机构网站、学术期刊、报纸和书籍的二手数据；然后通过对数据和资料的交叉检查(cross-checked)验证数据的可靠性；最后，以可靠数据为基础对中国高等教育国际化发展水平和程度进行了综合分析与评价。

数据的主要来源有中华人民共和国教育部政府门户网、中国留学网、国家留学网、中国知网以及《中国教学年鉴》等。通过这些途径，我们获得了大部分中国高等教育国际化的基本资料。不过，相对于丰富的内向国际化数据资料，外向国际化数据资料比较有限。为此，我们在通过互联网搜索中国高校国外教育合作项目以及分校建立相关新闻的基础上，首先在有国外项目的中国高校网站进行了查询，然后又在东道国教育管理机构网站的国际办学名单中进行了查证，最后汇总了中国高等教育外向国际化数据。

不过，由于数据来源不同，无论在内向还是外向国际化数据的整理过程中，都面临部分数据的不一致问题。为此，我们尽可能采用官方数据(中国教育部和相关国家教育管理部门的公开数据)，以对中国高等教育国际化状况进行相对保守的估计(conservative estimates)。

三、中国高等教育内向国际化评价

(一)内向国际化基本状况

1. **人员(学生)流出中国状况**①

中华人民共和国成立初期，中国主要采取了派遣留学生、互派教育访问团、教师互访等形式与其他社会主义国家高校展开高等教育交流与合作。1950年，中国政府第一次派出35名学生远赴罗马尼亚、波兰、捷克斯洛伐克、匈牙利和保加利亚，学习当地的语言、历史和文化(吴坚，2009)，后虽曾有缓慢发展，但“文革”开始后几近停滞。改革开放后，高等教育国际化重新起航：1978年8月4日，教育部发出了《关于增选出国留学生的通知》，做出了从1980年开始每年派出3000名学生出国留学的决定；1981年，国务院相继批转了教育部等七部门两个关于自费出国留学的相关规定后，中国自费留学开始起步并快速发展。据统计，1978—1985年底，中国自费出国留学人数仅8000人，而到1998年，总数增加到16万人(育文，1999)。2000年以来，中国出国留学人数又获得了突破性发展，年均增长率接近20%以上(见图1-3)：公派留学范围由原来的研究生拓展到本科生；自费留学发展更为迅猛，截至2016年已占海外留学的90%以上；留学地区由起初的少数国家扩展到全球100多个国家和地区。2015年和2016年《中国出国留学发展状况调查报告》显示，中国正处于历史上最大规模的留学浪潮中，已成为世界上第一大留学生输出国。

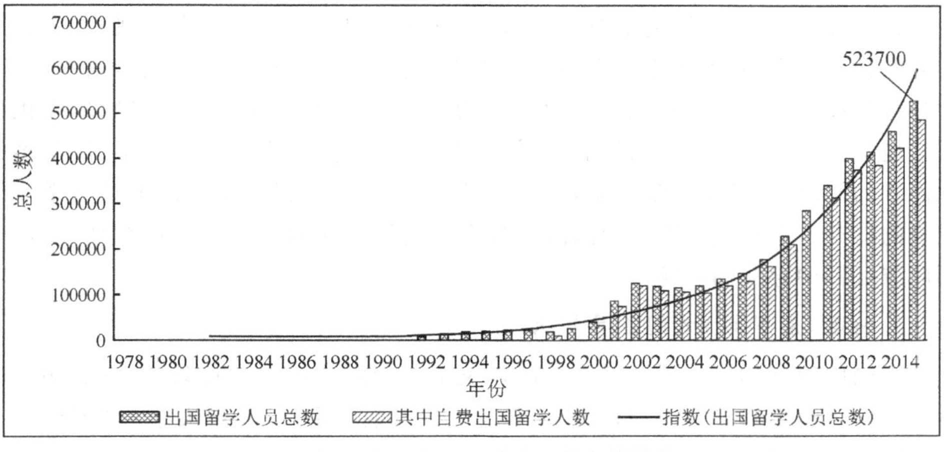

图1-3　中国出国留学总人数变化趋势

数据来源：2016年《中国出国留学发展状况调查报告》。

① 人员流动尽管包括了学生、教师和研究人员流动三个层面，但由于数据的可获得性等原因，我们在人员流动中仅考察了学生流动，下同。

2. 项目和机构流入中国状况

改革开放初期，中国高校即开始了中外合作办学的探索。20 世纪 80 年代中期，人大、复旦和西安交大等高校相继举办了中美经济学、法学和企业管理培训班。1998 年美国俄克拉何马州城市大学与原天津财经学院合作的工商管理硕士项目，是第一个被中国官方批准授予外国学位的中外联合办学项目。随着国家《关于境外机构和个人来华合作办学问题的通知》和《中外合作办学暂行规定》等文件的颁布，中外合作办学有了明确的政策框架与办学模式，中外合作办学逐渐发展。进入 21 世纪之后，受经济全球化和加入世界贸易组织以及《中华人民共和国中外合作办学条例》《国家中长期教育改革和发展规划纲要（2010—2020 年）》系列政策影响，中外合作办学向纵深发展：社会关注度不断提升，社会影响力不断扩大，促进教育改革和推动社会经济发展作用日趋明显。据统计，截至 2016 年，经审批或复核通过的中外合作独立大学、二级机构和项目共 2371 个，其中包括宁波诺丁汉大学、西交利物浦大学等 7 所中外合作大学，本科以上二级机构 56 个，合作项目 1087 个。从教学层次和类型来看，中外合作办学覆盖面广泛，涉及理工农医人文社科等 12 大学科门类 200 余个专业；从办学规模来看，各级各类中外合作办学在校生总数约 55 万人，其中高等教育阶段中外合作办学在校生约 45 万人，毕业生超过 150 万人（陈盈晖，2016）。

（二）中国高等教育内向国际化评价

经过多年发展，中国高等教育内向国际化已经由早期的引进外国师资、公派留学生的初步探索，发展为中国教师海外进修、公派留学、自费留学、联合培养，以及中外合作设立独立办学机构或非独立的办学项目与机构等形式共存的多样化局面。尤其是中外合作办学的发展，在拓宽人才培养途径、丰富教育供给、满足多样化需求的同时，创新了办学机制，推动了教育教学改革，促进了中国大学教学科研质量的提升。但我们在看到中国高等教育内向国际化取得的突出成绩的同时，也不应忽视其中存在的问题。

1. 地区（及学校）之间差异较大

中国内向国际化主要发展于东部以及东南沿海地区，中西部地区发展相对落后。从学生流出来看，2015 年，中国出国留学人数最多的 10 所大学[①]全部位于东部地区；再从经教育部审批的中外合作办学本科项目数量来看，甘肃、新疆等西部省（区、市）均只有一个合作项目，作为科教大省的陕西也只有 9 个项目，而上海有

① 10 所大学是浙江大学、武汉大学、中山大学、北京大学、同济大学、复旦大学、上海交通大学、清华大学、中国人民大学和南京大学。数据来源：http://www.sohu.com/a/83410752_212810，2016－06－15。

69个项目；至于外国高校在华建立的分校则全部位于上海、苏州和深圳等东南沿海地区。这样，由于东部地区高等教育国际化发展充分而使东部地区高校实力进一步增强；西部地区高校则因为内向国际化滞后而发展缓慢，进一步加大了地区间高校发展水平的差距。

2. 合作办学监管机制不完备，办学质量有待提高

与中国高校国际化主要以提高质量、建设全球知名高校目的不同，国外多数大学国际化源于经费的紧张（Mok，2014），因而，追求盈利成为这些高校海外办学的主要目的。为了达到盈利目的，国外高校就有可能缩短项目学生出国时间，减少来华授课外籍教师人数、时间和课程内容，项目教学质量难以保证。可见，对中外合作办学的监督和监管十分必要和重要。但中国对合作办学的监管却非常有限。中国中外合作办学监管主要通过“两个平台”和“两个机制”来实施。两个平台中，中外合作办学监管工作信息平台通过办学监管信息公示实施动态监管，约束力有限；中外合作办学颁发证书认证工作平台仍处于开发的过程之中。两个机制中，无论是中外合作办学质量评估机制还是中外合作办学执法和处罚机制均处于机制落实的措施制定阶段。因而，建立健全监管机构，落实监管机制，促进教学质量的提高是中外合作办学健康发展的当务之急与长期任务。

四、中国高等教育外向国际化评价

（一）中国高等教育外向国际化状况

1. 人员（学生）流入状况

1978年，中国只有来自72个国家的1236名留学生，分布在全国9个省、市的35所高校中。伴随着高教领域的逐步对外开放，接受外国留学生政策日趋明确，即“坚持标准，择优录取，创造条件，逐步增加”，进而使来华留学生规模呈现出逐步递增的趋势，到1996年，中国共接受留学生41211人，一跃成为世界上接受外国留学生最多的八个国家之一。

近年来，随着中国国力提升和国际地位提高以及中国留学生政策的进一步改革，越来越多的外国学生选择了留学中国。据教育部2016年4月14日发布的2015年来华留学生数据：2015年，外国来华留学人员数量达到了397635人，生源地遍布全球202个国家和地区，并在中国31个省、自治区、直辖市的811所高等学校、科研院所和其他教学机构中学习，各类外国留学人员较上年增加了20581人，增长率达到了5.46%。接受留学生的高等学校、科研院所和其他教学机构比2014年增加36个，中国成为第三大留学生输入国。来华留学生中，学历留学生占比已经由21世纪初期的26.3%上升到2015年的41.5%。这表明，外国留学生在华学习时间持续增加，留学生对中国教育服务贸易贡献不断提升。

2. 项目和机构流出现状

在积极吸引国际学生的同时，中国高校“走出去”步伐加快，境外办学项目持续增加。截至 2019 年 9 月底，中国经审批机关批准设立或举办的高等教育机构境外办学机构和项目共有 128 个，这些机构和项目由分布在内地 21 个省、直辖市的 84 所高校在亚、欧、美及大洋洲的 48 个国家和地区举办①。

(二)中国高等教育外向国际化评价

尽管中国高等教育外向国际化获得了快速发展，尤其在来华留学生数量方面获得了突破，但整体来看，中国高等教育外向国际化发展仍非常滞后。主要体现在以下方面。

1. 来华留学生规模整体仍偏小

尽管中国已成为全球第三大留学生输入国，但如果把中国留学生输入量与输出量比较却不难发现，来华留学生规模仍然偏小，推动留学生输出与输入平衡仍是中国高等教育外向国际化的一项重要任务。

2. 来华留学生结构不合理

为了深入了解中国高等教育外向国际化状况，我们对来华留学生结构进行深入分析后发现：第一，留学生在华区域分布不均衡。来华留学生主要分布在东部及中部地区，西部地区高校留学生数量普遍偏少。我们对中国国家留学网 2015 年数据的统计分析发现，“985”高校中，东部高校留学生占在校生的平均比例为8.28%，中部为 3.72%，西部只有 2.83%。可见，留学生在华亦存在地理分布不均衡的问题。第二，学历生占比仍然较低。21 世纪以来，尽管来华学历生占比不断提高(见图 1-4)，不过，就是占比最高的 2017 年也只有不到 50%，仅为美国学历生比重的 1/2。较低的学历生比重，说明多数在华留学生属于短期的培训或交流性质，对中国教育经济的贡献度有限。第三，留学生来源国不平衡。在华留学生主要来源于亚洲与非洲等发展中国家和地区，来源于欧洲和北美洲等发达国家和地区的留学生数量仍较少，这种情况既不利于构建中国高校多元化的教育环境，也不利于中华文化在全球的传播与发展，制约了中国软实力的提升。

3. 海外办学项目及分校数量有限

资料表明：截至 2016 年 6 月，美国高校海外分校达 89 所，英国 45 所，俄罗斯 22 所，印度 9 所[20]。由此可见，中国高等教育外向国际化发展任务艰巨。

① 林金辉，姚烟霞. 到境外去办学，高校如何走稳走好[N]. 光明日报，2019-11-12(14).

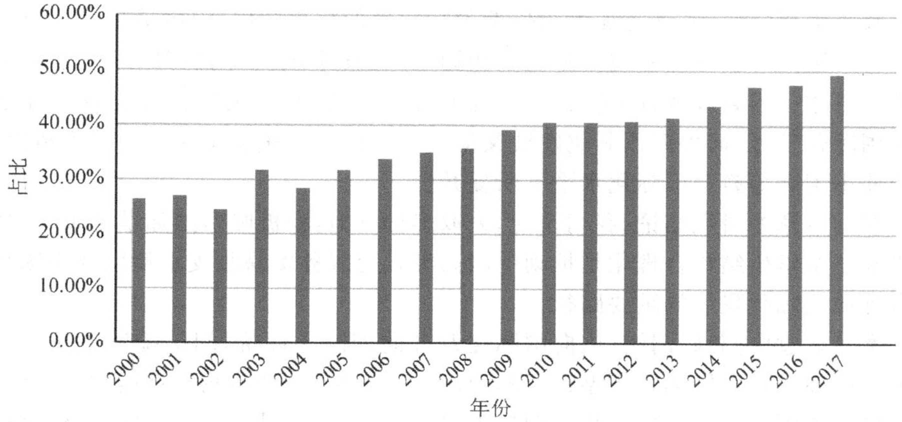

图 1-4　来华留学学历生比重变化趋势图

数据来源:作者根据相关数据整理。

五、结论与建议

本部分以高等教育管理与国际商务理论为基础,构建了中国高等教育国际化类型的一个概念框架,然后依据该框架对中国高等教育国际化状况进行了评价。本部分的结论是:

①中国高等教育国际化类型划分须结合方式和方向两个维度。中国高等教育国际化类型,虽然可以按照方式划分为人员流动、项目流动和机构流动三类,按照方向划分为内向和外向国际化两类,但只有将方式和方向两个维度结合,才有助于从整体上把握中国高等教育国际化。

②中国高等教育内向国际化质量有待提高、外向国际化有待大力发展。整体来看,中国高等教育内向国际化成绩突出,外向国际化发展滞后。详细而深入分析后发现,内向国际化存在区域之间差异较大、合作办学质量有待提高等问题;外向国际化存在留学生规模较小且结构不合理、海外办学项目及机构数量有限等问题。虽然内外向国际化均存在一定的不足,但根据国际商务理论,外向国际化,即“走出去”才是真正意义上的国际化。只有走出去,才能与国际市场密切接触,才能了解东道国教育的实际需求,才能通过与高水平大学的合作或同台竞技提高自身竞争力。因此,在提升内向国际化质量的同时,促进外向国际化的快速发展是中国高等教育国际化发展的主要任务。

③学生流动是中国高等教育外向国际化的主要形式。人员流动,尤其是其中的学生流动是全球高等教育国际化的主要形式。事实上,就是国际化比较发达的美国高等教育国际化也仍然以学生流动为主要途径。据《第四次国际高等教育年度全球调查报告》资料,美国高校国际化主要通过派出自己的学生在海外留学和增

加招收来美留学生，尤其是加大对付费国际学生的招生加以实现(劳拉 等,2015)。

④中国高等教育内外向国际化互相影响，促使中国高等教育国际化水平不断提升。通过中国高等教育国际化评价我们可以发现，正是内向国际化发展促进了外向国际化发展，而外向国际化发展又促进了内向国际化质量和水平的不断提高，进而使中国高等教育国际化水平不断提升！

根据本章的研究结论，我们认为，采取多种举措，积极吸引国际学生来华留学，促进来华留学生结构合理化是推动中国高等教育服务贸易收支平衡以及中国高等教育外向国际化发展的重要路径。

本章通过中国高等教育内向国际化及外向国际化评价，间接验证了我们所构建的中国高等教育国际化类型框架的合理性。未来的研究，我们将运用面板数据，实证检验中国高等教育国际化类型框架是否成立，以为中国高等教育国际化提供坚实的理论基础。

第二章 国际化对中国高等教育质量的影响

2016年，习近平总书记在全国高校思想政治会议上发表讲话，他指出："高等教育发展水平是一个国家发展水平和发展潜力的重要标志。世界各国都把办好大学、培养人才作为实现国家发展、增强综合国力的战略举措。中国是人口大国，要想从人口大国迈向人才强国，实现中华民族的伟大复兴，教育的地位和作用不可忽视。"

近年来，随着经济全球化步伐的加快和知识经济的快速发展，人力、技术、服务和信息等各种要素资源的跨国流动已经成为一种常态，而这种流动促使各国教育资源不断向全世界开放，使得高等教育在世界范围内的合作和交流日益频繁和深化。国际化已经成为高等教育发展的重要标志与未来趋势，它正在重新塑造和改变教育的传统模式和思维方式。

为了推进高等教育国际化，中国制定并实施了一系列政策措施。《国家中长期教育改革和发展规划纲要(2010—2020年)》清晰地指出，提高中国高等教育国际化水平，需要"开展多层次、宽领域的教育交流与合作"。同时，还需要"借鉴国际上先进的教育理念和教育经验，促进我国教育改革发展，提升我国教育的国际地位、影响力和竞争力"。《国家教育事业发展"十三五"规划》也指出："加强与'一带一路'沿线国家学校学历互认、师生互换，建立更加密切的教育合作交流机制。"形成合作共赢的教育对外开放局面。既有的政策法规，主要包括四个方面：出国留学政策、来华留学政策、中外合作办学政策、对外交流与合作政策(朱文 等，2017)，具体体现于《改革国家公费出国留学选派管理办法的方案》《教育部关于进一步加强引进海外优秀留学人才工作的若干意见》《高等学校接受外国留学生管理规定》《中华人民共和国中外合作办学条例实施办法》等。此外，为了鼓励人员出国留学进修，同时为了吸引外国留学生来华学习和人才引进，中国政府投入了大量资金。数据显示，中国政府为来华的国际学生和交流学者至少提供11个奖学金项目，最新的奖学金资助标准中，仅学费、住宿费、公费医疗和保险这四项的合计年资助总额达9.98万元。根据2019年国家公派留学人员资助标准，赴美高级研究学者的月资助为2200美元，赴欧部分地区也超过了2000美元。实际上，大学教师国际交流的费用还在不断上涨。那么，为什么国家和高校会投入大量资源推动国际化？

关于高等教育国际化的动因，学者们从不同的视角进行了解释。中国学者分别提出了高等教育国际化的产业和政策的二动因说(姚宇琦，2011)；国家利益、能力建设和国际理解的三动因说(杨启光，2011)；学术、宗教、科学、政治和经济的五动因说(孟照海,2009);政治力量、经济利益、文化交流与教育发展、世界和平、信息传播和国际组织的六动因说(陈学飞,2000);从振兴知识产业到世界高水平私立大学的兴起与魅力吸引等八动因说(赵哲 等,2011)。目前,高等教育国际化动因理论以简·奈特的分析框架最为流行,其传统理论将国际化动因分为政治、经济、社会文化和学术四个维度19个动因。为了更加清晰地区分国家、部门和高等院校国际化的动因,简·奈特又将高等教育国际化动因分为国家和院校两个层面11个动因。无论是二维动因说还是四维动因说,简·奈特都强调了高等教育国际化对教育质量的提高具有重要作用。她认为高等教育国际化能够提高高等教育质量的原因是教学和研究的学术标准与国际标准接轨,以此保证了高等教育系统的质量(Knight,2006)。中国学者金帏和温剑波也认为,中国推动国际化的目的是为了提高学术水平,建立世界一流大学。更具体地说是为了提升高等教育质量和标准,从而提高中国高校的国际声誉和国际竞争力(金帷 等,2013)。

可见,高等教育国际化在增加教学、研究和服务国际维度的同时,可能会提高高等教育质量。但问题的关键是,高等教育国际化是否真正提高了高等教育质量?如果是,那么,内外向国际化对高等教育质量的影响是否相同?就目前的研究来说,相关的实证研究非常缺乏。具体来讲,首先,国际化与高等教育质量关系的相关研究很少,高等教育国际化和高等教育质量是两个相互分离的概念。其次,已有文献大部分是定性分析,缺乏实证研究。最后,国际化和高等教育质量测量不完整。高等教育国际化和高等教育质量具有多样性,但由于教育国际化和质量的测量尚不完整,因而,大部分研究集中于高等教育国际化单个维度对单一层面高等教育质量影响的研究,而没有从总体上研究高等教育国际化对高等教育质量的影响。至于内外向国际化对高等教育质量影响的研究,我们尚未发现。基于上述原因,有必要构建相对完善和全面的高等教育国际化和高等教育质量指标体系,就国际化对中国高等教育质量影响进行深入分析,在弥补现有文献存在的空缺的同时,为未来中国高等教育国际化发展以及高等教育质量提升提供理论依据。

一、理论基础与文献综述

(一)人力资本投资理论

人力资本投资理论起源于经济学研究,目前已发展成为最有影响力的主流经济理论之一。人力资本投资理论认为,通过教育和培训投资可以增长劳动力的知识、技能和才干,而教育和培训投资会对劳动者收入、企业生产效率和国民经济发展产生重要影响。人力资本投资理论对于国家人力资源战略的制定和家庭教育投资的决策具有重要的指导意义。

1. 人力资本投资的早期思想

人力资本投资思想最早产生于古典经济学，威廉·配第是首次运用人力资本思想并估计人力资本价值的学者。威廉·配第认为，教育和训练可以提高人的劳动技能，劳动技能高的人能够有效地生产出更多的产品。他还指出，有的人由于获得了某些技艺，他们能够完成许多没有这些技艺的人所无法完成的工作（马妍，2010）。在威廉·配第的研究基础上，亚当·斯密指出，知识和经验是一种生产性资本，而这种资本需要通过学习来获得。在亚当·斯密之后，约翰·穆勒、萨伊、李斯特、马歇尔和马克思也进行了人力资本投资理论的研究。约翰·穆勒（1991）在《政治经济学原理》中指出，劳动生产效率在很大程度上依赖于劳动者的知识和技能。萨伊（1963）认为，任何通过教育和培训获得的技能只要能够产生生产效用都可以视为一种资本，教育就是一种资本。李斯特在《政治经济学的国民体系》中提出，教育支出应该作为国家最大的经济支出，加大对国家下一代的教育投入可以提高国家未来的生产力；他还进一步将资本分为“物质资本”和“精神资本”，其中，“精神资本”即“人力资本”（宁先圣，2006）。马歇尔对人力资本投资理论的贡献在于，他将人力资本投资思想阐述得更加清晰和明确，他认为，知识对于资本形成尤为重要，是最有力的生产力；同时，他还指出，人力资本投资是创造财富的重要途径之一（孟望生，2016）。马克思认为，资本之所以能带来剩余价值，是因为它以能够创造价值的劳动力为依托，这就是人力资本（冯颖，2008）。

2. 人力资本投资的现代理论

随着科学技术的进步和社会生产条件的改变，人力资本在经济生产中的作用越来越突出，人力资本投资理论开始逐渐形成体系。在这一过程中，雅阁布·明瑟尔、西奥多·舒尔茨和加里·贝克尔的贡献最大。

明瑟尔在《人力资本投资与个人收入分配》论文中指出，劳动者所接受的正规学校教育，以及工作当中积累的工作经验才是决定个人收入存在差异的原因。个人收入的增长和收入分配差别缩小的根本原因是人们接受教育水平的普遍提高，这是人力资本投资的结果（毕菲，2018）。相较于明瑟尔，舒尔茨和贝克尔的研究影响力和贡献更大。1960 年，舒尔茨发表了“人力资本投资”的演说，并于 1961 年发表同名著作，标志着系统性的现代人力资本投资理论诞生（江涛，2008）。舒尔茨认为，人力资本是经济增长的主要因素，而这种人力资本主要指劳动者的知识、技能和劳动能力。他认为社会进步很大程度上取决于人力资本，但人力资本需要耗费一定的稀缺资源才能取得，包括知识、技能和劳动能力在内的人力资本的形成都是投资的结果，是重要的生产性资源。此外，舒尔茨（1990）还利用 1929—1957 年的统计数据检验了人力资本投资对美国经济增长的影响。实证结果表明：教育投资增长贡献了美国劳动收入增长的 70%，而这部分劳动收入增长占国民收入增长比重达 33%，这表明人力资本投资是通过提高人的知识和技能来提高劳动生产率，从而增加劳动收入，促进经济增长。相比于舒尔茨的宏观经济分析，贝克尔(2007)对人力资本投资的研究主要是基于微观经济的分析，将其应用到了个人和家庭经济领域。贝克尔认为生育存在两类成本，即直接成本和间接成本；婚姻关系需要同时考虑时间价值和时间配置；家庭包含市场劳动和非市场劳动。此外，他认为，除了知识、技能和才干，健康和时间是更加重要的人力资本。他还指出人力资本投资不仅包含“实际成本”，即对人力资本投资所实际产生的各项费用开支，还应该包含“机会成本”，但人们并未考虑这部分成本(贾拥民，2011)。

人力资本投资理论的主要贡献在于，发现了通过教育、培训等投资可以增长劳动者的知识、技能和才干，而劳动者的知识、技能和才干会对个人收入、企业生产效率和国民经济发展产生重要影响。

(二)高等教育国际化的相关研究

随着教育资源的全球流动，高等教育国际化成为国内外学者广泛关注的焦点，相关研究成果不断涌现。

1. 高等教育国际化概念

早在 20 世纪 70 年代，欧美等发达国家就已经广泛使用高等教育国际化这一概念，但不同的学者、机构对这一概念给出了不同的界定。

Arum(1992)对高等教育国际化的定义是，“在国际化环境中展开的与研究、教育交流和技术合作有关的各种计划、活动和服务”。Knight(1994)认为高等教育国际化就是将国际的维度整合到高等学校的教学、研究和服务等诸项功能中的过程。Vande(1997)则认为国际化是指高等教育为适应全球化社会、经济和劳动力市场的需求、挑战所采取的系统的、持续的活动。Knight(2003)在之前研究的基础上又提出高等教育国际化就是在院校层面与国家层面，把国际的、跨文化的、全球的维度整合进高等教育的目的、功能或传递的过程。Soderqvist(2013)提出高校国际化是指为了提升教学和科研质量以及达到所期望的实力，高校在统一管理的各个方面实现从本土向国际型高校转型的变化过程。

刘海峰(2001)认为，高等教育国际化是高校通过开展多种国际化活动，比如派遣留学生、加强国际学术交流和合作研究以及联合创办院校等来扩大高等教育对外开放的一种趋势。任丽娟(2006)提出，所谓高等教育国际化，是指一个国家的高等教育或某所具体的大学在国际意识、开放观念指导下，通过开展国际性的多边交流合作活动不断促进对国际社会的理解，提高国际学术地位，参与国际教育事务和促进世界高等教育改革与发展的过程或趋势。刘经南等(2008)指出，高等教育国际化是指在全球化的背景下，各国各地区高等教育主体(法人)遵循开放、平等、交流、共享等原则，遵守国际公约，凭借市场经济的制度激励，寻求教育理念的共同性，尊重民族文化的多样性，发挥办学主体的创造性，在全球范围内实现高等教育办学过程中人力资源、信息资源、技术和资金等资源的无障碍沟通、平等合作与和平共享，实行高等教育结果的尊重和互认，其结果是促进全球范围内的高等教育服务总量的增加、水平的提高和品质的改进，进而改善人类的福祉，共享人类创造的美好文明成果。申超(2014)则认为，高等教育国际化就是使高等学校(或高等教育机构)的教育在关系、影响或范围上成为两个或两个以上国家间交流活动有关的活动和过程。

2. 高等教育国际化模式

Mazzarol(1992)指出国际化包括了机构流动、学生流动、人员提升和课程变革。Oyler(2009)提出高等教育国际化包含五个方面，分别是招募国际生、派出学生、课程国际化、教师研究与交流、组织国际承诺。Czinkota(2009)提出高等教育国际化分为学生流动、教师流动、项目流动和机构流动四个方面。Li(2012)通过对进入中国市场的10所英国大学的研究，总结出高等教育国际化进入模式分为出口、双认证、特许、合资和独资等。Tayar(2013)通过对澳大利亚4所大学的研究，指出高等教育国际化进入模式为联盟、结对子、海外分校和跨国网络提供。

根据《服务贸易总协定》中的定义，服务贸易包括跨境交付、境外消费、商业存在和自然人流动，分别对应于高等教育国际化中的远程教育、留学生教育、境外办学、专家和教师国际流动(叶琳，2018)。黄福涛(2003)提出高等教育国际化的模式从以往单纯、外在的人员交流扩大到课程国际化和跨国教育以及形成区域(全球)性高等院校合作计划和组织。汪旭晖(2007)提出高等教育国际化包含多种运作模式，包括课程国际化、学生国际化、教师国际化、设立海外分校、联合项目和特许经营协议。叶琳(2018)等结合国际商务理论和高等教育国际化研究，将高等教育国际化方式归纳为人员、项目和机构流动三种类型，并按照"知识"的流动方向将其分为内向国际化和外向国际化，其中，内向国际化就是"引进来"，即人员流出中国，项目和机构流入中国；外向国际化就是"走出去"，即人员流入中国，项目和机构流出中国。

(三)高等教育质量的相关研究

高等教育质量历来就是国内外学者关注的焦点，尤其是在"大众化"教育背景下。自高校扩招以后，高等教育规模迅速扩大，"精英教育"逐渐转向"大众教育"，随之而来的便是人们对高等教育质量的关注和担忧，对高等教育质量的研究便开始呈现出井喷态势。目前，关于高等教育质量的研究主要集中在高等教育质量的内涵、评估等方面。

1. 高等教育质量内涵

质量是一个难以捉摸的、模糊的、相对的、动态的、多维的概念，尽管每个人都本能地去理解它的含义,但却很难表达清楚,因此,关于高等教育质量的定义有很多,基于良好的知识转移、良好的学习环境、良好的教研关系和良好的学术培训质量的定义被人推崇(Barnett,2018)。由此,对高等教育质量的定义被引用最多,也是最广为人知的是由 Harvey 和 Green(1993)提出的由五个相互区别、抽象但又相互关联的概念组成的"定义群",即独有(exceptionality)、完美(perfection)、合乎目的(fitness for purpose)、盈利(value for money)和改进(transformation)。"独有"指高等教育机构提供高质的独有的产品或服务,这是其他机构所不能生产和提供的;"完美"指高等教育机构所提供的产品或服务是优质的、无瑕疵的;"合乎目的"指高等教育机构提供的产品或服务满足既定目标;"盈利"指高等教育机构所提供的产品或服务相对于成本来说是有利可图的;"改进"是指高等教育机构提供的产品或服务能够对学生的思维、认知、价值取向、情感、精神和个人学习以及专业发展产生重要的积极作用。

虽然与传统的质量界定关注于质量的单一层面有所区别,但是 Harvey 等的定义群存在着由于评判者和评判标准的不同而有所区别的问题,因而被人诟病。质量是一个相对概念,它取决于一定的"基准",对不同的利益相关者有不同的含义,比如政府、雇主、学生、学者、社会等。在政府的眼中,质量可能意味着尽可能多的学生在规定的时间内以较低的成本获得符合国际标准的学位。雇主可能专注于毕业生在学习期间获得的知识、技能和态度。对于学生来说,教育的质量可能与对个人发展和社会地位带来的贡献和准备有关。基于这样的认知,Srikanthan(2003)认为,在界定教育质量时需要考虑以下四类人员,即供给者(投资者)、教育过程产品使用者(学生)、教育最终产品使用者(雇主)和教育机构雇员(管理者和教师)。Bergquist(1995)提出定义高等教育质量的四个准则,即投入、产出、附加值和过程导向,投入指包括教职工、设备和经费在内的资源投入;产出指学生特性、校友成就、学术产出及公共服务;附加值和过程导向则类似于 Harvey 和 Green 的"改进"(transformation)。在此基础上,Rodman(2013)将高等教育质量分为内部质量和外部质量,内部质量指包括资金和非资金在内的资源投入,价值链活动开展和可持续发展资源投入;外部质量即教学活动、研究活动、社会可持续活动所带来的产出,分别表现在就业、学术产出和社会服务。Houston(2011)通过调查研究总结出,不同利益群体,比如学生、教职工等都认为"结果"(outcome)是最能用来衡量教育质量的,这些"结果"指标由于利益群体的不同而不同,这也与 Bergquist 和 Rodman 提出的"产出"相一致。

与国外研究一致,国内高等教育质量的研究也处于不断的演进过程之中。朱益民(1996)提出,教育质量指学生所获取的认知、知识和技能是否能够作用于人类与环境,即是否能够产生实际价值。潘懋元(2000)给出的定义是,"教育质量就是通过学习教育能够提高学生的个人能力和才干,进而能够适应社会的发展,充分发挥服务社会的作用”。谭光欣等(2008)认为高等教育作为客体,其所具有的属性特征是否能够满足高等教育主体(如学生、教师、高校、雇主和政府等利益相关者)的需求及满足程度,就是高等教育质量。按照不同利益相关者对高等教育的需求和满意程度,程凤春(2005)将高等教育质量分为三类,分别是“社会质量”“内部质量”和“工作质量”。“社会质量”指企业雇主对毕业生的满意程度;“内部质量”指学生对高校本身教育的满意程度;“工作质量”指管理者和教师对教育工作的满意程度。此外,王盛水(2010)提出,高等教育质量依据不同的评价维度,可以分为教学和人才培养质量、科学研究质量以及社会服务质量。赵伶俐(2009)认为高等教育质量有狭义和广义之分,狭义是指人才培养、知识创新和社会服务三大高等教育功能的实现,即功能质量;广义是指除了实现高等教育三大功能以外,还包含为实现这三大功能而投入的资源等各类保障因素的综合,即保障质量,其中,功能质量需要真正地改善和提高。综上可见,高等教育质量是一个多维度、多层次和持续发展的概念。

2. 高等教育质量评估

质量评估也是高等教育质量研究领域的重点,是基于内部或外部定义的标准对教育表现做出的判断。由于高等教育质量判定标准还未形成共识,关于高等教育质量的度量也尚未达成一致的意见。目前,对高等教育质量的评估和度量使用最多的是“高校声誉排名”。Dundar(1995)认为,高校排名可以用来衡量高校的教育质量,因为高校排名包括了生源质量、就业质量以及教学和研究质量,这些都是高等教育质量的体现。目前,影响力较大的排名有:泰晤士高等教育世界大学排名(THE)、世界大学排名(QS)、世界大学学术排名(ARWU)、美国大学排名(US-NEWS)和麦考林加拿大大学排名(Maclean)等。除此外,另一种对高等教育质量评估的方法关注教育的整个过程,其质量评估体系反映了教育投入、过程和产出三个方面。Ashworth (1994)提出质量评估指标包括教职工、住宿、设备、教学和学习、实现的标准、管理和质量控制。其中,前三项与投入有关,教学和学习则为过程,实现的标准即产生的结果。Rodman(2013)提出的“内部质量”和“外部质量”也即“投入-产出”,投入指标包括物质资源、人力资源和非物质资源,产出指标包括就业率、薪资水平、论文发表数、科技成果转化和社会合作伙伴关系等。Lee(2000)在对韩国高等教育与经济增长关系的研究中提出生师比,即学生与教师数量的比值可以反映教育质量的高低,他认为一般而言,比值越高,师资力量越弱,教育质量越低;反之,则越高。

与国外相似,中国学者也认为大学排名是评估高等教育投入、过程与产出质量的方式之一。目前,业界影响力较大的是武书连榜、中评榜、校友会榜和网大榜,四大排行榜指标设计中都包含了人才培养、科学研究和社会服务,这表明上述三方面是评价高等教育质量的重要指标。赵伶俐(2013)从高等教育质量的核心内涵入手，提出人才培养、知识创新和社会服务是高等教育的主要功能，同时也是高等教育的根本质量。除此外，丁小浩（1995）认为投入是高等教育质量的重要组成部分，包括人力投入质量和物力投入质量，前者包括（副）教授占教师总数的比例和师生比，后者包括固定资产净值和生均固定资产净值。丁振华等（2014）认为相比于“投入”，高等教育质量更应该关注“产出”，“产出”的评估指标包括科研、教学和社会服务三大类，科研包括科研产出（论文、专利等）和人才培养（硕博士生相关指标）；教学包括毕业率、就业率以及校友成就；社会服务包括高校通过教学和科研以外的方式对社会的贡献。李子联（2017）认为，通过一系列的投入可以带来高效的产出便是一种高质量的高等教育。

（四）国际化与高等教育质量关系的相关研究

关于国际化对高等教育质量影响的研究相对较少，主要集中在研究留学生对高校综合排名的影响、教师公派出国对科研产出的影响等。研究方法主要采用问卷调查法、皮尔逊相关系数和回归分析法等，尝试检验国际化与高等教育质量之间的关系。

Jang（2009）采用简单相关系数和多元回归分析，在以前学者整理的 77 所高校数据的基础上，研究了包含 6 个变量的国际化与包含 7 个变量的高等教育质量之间的关系，结果表明：国际化与高等教育质量之间存在正向相关关系，尤其是国际学生，对高等教育质量影响最显著。Olusola（2009）采用假设评估法评估了非洲高等教育国际化对教育质量的影响，他指出国际化提高了高等教育系统中课程、学生、项目和教职工的质量，但在非洲某些地区，因为不可靠的国际教育提供者和学习者，国际化会对高等教育质量造成威胁。Delgado（2011）以泰晤士高等教育发布的世界大学排名（2009）中前 200 的高校的总得分和国际化得分数据为样本，计算了二者的皮尔逊相关系数，发现高校排名总得分与国际化得分之间存在显著的正向相关性。Delgado（2013）采用 2004—2011 年泰晤士高等教育发布的世界大学排名中的声誉得分和国际化得分数据，通过层次分析法发现，高等教育国际化对高校声誉具有正向影响，但同时也在研究质量、教学质量和毕业生就业方面调节了高校的声誉与绩效之间的关系。Adelien（2013）利用佛兰芒关于教学外派公共机构数据库的数据，运用多元回归模型研究了 2008/2009—2010/2011 年度之间 212 名教师科研产出与国际流动的关系，结果表明：较短的（11 天左右）、频繁的（4 次以上）国际教学外派可以提高科研产出。Yeravdekar（2014）通过对文献的研究总结分析，高等教育国际化培养的关键能力或技能符合劳动力市场雇主的能力和技能要求，这表明高等教育国际化可以提高学生的就业竞争力。Svetlik（2016）通过对斯洛文尼亚 3 所公立大学 406 名学术人员的调查发现，学术人员对国际化活动态度积极，且通过相关系数和回归分析发现，国际化活动对学术人员的职业发展（职称晋升)具有显著的正向作用。可见,高等教育国际化提高了教育质量。Vossensteyn(2017)等采用2011—2017年泰晤士高等教育发布的世界大学排名数据,运用相关系数和回归分析,从国家和高校层面研究了文化多样性(留学生比例)对高等教育质量的影响,结果表明,从国家层面来看,文化多样性对高等教育质量没有显著影响,但从高校层面来看,当留学生比例超过20%时,文化多样性与高等教育质量之间存在着显著的正相关性。

李素敏(2009)指出,高等教育国际化有利于将中国的高等教育推向国际市场,提高其国际化水平。同时,还可以推进中国高等教育的现代化改革,提高其现代化水平。但是,国际化也会使中国高等教育面临更加激烈的市场竞争,同时,国际化中的商业思潮和对中国教育的歧视也会对中国高等教育的公益性质和教育主权带来威胁和挑战。胡荣(2014)等提出高等教育国际化对研究生教育中的高校、研究生、教师等产生了深刻影响,促使高校及时更新教育目标、提高教育竞争力;促进研究生"全球意识"的形成和对其基本素质的要求提高;对教师群体的课堂教学和科学研究提出更高的要求。张玮佳(2015)基于H大学178名教师的聘期考核表数据,实证得出:公派出国留学能够提高大学教师的科研水平和能力,但这种影响有限,在某些方面甚至会产生消极的影响。蒋玉梅等(2015)运用迪尔多夫的"跨文化能力发展模型",对曾赴加拿大访学的16名中国高校教师进行了访学收益的研究,研究结果表明:教师出国访学可以获得内部收益和外部收益,内部收益指认知、态度和价值取向的变化,表现在理念提升、文化尊重、视野开阔和自我认知;外部收益指在内部收益影响下所做出的国际化思考和行动,表现在科研创新、教学改革和国际化交流与合作等;内外部收益提高了教师的综合素养,有利于全面提升中国的高等教育质量。Ma(2015)采用问卷分析法,从学生视角对39所高校的1264份问卷进行了分析,得出:学生和教师的国际流动、国际化课程和项目、国际合作研究和国际化服务可以增长学生知识(knowledge)、提高技能(skill)和改善对外来文化的理解(attitude),从而提升了高等教育质量。石芳芳(2016)等采用问卷调查法,对4所中外合作办学院校的在校本科生进行了调查,结果显示:大部分的学生认为自己的外语水平、专业能力、跨文化能力和沟通能力等都有所提高;但仍有部分学生反映中外合作办学的教学效果并不理想,对信息搜索和解决问题的能力等通用能力的影响并不显著。

(五)文献评述

结合国内外现有研究成果来看,仍存在以下问题。

1. 国际化与高等教育质量关系的研究较少

目前,分别就高等教育国际化和高等教育质量研究的相关文献很多,但国际化研究主要集中在概念、模式、动因等方面,高等教育质量的研究主要集中在内涵、评估和政策措施等方面，将二者联系起来的研究却很少。国际化作为高等教育领域的重要组成部分和未来发展趋势，其对高等教育质量的影响如何，对二者关系的研究尤为必要。

2. 实证研究缺乏

有限的国际化和高等教育质量关系的研究，大多采用了定性分析方法，实证研究缺乏，影响了研究结果的说服力。

3. 高等教育质量测量不准确

有限的实证研究中，质量数据来源于世界知名大学排行榜，如 THE 和 QS。由于排行榜得分同时包含了高校“投入”和“产出”质量，从而难以从“产出”视角准确测量高等教育质量，而“产出”最能反映高等教育质量。此外，既有的产出质量测量中，也仅考虑了科研产出等个别层面，因而，从产出视角综合测量高等教育质量显得尤为必要。

4. 国际化测量不完善

由于国际化模式具有多样性，导致国际化测量指标的多样性。既有实证研究中，大部分文献都集中于高等教育国际化的单个维度，如来华留学生、教师公派出国、中外合作办学等，体现到国际化对高等教育质量的影响方面，研究最多的就是教师出国交流对科研产出的影响。至于从外向国际化和内向国际化视角就国际化对高等教育质量影响的研究，我们尚未发现。

综合现有文献研究存在的不足，本部分将高等教育国际化分为外向国际化和内向国际化两个层面，国际学生来华留学、教师国际交流、中外合作办学和海外办学四个维度；将高等教育质量从产出角度（或按照教育功能）出发划分为人才培养、科学研究和社会服务三个层面，七个维度，其中，人才培养包括就业率和生源质量，科学研究包括科研数量、科研质量、顶尖成果和顶尖人才，社会服务包括科技成果转化。同时，采用因子分析法，基于上述七个高等教育分项质量计算出高等教育质量总得分，以填补目前该研究领域的空缺。

二、中国高等教育国际化现状

（一）国际学生来华留学

留学生的数量作为国内外大学评价体系的重要指标之一，可以在很大程度上反映高等教育国际化的发展水平。

1. 规模变动

由表 2－1 可知，从规模上来看，除了 2003 年由于“非典”的影响而导致来华留学生数量的大幅下降，整体上来华留学生数量逐年稳步增长，由 2000 年的 52150 人增加到 2018 年的 492185 人，年平均增长率达到 13.28%。其中，2016 年来华留学生数量出现大幅度增长，增长率达到 11.34%。这是由于"一带一路"倡议促进了中国与沿线国家在经济、科技和文化等方面的深入合作与交流，进而推动了来华留学教育的发展。从生源地国家来看，来华留学的国际学生区域分布逐渐多元化，由 166 个扩大到 206 个国家(地区)，覆盖了全球 92.0%的区域。从来华留学生教育层次来看，学历生规模在不断扩大，所占比例从 26.28%上升到 52.44%，这表明来华留学的层次在不断提高。从获奖学金人数来看，亦大幅度增加，表明中国政府和高校越来越重视来华留学教育的发展，通过采取奖学金手段以吸引更多留学生。从接受院校个数来看，由 2000 年的 344 个增加到 2018 年的 950 个，扩大了 2.76 倍，这表明中国高校的对外开放格局在不断深化。

表 2-1　来华留学生状况

年份	来华留学人数/人	增长率/%	生源地国家总数/个	学历生总人数/人	学历生占比/%	获奖学金人数/人	获奖学金占比/%	接受院校个数/个
2000	52150	16.64	166	13703	26.28	5362	10.28	344
2001	61869	18.64	169	16650	26.91	5841	9.44	363
2002	85829	38.73	175	21055	24.53	6074	7.08	394
2003	77715	−10.44	175	24616	31.67	6153	7.92	352
2004	110844	42.63	178	31616	28.52	6715	6.06	420
2005	141087	27.28	179	44851	31.79	7218	5.16	464
2006	162695	15.32	184	54859	33.72	8484	5.21	519
2007	195503	20.17	188	68213	34.89	10151	5.19	544
2008	223499	14.32	189	80005	35.80	13516	6.05	592
2009	238184	6.57	190	93450	39.20	18245	7.70	619
2010	265090	11.30	194	107432	40.53	22390	8.45	618
2011	292611	10.38	194	118837	40.61	25687	8.78	660
2012	328330	12.21	200	133509	40.66	28768	8.76	690
2013	356499	8.58	200	147890	41.48	33322	9.35	746
2014	377054	5.77	203	164394	43.60	36943	9.80	775
2015	397635	5.46	202	187499	47.15	40600	10.21	811

续表

年份	来华留学人数/人	增长率/%	生源地国家总数/个	学历生总人数/人	学历生占比/%	获奖学金人数/人	获奖学金占比/%	接受院校个数/个
2016	442773	11.36	205	209966	47.42	49022	11.07	829
2017	489172	10.48	204	241543	49.38	58554	11.97	935
2018	492185	0.62	206	258122	52.44	63041	12.81	950

数据来源:2000—2016 年《来华留学生简明统计》、中华人民共和国教育部政府门户网。

2. 区域构成

2000—2018 年期间,来华留学生区域构成存在较大差异,来华留学生区域构成整体呈多样化态势。由图 2-1 可知,从规模数量上来看,亚洲学生是来华留学的主力军,占来华留学总人数的比例整体保持在六成以上;接下来依次是非洲、欧洲、美洲和大洋洲。虽然亚洲学生占据了半壁江山,但同时我们也发现,亚洲学生人数已从 2000 年的 74.85%降到 2018 年的 59.95%,而欧洲、非洲和大洋洲的学生人数占比都在增加。从 2000—2016 年,欧洲学生人数从 2000 年的 11.61%增长到 16.11%,占据第二位,非洲学生人数有较大增长,从 2.66%飞跃至 13.91%,占据第三位,美洲学生人数占比微降,从 9.86%降至 8.60%,占据第四位,而大洋洲学生人数占比略有提升,从 1.47%上升至 1.54%。这说明国际学生来华留学的区域多样性正在增加,不再集中于具有地缘优势和文化优势的亚洲国家。值得注

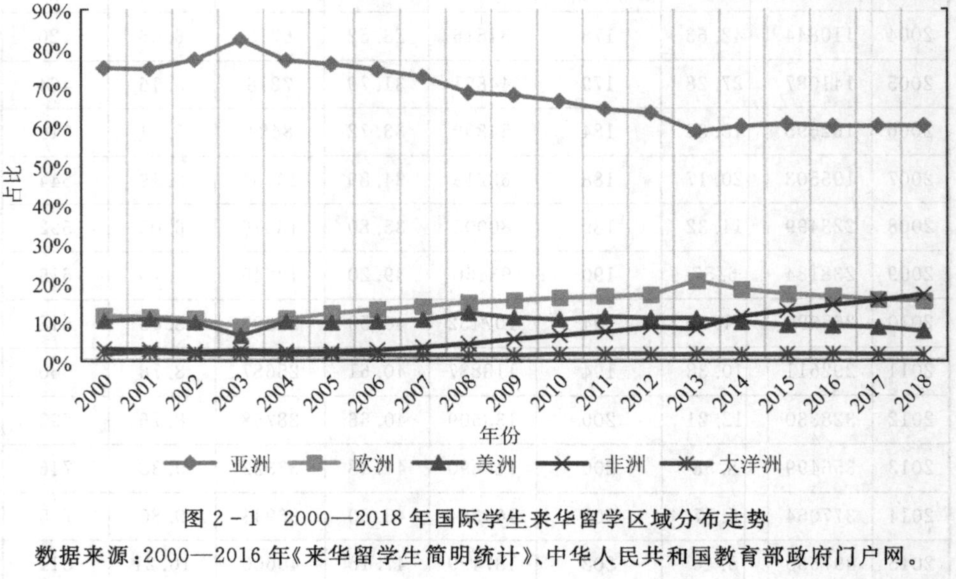

图 2-1　2000—2018 年国际学生来华留学区域分布走势

数据来源:2000—2016 年《来华留学生简明统计》、中华人民共和国教育部政府门户网。

意的是，相比于 2016 年，2017—2018 年，欧洲、美洲和大洋洲的学生人数占比都有所下降，分别降至 14.96％、7.26％和 1.27％，而非洲学生人数占比却提升至 16.57％，超越欧洲成为中国国际留学生的第二大来源区域。

（二）教师国际交流

教师是教育实践活动的主体，是向学生传递知识与信息的承担者和执行者，对于高等教育的发展尤为重要。提升教师国际化素养最有效的途径是实地学习和文化沉浸（Biraimah，2013），国际交流已成为中国教师专业发展的重要途径。

1. 出国访学

出国访学是教师国际交流的重要形式，对教师专业知识的积累、学术思维的扩展和学术能力的提升至关重要。由图 2－2 可知，2001—2016 年，除了 2008 年因全球金融危机影响，教师出国访学派遣和接受人数下降外，其余年份的出国访学人数均在持续稳步增加。出国访学派遣人数从 8663 人增加至 46347 人，年均增速达到 14.3％；接受人数从 6669 人增加至 39311 人，年均增速达到 15.45％。同时，我们还可以发现，自 2009 年以来，教师出国访学进修的派遣人数和接受人数之间的差距越来越大，这从侧面反映了中国政府十分重视教师出国访学，为其提供了很多的机会。

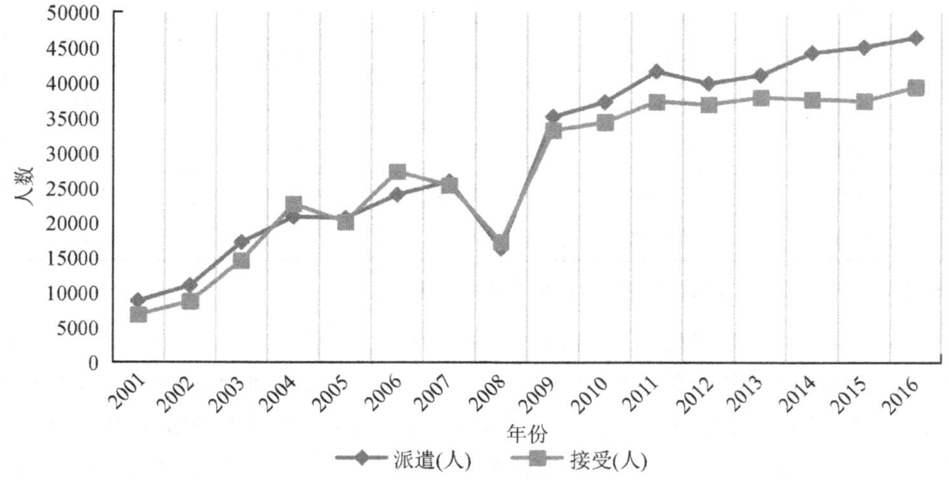

图 2－2 教师出国访学状况

数据来源：2002—2017 年《高等学校科技统计资料汇编》。

2. 参加国际学术会议

作为学术交流的重要方式之一，国际学术会议为科研成果的发表和科研论文的研讨提供了一种途径，因此，参加国际学术会议成为教师国际交流的一种重要方式。

表 2-2 教师参加国际学术会议情况

年份	出席/人	交流报告/篇	特邀报告/篇	主办/次
2001	11718	15267	9419	—
2002	14226	17238	10380	—
2003	34570	26075	4300	—
2004	57415	39993	6750	1457
2005	66237	49834	9899	1802
2006	98888	58513	8567	1919
2007	97506	65394	9881	1672
2008	72248	47971	7070	1171
2009	121174	76189	12697	2229
2010	125203	88131	14032	2138
2011	144492	98656	15305	2539
2012	156054	94616	16300	2516
2013	159840	97267	17851	2437
2014	163893	93464	18748	2291
2015	166488	93786	19603	2290
2016	180112	99032	20828	2533

数据来源：2002—2017 年《高等学校科技统计资料汇编》。

由表 2-2 可知，与教师出国访学一样，2001—2016 年，除了 2008 年外，参加国际学术会议的教师人数也持续稳步增加，从 11718 人增加到 180112 人，增长了 15 倍左右，年均增速达到 18.62%，其中，交流报告和特邀报告的数量以及会议主办次数整体上都有显著增加，年均增速分别达到 12.4%、5.08%和 4.35%，表明中国教师国际交流在不断深入，学术能力和国际学术地位都在不断提高。

(三)中外合作办学(含内地与港澳台地区合作办学)

自 20 世纪 90 年代初以来，中外合作办学教育发展迅速，尤其是进入 21 世纪以来，更加深化发展，中国和国外大学联合在华设立多所具有独立法人性质的大学。

中外合作办学作为中国高等教育国际化发展的重要举措，为中国高校与国外高校建立深层次的交流和合作提供了重要的途径，是中国高等教育的重要组成部分。

1. 中外合作项目

中外合作项目是中外合作办学最普遍的一种形式。截至 2019 年 4 月，教育部正式批准举办的中外合作项目达到 768 个，相比 2017 年增加了 9 个。值得注意的是，至 2019 年 4 月，教育部停办了 229 个中外合作项目，其中，北京达到 31 个，上海达到 28 个，黑龙江停办数量最多，达到 100 个。这些项目的停办是否意味着其未能达到预期的教学效果？是否表明中外合作项目并不都有利于高等教育质量的提升？一些高职院校盲目追求合作办学数量而忽视质量，导致中外合作项目数量越来越多，但其教学效果堪忧，其对高等教育质量的提升作用也无法得到保障。未来，中外合作办学将会进入注重内涵建设的质量提升阶段，将会面临前所未有的严峻考验。

2. 中外合作学院

截至 2019 年 4 月，教育部正式批准设立的中外合作学院有 83 所，相比 2017 年增加了 25 所。其中，北京航空航天大学与法国巴黎中央理工大学、里尔中央理工大学、里昂中央理工大学和南特中央理工大学联合设立的北京航空航天大学中法工程师学院影响力相对较大。和中外合作项目一样，中外合作学院也面临着终止办学问题。到 2019 年 4 月，教育部已批准终止办学的中外合作学院达到 5 所，分别是对外经济贸易大学和美国富特海斯州立大学合作设立的对外经济贸易大学卓越国际学院、河北科技师范学院和加拿大麦迪森·海特学院联合设立的河北科技师范学院欧美学院、郑州大学和财团法人中国台北广兴文教基金会合作设立的郑州大学升达经贸管理学院、山西农业大学和德国安哈尔特应用技术大学联合设立的山西农业大学中德学院。

3. 中外合作大学

中外合作大学是中外合作办学的重要组成部分。截至 2019 年 4 月，教育部正式批准设立的中外合作大学有 7 所。由表 2-3 可知，2004 年，浙江万里学院与英国诺丁汉大学合作联合创办了宁波诺丁汉大学，这是经教育部正式批准，中国设立的第一家引进世界一流大学优质教学资源、具有独立法人资格和独立校区的中外合作大学。接着西安交通大学与英国利物浦大学合作，在苏州设立了西交利物浦大学。此外，还有华东师范大学和美国纽约大学联合设立的上海纽约大学、深圳大学和香港中文大学合作设立的香港中文大学（深圳）、武汉大学与美国杜克大学合作设立的昆山杜克大学、温州大学和美国肯恩大学设立的温州肯恩大学、北京理工大学和莫斯科国立罗蒙诺索夫大学联合设立的深圳北理莫斯科大学。中外合作大学的建立，是中国高等教育国际化进程的一个里程碑，突破了以往的教育办学模式，也是国际化的深入发展。

表 2-3　中外合作大学概况

大学名称	设立时间	中方	外方
宁波诺丁汉大学	2004	浙江万里学院	英国诺丁汉大学
西交利物浦大学	2004	西安交通大学	英国利物浦大学
上海纽约大学	2011	华东师范大学	美国纽约大学
香港中文大学(深圳)	2014	深圳大学	香港中文大学
昆山杜克大学	2013	武汉大学	美国杜克大学
温州肯恩大学	2014	温州大学	美国肯恩大学
深圳北理莫斯科大学	2014	北京理工大学	莫斯科国立罗蒙诺索夫大学

数据来源:中外合作办学监管工作信息平台。

(四)海外办学

在通过中外合作办学实现将优质教育资源“引进来”的同时,中国有越来越多的高校也积极通过海外办学寻求自身教育资源的“走出去”(郾晓,2016)。海外办学是中国高等教育国际化的重要组成部分,对于推动中国高等教育对外交流与合作意义深远(李淑艳,2019)。

据教育部数据统计,截至 2018 年 9 月,中国设立的海外院校达到 10 所。由表 2-4 可知,海外分校 3 所,分别是老挝苏州大学、厦门大学马来西亚分校和温州大学意大利分校;海外学院 7 所,分别是上海交通大学新加坡研究生院、北京语言大学曼谷学院、同济大学中意学院、云南财经大学曼谷商学院、北京语言大学东京学院、北师大-卡迪夫中文学院和北京大学汇丰商学院。这些院校的设立加强了中国高校与国外高校的合作交流,极大地促进了中国高等教育国际化的发展。

表 2-4　海外院校概况

机构	建立时间	所在国
上海交通大学新加坡研究生院	1997	新加坡
北京语言大学曼谷学院	2003	泰国
同济大学中意学院	2006	意大利
老挝苏州大学	2011	老挝
云南财经大学曼谷商学院	2013	泰国
北京语言大学东京学院	2015	日本
厦门大学马来西亚分校	2015	马来西亚

续表

机构	建立时间	所在国
北师大-卡迪夫中文学院	2015	英国
温州大学意大利分校	2016	意大利
北京大学汇丰商学院	2018	英国

数据来源：中华人民共和国教育部政府门户网站。

三、国际化对高等教育质量影响的理论分析

（一）研究假设

目前，国内外关于高等教育国际化内涵并未达成共识，本研究采用目前国际上最为广泛应用的、Knight(1994)提出的国际化概念，即“高等教育国际化就是将国际的维度整合到高等学校的教学、研究和服务等诸项功能中的过程”。根据该定义，结合国内外高等教育国际化模式的研究，将高等教育国际化分为国际学生来华留学、教师国际交流、中外合作办学和海外办学四个维度。

高等教育质量是一个相对模糊的概念，本研究结合 Harvey(1993)、Bergquist(1995)、Houston(2011)、Rodman(2013)以及赵伶俐(2009)和王盛水(2010)提出的概念，将高等教育质量定义为人才培养质量、科学研究质量以及社会服务质量。其中，人才培养质量包括内部质量和外部质量两方面。内部质量是指高校对学生质量的评估，即生源质量，这是人才培养质量的软指标；外部质量是指社会对学生质量的评估，即毕业生质量，这是人才培养质量的硬指标(金莉，2011)。科学研究质量是指高校科研条件满足高校科研活动顺利实施的程度，高校科研过程达到学科要求及预期计划的程度。科研影响力反映了一所大学的科研能力在世界科研体系中的地位及认可度，是科研质量的重要衡量指标(董彦邦，2014)，科研影响力的重要体现就是论文数量和被引次数，尤其论文的被引用次数是科研评价中测量论文的影响力或者质量的基本指标，是目前国际公认的定量评价科研论文质量的最优方法。此外，顶尖成果和顶尖人才的评选也是建立在论文引用基础上，代表了更高层次的科研质量，体现了高校在各个学科做出的有重要影响力的成果情况和人才情况(邓丹丹，2016)。基于此，本部分选取科研数量、科研论文质量、顶尖成果和顶尖人才作为科学研究质量的衡量指标。社会服务质量建立在人才培养质量和科学研究质量的基础上，高校和市场主体分别利用其知识资源优势和资金等物质资源优势，通过双方的合作使得高校与社会的关系更加紧密，提高高校为社会服务的能力，从而推动高等教育和社会的发展。科技成果转化是科技成果实现其市场价值的过程，这个过程漫长且复杂。高校或科研机构需要研发出具有实用价值的科

技成果,企业等市场机构主体对这些科技成果进行试验和开发,并在此基础上形成新产品、新工业和新材料,进而应用并推广至市场。大学的科学研究成果是否对社会经济发展具有实际价值,科技成果转化是直接的测量指标,体现了市场对成果的认可。因此,本部分以科技成果转化作为社会服务质量的衡量指标。

1. 国际学生来华留学与高等教育质量

文化多样性包含种类、平衡和差异三个方面,其中种类指有多少种不同文化,平衡指不同文化下子文化的数量,差异指不同文化的差异程度。文化多样性可以使得学生在批判和积极性思维方面获得更大收益(Stirling,2007),同时,也可以提高学生的跨文化能力,尤其是跨文化意识、跨文化态度和跨文化技巧(万寅佳,2012)。到 2019 年 4 月,来华国际留学生来源国已达到 206 个国家,遍布五大洲,而且各大洲人数都在持续稳步增加,世界 92%的区域覆盖也决定了国际留学生文化之间存在很大差异,国际留学生极大地丰富了中国高校的文化多样性,这对于学生的发展是极为有利的。国际留学生可以在一定程度上提高本土学生的语言能力、适应能力、团队协作能力、创新能力和问题解决能力,以及增强其国际意识和责任心,而这些能力是当代雇主对员工的要求和期望(Yeravdekar,2014),所以国际学生来华留学可以提高本土学生的就业竞争力,从而提高高校的就业率。本土学生系列能力的提高可以使其有能力阅读更多的外文资料,同时,在学术创作上形成自己独特的见解和思维,从而提高科研产出和质量。从教师角度来说,由于国际留学生也会参与导师科研项目,他们差异化的文化背景、知识积累和思维方式通过文化碰撞,可以为科研项目提供多样的见解,从而也有利于科研成果的创新。国际留学生有望通过将国际视野引入课堂讨论,并迫使教师考虑新的教学方法,改变教育内容和过程(Ward,2001),这对教师也提出了新的要求,不仅要求教师要具备较高的英语能力和国外文化知识,还得不断改进自身的教学内容和方法,这都有利于增强教师的综合素质,不仅提高为本土学生以及留学生服务的能力,还有利于自身学术职业的发展,从而提高科研质量,也为顶尖成果和顶尖人才的产生奠定基础。社会服务是人才培养和科学研究的延续,故而人才培养质量和科学研究质量的提升可以产出更多优秀的科技成果,促成更多科技成果转化,从而提高高校为社会服务的能力。至于生源质量,国际留学生往往会成为衡量高校国际化水平的首要标准,也是国内外大学排行榜的重要指标,因此,国际留学生越多,相应地,越有利于提高学校在国内外排行榜的排名,进而提高国内外声誉,从而吸引更多优秀毕业生前来就读。此外,国际化水平本就是高校综合实力的一部分,其国际化水平越高,则综合实力越强,对学生的要求和标准就会越高,也会提高生源质量。基于上述分析,我们提出以下假设。

H_1:国际学生来华留学生人数占在校生比例越高,则高等教育质量越高。

H_{1a}:国际学生来华留学生人数占在校生比例越高,则就业率越高。

H_{1b}:国际学生来华留学生人数占在校生比例越高,则生源质量越好。

H_{1c}:国际学生来华留学生人数占在校生比例越高,则科研数量越多。

H_{1d}:国际学生来华留学生人数占在校生比例越高,则科研质量越高。

H_{1e}:国际学生来华留学生人数占在校生比例越高,则顶尖成果越多。

H_{1f}:国际学生来华留学生人数占在校生比例越高,则顶尖人才越多。

H_{1g}:国际学生来华留学生人数占在校生比例越高,则科技成果转化越多。

2. 教师国际交流与高等教育质量

大学教师是高校存在和发展的基础,教师质量对于人才培养、科研产出以及社会服务能力有着十分重要的作用,而教师的国际交流是提高教师质量的重要途径。

人的思想观念、认知观点、道德品质以及行为方式受社会环境的影响很大,国际交流使得教师受到多元化思潮的冲击,这会导致其思维方式与价值取向趋于多元化(陈海燕,2017)。与国际学生来华留学带来的文化多样性一致,教师国际交流有利于促进教师的教学和科研工作质量提升。英语知识对于 21 世纪科研至关重要,因为没有人能够不通过阅读国际科研杂志和不参加国际会议而获得最新知识和信息(Kömíves,2014)。教师国际交流不仅可以提高教师的英语能力,还可以使教师通过对话一流专家,获取本学科前沿的最新信息,学习新的研究方法,掌握先进的研究手段和实验技术,从而与国际接轨,提高科学研究的起点。同时,教师国际流动通过接触其他机构和人员也可以与其他机构的人员建立起合作关系,提升和改进个人与机构的科研关系,培养对新方法和新事物的开放思维及态度,并为其之后的科研合作奠定基础,进而提高科研数量和科研质量,产生更多优秀的科技成果,促成更多科技成果转化,加大对社会的贡献。教师国际交流还可以通过更新教育思维,增添新的教学内容和改进教学方法提高教师为学生服务的能力,从而可以提高教学效果,这有利于提高学生素质,进而提高学生就业竞争力和学术能力。教师国际交流对生源质量的影响和来华留学生的影响一致,因为提高了教师水平而增强了高校的吸引力、提高了学生入学标准,进而提高生源质量。基于上述分析,我们提出以下假设。

H_2: 教师国际交流越多,则高等教育质量越高。

H_{2a}:教师国际交流越多,则就业率越高。

H_{2b}:教师国际交流越多,则生源质量越好。

H_{2c}:教师国际交流越多,则科研数量越多。

H_{2d}:教师国际交流越多,则科研质量越高。

H_{2e}:教师国际交流越多,则顶尖成果越多。

H_{2f}:教师国际交流越多,则顶尖人才越多。

H_{2g}:教师国际交流越多,则科技成果转化越多。

3. **中外合作办学与高等教育质量**

中外合作办学有利于境内外教育资源的双向共享、互相促进。师资、课程、教学理念、教学办法、管理模式和教育评价等，都是在合作过程中实现国际化多向流动，这有利于提升教育质量，特别是有利于提升中国机构的教育水准。中外合作办学形式很多，但每种形式都是各大高校资源的优化整合，强强联合从而实现合作大学和项目具有起点高、定位高、层次高的特点。无论是在专业选择和教学课程上，还是师资配备上，都达到了最大程度的资源共享。在专业选择上，一般是双方的优势学科；在课程教学上，一般都是双语教学，且课程内容由双方共同商议和决定，这保证了教学内容与国际标准的接轨；在师资配备上，中外教师联合教学。这些设置都将会使学生和教师处于一个多元文化体中，在学习更加专业和先进的学科知识的同时，也促使学生和教师拓宽自己的国际化视野和认知，国际化修养也得到了提高，这对于人才培养和科学研究都是有利的，不仅可以提升学生的就业竞争力，还可以提高学生和教师的科研产出数量和质量，有利于产生更多顶尖成果和培养更多顶尖人才，也进一步促成了更多科技成果转化，从而提高社会服务能力。基于上述分析，我们提出以下假设。

H_3：中外合作办学数量越多，则高等教育质量越高。

H_{3a}：中外合作办学数量越多，则就业率越高。

H_{3b}：中外合作办学数量越多，则生源质量越好。

H_{3c}：中外合作办学数量越多，则科研数量越多。

H_{3d}：中外合作办学数量越多，则科研质量越高。

H_{3e}：中外合作办学数量越多，则顶尖成果越多。

H_{3f}：中外合作办学数量越多，则顶尖人才越多。

H_{3g}：中外合作办学数量越多，则科技成果转化越多。

4. **海外办学与高等教育质量**

中国高校海外院校整体发展滞后，数量非常有限。但海外办学实现了学生、教师、合作项目以及机构的国际流动，这是一种更为广泛和深入的国际化模式。从学生角度来看，海外办学会选拔国内优秀学生作为志愿者去海外学习和交流；从教师角度来说，海外办学加强了外派教师和国外教师的交流和合作，在服务中学习、在实践中成长，从而提高了自身综合素养。海外办学还会吸引外籍教师来华授课，这对于学生就业竞争力以及学生和教师学术能力的提高都有很大帮助，有利于提高就业率，也有利于提高科研产出数量和质量，从而推动顶尖成果和顶尖人才的产生，并在此基础上促成科技成果转化，提高社会服务能力，从而提高高校国际化水平，有利于提高生源质量。基于上述分析，我们提出以下假设。

H_4：海外办学数量越多，则高等教育质量越高。

H_{4a}:海外办学数量越多,则就业率越高。

H_{4b}:海外办学数量越多,则生源质量越好。

H_{4c}:海外办学数量越多,则科研数量越多。

H_{4d}:海外办学数量越多,则科研质量越高。

H_{4e}:海外办学数量越多,则顶尖成果越多。

H_{4f}:海外办学数量越多,则顶尖人才越多。

H_{4g}:海外办学数量越多,则科技成果转化越多。

根据我们就国际化对中国高等教育质量影响的分析,不难发现,国际化对高等教育质量的影响机理如图 2-3 所示。

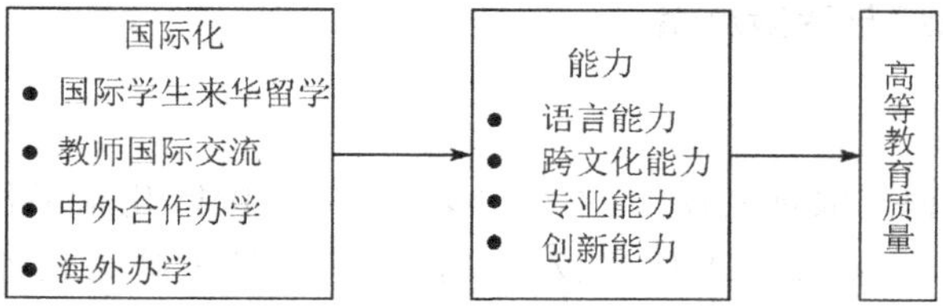

图 2-3 国际化对高等教育质量的影响机理

由图 2-3 可知,国际化对高等教育质量的影响,主要是通过学生、教师、项目和机构的国际流动,实现人力资本的投资,从而提高学生和教师各方面的知识和技能:一方面,国际化使学生和教师处于多元文化环境中,这种环境提升了其语言能力和跨文化能力,多元文化的碰撞以及国际视野的拓宽也改变了其思维方式和认知,进而也提高了其创新能力;另一方面,这种流动也使得学生和教师可以接触到国际上比较前沿和先进的学科专业知识、先进的教学方法和内容,从而提高了其专业素养和能力。上述四种能力的提升,可以增强学生的就业竞争力,从而提高高校就业率。同时,这些能力也可以提高学生和教师的科学素养,不仅能够获得更加丰富和前沿的外文资料,还能在学术创作中提出创新性观点,从而提高科研数量和质量。而科研数量和质量的提升也可以为科技成果的转化奠定基础,发明和创造出更多的优秀科技成果,提高社会服务能力,最终提升高等教育质量。

(二)模型构建

通过对国内外文献的研究可以发现,关于国际化和高等教育质量关系的研究,目前国际上运用最多的就是多元回归分析(Jang,2009;Delgado,2011;Svetlik,2016;Hans,2017),所以本部分也将采用这种方法。

为了探讨国际化对高等教育质量的影响,本部分建立以下回归模型:

$$GDJYZL=\beta_0+\beta_1 GJXSLHLX_i+\beta_2 JSGJJL_i+\beta_3 ZWHZBX_i+\beta_4 HWBX_i+\beta_5 XSSL_i+\beta_6 JSSL_i+\beta_7 JSZL_i+\beta_8 JYJF_i+\varepsilon_i \quad (2-3-1)$$

模型(2-3-1)中,β_0 代表常数项,β_1—β_8 代表影响系数,i 代表高校,ε_i 为随机扰动项;GDJYZL 代表高等教育质量,GJXSLHLX 代表国际学生来华留学,JSGJJL 代表教师国际交流,ZWHZBX 代表中外合作办学,HWBX 代表海外办学,XSSL 代表学生数量,JSSL 代表教师数量,JSZL 代表教师质量,JYJF 代表教育经费。此外,可以把解释变量分别替换为就业率、生源质量、科研数量、科研质量、顶尖成果、顶尖人才和科技成果转化,构建模型,分别研究国际化对高等教育分项的影响。

四、国际化对高等教育质量影响的实证分析

(一)样本选取与变量测量

1. 样本选取

由于高校数据获取难度较大,本部分基于《大学国际化水平排名(2017URI)》数据选取了 118 所高校。118 所高校中,有 14 所高校因缺失教师数量、教师质量和教育经费值而予以剔除,最终我们的样本包含 104 所高校。通过观察,104 所高校中,41 所为世界一流大学,58 所为世界一流学科建设高校;38 所为"985"高校,103 所为"211"高校。而教育部公布的中国世界一流大学和世界一流学科建设高校分别为 42 所和 98 所,"985"高校和"211"高校分别为 39 所和 116 所。104 所高校均为"一本"院校,其国际化进程相对较快。因此,104 所样本高校具有较强的代表性。

研究数据采用了 2016 年的截面数据。原因在于,《大学国际化水平排名(2017URI)》只有 6 年的数据,且每年的指标体系都存在差异,不具有可比性;《大学国际化水平排名(2018URI)》并未公布教师国际交流、中外合作办学和海外办学等本书需要的关键数据,故而选取 2016 年一年的截面数据。

2. 变量测量和数据来源

1)国际化

高校国际化原始数据获取难度比较大,本部分采用西南交通大学国际化水平排名中各高校的打分数据。具体测量方法:国际学生来华留学采用国际留学生占本校生的比例测量;教师国际交流采用出国访学和参加国际学术会议的教师人数测量;中外合作办学采用各高校中外合作开办的机构以及合作项目数量测量;海外办学采用高校负责的海外学院的数量测量。

如前所述,四个国际化变量的打分数据均来自西南交通大学国际化评价研究中心发布的《大学国际化水平排名(2017URI)》报告。《大学国际化水平排名(URI)》于 2013 年首次发布,这是国内首个关于高校国际化水平的排名报告。以 2017URI 为例,该排名报告包含 118 所高校,指标体系包含 7 个一级指标,19 个二级指标,49 个三级指标,其中一级指标分别是学生国际化、教师国际化、教学国际化、

科研国际化、文化交流、国际显示度和国际化保障。由于该报告只公布了部分二级指标数据，且结合国内外对高等教育国际化模式的研究，本部分主要选取了国际学生来华留学、教师国际交流、中外合作办学和海外办学四种国际化模式的得分。

2)高等教育质量

(1)高等教育分项质量

就业率的测量。合格型质量观认为，高校毕业率可以用来衡量人才培养质量，是高校人才培养合格水平的重要体现(刘强，2018)。本部分采用本科生的就业率衡量，即本科毕业生中落实就业单位的比率，包括签订就业协议和劳动合同、考取研究生、出国留学及出国工作、自主创业、灵活就业等。

生源质量的测量。生源质量是大学人才培养声誉的综合体现，本部分采用录取的文史、理工类本科新生的高考成绩衡量。

科研数量的测量。论文是科研活动成果的重要形式，其数量的多少代表了高校科研的规模大小和能力高低，采用 Scopus 数据库收录的论文数衡量。

科研质量的测量。本部分采用学科标准化后的科研论文质量衡量，即消除学科、类型等因素影响的论文的被引用次数和相同学科、相同年份、相同类型论文平均被引用次数的比值。

顶尖成果的测量。本部分采用被引用次数位居各个学科世界前 1%的论文数量衡量。

顶尖人才的测量。本部分采用各个学科论文被引用次数较高的中国学者人数衡量。各学科的人数分布根据各学科论文中出现的中国作者数量的分布确定。

科技成果转化的测量。本部分采用技术转让收入来衡量，技术转让收入代表了市场对科技成果的认可和需求，体现了其对社会的贡献，是最直接的测量指标。

上述高等教育质量 7 个变量的数据主要来源于《中国最好大学排名 2018》，该排名报告包含 600 所高校和独立学院，其指标体系包含 4 个一级指标、10 个二级指标，其中，一级指标分别是人才培养、科学研究、社会服务和国际化。人才培养包含 3 个指标，分别是生源质量、就业率和社会捐赠收入；科学研究包含 4 个指标，分别是科研数量、科研质量、顶尖成果和顶尖人才；社会服务包含 2 个指标，分别是企业科研经费和技术转让收入；国际化即留学生比例。由于社会捐赠收入主要来源于校友，这些校友往往都事业有成，而取得这样的成就往往需要很长一段时间，故而他们并未受益于当年高校的国际化活动，故本部分剔除该指标。同时，企业科研经费也包含在控制变量“教育经费”中，故也予以剔除，国际化是本部分的解释变量，也剔除该指标。

由于高等教育国际化指标皆为分数，而《中国最好大学排名 2018》中关于高等教育质量的二级指标皆为原始数据，在单位和量级上存在很大差异。为了消除量纲的影响，使得指标具有可比性，本部分按照该排行榜排名方法中规定的单项计分规则，即令每一单项指标表现最好的大学为100分，其他大学按其与最高值的比值给出得分。按照此方法，计算高等教育7个分项质量的得分。

(2)高等教育综合质量

由于高等教育包含7个分项质量，本部分采用因子分析法，提取公因子，计算各公因子的得分，然后再以各因子相对方差贡献率为权重，从而计算出各高校高等教育质量的综合得分。

首先，进行因子分析的适用性检验。

因子分析就是从原有众多变量中提取出能够代表原有变量的公因子，这也要求原有变量之间要存在较强的相关性。KMO和Bartlett检验则是用来检验数据是否存在强相关性，从而判断出是否适合做因子分析的重要方法。通过对数据进行检验的结果(表2-5)可知，KMO值为0.785，介于一般和适合之间，Bartlett的球形度检验 p 趋近于0，这表明数据适合做因子分析。

表2-5 KMO和Bartlett检验

KMO取样适切性量数	Bartlett的球形度检验		
	上次读取的卡方	自由度	显著性
0.785	653.108	21	0.000

其次，提取公因子。

由表2-6可知，7个分项质量一共提取了3个因子，累积方差贡献率达到87.47%，大于80%，可以认为这3个因子基本反映了原始变量绝大部分信息。

表2-6 总方差解释

序号	初始特征值			提取载荷平方和			旋转载荷平方和		
	总计	方差百分比/%	累积/%	总计	方差百分比/%	累积/%	总计	方差百分比/%	累积/%
1	4.288	61.257	61.257	4.288	61.257	61.257	3.284	46.916	46.916
2	0.996	14.223	75.480	0.996	14.223	75.480	1.426	20.370	67.286
3	0.839	11.990	87.470	0.839	11.990	87.470	1.413	20.184	87.470
4	0.492	7.030	94.500						
5	0.251	3.591	98.091						
6	0.102	1.452	99.543						
7	0.032	0.457	100.00						

再次，对公因子进行命名。

在各公因子不相关的前提下，旋转后的因子载荷绝对值越大，则公因子与原有变量的相关性越高。由表 2－7 可知，经过旋转后，第一个公因子 F_1 在 X_3、X_4、X_5、X_6 这 4 个指标上的载荷高于 80%，且这 4 个指标都与科学研究有关，即可命名为“科学研究”；第二个公因子 F_2 在 X_7 指标上载荷高达 90% 以上，可命名为“社会服务”；第三个公因子 F_3 在 X_1 和 X_2 这 2 个指标上载荷较高，可命名为“人才培养”。

表 2－7　旋转后的成分矩阵

序号	就业率 (X_1)	生源质量 (X_2)	科研数量 (X_3)	科研质量 (X_4)	顶尖成果 (X_5)	顶尖人才 (X_6)	科技成果转化 (X_7)
1	0.095	0.653	0.822	0.840	0.881	0.815	0.167
2	0.098	0.149	0.373	−0.140	0.399	0.483	0.918
3	0.964	0.916	0.203	0.120	0.161	0.090	0.120

最后，计算各因子得分函数和总得分函数。

为对各公因子打分，利用回归分析计算出 3 个公因子的得分函数的系数，根据该系数可以写出三个因子的得分函数：

$$F_1=-0.22X_1+0.128X_2+0.236X_3+0.441X_4+0.267X_5+0.223X_6-0.259X_7$$

$$F_2=-0.021X_1-0.129X_2+0.080X_3-0.441X_4+0.089X_5+0.204X_6+0.886X_7$$

$$F_3=0.844X_1+0.388X_2-0.049X_3-0.082X_4-0.104X_5-0.161X_6-0.016X_7$$

在此基础上，以这 3 个公因子的方差贡献率作为权数，得出总得分函数：

$$Y=\frac{46.916}{87.470}F_1+\frac{20.370}{87.470}F_2+\frac{20.184}{87.470}F_3$$
$$=0.536F_1+0.233F_2+0.231F_3$$

利用上述得分函数，则可用原始数据计算出 3 个因子得分以及各高校高等教育质量总得分，以探讨国际化对高等教育质量的影响。

(3)控制变量

高校的办学条件和管理水平都会对高校教育质量产生重要影响。其中，办学条件主要包括各种人力、财力、物力等资源，管理水平主要指资源的开发使用效率（李泽彧，2010）。本部分结合国内外对高等教育质量影响因素的研究，主要从微观层面——学生、教师和教育资源出发，选取了学生数量、教师数量、教师质量、教育经费作为控制变量。

学生是教育活动的主体，对高等教育质量有着直接的影响，本部分选取学生数量作为控制变量。首先，在人才培养上，学生规模会影响就业率，但这一变量的影响方向目前还无法预测。在生源质量上，当学生规模越大时，生源质量也会相应降低，因为高校为了扩大招生规模，也会在一定程度上降低招生标准，从而导致生源质量下降。其次，在科研创新上，当学生规模越大时，能做出科研成果的学生基数就越大，那么科研产出的数量就越多，相应地，高质量科研、顶尖成果和顶尖人才出现的概率就越大。最后，在科研创新的基础上，社会服务质量也会提高。

教师作为对学生进行教育的直接承载者，他们对教育质量的贡献是不容忽视的。教师数量和质量在一定程度上决定了其为学生服务的能力，教师越多，生均师资则越丰富，教师就会有更多的精力和时间去指导学生，从而提高教学效果；质量越高，则教师的专业化服务能力越强，这对于学生的发展越有利。同时，教师数量越多，质量越高，其科研队伍也会越庞大，科研水平也会越高，则科研数量也会越多，质量也会越高，顶尖成果和顶尖人才也会越多，从而也会产出更多优秀科研成果，提高对社会的贡献。教师质量用高级职称教师数量测量。

教育经费是高校赖以生存的基础和保障，决定着高校在基础设施、人才培养以及科研项目等方面的投入能力。良好的教育条件将会使得学生和教师有更多的机会去接触更多更新的知识和信息，更好地在学习实践中去锻炼自己，比如有更多奖学金用于学生和教师出国交流，从而增长见识，拓宽视野，提高自身能力；有更多经费用于科研项目，从而促进科研创新。

4 个控制变量的数据来源于各高校《2016 年就业质量年度报告》《2017 高等学校科技统计资料汇编》和《中国教育经费统计年鉴(2017)》。同时为了消除量纲的影响，使得指标具有可比性，对控制变量的处理也采用对高等教育 7 个分项质量同样的处理方法。

(二)描述性统计分析

回归之前，首先对样本数据进行描述性统计分析，表 2－8 是变量总体的描述性统计结果，包含了变量的平均值、最大值、最小值以及标准差。

从国际化 4 种模式的均值来看，国际学生来华留学最高，海外办学最低，这表明目前国际学生来华留学仍是高校国际化的主要模式。虽然海外办学近年来发展很迅速，但由于起步较晚，相比于其他国际化模式，其目前发展还相对滞后，各高校都还有很大的发展空间。同时，从 4 种国际化模式最小值和最大值来看，二者之间差距很大，表明各高校之间国际化发展水平差距很大，尤其是国际学生来华留学和海外办学。

从高等教育质量来看，高等教育质量间的差距没有分项质量间的差距大。从均值来看，人才培养质量相对较高，社会服务质量最低。其中，人才培养中的就业率普遍都比较高,科学研究中科研质量相对较高,而顶尖成果和顶尖人才都比较少。从最小值和最大值来看,科研数量、顶尖成果、顶尖人才和科技成果转化差距很大,其中,有的学校甚至没有顶尖人才和科技成果转化,表明中国高校在高层次科研成果方面差距很大。

表 2-8 样本描述性统计结果

变量类型	变量名称	变量符号	平均值	最小值	最大值	标准差
国际化	国际学生来华留学	GJXSLHLX	70.21	17.30	100.00	17.06
	教师国际交流	JSGJJL	66.15	40.76	100.00	19.63
	中外合作办学	ZWHZBX	54.69	25.30	100.00	23.84
	海外办学	HWBX	40.77	7.28	98.65	25.14
控制变量	学生数量	XSSL	39.81	11.19	100.00	15.79
	教师数量	JSSL	20.98	0.63	100.00	20.79
	教师质量	JSZL	26.85	1.16	100.00	21.47
	教育经费	JYJF	18.62	0.27	100.00	20.40
质量	高等教育质量	GDJYZL	23.84	8.10	66.32	11.02
人才培养	就业率	JYL	94.74	78.46	99.18	3.79
	生源质量	SYZL	68.90	14.10	100.00	13.28
科学研究	科研数量	KYSL	23.65	0.42	100.00	21.48
	科研质量	KYZL	64.00	31.46	100.00	14.21
	顶尖成果	DJCG	15.30	0.06	100.00	17.68
	顶尖人才	DJRC	9.82	0.00	100.00	16.62
社会服务	科技成果转化	KJCGZH	4.82	0.00	100.00	13.89

(三)相关分析

在进行回归分析之前,先对各变量进行相关性分析,一方面可以初步检验国际化对高等教育质量的影响,另一方面,影响高等教育质量的因素不是孤立存在的,不同因素之间也会相互影响。因此,为了避免变量之间存在相关性而导致模型的多重共线性,我们首先要对变量进行相关性分析检验(见表 2-9)。在概率学中,变量之间的相关系数大于 0.7 时,表明两个变量之间存在高度相关,应该进行数据处理,以免多重共线性影响回归的有效性。

表 2-9　相关系数

变量	GJXSLHLX	JSGJJL	ZWHZBX	HWBX	XSSL	JSSL	JSZL	JYJF	GDJYZL	JYL	SYZL	KYSL	KYZL	DJCG	DJRC	KJCGZH
GJXSLHLX	1															
JSGJJL	0.538***	1														
ZWHZBX	0.529***	0.427***	1													
HWBX	0.447***	0.529***	0.349***	1												
XSSL	0.318***	0.264***	0.207**	0.360***	1											
JSSL	0.504***	0.433***	0.289***	0.336***	0.510***	1										
JSZL	0.578***	0.508***	0.318***	0.336***	0.593***	0.656***	1									
JYJF	0.628***	0.558***	0.382***	0.288***	0.325***	0.600***	0.675***	1								
GDJYZL	0.733***	0.661***	0.330***	0.468***	0.385***	0.719***	0.783***	0.838***	1							
JYL	0.497***	0.452***	0.297***	0.011	−0.020	0.140	0.207**	0.334***	0.326***	1						
SYZL	0.846***	0.704***	0.382***	0.431***	0.173*	0.474***	0.535***	0.660***	0.775***	0.576***	1					
KYSL	0.695***	0.614***	0.374***	0.410***	0.495***	0.843***	0.909***	0.874***	0.930***	0.320***	0.691***	1				
KYZL	0.558***	0.556***	0.149***	0.391***	0.210***	0.310***	0.364***	0.462***	0.761***	0.198***	0.564***	0.521***	1			
DJCG	0.659***	0.576***	0.303***	0.408***	0.381***	0.721***	0.790***	0.855***	0.972***	0.292***	0.690***	0.693***	0.648***	1		
DJRC	0.572***	0.519***	0.306***	0.411***	0.318***	0.702***	0.741***	0.841***	0.917**	0.241**	0.619***	0.676***	0.554***	0.697***	1	
KJCGZH	0.300***	0.233**	0.209**	0.095	0.130	0.206**	0.277***	0.569***	0.407***	0.208***	0.338***	0.412***	0.190*	0.492***	0.524***	1

注：*、** 和 *** 分别表示结果在 10%、5%和 1%的显著性水平上显著。

从相关分析结果来看，一方面，国际学生来华留学、教师国际交流、中外合作办学和海外办学 4 个国际化变量之间的相关系数、4 个国际化变量和 4 个控制变量之间的相关系数以及 4 个控制变量之间的相关系数都在 0.7 以下，这初步表明变量之间并不存在多重共线性，满足回归的基本要求。另一方面，从高等教育质量来看，国际学生来华留学、教师国际交流、中外合作办学和海外办学与高等教育质量之间相关系数较小；国际学生来华留学、教师国际交流、中外合作办学和海外办学与高等教育分项质量的相关系数都很显著，这与假设一致，从侧面验证了理论分析的合理性。

（四）实证结果

1. 多重共线性检验

当存在多重共线性时，虽然可以得到普通最小二乘参数估计量，但是由于参数估计量的方差变大，从而不能对总体参数做出准确判断。在相关性分析中，通过相关系数初步验证了自变量之间并不存在多重共线性，但为了确保结果的准确性，本部分运用 SPSS 22.0 软件，通过计算方差膨胀因子 VIF 再次检验是否存在多重共线性。由表 2－10 可知，4 个国际化变量和 4 个控制变量 VIF 都明显小于 10，这表明变量间不存在多重共线性。

表 2－10　多重共线性检验结果

变量	Tolerance	VIF
国际学生来华留学	0.572	1.748
教师国际交流	0.658	1.520
中外合作办学	0.846	1.182
海外办学	0.818	1.222
学生数量	0.838	1.193
教师数量	0.728	1.374
教师质量	0.649	1.541
教育经费	0.581	1.721

2. 自相关和异方差检验

一般来说，自相关不会出现在截面数据中，但截面数据也会存在“空间自相关”，即截面数据中具有相邻关系的两个及以上观测单位之间可能存在“溢出效应”，彼此之间产生影响，从而导致自相关。虽然本部分是截面数据，各高校所属不同区域，但也存在相邻区域，则也有可能会产生空间自相关。此外，一般来说，截面数据往往会存在异方差，这是因为在截面数据不同的样本点上，解释变量以外的其他影响因素会存在较大差异。当存在自相关或异方差时，普通最小二乘法的参数估计量将不再有效，同时显著性检验也将失去意义，从而也导致模型预测失去效应，所以在回归分析之前，需要检验模型是否存在自相关和异方差。

本部分运用 Eviews 8.0 和 Stata 13.0 软件中的 DW 检验和怀特(White)检验分别检验自相关和异方差。由表 2-11 可知，以 8 个高等教育质量变量为因变量所做的回归模型中，DW 只有在第三、四个回归结果下的值趋近于 2；同时，由一阶自相关系数 ρ 可知，8 个模型都存在弱相关性，第七、八个模型相关性稍微要强一点；由 White 检验可知，除了第三、五个模型 p 值大于 0.1，其余 6 个模型 p 值都明显趋近于 0，则强烈拒绝同方差的原假设，这表明模型存在异方差。

表 2-11　自相关及异方差检验结果

变量	DW	ρ	White-p
高等教育质量	1.742	0.129	0.000
就业率	2.267	−0.134	0.027
生源质量	2.020	−0.010	0.109
科研数量	2.091	−0.046	0.000
科研质量	1.799	0.101	0.121
顶尖成果	1.662	0.169	0.000
顶尖人才	1.243	0.379	0.000
科技成果转化	1.567	0.319	0.000

由上述分析结果可以得出，6 个模型存在异方差，虽然模型自相关性都相对较弱，但是为了让参数估计更加有效，本部分在普通最小二乘法的基础上采用 White 估计，得到参数估计量方差——协方差矩阵的一致估计，虽然此时模型异方差或自相关现象依然存在，但却获得了检验统计量的真实值，从而做出正确判读(马慧慧，2016)。

3. 回归结果

高等教育分项质量有 7 个，再加上使用因子分析法计算的高等教育质量总得分，一共有 8 个高等教育质量变量，因此，本部分建立了 8 个多元回归模型。运用 Eviews 8.0 软件，本部分先建立国际化与高等教育质量之间的回归模型，在此基础上再分别探讨国际化与高等教育分项质量的关系。

1)国际化与高等教育质量

本部分借用逐步回归的思想就国际化对高等教育质量的影响进行回归分析。模型 1 只加入了控制变量;模型 2、3、4、5 依次在前者的基础上加入国际学生来华留学、教师国际交流、中外合作办学和海外办学变量,探究国际学生来华留学、教师国际交流、中外合作办学和海外办学对高等教育质量的影响。由表 2－12 可知,五个模型的拟合优度均在 70%以上,说明模型的拟合效果较好。同时,随着新增变量的加入,模型拟合优度和整体的 F 值都在逐步提升,证明新增变量的加入是有效的。

表 2－12　国际化对高等教育质量影响的回归结果

变量	模型 1	模型 2	模型 3	模型 4	模型 5
CONSTANT	13.466*** (8.711)	2.348 (0.211)	1.421 (0.726)	1.471 (0.783)	3.340* (1.905)
GJXSLHLX		0.196*** (6.317)	0.143*** (4.343)	0.179*** (4.891)	0.170*** (4.774)
JSGJJL			0.074 (0.878)	0.079 (0.765)	0.036 (1.092)
ZWHZBX				−0.057** (−2.267)	−0.065*** (−2.683)
HWBX					0.073*** (3.189)
XSSL	−0.008 (−0.173)	−0.012 (−0.301)	−0.009 (−0.235)	0.001 (0.029)	−0.038 (−1.072)
JSSL	−0.043 (−0.439)	0.016 (0.112)	0.032 (0.227)	0.050 (0.387)	−0.015 (−0.122)
JSZL	0.220* (1.850)	0.127** (2.631)	0.106* (1.691)	0.077** (2.355)	0.154** (2.993)
JYJF	0.306*** (6.516)	0.236*** (3.449)	0.230*** (3.246)	0.242*** (3.578)	0.242*** (3.754)
R^2	0.737	0.790	0.795	0.805	0.821
F	73.072	78.350	79.774	81.713	92.030
P	0.000	0.000	0.000	0.000	0.000

注:括号内数值为 t 值;*、** 和 *** 分别表示结果在 10%、5%和 1%的显著性水平上显著。

从实证结果中可以看出,国际学生来华留学、海外办学、教师质量和教育经费对高等教育质量有显著的正向作用,分别在 1%、1%、5%和 1%的显著水平下显著,影响系数为0.170、0.073、0.154和0.242,这与假设相符;中外合作办学对高等教育质量有显著的负向作用,在1%的显著水平下显著,影响系数为−0.065,这与假设不相符;教师国际交流、学生数量和教师数量对高等教育质量影响不显著,与假设不符。

国际学生来华留学和海外办学为学生和教师创造了一个多元的文化环境,提高了其跨文化能力,这种能力可以促使学生和教师创新思维的形成。同时,语言能力的提高可以促使学生和教师掌握更多前沿的信息和知识,也可以通过与他人的学术合作与交流提高专业能力,继而对高等教育质量产生积极的影响。教育经费投入包括人员、教学设备设施、课程建设、实验室建设、图书资料、教学研究以及实验实习等的投入,因此,教育经费在一定程度上决定了高校的人才培养环境,教育经费投入越多,学生和教师可拥有的学习和实践资源越多,则越有利于提高学生和教师的综合素质,从而提升高等教育质量。

中外合作办学对高等教育质量为负向影响,这与假设不符。通过对样本的观察我们发现:部分高校在中外合作办学方面得分非常高,比如郑州大学(97.5)、大连理工大学(93.56)、北京理工大学(89.69)、北京交通大学(84.67)、辽宁大学(83.8)、东北农业大学(82.62)、北京工业大学(78.14)、延边大学(76.14)、海南大学(71.5)等,分别位于排行榜第4、5、6、9、10、12、17、26和34名,但这些高校在国际学生来华留学、教师国际交流和海外办学方面得分都偏低,基本属于中间偏后的位置。同时,这些学校的高等教育质量分数也都偏低,分别位于排行榜第76、21、40、58、90、88、80、95和89名,除了大连理工大学和北京理工大学,其他都处于中间偏后的位置。清华大学(77.38)、复旦大学(64.22)、北京大学(55.42)、厦门大学(49.17)、哈尔滨工业大学(40.36)等中外合作办学得分相对偏低,明显低于上述得分高的高校,分别居于排名榜第25、45、52、56和69名,同时也明显低于其在国际化其他三个方面的得分,但这些高校都属于中国综合实力排名靠前的优秀学府,高等教育质量各方面得分都较高,分别位于第1、5、2、20和10名,基本处于前列位置。

进一步地,通过中华人民共和国教育部中外合作办学监督工作信息平台上公布的信息可以发现,清华大学、北京大学和复旦大学等中外合作办学项目和机构确实非常少,而郑州大学和辽宁大学都与国外大学建立了合作学院,东北农业大学借助地缘优势与俄罗斯大学建立了很多合作项目,这也表明在对中外合作办学得分方面并不存在统计不准确问题。那么,为什么综合实力如此强的清华大学、北京大学等在中外合作办学方面得分如此低,而郑州大学、辽宁大学等实力相对较弱的高校得分却如此高?本书认为可能是因为,一方面,清华大学、北京大学等依靠自身很强的综合实力和国际声誉吸引了很多国际留学生,同时教师和学生综合素质也很高,有能力走向国际舞台去交流合作,所以在教师国际交流和海外办学方面发展水平也很高。中外合作办学发展水平低可能是因为这些高校本身在师资、教学、课程和管理方面实力都很强，其并不需要再通过与其他学校合作办学来提高教学水平，而且这些高校在其他国际化方面发展已经很好了，并不需要再通过中外合作办学方式去实现国际化发展。而郑州大学、辽宁大学、东北农业大学等这些高校综合实力相对较弱，其对国际学生的吸引力并不大，其"走出去"能力也较弱，所以在来华留学生、教师国际交流和海外办学方面发展水平低，而为了提高国际化水平，这些高校就只能发展中外合作办学，引进国外大学优秀资源来弥补自身不足。

教师国际交流、学生数量和教师数量对高等教育质量影响不显著，这可能是因为教师国际交流时间相对较短，尤其是参加国际学术会议通常只有几天时间，这导致教师在跨文化能力、专业能力提升上并不显著，从而对高等教育质量影响并不大。学生数量和教师数量只是代表了"量"，并不代表"质"，数量多并不代表质量高，所以其对高等教育质量影响并不显著。

2)内外向国际化与高等教育质量

国际化对高等教育质量影响的回归结果显示，国际学生来华留学和海外办学属于外向国际化，它们对高等教育质量都有显著的正向影响；教师国际交流和中外合作办学属于内向国际化，教师国际交流对高等教育质量影响不显著，中外合作办学对高等教育质量有显著的负向影响。为了从外向国际化和内向国际化两个层次去探讨国际化对高等教育质量的影响，本部分将国际学生来华留学和海外办学两个指标的得分相加构成外向国际化得分，将教师国际交流和中外合作办学两个指标的得分相加构成内向国际化得分，然后借用逐步回归的思想对内外向国际化与高等教育质量之间进行回归分析(见表 2-13)。

表 2-13 内外向国际化对高等教育质量影响的回归结果

变量	模型 1	模型 2	模型 3
CONSTANT	13.466*** (8.711)	6.307*** (3.541)	7.550*** (3.742)
WXGJH		0.096*** (6.026)	0.111*** (5.644)
NXGJH			−0.025 (−1.295)
XSSL	−0.008 (−0.173)	−0.062 (−1.483)	−0.067 (−1.598)
JSSL	−0.043 (−0.439)	−0.073 (−0.865)	−0.087 (−1.019)

续表

变量	模型 1	模型 2	模型 3
JSZL	0.220* (1.850)	0.235** (2.296)	0.249** (2.432)
JYJF	0.306*** (6.516)	0.244*** (5.874)	0.254*** (6.033)
R^2	0.737	0.806	0.807
F	73.072	86.574	72.923
P	0.000	0.000	0.000

注：括号内数值为 t 值；*、** 和 *** 分别表示结果在 10%、5% 和 1% 的显著性水平上显著。

由表 2 - 13 可知，外向国际化、教师质量和教育经费对高等教育质量有显著的正向作用，分别在 1%、5% 和 1% 的显著水平下显著，影响系数为 0.111、0.249 和 0.254；内向国际化、学生数量和教师数量对高等教育质量影响不显著。这表明，相比于内向国际化，外向国际化更有利于高等教育质量的提升。这是因为外向国际化是中国高校的“走出去”。首先，外向国际化中，中国高校处于主导地位，有利于中国高校对国际化进程质量的控制，而质量控制对于保证高等教育质量尤为重要。其次，外向国际化更有利于将中国高校优秀的资源、成果、文化等推广到世界，让世界各国去认识、理解和吸收。为了更好地“输出”，更好地满足国外学生和教师的需求，中国高校会在教学、课程设置、管理模式等方面加大改革和创新，这更有利于提升高等教育质量。最后，外向国际化对高校要求比较高，不仅需要优秀的资源，还需要高素质的教学和管理人才，这也有利于人才的培养。而内向国际化是中国高校“引进来”，这种方式相对比较容易，中国不需要投入很多的人力、物力和财力，但这很难对中国高校形成紧迫感，也就是说，内向国际化虽然引进外来优秀资源可以提高教育质量，但可能只能暂时的，而要从根本上提高中国高等教育质量，还得加大自身改革和创新，推动高等教育“走出去”。

3）国际化与高等教育分项质量

这一部分探讨国际化与高等教育的就业率、生源质量、科研数量、科研质量、顶尖成果、顶尖人才和科技成果转化 7 个分项质量之间的关系。由于分项质量指标较多，这里不再采用逐步回归法，具体结果见表 2 - 14。

模型 1 探究了高等教育国际化对就业率的影响。从模型 1 结果中可以看出，国际学生来华留学、教师国际交流、海外办学、教师质量和教育经费对就业率有显著的正向作用，这与假设相符；中外合作办学、学生数量、教师数量对就业率的影响不显著，与假设不符。具体来讲，首先，国际学生来华留学、教师国际交流、海外办学分别在1%、10%和5%的显著水平下显著，影响系数分别为0.086、0.061和0.045。国际学生来华留学和海外办学都提高了学生的语言能力和跨文化能力，教师国际交流可以为学生带来更加丰富和前沿的专业知识，这些都可以开阔学生视野，增长学生见识，提高学生综合素质，进而提高其就业竞争力，从而提高高校就业率。其次，教师质量和教育经费分别在5%和1%的显著水平下显著，影响系数为0.027和0.101。教师质量的高低决定了其教学效果的好坏，教育经费影响着高校的投入能力，对于提高学生技能和专业水平都很有帮助，有利于提高学生就业能力。再次，中外合作办学对就业率不显著的原因，在国际化对高等教育质量影响的回归结果分析处已经做过解释。最后，学生数量对就业率影响不显著，可能因为就业率是就业、创业以及升学等学生人数与总人数的比值，是一个相对概念，故而学生数量越多并不代表就业率就会越高或越低。教师数量对就业率影响也不显著，这可能是因为教师数量越多，意味着学生规模越大，因而，教师数量对教育效果以及就业效果影响有限，甚或不能产生影响。

表2-14　国际化与高等教育分项质量的回归结果

变量	模型1	模型2	模型3	模型4	模型5	模型6	模型7
CONSTANT	86.938***	30.585***	−11.165***	34.122***	−7.750**	−3.571	0.431
	(49.790)	(5.117)	(−3.884)	(7.361)	(−2.332)	(−1.237)	(0.125)
GJXSLHLX	0.086***	0.538***	0.161***	0.302***	0.173***	0.027	0.003
	(2.714)	(5.015)	(2.895)	(3.299)	(2.772)	(0.449)	(0.052)
JSGJJL	0.061*	0.069	0.022	0.174**	−0.029	−0.033	−0.068
	(1.723)	(1.236)	(0.513)	(1.954)	(−0.541)	(−0.594)	(−0.191)
ZWHZBX	0.014	−0.067**	−0.031	−0.154***	−0.090**	−0.050	0.010
	(0.919)	(−2.138)	(−0.928)	(−3.006)	(−2.198)	(−1.310)	(0.191)
HWBX	0.045**	0.053*	0.064**	0.088*	0.112***	0.134***	−0.006
	(2.576)	(1.675)	(2.037)	(1.603)	(2.911)	(3.695)	(−0.132)
XSSL	−0.029	−0.136**	−0.018	0.041	−0.079	−0.091	0.104
	(−0.895)	(−2.211)	(−0.280)	(0.499)	(−1.261)	(−1.513)	(1.448)
JSSL	−0.043	−0.003	−0.082	0.003	−0.151	0.100	−0.149
	(−0.782)	(−0.031)	(−0.412)	(0.019)	(−0.560)	(0.385)	(−0.667)
JSZL	0.027**	0.001	0.620**	−0.123	0.406***	0.089**	−0.168
	(2.393)	(0.010)	(2.356)	(0.678)	(3.017)	(2.356)	(−0.783)

续表

变量	模型 1	模型 2	模型 3	模型 4	模型 5	模型 6	模型 7
JYJF	0.101*** (2.816)	0.156*** (3.693)	0.373*** (3.801)	0.196** (2.486)	0.463*** (3.160)	0.543*** (3.176)	0.637*** (2.748)
R^2	0.325	0.765	0.911	0.383	0.795	0.743	0.361
F	7.201	52.801	133.423	9.003	51.013	38.135	8.287
P	0.000	0.000	0.000	0.000	0.000	0.000	0.000

注：括号内数值为 t 值；*、** 和 *** 分别表示结果在 10%、5%和 1%的显著性水平上显著。

模型 2 探究了高等教育国际化对生源质量的影响。从模型 2 结果中可以看出，国际学生来华留学、海外办学和教育经费对生源质量有显著的正向作用，与假设相符；中外合作办学和学生数量对生源质量有显著的负向作用，与假设不相符；教师国际交流、教师数量和教师质量对生源质量影响不显著，也与假设不一致。首先，国际学生来华留学、海外办学和教育经费分别在 1%、10%和 1%的显著水平下显著，影响系数分别是 0.538、0.053 和 0.156。近年来，很多大学排行榜的指标体系中，如软科的中国最好大学排行榜和校友会的中国大学综合实力排行榜，留学生比例这一指标越来越重要，其代表了高校的国际化水平和能力，也是高校综合实力的表现。这些排行榜会成为学生择校的重要参考，故而来华留学生比例越高，其对优秀学生的吸引力越大，从而提高生源质量。教育经费在一定程度上可以代表高校的软硬件实力，这也是高校综合实力的一部分，有利于吸引优秀生源。其次，中外合作办学和学生数量在 5%的水平下显著，影响系数分别是−0.067 和−0.136。中外合作办学对生源质量的影响与其对中国高等教育质量影响机理一致，之所以系数为负，是因为清华大学、北京大学等中外合作办学得分低的高校生源质量得分很高，位于前 5 名，而郑州大学、辽宁大学等中外合作办学得分高的高校生源质量得分很低，都位于后 20 名，从而形成负向影响，反映出不同高校对中外合作办学价值认可和开办目的不同，生源质量更多取决于高校其他方面的因素。而学生数量的负向影响是因为，在大众化教育背景下，由于招生规模的扩大，入学条件和标准也会随之放宽，这导致大多数高校的生源质量也随之下降，所以学生数量越多，也在一定程度上意味着生源质量的下降。最后，教师国际交流、教师数量和教师质量对生源质量影响也不显著，可能是因为学生在择校时并不会直接去了解高校师资力量，并不会关注教师是否有国际交流经历，且大学排行榜中一般没有教师国际交流指标，而且任何高校都会有优秀教师和人才，教师的国际交流经历、数量和质量会反映在其教学成果中，但其本身并没有成为学生择校的重要影响因素，故而对生源质量没有产生显著影响。

模型3探究了高等教育国际化对科研数量的影响。从模型3结果中可以看出，国际学生来华留学、海外办学、教师质量和教育经费对科研数量有显著的正向作用，这与假设相符；教师国际交流、中外合作办学、学生数量和教师数量对科研数量影响不显著，这与假设不相符。首先，国际学生来华留学、海外办学、教师质量和教育经费分别在1%、5%、5%和1%的显著水平下显著，影响系数分别是0.161、0.064、0.620和0.373。国际学生来华留学和海外办学可以提高学生和教师语言能力和跨文化能力，语言能力可以让其了解和掌握相关专业领域国际发展和研究现状，提高专业能力；跨文化能力可以让其储备更加丰富多元的知识，更好地了解他人的想法，从而激发其创新思维，这都有利于科研的创新，从而提高科研产出数量。学生和教师是科研产出的主体，教师质量越高，意味着其专业素质越高，从而其科研能力也会越强，进而科研产出数量也越多。同时，教师素质越高，其对学生的教育效果就会越好，这也有利于学生的科研。教育经费决定了科研投入能力，科技经费充足，就能有更多软硬件，如人员、设备和技术投入科研工作中，从而提高科研数量。其次，教师国际交流和中外合作办学对科研数量影响不显著，这可能是因为教师在国际交流过程中，通过与国际学者和专家的合作和交流了解到更加专业和前沿的知识，从而导致其知识和能力结构都有所改变，进而导致其在科研过程中需要花费更多时间和精力去研究和探讨，从而提高科研产出质量，进而导致科研速度放缓。最后，学生数量和教师数量对科研数量也没有显著影响，这可能是因为科研工作在很大程度上取决于学生和教师的个人能力，如果学生和教师不具备专业素质和创新能力，也很难有科研成果。

模型4探究了高等教育国际化对科研质量的影响。从模型4结果中可以看出，国际学生来华留学、教师国际交流、海外办学和教育经费对科研质量有显著的正向作用，与假设一致；中外合作办学对科研质量有显著的负向作用，与假设不一致；学生数量和教师数量对科研质量影响不显著，这与假设不相符。首先，国际学生来华留学、教师国际交流、海外办学和教育经费分别在1%、5%、10%和5%的显著水平下显著，影响系数是0.302、0.174、0.088和0.196。国际学生来华留学、教师国际交流和海外办学提高了学生和教师各方面的能力，这些都有利于其学术的创新，这种创新更多体现在科研质量的提高，即科研成果被更多的人认可。其中，教师国际化交流对科研数量没有影响，但对科研质量有影响，这更加体现了教师国际交流改变了学生和教师在科研工作中的知识和能力结构，使得其专业能力提升，能够产出高水平的科研成果。教育经费可以使科研工作获得更加丰富的专业资源，这些资源能够使科研产出更具专业性，从而提高产出质量。其次，中外合作办学在1%的显著水平下显著，影响系数是−0.154，这与中外合作办学对高等教育质量的影响是一致的。学生数量和教师数量对科研质量影响不显著，与科研数量相似，学生数量和教师数量并不决定科研质量，还是更多地取决于学生和教师的专业素质和科研能力。

模型5探究了高等教育国际化对顶尖成果的影响。顶尖成果是指被引用次数位居各个学科世界前1%的论文，这代表了更高的科研质量。从模型5结果中可以看出，国际学生来华留学、海外办学、教师质量和教育经费对顶尖成果有显著的正向作用，这与假设相符；中外合作办学对顶尖成果有显著的负向作用，这与假设不相符；教师国际交流、学生数量和教师数量对顶尖成果影响不显著，这与假设不符。首先，国际学生来华留学、海外办学、教师质量和教育经费在1%的显著水平下显著，影响系数分别是0.173、0.112、0.406和0.463。国际学生来华留学和海外办学使得学生和教师处于多元文化环境中，可以提升其各方面能力。其中，海外办学是以中国高校为主导，在国际交流和合作中更能够发挥主观能动性，这对于中国外派教师自身能力的提升更为有益，从而产出更有质量的科研成果。同时，海外办学也实现了中外科研的直接合作。在一些相对落后的地区，中国外派教师会直接参与当地课题研究，这会推进科研成果的国际化，从而提升其国际影响力。教师质量代表了教师科研能力，教育经费代表了科研的投入能力，这二者都会促使科研成果质量提高。其次，中外合作办学在5%的显著水平下显著，影响系数为-0.090，这与其对高等教育质量的影响机理一致。最后，教师国际交流、学生数量和教师数量对顶尖成果影响不显著，这可能是因为教师国际交流只是短暂的，虽然能够提高科研质量，但这种影响是有限的，并未能使科研成果达到顶尖水平。顶尖成果要求具有更高的专业素质和科研能力，故学生数量和教师数量对顶尖成果不会产生显著影响。

模型6探究了高等教育国际化对顶尖人才的影响。顶尖人才指各个学科被引用次数最高的中国学者，和顶尖成果一样，代表更高水平的科研产出。从模型6结果中可以看出，海外办学、教师质量和教育经费对顶尖人才有显著的正向作用，与假设相符；而其他变量对顶尖人才影响不显著，这与假设不符。首先，海外办学、教师质量和科技经费分别在1%、5%和1%的显著水平下显著，影响系数为0.134、0.089和0.543。海外办学、教师质量和科技经费对顶尖人才的影响与对顶尖成果的影响是相似的，此处不再解释。国际学生来华留学、教师国际交流、中外合作办学、学生数量和教师数量对顶尖人才影响不显著的可能原因是：国际学生来华留学和教师国际交流对一般学生和教师可能有影响，但并不能对顶尖人才产生影响，尤其是来华国际学生主要来自发展中国家的情况下更是如此。中外合作办学影响不显著，这与其对就业率的影响机理是一致的。和顶尖成果一样，顶尖人才要从事更高质量的科研，更取决于学生和教师的专业素质，量多并不代表质量高。

模型7探究了高等教育国际化对科技成果转化的影响。从模型7结果中可以看出，只有教育经费对科技成果转化有显著的正向作用，在1%的显著水平下显著，影响系数为0.637，而其他变量对科技成果转化影响都不显著。科技成果转化的前提是要有科技成果，而教育经费会直接作用于科技成果，尤其是企事业单位委托项目经费，只有有充足的教育经费，科技活动才能顺利进行，从而产出更具经济价值的科研成果，故而教育经费会对科技成果转化产生正向拉动作用。同时，从科技成果转化定义来看，科技成果转化是一个漫长的过程，需要经过试验、开发和应用等。相关研究表明，即经济发展水平（人均 GDP）和企业对科技成果的需求（企业数量）是中国高校科技成果转化效率的重要影响因素（梁树广，2018）。可见，其他变量对科技成果转化影响不显著是因为它们并未能直接参与整个转化过程，只是作用于这个科技成果的产出阶段，而这个影响并不能延伸至应用和开发阶段，故而其影响并未达到能够促成科技成果的转化。

（五）小结

从回归结果中我们可以发现，国际化显著促进了中国高等教育质量提高。其中，国际学生来华留学和海外办学对中国高等教育质量有显著的正向作用，因此 H_1 和 H_4 得到验证；教师国际交流对中国高等教育质量影响不显著，中外合作办学对中国高等教育质量为显著的负向作用，因此 H_2 和 H_3 没有得到验证。在对内外向国际化对中国高等教育质量的影响检验中，外向国际化对中国高等教育质量产生了积极影响。在国际化对高等教育分项质量的影响检验中，国际学生来华留学对就业率、生源质量、科研数量、科研质量和顶尖成果有显著的正向作用，对顶尖人才和科技成果转化没有影响，因此 H_{1a}、H_{1b}、H_{1c}、H_{1d} 和 H_{1e} 得到验证，H_{1f} 和 H_{1g} 暂不支持原假设；教师国际交流对就业率和科研质量有显著的正向作用，对生源质量、科研数量、顶尖成果、顶尖人才和科技成果转化没有影响，所以 H_{2a} 和 H_{2d} 得到验证，H_{2b}、H_{2c}、H_{2e}、H_{2f} 和 H_{2g} 暂不支持原假设；中外合作办学对生源质量、科研质量和顶尖成果产生了显著的负向作用，对就业率、科研数量、顶尖人才和科技成果转化没有影响，因此，H_{3a}、H_{3b}、H_{3c}、H_{3d}、H_{3e}、H_{3f} 和 H_{3g} 暂不支持原假设；海外办学对就业率、生源质量、科研数量、科研质量、顶尖成果和顶尖人才有显著的正向作用，对科技成果转化没有影响，因此 H_{4a}、H_{4b}、 H_{4c}、H_{4b}、H_{4e} 和 H_{4f} 得到验证，H_{4g} 暂不支持原假设。

五、结论与建议

（一）研究结论

本部分基于 104 所高校 2016 年的截面数据，采用多元回归模型就国际化对中国高等教育质量影响进行了研究。在研究过程中，我们首先对人力资本投资理论、高等教育国际化理论、高等教育质量理论以及国际化和高等教育质量二者关系进行了文献回顾和评述；其次，从国际学生来华留学、教师国际交流、中外合作办学和海外办学四个维度对中国高等教育国际化现状进行了分析；再次，基于人力资本投资理论，就国际化对高等教育质量的影响机理进行了分析，建立了8个多元回归模型；最后，运用104所高校的截面数据就国际化对中国高等教育质量影响进行了实证研究。实证研究结论是：

①国际化显著提升了中国高等教育质量，其中，国际学生来华留学和海外办学对中国高等教育质量有显著的促进作用，国际学生来华留学影响系数大于海外办学，表明国际学生来华留学对中国高等教育质量拉动作用更大。中外合作办学对中国高等教育质量为显著的负向作用，教师国际交流对中国高等教育质量影响不显著。

②外向国际化与内向国际化对中国高等教育质量产生了不同的影响：前者为积极影响，后者影响不显著。

③国际学生来华留学对就业率、生源质量、科研数量、科研质量和顶尖成果有显著的正向作用，且相比于其他三个国际化指标，国际学生来华留学的影响最为显著，影响系数最大。教师国际交流仅对就业率和科研质量有显著的正向作用。中外合作办学对生源质量、科研质量和顶尖成果产生了显著的负向作用。海外办学对就业率、生源质量、科研数量、科研质量、顶尖成果和顶尖人才有显著的促进作用。

(二)政策建议

根据实证研究结论，为提升高等教育质量，我们从国际化视角提出如下政策建议。

1.大力发展高等教育国际化

由实证结果可知，高等教育国际化显著提升了中国高等教育质量，这表明中国的高等教育国际化政策有效，因此，中国应继续大力发展高等教育国际化。首先，中国应该将高等教育国际化列为国家战略，立足全球，制定分层次、有重点、宽领域的高等教育国际化发展战略，出台更细化、有重点的高等教育国际化政策措施，协调各方面、各层次的力量支持中国高校参与国际交流和合作，统筹发挥高等教育国际化对高等教育质量提升的作用。其次，地方政府应该加大对高校国际化的支持力度，从激励机制、监管机制、协调机制和质量控制机制等方面出发，使高校国际化从目标到实施都能够得到切实可靠的保障。最后，高校应该重视高等教育国际化的发展，积极响应国家的号召，全面谋划高等教育国际化战略，制定学校和各院系的具体发展规划，建立更加明确和具体的发展目标和工作任务。同时，建立"国际化"理念，培养学生和教师的国际化发展意识和国际视野。

2.积极发展外向国际化

从实证结果中我们不难发现，外向国际化对中国高等教育质量提升具有显著的促进作用，因此，中国应该高度重视高等教育外向国际化的发展。

1）推动国际学生来华留学

国际学生来华留学对中国高等教育质量提升有显著影响，且对高等教育分项质量的影响都最大，因此，需要大力发展国际学生来华留学教育，从而提升中国高等教育质量。

2）扩大来华留学生数量

首先，中国应该通过举办或参加更多的国际教育展览、在海外设立代理机构等加大对外宣传力度，把中国教育市场推向国际教育市场，吸引更多国际留学生来华学习。其次，多渠道筹集资金，为留学生提供奖学金和助学金，缓解留学生的生活负担。目前，留学生奖学金大多来源于政府奖学金，渠道较为单一，高校也应该根据自身情况为留学生提供一定的资助。最后，重视留学生生活条件的建设，通过对留学生饮食和生活提供方便，建立和健全留学生医疗保险制度等来提高对留学生的服务水平，为留学生创造更好的生活环境，从而为国际学生来华留学和工作提供保障。

3）提升来华留学生层次

相较于非学历生，学历生由于在华学习时间长，与师生互动多，对高等教育质量的提升更为明显。因此，为提升中国高等教育质量，首先，中国政府和高校在奖学金政策上应该更倾向于学历生，为其提供更多的奖励措施。其次，重视学历教育专业和课程设置，以此来吸引更多学历生来华留学。最后，进一步拓宽就业途径，为学历生提供更多就业机会，以此吸引学历生来华留学。

3. 推进海外办学

实证结果表明，海外办学对于提升中国高等教育质量意义重大，尤其是顶尖成果和顶尖人才，因此，应该大力推进海外办学。首先，拓宽资金来源渠道，应该通过加强与国外政府、院校和企业的合作拓宽资金来源渠道。其次，加强师资队伍建设，一方面，要注重对本土教师的培养，另一方面，要从当地招聘符合条件的教师。最后，开设多元化课程。目前的海外办学主要以中医以及汉语课程为主，将来要尽可能开设更多的符合东道国社会经济发展要求的，主校具有优势的学科和专业，增强海外办学的吸引力。

4. 慎重发展内向国际化

由实证结果可知，内向国际化对中国高等教育质量没有显著影响。从具体来看，教师国际交流仅对就业率和科研质量有显著的正向作用，而中外合作办学对生源质量、科研质量和顶尖成果则产生了显著的负向作用，因此，内向国际化应该慎重发展。

1)适度推进教师国际交流

鼓励教师出国访学。从个人层面上来说，教师应该充分认识到出国访学的重要性，端正态度和动机，而不仅仅是为了职称评定。同时，还需要教师对自身有清晰的发展规划，这样才能更好地利用访学机会去充实自己。从院校层面来看，学校应该为教师提供关于出国访学的信息，完善信息渠道。在访学期间给教师提供必要的物质和精神支持。回国后，做好教师的工作安排，为其提供一个更广阔的创新平台，让教师充分利用所学知识去开展教学和科研活动。从国家层面来看，为教师公派出国访学提供一定的支持。

鼓励教师积极参与国际学术会议。首先，教师应该加大对国际学术会议的关注度，尤其是有国际影响力的学术会议。其次，学校应该适当加大对教师的资助力度，包括会议注册费、国际旅费、伙食费、住宿费和护照签证费等，减少教师后顾之忧。最后，对于在国际学术会议中担任一定职务或做了主题报告的，学校也应该给予一定的奖励，从而提高教师参与积极性。

2)理性看待中外合作办学

中外合作办学并未促进高等教育质量的提升，反而对生源质量、科研质量和顶尖成果产生了显著的负向作用，这与已有定性分析的研究结论相矛盾，表明中外合作办学政策的有效性还有待进一步考证，同时，政府和高校也应理性看待中外合作办学。

(三)研究创新与局限

1.创新点

1)构建了高等教育国际化和质量测评体系，就国际化对高等教育质量的影响进行了实证研究

本部分基于国内外国际化对高等教育质量影响研究较少，且研究主要集中在高等教育国际化以及高等教育质量单个层面的实际，将高等教育国际化分为外向国际化和内向国际化两个层面，国际学生来华留学、教师国际交流、中外合作办学和海外办学四个维度；从产出(功能)角度，构建了包含人才培养、科学研究和社会服务三个层面，就业率、生源质量、科研数量、科研质量、顶尖成果、顶尖人才和科技成果转化七个维度的高等教育质量测量体系，继而通过因子分析评价了高等教育综合质量，继而实证研究了国际化对中国高等教育质量的影响。

2)检验了内外向国际化对中国高等教育质量的不同影响

本部分不仅研究了四种国际化模式对中国高等教育质量的影响，还检验了内外向国际化对中国高等教育质量的影响。结果也表明，内外向国际化对中国高等教育质量影响存在差异。

2. 局限性

1)数据来源单一

由于数据获取难度大，本部分各高校的国际化数据主要来源于西南交通大学国际化评价研究中心发布的《大学国际化水平排名(URI)》报告，该报告中的国际化数据是通过一定的评价标准形成的分数，无法完整获取各高校在国际化活动方面的原始数据，因此，得出的结果会有一定的偏差。同时，高等教育国际化形式还包含学生出国留学、外籍教师来华任教等，由于这些数据都难以获取，所以也未能对这些变量进行实证研究。因此，未来研究还需要从多个渠道搜集和整理更加全面完整的高等教育国际化数据。

2)样本数量有限

在研究样本的选取上，剔除无效样本，本部分只涉及报告中的104所高校，相对于中国高等院校总规模来说，样本容量偏小；且由于数据获取的困难，本部分仅使用了截面数据。因此，未来还需要增加高校数量，考察高校层次差异，并且尽可能使用面板数据，从而提高实证结果的科学性。

第三章　高等教育机构国际化进入方式选择的影响因素

随着世界经济一体化的不断加强以及互联网信息技术的快速进步，多边贸易、跨国投资、国际交流与合作等已成为当今时代经济与社会发展的主题。全球服务贸易诞生于依托货物贸易的“硬服务”之中，比如电脑应用、设计图纸、音乐唱片等，它们拥有货物贸易中工业产品的三大特点，即产品可以被保存、服务的使用者与提供者可以单独存在、不同的使用者所获取的服务是同质的。因而，“硬服务”可以采用货物贸易的方式进入国外市场。然而，服务贸易的兴盛则是由“软服务”的出现而引发的，比如：金融财务、旅店住宿、医疗保健、管理咨询等，它们具备不同于工业产品的四个特征，即服务是无形的、服务不可以被储存、服务的使用者和提供者不能分开以及不同使用者获取的服务体验是有差异的。“软服务”行业的跨国企业为拓展全球业务、实现全球经营也纷纷尝试多种方式进入全球市场，从而“软服务”行业国际化问题成为理论和实践界面临的共同课题。

随着物质生活水平的不断提高，普通消费者有能力去接受更高水准的精神生活，这其中以接受更高级别的教育、感受更多元的文化为主。相对地，全球越来越多的高等教育机构为提升国际化教学与科研水平、培养学生的国际视野、适应全球高等教育发展理念和节奏，将国际化战略置于机构发展的首要战略，并视为机构优先发展领域。

中国将对外开放作为一项长期坚持的基本国策，它不仅推动了中国的经济和外交，也影响了中国的高等教育事业。1987 年，中国第一项中外合作办学——原天津财经学院和俄克拉荷马大学合作成立的工商管理硕士班，为日后的中国高等教育国际化奠定了发展基础和方向，即积极引进和学习西方国家的办学理念、授课方式和管理模式，提高教育质量。2001 年 12 月中国正式加入 WTO 后，这种以“引进来”为主的高等教育内向国际化发展不断深入。2010 年以来，中国高等教育外向国际化亦得到了快速发展：来华国际学生数量不断增加，中国已经成为全球发展中国家中最大的留学生东道国。

国际化过程中最为关键的决策在于选择合适的进入方式。进入方式决策不仅影响进入的成本，更涉及国际化所面临的风险；而且，进入方式一旦决定，退出即面临较高的退出成本。但非常可惜的是，虽然学术界关于进入方式的研究很多，多属于企业国际化进入方式的研究，对高等教育机构国际化进入方式的研究却非常缺乏。那么，企业国际化进入方式的研究结论是否适用于高等教育机构国际化？高等教育机构国际化进入方式决策，是不是受到特殊因素的影响？这些都是本章要研究和解决的问题。

一、理论基础与文献综述

（一）理论基础

当前，学术界在研究和解释企业的国际化行为时，提出了许多的理论。这些理论的假设前提存在着较大差异：有的理论将企业的国际化视为一组静态的理性决策，而有的理论则将国际化过程看作是企业随着其国际化经验越来越丰富而增加国际化参与程度的一个渐进过程。但是，无论何种假设的理论，都必须关注并解释国际化的两个问题：其一，“企业为什么要开展国际化行为？”其二，“企业如何进行国际化，即如何去选择合适的进入模式？”(Peinado，2006)。主流的企业国际化理论包括交易成本理论(Transaction Cost Theory，TCT)和组织能力理论(Organizational Capabilities Perspective，OCP)。

1. 交易成本理论

交易成本理论，是由诺贝尔经济学奖得主罗纳德·科斯在1937年提出的，科斯最早通过“交易成本”这一概念去解释企业诞生和存在的本质，即随着社会经济体系中的专业分工的形成，同时又由于机会主义、有限理性、信息不对称以及不确定性的存在，导致市场的交易成本变高，经济行为人为了节约这部分费用、追求经济效率而形成了企业机制。因为企业可以将多种生产要素的所有者和产品所有者整合在一起，比在市场上可以低成本的交易，概括而言，企业通过将市场内部化，极大地降低了交易过程中的寻觅、洽谈和监督的成本，同时也消除了市场不确定性带来的风险，用企业内部的低成本交易取代了市场上的高成本交易。

在科斯奠定了交易成本理论的基础之后，Anderson 和 Gatignon(1986)首次将企业管理中的交易成本理论应用于企业国际化进入方式的研究当中，试图用“交易成本”的概念进一步解释跨国企业的海外市场进入模式选择。他们假设当经济行为人存在有限理性和机会主义，由于市场缺陷而增加交易成本时，那些具有特定优势资产所有权的跨国企业，为了更有效地发挥和利用自身这一优势而被激励进入海外市场，同时为避免和减少跨国业务的交易成本、保持经济效率最大化而更倾向于在企业内部进行内部交易(Rugman，1977)。

Anderson 和 Gatignon 两位学者将交易成本理论和1976年英国学者 Buckley 和 Casson 提出的内部化理论进行了区别，强调了即使这两个理论都试图通过最小化交易成本来决策进入方式，但内部化理论更注重对一些中间产品在企业内部以较低的成本进行获取和转让，而交易成本理论更注重交易的微观特征，其中最常见的一个特征就是交易资产的专用性。资产专用性这一概念是威廉姆森在科斯的基础上提出的，用来解释交易成本的起源。他认为交易成本是交易资产专用性的函数，当一个跨国企业决定投资一项专用性交易资产时，它会充分权衡交易资产的专用性和市场不完全带来的风险，当专用性程度高时，跨国企业可以通过各级公司管理的形式来降低市场风险，即使存在较高的管理费用；反之，当专用性程度低时，跨国企业可以通过中介特许经营的形式来降低分级公司管理费用，并降低由于市场不完全导致的投机风险(Gatignon,1986)。

Anderson 和 Gatignon 按照控制程度对跨国公司的国际进入方式进行了分类，其中独资和合资这类占有较多股权的方式被定义为高控制进入方式，并且建立全资子公司是控制程度最高的一种进入方式，而与之相对的出口和特许经营这类占有少数股权的方式被定义为低控制进入方式(Erramilli,1993)。基于这种分类，两位学者提出了影响企业控制方式决策的因素，尤其强调了跨国企业所处的外部环境所带来的不确定性因素，主要包含了东道国和母国文化差距、地理距离以及东道国风险三个因素(Luo,2001)。

然而，交易成本理论并非完美的，一方面它没有在区位层面明确划分企业的生产活动和销售活动，比如在国外市场是直接出口还是直接在全资子公司生产和销售；另一方面，由于交易成本本身构成较为复杂，交易成本难以被直接计算。

2. 组织能力理论

企业组织能力是企业通过使用其所拥有的各种资源，并使各种资源之间相互协调配合来实现企业经营和管理中的具体目标的这样一种能力，概括而言就是企业在组织层面经过长期积累和沉淀所形成的一种解决问题的能力。这种能力常常会以组织的规模、持续时间和一些无形资产的形式体现出来。

Kogut 和 Zander(1992)年率先提出将企业在组织层面的能力进行整合，这就是所谓的“组合能力”。组织能力理论是在交易成本理论的基础上，将企业国际化动因的重点从最小化交易成本拓展至企业价值管理。该理论认为进入模式选择的核心要素是跨国企业现有的能力与在特定海外市场中取得成功所需的能力之间的兼容性问题。因此，基于价值的考虑，即企业在未来发展中创造价值的动机而开展的国际化业务将更倾向于合作模式。

企业的能力通常与企业规模，国际化经验和隐性知识三者有关。当跨国企业要拓展国际业务时，也会着重考量这三个因素，即整体规模更大，国际化经营的经验更丰富的公司有信心和能力来应对国际市场经营过程中的不确定性，而知识的隐形程度在增加了交易成本的同时，也限制了在不损失知识价值的情况下向另一家公司转让的可能性，因而隐性知识越丰富，应对国际化经营风险的能力也随之越强，这些能力也提高了资源利用的效率和内部资源转移的效率。因此，对于那些特定能力更强的跨国企业，它们会倾向于控制程度更高的进入方式(Dunning,1988,1993)。

3. **其他理论**

除交易成本理论和组织能力理论外，国际化进入方式的主要理论还有国际化过程理论、折衷理论和资源基础理论等。

国际化过程理论，是由来自北欧的 Weidersheim-Paul 和 Johansson(1975)通过对瑞典跨国企业案例分析后提出的理论。他们主张企业国际化是一个动态扩张的过程，一种扩张是在地理范围的经营扩张，通常是从当地市场兴起，逐渐扩张至所在地区乃至全国的市场，进而拓宽经营范围至周边国家和地区的市场，最后力争将经营范围覆盖全球市场。第二种扩张是在销售方式的经营扩张，一般是先在国内市场直接销售，接着利用国内中间商实现间接出口和直接出口，接着通过在海外组建营销点开展销售活动，最后在东道国当地开设分公司直接生产和销售。两位学者在这一动态扩张过程的基础上，提出了影响跨国企业从进入方式变迁的因素是企业国际经营经验和海外市场的文化距离。

折衷理论(OLI)，它是英国经济学家 Dunning 在 1982 年提出的，该理论将开展国际化的跨国企业的进入方式决策依据概括为三个基本要素：O，所有权优势(ownership)，即跨国企业自身所拥有的或是能轻松获得的其他企业无法获取的优势；L，区位优势(location)，即跨国企业在进行国际化时所选择的东道国在环境方面所具有的优势，比如劳动力成本、市场潜力或是政府政策等优势；I，内部化优势(internalization)，即跨国企业为降低不完全市场给企业带来的影响将其拥有的资产优势加以内部化带来的优势(Dunning，1988)。基于此，邓宁认为企业国际化进入方式的决策由其本身所拥有的这三大基本因素共同决定，即若只是拥有所有权优势，则选择特有专利授权；若具有区位优势和内部化优势，则选择商品货物出口贸易方式；若兼具以上三种优势，才会选择国际直接投资的进入方式(Dunning，1993)。

资源基础理论，是由美国经济学家 Wernerfelt(1984)提出的，该理论假设跨国企业拥有各不相同的有形和无形资源，这些资源在企业间具有异质性，即这些资源可以被视为企业独特的资产和在市场上的竞争优势，同时在不同企业间难以低成本获取和自由流动。基于这种假设，资源基础理论的核心观点就是企业在国际市场进行跨国经营的过程中会将这种资源优势最大化地发挥，并且在进入方式选择中会尤其关注资源的管理和获取。然而这个理论也存在不足之处，主要表现在过分关注企业的内部而忽略了外部的重要性，这样形成的企业国际化战略可能会不适应动态变化的国际市场。

(二)企业国际化进入方式选择相关研究

近 20 多年来，随着制造业企业国际化理论趋于成熟，越来越多的国内外学者的研究集中于服务业企业国际化及国际化进入方式。

1. 国外相关研究

在探究企业自身特征因素和外在环境因素对进入方式决策的影响方面：Hitt和Miller等(2020)研究了家族主导型与家族影响型的家族所有者与机构投资者在有序国际进入模式决策过程中的所有权结构变化情况。研究发现：家族支配企业为了保护其社会情感财富，更愿意降低股权而进入东道国市场；即使另外一些受家族影响的机构投资者是公司的主要股东，这种偏好仍然存在，因此，应该对家族价值观在进入模式决策中所起的作用做进一步研究。Parola，Satta等(2017)从战略层面分析了软服务行业企业国际化进入方式选择的影响因素，研究以全资/合资选择作为主要进入方式，提出了一个是否进入外国软服务市场的决定因素(包括内部、外部和跨文化因素)的评估模型，然后，选取集装箱港口行业的416个海外市场进入活动进行了定量实证研究，研究结果证实了内部因素对管理层偏好更高程度控制进入模式的解释作用，也部分证实了外部因素以及跨文化因素在进入方式选择中的重要性。Pla-Barber，León-Darder等(2011)选取西班牙的住宿行业作为研究对象，分析软服务业企业的国际化进入方式及影响因素，实证结果表明那些在制造业企业国际化决策中产生影响的因素似乎并非完全适用于软服务业企业。市场潜力对软服务业的影响方向与对制造业的影响截然相反，因此，研究软服务企业的国际化应当寻求有行业特色的新变量。Mariotti，Marzano等(2020)选取了2000—2013年期间532家意大利家族企业在海外发生的1849项国际化行为作为样本，检验家族企业(FFs)的代际异质性对其国外市场进入方式选择的影响。基于前人的研究成果中的家族企业的掌门人和非家族董事会成员之间的相互作用影响企业在绿地投资与收购之间的决策的成果，研究发现非家族董事的作用在第二代家族企业管理时更有效，因为他们表现出较低的绿地投资取向，会更加关注家族企业的价值。但第三代及之后的家族企业管理人表现出较高的绿地投资导向，他们倾向于较少地听从外部董事会成员的建议。Tariq(2019)从资源依赖理论和权变理论入手，探究了影响跨国公司的市场进入模式的环境因素，实证发现了进入方式选择取决于东道国的环境不确定性水平和市场风险状况，强调环境因素的性质和程度是进入方式选择决策的决定因素，应该加入企业国际化进入方式的影响因素框架之中。

关于早期企业国际化企业的动因及绩效研究：Jiang和Kotabe(2020)对早期国际化企业的决定因素和绩效的相关研究进行了文献综述，系统地回顾现有的研究，严格评估和审查了过去30年来在28种学术期刊上发表的167篇文章，开发出一个综合框架说明早期国际化企业的决定因素和绩效之间的关系，揭示了早期国际化企业的决定因素及其绩效水平，以此为后续的研究提出方向。Boateng和Ring等(2019)研究了新兴市场银行企业国际化的动机、进入模式的选择及挑战。研究以2001年至2013年期间参与国际扩张的10家中国商业银行作为样本，并通过和30位高级管理人员进行访谈所收集的数据进行实证研究。研究发现，绿地和并购是商业银行最常见的国际化进入模式。而新兴市场银行国际化的动机似乎与市场发展有着内在的联系，以服务于在海外市场运营的客户，政府政策以及战略性知识采购；缺乏管理资源和技术能力，无法适应东道国的监管环境、文化以及缺乏经验是银行国际化的主要挑战。

关于企业国际化进入方式的研究：Surdu 和 Mellahi 等(2018)全面系统地回顾了新兴市场的跨国公司(EMM)基于股权的进入方式战略的理论，并梳理了从2000年至2015年6月在企业管理、国际商务和国际市场营销等期刊上发表的73篇文章，归纳了它们的研究主题、所用理论、方法和成果，发现研究人员对EMM国际化进入方式及战略的研究理论基础更多的还是内部化理论、OLI范式、制度理论等传统理论，仅有少数研究采用了如跳板观点等较前沿的理论。整体而言，近年来的研究只是在传统理论的边缘进行了修正，并未对现有的理论做出重大改变。Laufs 和 Schwens 等(2014)对中小企业国外市场的进入模式选择研究做了一项系统性回顾，认为中小企业和大型跨国企业存在着显著的差异，但现有国外市场进入模式研究多集中于大型跨国企业；通过系统地分析了33篇相关期刊论文的理论框架和背景维度，对中小企业市场进入方式选择的研究进行了梳理，结合中小企业的特点制订了一个未来研究议程。

2. 国内相关研究

国内学者对企业化进入方式的研究，一是探究企业国际化战略和目的层面的定性研究。吴先明和张玉梅(2020)选取了新新贸易理论视角探究了国有企业的国际化目的、生产率异质性与其国际化进入方式三者之间的关系，并且针对此类企业的特殊性，深入探究了政府补助的调节作用，研究结论是：如果国际化目的是市场开拓，那么生产率水平越高，更倾向采取跨国并购的进入方式。汪涛和贾煜(2018)从新兴经济体企业的角度探究中国企业的国际化战略，通过制度理论和基于资源的理论构建出一个分析框架，系统地分析了新兴经济体企业在制度和资源双重影响下的决策过程。研究表明，新兴经济体企业的国际化应该根据特定的情境匹配特定的资源，基于制度和资源的交互作用选择合适的国际市场进入策略。二是选取了企业微观数据对影响因素进行定量研究。林婴婴(2020)基于交易成本理论研究了中国企业在进入“一带一路”国家时，文化距离对进入方式决策的影响。通过霍夫斯泰德的文化维度计算中国与“一带一路”国家的文化距离，构建近13年发生的68个海外投资行为的面板数据的实证研究发现，文化距离越大，选择出口和FDI进入方式的可能性越低，表明了文化距离抑制了中国企业在“一带一路”国家的出口和直接投资活动。张宁宁和张宏等(2019)选取中国装备制造行业上市公司同“一带一路”沿线国家199个国际化合作行为进行实证分析，探究进入方式选择与制度风险的关系，研究发现：企业更愿意以合资方式进入制度风险较高的国家，以独资方式进入制度风险较低的国家，但与此同时，双边政治关系不断改善会提高后者的可能性。祁大伟(2015)从企业家精神的角度去探究新创企业的国际化动机对其进入方式选择的作用，作者通过发放问卷获取数据的方法，收到了313个企业管理层人员在国际化决策时有关国际化动机(包含市场、避险和资源导向)和进入方式的一手数据，经过相关性分析后得到结论，即新创跨国企业的市场导向、避险导向越强，越倾向于选择更加保守的进入方式，而资源导向越强，则越倾向更加激进的进入方式。此外，研究还发现了企业高管人员的国际化背景会正向调节市场导向和避险导向对进入方式选择的影响。

(三)高等教育机构国际化进入方式选择相关研究

1. 国外相关研究

在探究高等教育机构国际化进入方式影响因素方面：Mei 和 Teh 等(2015)重点关注了高等教育机构进入模式决策中的外部驱动因素，旨在探究文化距离、治理质量和市场吸引力对大学进入模式决策的影响。研究选择了马来西亚的一所大学作为研究对象，采用案例分析为主，收集辅助数据进行了多元线性回归为辅的研究方法，研究发现：治理质量和市场吸引力与高等教育机构市场营销部门的代理商有着显著的关系，而文化距离没有显著关系。Willis(2006)探究了外国大学进入中国高等教育市场的进入过程。通过一项为期7年的外国大学与中国大学建立联盟进入中国教育市场的这一过程的过程研究，发现了高等教育机构进入东道国的一个“三阶段”过程，在每个阶段大学决策者都会根据特定的影响因素进行选择；被研究的220所大学大多采用了“三阶段”过程；“三阶段”过程的价值在于，它为新的或现有的进入者提供了一个进入中国高等教育市场的结构化过程和相应的影响因素，并且广泛地涵盖了外国大学之间的差异，在范围和潜在的适用性上十分合理。

关于高等教育机构国际化框架和动因的研究。Carpenter 等人(2011)基于传统的企业国际化理论和研究成果，从一所开展国际化的高等教育机构中选取了20余名相关人员(包含管理层、教育从业者以及国际学生)进行访谈调研，从国际学生招收、国际教职人员招聘、国际合作项目等方面讨论高等教育机构海外市场的进入方式，进而构建了高等教育机构国际市场进入方式的一个动态框架，以适应其国际业务延伸。Seeber 和 Cattaneo 等人(2016)尝试从多个层次探究高等教育机构的国际化动因，提出了一个综合性框架，该框架涵盖了宏观层面的国家政策制度作用、中观层面的行业内竞争力需求和资源竞争、微观层面的机构目标和决策者、参与者行动等三个层面的因素。在这个框架的基础上，作者选取了欧洲400个高等教育机构进行了实证检验，研究发现：高等教育机构国际化的原因主要在于提升全球化背景下机构知名度的需求，国家层面的因素和行业层面的资源需求对其国际化影响不大，此外，机构目标以及高等教育活动的相关人员也是推动其国际化的显著动因。Naidoo(2014)探究了非营利性大学(NFP)的国外市场进入模式，研究使用归纳性建构主义定性方法，以NFP的12个国际化案例研究为基础，将Dunning的折衷框架用作其理论锚展开研究，研究表明NFP的进入模式选择可能并不总是与主要来自营利性背景的现有文献相一致，因为现有的进入模式框架倾向于利润最大化的理念，而对于不是很注重盈利的高等教育机构而言，需要对其国际化动因进行进一步探究。

关于高等教育机构国际化管理和成果应用研究。Castro和Woodin等人(2016)从高等教育从业人员视角研究国际化学生流动问题，研究人员采用问卷形式对来自28所高等教育机构从事跨国教育工作的工作人员进行调研，收集工作人员行为对国际学生流动的作用数据。研究结论是：高等教育机构的从业人员务必重视高等教育国际化的立场和作用，从对学生流动影响的层面提出了工作人员行为的系列政策建议。Wilkins(2016)基于企业管理中的资源理论和制度理论、产业经济学中的产业基础观以及一些机构微观层面的经验数据，对高等教育机构在海外开设分校这一进入方式所面对的机会和风险设计出一套评价体系，该体系可以帮助高等教育机构的国际化决策者从机构动因、竞争优势、国际化经验等方面综合考量海外市场的机会和风险。Roberts(2012)以进入中国的英国大学为例，研究了大学国际化过程中，进入方式的顺序是否先从出口开始，然后是合资企业，最后是成立全资子公司，通过10个英国大学在中国市场的扩张案例揭示了高等教育机构并没有遵循一般的市场进入模式；研究还表明，在中国的个人网络决定了高承诺进入模式的选择。

2. 国内相关研究

在对高等教育机构国际化战略和影响因素的定性研究方面：朱治亚(2020)为探究高等教育机构国际化的发展策略，选取了新加坡南洋理工大学进行案例研究。在该校所拥有的国际化要素和已有的国际化发展模式基础上，探讨了其未来的国际化发展路径，并从国际化资金获取渠道、国际人才引进与培育、国际合作项目开发等层面对该校未来国际化的整体实施战略提出策略建议。唐浩元(2016)指出全球宏观经济、科学技术发展水平以及东道国政治、习俗民情等为主的外在因素，高等教育机构的管理架构、办学特色为主的内在因素都会影响国际化发展。刘琪(2019)归纳总结了近年来中外合作办学的模式变化和发展中凸显的问题，具体表现为硕博层次合作项目数量增长缓慢，难以支撑“双一流”建设；与“一带一路”沿线国家和地区的高等教育机构合作停于表面；合作办学机构的专业设置不合理；国内区域发展均衡性有待改善，合作地区还需拓展。王雁(2019)对比分析了中国与欧洲发达国家的高等教育国际化模式，指出双方的国际化定位和发展方向不同，表现为中国的“工具论”与欧洲的“过程论”，中国的“从上到下”与欧洲的“从下到上”的发展方向；研究建议中国高等教育机构国际化应主动构建中国模式，敦促“双一流”

高校的实现、巩固和维系长期合作机制、培养高质量人才，最终实现创新和强化国内高等教育机构的国际化。

关于高等教育机构国际化的定量实证。凌健和钱维路(2020)通过对知网数据库1985—2019年的高等教育国际化相关的6051篇文献进行了可视化分析。借助专业的可视化定量分析工具，客观描述了改革开放以来中国高等教育国际化相关研究变化，整理了近40年来高等教育国际化相关研究的热点和前沿主题，包括了结合重大时政问题的5个热点、3个渐增型和4个渐弱型前沿主题；指出后续的研究应将实证分析作为主要研究方法，并将研究内容延伸至海外分校领域。李灿美和冯遵永(2020)依托于地理信息系统技术和多元统计分析方法探究了中国高等教育合作办学的空间分布特征及其潜在的影响因素，研究发现，中国高等教育合作办学在空间分布上呈现出从东部—中部—西部依次递减趋势，而各省(区、市)的公办高等教育机构数量、人口数量、经济水平都对中外合作办学的规模产生正向影响。刘永松、段云龙等(2018)研究了文化距离对高等教育国际化质量的影响，利用属性测度法构建文化距离测度模型后，选取了云南省一所国际化试点高校的留学生数据进行了实证检验，发现文化距离中的交流水平、社会交互程度、文化环境认同等维度会对国际化质量产生显著影响，因此，需要采取相关措施弱化文化距离带来的抑制作用。

(四)文献评述

本书一方面梳理了企业国际化基础理论，另一方面对近年来国内外相关研究进行了回顾。我们发现既有研究取得了重要进展，但仍存在不足。

首先，企业国际化经典理论适用于制造业企业范畴，但对于服务业，尤其是“软服务业”的适用性仍需要进一步检验。更为重要的是，尽管运用传统理论，对软服务企业国际化的研究已开始出现，但当前的研究主要仍只是对传统理论进行小范围的改良和应用，软服务企业国际化仍然缺乏完整的理论范式和体系。

其次，软服务企业国际化进入方式的研究取得了重要进展，研究内容涉及软服务的多个行业、研究方法的量化研究不断增多、研究角度的跨学科性也更强。但在国际化进入方式的研究中，就行业特征因素对企业国际化进入方式决策的影响考虑有限，大多数研究仅仅停留于服务业数据对制造业理论的再次验证，影响了研究的理论价值和应用价值。

最后，高等教育国际化进入方式研究存在明显不足：一是没有考虑不同方向国际化进入方式的决策差异问题；影响因素未充分考虑高等教育行业和机构自身的特有因素；二是研究方法以文献综述和案例研究为主，实证研究缺乏；三是研究对象多为欧美发达地区的高等教育机构，以中国高等教育机构为对象的研究较少。

综上所述，当前学术界对高等教育国际化进入方式选择主题存在一定的不足，因而，基于既有理论分析并提出高等教育机构国际化进入方式选择的影响因素，然后运用中国高等教育机构数据，验证企业国际化一般的影响因素和高等教育行业特有因素对国际化进入方式的影响具有重要的意义。

二、进入方式选择影响因素的理论分析

根据企业国际化进入方式理论、中国高等教育机构和高等教育行业的特征以及国内外相关研究成果，分析中国高等教育国际化进入方式选择的影响因素，提出假设。

（一）基于 TCT 理论的因素分析

1. **文化距离**

交易成本理论（TCT）和企业国际化过程理论均认为，文化距离影响企业国际化进入方式决策。TCT 理论指出，企业通过合资方式进入陌生国家时，由于文化距离较远、风险较大，因而通常会与东道国当地企业合作，共同分担风险来降低运营成本及风险。服务业企业国际化进入方式影响因素的实证结果也表明，跨国企业通常采用控制程度较低的，如出口、特许经营等方式进入文化距离较大的海外市场。

高等教育机构类似于软服务行业企业，因而高等教育机构的国际化进入方式分析，可以借助软服务业企业国际化研究成果。林婴婴（2020）指出，文化距离一定程度上抑制中国企业的出口贸易和直接投资活动，且人们在追求更高层次的高等教育来满足精神需求的时候，必然会考虑跨文化因素的影响。刘永松和段云龙等（2018）在测度高等教育国际化中的文化距离影响时也指出：云南高等教育机构在国际化过程中，与南亚、东南亚等地的文化距离会显著冲击国际化的质量水平，应当采取措施予以干预。基于此，我们认为文化距离会对中国高等教育机构国际化进入方式选择产生影响，并提出如下假设。

H_{1a}：文化距离越大，高等教育机构国际化越倾向于选择低控制进入方式。

2. **东道国风险**

交易成本理论（TCT）认为跨国企业在进入海外市场时，不确定的外部环境，尤其是东道国的国家风险会影响企业进入方式的选择：东道国潜在风险越大，跨国企业越倾向于选择低控制程度的进入方式。软服务业企业国际化的文献中，酒店及银行在国际化过程中，在东道国风险较低时也多倾向于选择独资或建立海外分支机构等高控制程度的进入方式。Tari（2019）指出，跨国企业的进入方式选择取决于东道国的环境不确定性水平和市场风险状况。

高等教育作为国家的关键行业，关系到国家的科学研究和文化传播，因此在国

际化战略层面更容易受到政府政策的影响，进而延伸到进入方式决策。李梅(2021)在探究全球化带来的国家风险与突发事件对中国高等教育国际化的冲击时指出：中美关系紧张、后疫情时期的国外风险等事件都要求中国高等教育应该尽快适应新变化，来重塑发展理念完成模式转型。因此，东道国风险必然对中国高等教育机构国际化进入方式选择产生影响，并提出如下假设。

H_{1b}：东道国风险越大，高等教育机构国际化越倾向于选择低控制进入方式。

3. 地理距离

企业国际化过程理论和交易成本理论(TCT)指出，企业国际化过程是企业不断向外部市场扩张的过程，其中，在市场地理范围的经营扩张通常是从占领当地市场开始，逐渐扩张至所在地区乃至全国市场，进而拓展至周边国家和地区市场，最后覆盖全球市场。企业国际化进入方式的研究成果也表明，地理距离直接影响着企业国际化进入方式选择。随着地理距离的加大，文化环境日益陌生，企业倾向于选择低控制进入方式。

高等教育机构国际化作为类似软服务行业企业的国际化，其进入方式选择也必然受到地理距离的影响。但与企业国际化不同的是，由于质量是高等教育的核心，而为了保证质量，在地理距离较远、质量风险较大的情况下，为了保证质量，高等教育机构却可能选择高控制程度的进入方式(叶琳，2018)，据此提出如下假设。

H_{1c}：地理距离越大，高等教育机构国际化越倾向于选择高控制进入方式。

(二)基于 OCP 理论的因素分析

1. 高等教育机构规模

组织能力理论(OCP)指出，跨国企业规模越大则越有信心和能力来应对国际市场经营过程中的不确定性。相关研究也表明，跨国企业的规模越大，其拥有的资产和人力水平都是其他小型企业所不能相提并论的，因此可以轻易地实行规模经济。相比于小型企业，大型企业有能力去承担更高的费用来获取更多有利的信息。大型企业基于规模所呈现出的这些优势都有助于其在进入国际市场时倾向于高度控制的模式。

对于高等教育机构而言，学校规模越大，学生、教学和科研人员数量越多，其国际化能力和意愿也越强，就越有信心选择高控制程度的进入模式。Mcaleer 和 Nakamura 等(2019)利用《泰晤士高等教育》发布的数据对日本的高等教育机构进行了实证分析，也发现机构的规模对国际化的影响是显著的，并且规模越大越有利于国际化活动的开展和管理。据此，我们认为，高等教育机构规模会对其国际化进入方式选择产生影响，并提出如下假设。

H_{2a}：高等教育机构规模越大，国际化越倾向于选择高控制进入方式。

2. 国际化经验

组织能力理论(OCP)认为,企业国际化经验越丰富,应对海外市场风险和不确定因素的能力更强,同时也能对形势和环境有着更加清晰地把控,选择高控制进入方式的可能性大。已有研究成果中,国际化经验作用得到众多学者的认可,国际化经验对于即将进入一个陌生的市场环境的跨国企业至关重要,拥有更多的经验可以在一定程度上降低因为市场差异而带来的风险,减少新市场的进入阻碍。因此,国际化经验是企业国际化进入方式选择决策的关键因素,实证研究结果表明,国际化经验显著正向影响进入方式的控制程度。

中国的高等教育机构虽然平均拥有 70 多年的办学历史,但是整体而言,国际化经历相对短暂。但近年来,随着中国教育开放的步伐不断加快和加大,大量拥有海外学习和管理经历人员的加入,国际化经验在快速增加。Pal 和 Mcaughtan 等(2020)通过对 100 多名高等教育机构国际化事务中层管理人员职业动机进行调查发现,他们的国际经验和文化意识能够对机构的国际化产生良好的促进作用。因此,我们认为高等教育机构的国际化经验会对其国际化进入方式选择产生一定的影响,并提出如下假设。

H_{2b}:高等教育机构拥有的国际化经验越丰富,越倾向于选择高控制的进入方式。

3. 隐性知识

组织能力理论(OCP)强调了隐性知识对于跨国企业的重要性,英国的科学哲学家米切尔(1985)将知识分为显性和隐性知识,认为隐性知识是不能被完全清晰地表达出来的,是基于人内心存留的一种心智模式。施琴芬等(2003)认为对于组织或机构而言,隐性知识是植根于特殊情境之下,具有高度的个性化与难以格式化和非编码性的特点,只有通过持有者主体在实践中无意识地运用才可以被表达出来。一家跨国企业所拥有的隐性知识就在于其所拥有的难以被复制和窃取的企业经营文化、对子公司的管理理念以及高度个性化的组织规则和全球发展愿景。这些隐性知识在不损失价值的情况下向其他企业转让的可能性几乎为零,因此隐性知识管理能力更强的跨国企业,会更加倾向于选择高控制程度的进入方式。

高等教育机构不仅拥有知识、不断利用知识、传授与传播知识,最重要的是在创造知识。它拥有着其他组织和个人无法比拟的学术资源、科研人员以及政府政策的扶持,因此除去丰富的学术资料、科研成果等这些显性知识,还拥有着庞大的隐性知识(赵宇 等,2012)。朱云(2012)将高等教育机构的隐性知识概括为:高等教育机构的众多专家、学者以及不同学历水平的大学生经过漫长的发展所形成的该高校所独有的校园文化、治学理念以及办学特色。中国的高等教育机构在国际化合作的过程中隐性知识一定程度上影响着进入方式的决定和选择,因此提出如下假设。

H_{2c}:高等教育机构拥有的隐性知识越丰富,越倾向于选择高控制的进入方式。

(三)基于高等教育特征的因素分析

高等教育行业的特殊性主要体现在四个方面:

首先,高等教育行业本质上属于软服务业的一种,因此具备服务业的四个特性——无形性、不可分离性、异质性和不易保存性。也就是说,高等教育是由一系列教育、教学活动所组成的过程,而不是某一种实物,服务提供方(高等教育机构)和接受方(学生)在服务的产生和使用的过程不可分离开,同样的高等教育服务对于不同学生的收获和体验不可能完全一致,高等教育服务不能被储存、转售或者退回。

其次,高等教育作为一种服务,具有鲜明的多样性,具体表现在不同类型的专业和不同级别的学历层次,多样性成为影响高等教育机构国际化进入方式选择的重要因素。吕跃军(2007)在探究高等教育产业的特征时指出,高等教育中工科、农林科、经管学科等专业都能够直接为社会三大产业培养人才,涉及市场活动的方方面面,因此可以考虑将这类高等教育部分或全部推向市场。而与其对应的以基础理论研究为目的专业,比如理学、法学、文学、历史学等,它们与市场的联系不强,不应盲目地将其推向市场。

再次,中国的高等教育具有鲜明的中国特色,积极参加国际化的中国高等教育机构中90%以上是公办院校,相比于民办院校,公办高校可以获得更多的经费和政策支持。另外,中国的高等教育机构参与了政府的不同建设计划,类似于被划分了不同等级,比如“985工程”“211工程”“双一流”等,这种层级也是中国高等教育业的特殊性,间接或直接影响着中国高等教育机构的决策。

最后,软服务业企业国际化进入方式决策需要企业拥有更多无形资产,如企业品牌、企业声誉、行业内地位以及特定业务能力等,然而,由于市场的不完全性,这些资产在内部或外部转让时都会存在一定程度的交易成本、信息成本和风险,从而要求企业在进入新的海外市场时,通过不同的进入方式对这些资产保持不同程度的控制,以提高企业的国际化绩效和质量(Pla-Barber,León-Darder,2011)。对高等教育机构而言,其所拥有的无形资产也会影响国际化决策。

1. 机构类型

现阶段,中国高等教育机构可以概括为综合型大学和专业型大学两种类型。综合型大学是指那些学科门类齐全、师生规模宏大、教学和科研实力强劲的高等教育机构。专业型大学则是指以某一行业为办学定位和办学特色的学校,这类学校虽然不具备多种学科,但在其所专攻的学科领域具有较强的竞争力。两种类型大学的国际化,均会基于自身的优势和特色在国际化过程中选择不同的进入方式,对比同为软服务业的咨询业，较为综合的企业会更倾向于选择高控制程度的进入方式，因此，提出如下假设。

H_{3a}：高等教育机构类型越偏向综合型，越倾向于选择高控制的进入方式。

2. 合作层次

高等教育国际化的目的之一是提升学校教职人员的教学和科研能力，以及学生的学习和综合水平，当前中国的高等教育国际化合作层次主要包含本科层次和研究生层次，本科生的国际合作更多是集中在专业知识教学，旨在获取更专业的课程体验，研究生的国际合作包括科学研究，通过国际化能够接触到当前国际学科最前沿的研究动态，加强国际合作的同时也促进了科研成果的产出。为了加强并拥有科研成果的所有权，从事研究生层次国际合作的国际化更愿意选择高控制程度的进入方式。因此，本书认为，高等教育机构的国际合作层次是影响其进入方式选择的一个潜在因素，提出如下假设。

H_{3b}：高等教育机构的国际合作层次越高，越倾向于选择高控制的进入方式。

3. 办学所有权

高等教育关乎一个国家的人才质量和社会发展，因此大多数国家的高等教育机构都由国家或地方政府创立和资助。随着社会和经济发展，也逐渐出现了一些由企业、事业或社会组织甚至是公民个人创办的高等教育机构，它们主要利用非国家财政性教育经费或是企业投入作为高等教育机构的资金来源。民办高校相比于公办高校在政策资助和扶持方面存在差距，但却拥有更加独立的决策权。相比于民办高校，公办高校由于经费更为充足，更突出办学的社会服务性质，因此，在进入东道国时更倾向于选择高控制程度的进入方式，据此提出如下假设。

H_{3c}：相较于民办，公办高等教育机构国际化更倾向选择高控制的进入方式。

4. 机构等级

高等教育机构由于自身的管理水平、发展历程、办学模式以及政府支持等多层次原因的影响，呈现出来综合实力的差距。中国政府实施“科教兴国”战略以来，陆续出台多项重大举措对高校进行规范和引导，比如“211 工程”“985 工程”及“双一流”建设计划。官方的规范与引导，一方面依据高等教育机构的综合实力，另一方面也考虑到区域发展平衡。政策影响到高校的经费投入，进而影响到高校对人才的吸引力，因而，这些政策导致的高校等级划分也影响着高等教育机构的国际化行为。郭俊等(2011)探究中国大学国际化时，选取了 115 所“211 工程”高校的校长作为研究对象，并指出“211 工程”大学的校长拥有更多的海外求学或研究的经验。这样更多的经验以及更多的经费投入都影响着高校更可能选择高控制程度的进入方式，据此提出如下假设。

H_{3d}：较之于一般高校，“211 工程”高校更倾向于选择高控制进入方式。

5. 科研投入

提升科研和竞争实力是高等教育机构国际化的重要目的。当然，高校科研水平也是其国际化过程中的一个核心竞争优势。朱治亚(2020)等人在探究美国高等教育国际化竞争力中，分析了美国推动高等教育国际化的原因和实施的策略，研究结论是，加强大学国际化品牌建设就要拓展和强化同海外合作伙伴科研项目的合作力度，并提出提高高等教育机构的科研投入产出比是一种较为有效的措施。谈小龙等(2019)基于 Scopus 数据库引文分析方法对具有高水平行业特色研究型大学的研究表明，要提升自身的科研竞争力就务必重视国际科技前沿态势、注重跨学科合作研发，加强与全球一流大学和科研机构的合作，加大从海外优秀的高等教育机构引进尖端人才和技术的力度。可见，研究型大学的国际化合作，不应该局限于某一学科，要从多学科开展更深层次的合作，而且要通过更紧密的合作，提升合作效果。据此提出如下假设。

H_{3e}：高等教育机构的科研投入越高，国际化越倾向于选择高控制进入方式。

6. 科研成果转化

高等教育机构的国际化过程既是高校走向世界的过程，也是向外部世界展示自身科研成果和科技水平的过程。在这个过程中，高等教育机构需要在全世界探寻包括企业和高校在内的合作对象。夏凌艳(2018)在探讨如何推进中国高等教育机构国际教育与科研协作，以及如何加强高等教育机构国际开放与合作的研究中指出：中国高等教育机构不能单单考量在国内的竞争评价，而是要走向世界高等教育行业，参与开放式竞争和国际化质量评价，要积极地融入全球教育中，要尝试直接参与国际教育竞争和合作，建立起教学与科研的全球观念。这种国际化不仅要求从事科学研究，同时要求中国高校积极地促成科研成果转化，即将取得的科研成果进行转让或合作。高校的科研成果转化量越大，越能享受到科研成果转化的益处，越有动力从事科研成果转化。为了促成双方成果的转化，为了提升转化成功率，就需要在国际化中尽可能选择高控制的进入方式，据此提出如下假设。

H_{3f}：高等教育机构的科研成果转化量越多，国际化越倾向于选择高控制进入方式。

三、进入方式选择影响因素的实证分析

(一)样本与数据

实证的数据来源于教育部中外合作办学监管工作信息平台 2020 年统计发布的中国大陆高等教育机构本科以上中外合作办学机构和项目名单。经过对数据的整理，得到各省区市的详细数据(见表 3-1)。

表 3-1　中国大陆高校本科以上中外合作办学机构和项目汇总表

省(区、市)	本科		研究生		总数		同属本科和研究生机构	已停办或终止	
	机构	项目	机构	项目	机构	项目		机构	项目
北京	4	39	5	63	9	102	2	1	34
上海	9	70	7	41	16	111	4	0	29
天津	1	24	4	14	5	38	1	0	4
重庆	4	17	1	5	5	22	1	1	3
江苏	8	92	11	14	19	106	5	0	9
浙江	6	43	9	23	15	66	4	0	11
广东	7	11	8	16	15	27	5	0	6
海南	0	3	0	0	0	3	0	0	0
福建	0	17	0	2	0	19	0	0	1
山东	5	70	4	6	9	76	1	0	6
江西	0	18	0	9	0	27	0	0	7
四川	3	13	1	10	4	23	1	0	6
安徽	0	13	0	2	0	15	0	0	0
河北	2	24	0	2	2	26	0	1	2
河南	3	89	0	0	3	89	0	1	9
湖北	1	55	4	9	5	64	0	0	9
湖南	1	24	0	2	1	26	0	0	3
陕西	3	10	4	8	7	18	2	1	1
山西	2	2	0	0	2	2	0	1	1
黑龙江	0	171	2	7	2	178	0	0	121
辽宁	8	35	2	6	10	41	2	0	12
吉林	3	47	0	1	3	48	0	0	1
广西	0	17	0	0	0	17	0	0	2
云南	0	10	0	3	0	13	0	0	0
贵州	0	4	0	1	0	5	0	0	0
甘肃	0	1	0	0	0	1	0	0	0
内蒙古	0	10	0	0	0	10	0	0	3
新疆	0	1	0	0	0	1	0	0	0
合计	70	930	62	244	132	1174	28	6	280

数据来源：中华人民共和国教育部中外合作办学监管工作信息平台(2021 年 1 月发布，http://www.crs.jsj.edu.cn)。

从表3-1可以直观地看到中国大陆各省(区、市)高校截至2020年底拥有国际化合作机构/合作项目的数量,以及本科与研究生项目数量;同属于本科生和研究生的合作机构的数量,以及已经停办或终止的合作机构/合作项目的数量。

为了便于实证研究,根据国际合作情况,对中国高等教育机构国际合作对象进行筛选和抽取样本。具体方法是:合作机构总计132个,排除掉同属本科和研究生的合作机构以及停办的合作机构后,选取了剩余的70个作为合作机构的样本;合作项目总计1174个,排除掉停办/终止的280个,从剩余的894个中随机抽取了130个作为合作项目的样本数据,总样本数量为200个。

通过对200个样本的进一步观察可以发现,随机选取的200个高等教育机构样本基本覆盖了中国大陆各个地区,并且涵盖了不同级别、不同类型、不同所有权的高等教育机构,样本可以较好地体现中国高等教育机构特征。

(二)变量选取及测量

1. 因变量选取及测量

中国高等教育国际化包括了内向国际化和外向国际化,因而,进入方式的选择也相应地包括了内向国际化进入方式选择和外向国际化进入方式选择。

因变量即为进入方式,用1和0虚拟变量来表示高低两种不同控制程度的进入方式。

2. 自变量选取及测量

文化距离(CUL)的测量。学术界关于文化距离测量的主流方法是霍夫斯泰德的"六维研究法",即对国际合作国家在权力距离、不确定规避、个人/集体、刚柔性、长短期取向、放纵和约束六个维度的打分(陈昊 等,2011),再用各维度方差校正每个国家不同维度上的差异,最后得到的平均值就是文化距离变量的测量结果,测度公式为(3-3-1),其中每个国家的"六维"得分数据来自霍夫斯泰德(Hofstede)官网。

$$CD_j = \frac{1}{6} \cdot \sum_{i=1}^{6} \left[\frac{(I_{ij} - I_{iu})^2}{V_i} \right] \qquad (3-3-1)$$

东道国风险(RISK)的测量。国家风险常采用中国出口信用保险公司编制的《国家风险分析报告》中的"东道国风险指数"。该指数将国家风险按从小到大给出"1～9"九个等级。本部分选取了2010—2019年的指数平均值来测量该变量(见表3-2)。中国高等教育机构国际化合作涉及的海外国家中,风险指数均值最低的是加拿大2.03分,最高的是俄罗斯6.32分,不同国家的风险差别相对较大。

表3-2　中国与合作国家的文化距离和各国风险指数

合作国家	权力距离	集体/个人主义	刚/柔性	不确定性规避	长短期取向	放纵约束	文化距离	东道国风险指数
爱尔兰	28	70	68	35	24	65	3.798	2.86
澳大利亚	36	90	61	51	31	71	4.353	2.11
波兰	68	60	64	93	38	29	2.349	4.52
丹麦	18	74	16	23	35	70	4.869	2.75
德国	35	67	66	65	83	40	1.831	2.52
俄罗斯	93	39	36	95	81	20	1.523	6.32
法国	68	71	43	86	63	48	2.259	2.63
芬兰	33	63	26	59	38	57	3.327	2.27
韩国	60	18	39	85	100	29	1.188	3.86
荷兰	38	80	14	53	67	68	3.696	2.41
加拿大	39	80	52	48	36	68	3.580	2.03
美国	40	91	62	46	26	68	4.300	2.89
挪威	31	69	8	50	35	55	4.033	2.11
日本	54	46	95	92	88	42	1.813	2.43
瑞典	31	71	5	29	53	78	4.469	2.32
瑞士	34	68	70	58	74	66	2.512	2.90
乌克兰	92	25	27	95	55	18	1.931	4.81
西班牙	57	51	42	86	48	44	2.127	3.77
新加坡	74	20	48	8	72	46	0.522	2.25
新西兰	22	79	58	49	33	75	4.505	2.25
意大利	50	76	70	75	61	30	2.050	2.83
英国	35	89	66	35	51	69	3.541	3.13
中国	80	20	66	30	87	24	—	—

数据来源：霍夫斯泰德官网、2010—2019年《国家风险分析报告》。

地理距离(DIS)的测量。用合作高等教育机构所在城市空间直线距离的对数测量，数据来源于国家基础地理信息中心发布的数据。

规模(SIZE)的测量。参考有关高等教育机构规模的研究，用高等教育机构在校学生数量的对数、高等教育机构科研教学人员数量的对数测量，数据来源为每一所高校官网发布的最新数据。分别用 SIZE_stu 和 SIZE_tea 表示。

国际化经验(EXP)的测量。服务业企业国际化的研究中,国际化经验的测量通常选取企业第一次国际化行为发生的时间距离当前某一时点的年份数。本书借鉴了该种测量方法,用高校第一次开展国际化的年份到 2020 年的年份差来测量国际化经验。

隐性知识(EK)的测量。高校隐性知识为高等教育机构多年办学所呈现的校园文化、治学理念或办学特色等的统称,由于隐性知识是一个不断积累的过程,因此,采用高等教育机构建校年份与 2020 年的差值的绝对值测量隐性知识。

机构类型(TYP)的测量。根据中华人民共和国教育部对样本高校类型的界定,将其划分为综合型与专业型两个类别,用虚拟变量 1 和 0 表示,其中 1 表示综合型,0 表示专业型。

机构级别(LEV)的测量。根据中华人民共和国教育部发布的"211 工程"名单,将样本高校划分为"211"高校和非"211"高校,用虚拟变量 1 和 0 表示。

合作层次(QUL)的测量。根据教育部中外合作办学监管工作信息平台发布的中国高校国际化合作方式来界定高校的国际化合作层次,用虚拟变量 0 和 1 分别表示本科和研究生层次。

办学所有权(OWN)的测量。根据样本高校所有权归属将变量分为公办和民办两种,分别用虚拟变量 1 和 0 表示。

科研投入(INPUT)的测量。用样本高校官网或其他官方渠道公布的最新年份的科研经费投入数量,并取对数测量。

科研成果转化(TRA)。选取样本高校官网或其他官方渠道公布的最新年份的科技成果转让合同数量测量。

(三)研究模型

由于因变量不是一个常规的连续变量,而是某一事件发生的概率,在社会科学中通常采用离散选择模型,因此本书选择二元 Logit 回归模型进行因子分析。二元 Logit 模型是事件决策者对于某一事项发生概率的二元判断,并且该模型可以较好地满足分类数据模型的要求,表现出解释变量与被解释变量之间的相关性。

二元 Logit 模型是一种应用较为广泛的离散选择模型,一般形式如下:

$$p=\frac{e^z}{(1+e^z)} \tag{3-3-2}$$

其中,z 是自变量的线性函数,$z=\Sigma b_i x_i$。

分析线性函数显著系数的符号,正系数表示自变量增加了选择高控制进入方式(合作机构)的可能性,而负号表示偏好低控制进入模式(合作项目)。采用单尾测试是因为它们更适合评估方向性。

对上述模型进行一系列转换后,得到概率 p 与自变量的线性表达式(3-3-3):

$$\ln\left(\frac{p}{1-p}\right)=z=\Sigma b_i x_i \tag{3-3-3}$$

其中,$p/(1-p)$ 表示事件发生的相对风险,即事件发生概率与不发生概率的比值,此处令 $p/(1-p)=\Omega$。

接着定义对数发生比:

$$\text{对数发生比}=\ln\left(\frac{p}{1-p}\right)=\ln\Omega \tag{3-3-4}$$

其中,对数发生比是事件发生概率 p 的一个特定函数,并且将这个函数称为是 p 的 Logit 转换:

$$\text{Logit } p=\ln\left(\frac{p}{1-p}\right)=\ln\Omega \tag{3-3-5}$$

Logit p 表达了一种对事件发生概率 p 的转换单位,即 Logistic probability unit,发生比代表一种相对风险,由此可以得到 Logit 回归模型的一般指数表达式(3-3-6):

$$\ln\left(\frac{p}{1-p}\right)=a+b_1x_1+b_2x_2+\cdots+b_ix_i \tag{3-3-6}$$

将进入方式选择及其影响因素代入模型,则本部分的研究模型为式(3-3-7):

$$\begin{aligned}\ln\left(\frac{p_1^i}{p_0^i}\right)=&\alpha+\beta_1^i\text{CUL}^i+\beta_2^i\text{RISK}^i+\beta_3^i\text{DIS}^i+\beta_4^i\text{SIZE}^i+\\&\beta_5^i\text{EXP}^i+\beta_6^i\text{EK}^i+\beta_7^i\text{TYP}^i+\beta_8^i\text{LEV}^i+\\&\beta_9^i\text{QUL}^i+\beta_{10}^i\text{OWN}^i+\beta_{11}^i\text{INPUT}^i+\beta_{12}^i\text{TRA}^i\end{aligned} \tag{3-3-7}$$

(四)描述性与相关分析

1. 描述性分析

在对模型进行回归分析之前,首先对各个变量进行描述性统计分析,分析结果如表 3-3 所示。

表 3-3 描述性统计结果

变量名称	变量符号	平均值	最大值	最小值	标准差
进入方式	ENT	0.350	1	0	0.478
文化距离	CUL	3.309	4.869	0.522	1.155
东道国风险指数	RISK	2.912	6.32	2.03	0.905
地理距离	lnDIS	8.918	9.319	6.863	0.625
规模	lnSIZE_stu	10.191	12.756	8.289	0.491

续表

变量名称	变量符号	平均值	最大值	最小值	标准差
规模	lnSIZE_tea	7.141	10.053	2.565	1.151
国际化经验	EXP	22.495	50	8	7.009
隐性知识	EK	77.13	127	14	27.408
学校类型	TYP	0.395	1	0	0.490
合作层次	QUL	0.340	1	0	0.475
学校级别	LEV	0.370	1	0	0.484
所有权	OWN	0.860	1	0	0.348
科研投入	lnINPUT	12.042	15.458	4.127	1.928
科技成果转化	TRA	34.254	827	0	86.806

数据来源：Stata 15.0 运行结果。

从表 3－3 分析结果可以发现，解释变量中许多变量的最大值与最小值差距较大，表明样本高校间变量差异较大，尤其在隐性知识和科技成果转化方面更是如此。

2.相关分析

在描述性统计分析后，接着对样本进行相关性分析，其目的在于检测模型中自变量之间的相关程度，观察模型是否存在多重共线性问题。在现实中，高等教育机构国际化进入方式的选择决策一定程度上会受到几十种不同因素的影响，但它们之间并非相互独立的，如果相关性过高，研究人员通常会有所取舍，来规避模型的多重共线性问题发生。

本研究通过 Stata 15.0 计算了模型中各变量之间的相关系数(见表 3－4)。根据统计学知识，如果两个变量的相关系数值大于 0.75，则认为它们之间存在很强的相关性，需要对这两个变量进行处理。从相关分析表的结果可见，解释变量之间的相关系数均小于 0.7，说明了模型不存在严重的多重共线性问题。

虽然相关分析表明变量间的多重共线性问题可能性较小，但为了进一步确定变量的共线性问题较小，我们计算了变量的方差膨胀因子。一般认为，当方差膨胀因子(VIF)大于 10，则表示模型存在多重共线性问题，从表 3－5 共线性的检验结果可以看出，变量间的共线性问题可以忽略。

表 3-4　相关系数

变量	ENT	CUL	RISK	lnDIS	lnSIZE_stu	lnSIZE_tea	EXP	EK	LEV	QUL	TYPE	OWN	lnINPUT	TRA
ENT	1.000													
CUL	−0.060	1.000												
RISK	−0.003	−0.588	1.000											
lnDIS	0.071	0.606	−0.424	1.000										
lnSIZE_stu	0.189	−0.019	−0.049	−0.028	1.000									
lnSIZE_tea	0.127	0.024	−0.162	0.057	0.486	1.000								
EXP	0.161	−0.015	−0.150	0.048	0.419	0.453	1.000							
EK	0.207	0.017	−0.130	0.125	0.375	0.470	0.661	1.000						
LEV	0.198	0.124	−0.271	0.144	0.440	0.425	0.623	0.440	1.000					
QUL	0.204	−0.010	−0.080	0.134	0.132	0.212	0.278	0.239	0.259	1.000				
TYP	0.222	0.093	−0.121	0.048	0.536	0.363	0.431	0.334	0.398	0.068	1.000			
OWN	0.161	−0.068	0.023	0.054	0.135	0.042	0.152	0.151	0.098	0.097	0.043	1.000		
lnINPUT	0.181	0.038	−0.237	0.115	0.538	0.663	0.496	0.510	0.517	0.319	0.369	0.140	1.000	
TRA	0.069	0.054	−0.088	0.065	0.170	0.220	0.162	0.176	0.055	0.201	0.160	0.091	0.306	1.000

数据来源:Stata 15.0 运行结果。

表 3-5　变量共线性检验结果

变量	VIF	1/VIF
lnINPUT	5.4	0.185
lnSIZE_tea	4.26	0.234
CUL	2.84	0.352
EXP	2.47	0.404
lnDIS	2.25	0.444
LEV	2.1	0.475
EK	1.98	0.504
lnSIZE_stu	1.85	0.540
RISK	1.74	0.576
TYP	1.56	0.639
QUL	1.24	0.808
TRA	1.18	0.848
OWN	1.09	0.915
Mean VIF	2.31	

数据来源：Stata 15.0 运行结果。

(五)内向国际化回归分析结果

1. 回归结果

在对变量进行了描述性与相关性分析之后，用 Stata 软件对模型进行二元 Logit 回归分析①。

首先，将所有的解释变量放入模型中，得到初步的回归结果，如表 3-6 所示，并检验模型的拟合优度，结果如表 3-7 所示。

表 3-6　内向国际化进入方式回归结果(全部因素)

解释变量	被解释变量 ENT					
	Coef.	Std. Err.	z	$p>\|z\|$	[95% Conf.	Interval]
CUL	−0.431*	0.243	−1.780	0.076	−0.907	0.044
RISK	0.129	0.235	0.550	0.584	−0.332	0.590
lnDIS	0.709*	0.447	1.590	0.093	−0.167	1.584

① 内向国际化进入方式中，因变量选取 0 和 1 虚拟变量来表示中外合作项目、中外合作办学两种进入方式。

续表

解释变量	被解释变量 ENT					
	Coef.	Std. Err.	z	p>|z|	[95% Conf.	Interval]
lnSIZE_stu	−0.164	0.515	−0.320	0.750	−1.174	0.846
lnSIZE_tea	−0.210	0.338	−0.620	0.536	−0.872	0.453
EXP	−0.010	0.033	−0.310	0.756	−0.074	0.054
EK	0.015*	0.008	1.800	0.072	−0.001	0.031
LEV	1.050**	0.472	2.220	0.026	0.125	1.975
QUL	0.719*	0.386	1.860	0.062	−0.037	1.476
TYP	1.088**	0.426	2.550	0.011	0.253	1.924
OWN	0.643	0.542	1.190	0.235	−0.419	1.706
lnINPUT	−0.076	0.209	−0.360	0.716	−0.485	0.333
TRA	0.008**	0.004	2.070	0.039	0.000	0.016
_CONS	−4.764	6.263	−0.760	0.447	−17.040	7.511

注：*、** 和 *** 分别表示结果在 10%、5%和 1%的显著性水平上显著。

数据来源：Stata 15.0 运行结果。

表 3－7　模型拟合优度检验结果

−2 对数似然值	Nagelkerke R^2	HL 检验的 X^2	预测的准确性
224.112	0.217	0.165	0.867

数据来源：SPSS 25.0 运行结果。

从模型拟合优度检验结果可以发现：−2 对数似然值为 224.112，Nagelkerke R^2 为 0.217，HL 检验的 X^2 为 0.165（$0.165 > 0.05$），认为观测数值与预测数值之间不存在明显的差异，并且预测的准度为 0.867。综合以上四个指标来看，该模型具有较好的拟合度。

从全部影响因素的初步回归结果中可以发现：企业国际化的一般因素中有三个因素是显著的，分别为文化距离、地理距离和高等教育机构隐性知识，并且系数的方向也与假设相同；高等教育因素中，有四个因素显著，分别是高等教育机构等级、类型、合作层次以及科技成果转化，回归系数的方向同样和研究假设一致。

为了降低特有因素和一般因素的相互作用对进入方式选择效果的干扰，接下来分别将一般企业国际化因素和高等教育特有因素放入模型，并以此结果作为实证分析讨论的依据。

其次，将一般企业国际化进入方式选择七个影响因素变量放入模型，检验这些因素和中国高等教育机构内向型国际化进入方式选择的关系，回归结果如表 3－8

所示。

表 3-8 内向国际化进入方式选择的回归结果(一般因素)

解释变量	被解释变量 ENT					
	Coef.	Std. Err.	z	P>|z|	[95% Conf.	Interval]
CUL	−0.504 **	0.221	−2.280	0.023	−0.938	−0.070
RISK	−0.043	0.211	−0.200	0.839	−0.456	0.370
lnDIS	0.914 **	0.416	2.200	0.028	0.100	1.728
lnSIZE_stu	0.402	0.445	0.900	0.367	−0.470	1.274
lnSIZE_tea	−0.088	0.172	−0.510	0.608	−0.425	0.249
EXP	0.055 **	0.028	1.970	0.048	0.000	0.110
EK	0.015 *	0.008	1.930	0.053	0.000	0.030
_CONS	−12.894	5.515	−2.340	0.019	−23.703	−2.086

注:*、** 和 *** 分别表示结果在 10%、5%和 1%的显著性水平上显著。

数据来源:Stata 15.0 运行结果。

从一般企业国际化因素回归结果可以发现,基于 TCT 理论的影响因素中,文化距离和地理距离均在 5%的显著性水平上显著,而东道国风险不显著;基于 OCP 理论的影响因素中,国际化经验和隐性知识也均在 5%的显著性水平上显著,而高等教育机构规模不显著。

再次,将高等教育行业特有因素的六个变量放入模型,检验这些因素对中国高等教育机构内向国际化进入方式选择的影响程度,回归结果如表 3-9 所示。

表 3-9 内向国际化进入方式选择的回归结果(特有因素)

解释变量	被解释变量 ENT					
	Coef.	Std. Err.	z	p>|z|	[95% Conf.	Interval]
LEV	0.977 **	0.409	2.390	0.017	0.175	1.779
QUL	0.835 **	0.369	2.260	0.024	0.111	1.559
TYP	0.993 ***	0.379	2.620	0.009	0.249	1.736
OWN	0.838	0.520	1.610	0.107	−0.181	1.858
lnINPUT	−0.169	0.110	−1.530	0.125	−0.385	0.047
TRA	0.009 **	0.004	2.300	0.021	0.001	0.017
_CONS	0.977	0.409	2.390	0.017	0.175	1.779

注:*、** 和 *** 分别表示结果在 10%、5%和 1%的显著性水平上显著。

数据来源:Stata 15.0 运行结果。

从回归结果可以发现，高等教育机构类型在1%的显著性水平上显著，高等教育机构级别、合作层次、科技成果转化三个变量均在5%的显著性水平上显著，高校所有权和科研投入不显著。

最后，将前述三个模型的回归结果进行横向对比，结果如表3-10所示。

表3-10 内向国际化进入方式的回归结果(汇总)

解释变量	模型1	模型2	模型3
CUL	−0.431* (0.076)	−0.504** (0.023)	
RISK	0.129 (0.584)	−0.043 (0.839)	
lnDIS	0.709* (0.113)	0.914** (0.028)	
lnSIZE_stu	−0.164 (0.750)	0.402 (0.367)	
lnSIZE_tea	−0.210 (0.536)	−0.088 (0.608)	
EXP	−0.010 (0.756)	0.055** (0.048)	
EK	0.015* (0.072)	0.015* (0.053)	
LEV	1.050** (0.026)		0.977** (0.017)
QUL	0.719* (0.062)		0.835** (0.024)
TYP	1.088** (0.011)		0.993*** (0.009)
OWN	0.643 (0.235)		0.838 (0.107)
lnINPUT	−0.076 (0.716)		−0.169 (0.125)
TRA	0.008** (0.039)		0.009** (0.021)

续表

解释变量	模型 1	模型 2	模型 3
_CONS	−4.764 (0.447)	−12.894 (0.019)	0.977 (0.017)
Prob. > K^2	0.000	0.000	0.000
X^2	49.98***	26.48***	41.06***
No. obs	189	189	189
模型拟合优度(R^2)	0.202	0.107	0.1655

注：*、** 和 *** 分别表示结果在 10%、5%和 1%的显著性水平上显著，括号内为 p 值。

数据来源：Stata 15.0 运行结果。

2. 分析与讨论

本部分对内向国际化进入方式选择影响因素每个因素的回归结果进行具体分析：

文化距离在 5%的显著性水平上对中国高等教育机构内向国际化进入方式的决策产生了显著的负向影响，文化距离的增加会降低其选择高控制模式进入方式的可能性，因此，假设 H_{1a} 成立。

东道国风险(RISK)对中国高等教育机构内向国际化进入方式的决策影响不显著，因此，假设 H_{1b} 不成立。

地理距离(DIS)在 5%的显著性水平上对中国高等教育机构内向国际化进入方式的决策产生了显著正向影响，假设 H_{1c} 成立。

规模(SIZE)变量中，学生规模(SIZE_stu)和教职科研人员规模(SIZE_tea)均对中国高等教育机构内向国际化进入方式没有产生显著影响，因此，假设 H_{2a} 不成立。

国际化经验(EXP)对内向国际化进入方式的决策产生显著正向影响，国际化经验的增加会增大其选择高控制进入方式的可能性，因此，假设 H_{2b} 成立。

隐性知识(EK)在 10%的显著性水平上对其内向国际化进入方式的决策产生显著正向影响，国际化经验的增加会提升其选择高控制进入方式的可能性，因此，假设 H_{2c} 成立。

高校类型(TYP)在 1%的显著性水平上，对其内向国际化进入方式的决策产生正向显著影响，综合型高校相比于专业型高校更容易选择高控制模式，因此，假设 H_{3a} 成立。

合作层次(QUL)在 5%的显著性水平上，对其内向国际化进入方式的决策产生显著正向影响，研究生及以上学历的国际化合作更容易选择高控制进入方式的可能性，因此，假设 H_{3b} 成立。

高校所有权(OWN)，无论是公办还是民办对中国高等教育机构内向国际化进入方式的决策影响不显著，因此，假设 H_{3c} 不成立。

学校等级(LEV)在 5%的显著性水平上，中国高等教育机构的等级对其内向国际化进入方式的决策产生显著正向影响，高校等级越高，其选择高控制进入方式的可能性也就越高，因此，假设 H_{3d} 成立。

高校科研投入(INPUT)对其内向国际化进入方式的决策影响不显著，因此，假设 H_{3e} 不成立。

高校的科技成果转化(TRA)在 5%的显著性水平上，对其内向国际化进入方式的决策产生正向显著影响，科技成果转化越多，越可能选择高控制进入方式，因此，假设 H_{3f} 成立。

接下来，对实证结果没有得到支持的假设进行分析和讨论。

东道国风险变量方面，由于高等教育机构内向国际化进入方式，主要以学习和借鉴海外优秀和先进的办学模式与教学形式为主要目的，更为重要的是，国际化活动的场所主要在国内，因此受到东道国当地政策和环境的影响较小，因而东道国对进入方式选择没有影响。虽然东道国影响不显著，但系数为负。

高等教育机构规模方面，本书认为，随着中国政府对高等教育国际化方面的进一步重视，全国各类高校积极贯彻“引进来”和“走出去”的国际化办学理念，并且会根据自身的特色进行多样化的国际化，因此不论是拥有更多教职科研人员、招收更多学生的大规模高等教育机构，还是小规模的大学都在加强着自身在全球高等教育中的角色和定位，因此机构规模变量未能在高等教育机构内向国际化决策中体现出显著作用。

办学所有权方面，随着国家政策鼓励和资金支持，越来越多的高校参与到国际化合作之中，其中包括一些民办院校，相较于一些普通的公办院校，它们拥有相对更多的自主决策权，它们会根据自身特色去选择当前阶段最合适的国际化进入方式，进而导致所有权的影响不显著。

科研经费投入方面，虽然科研经费一定程度上有可能推动高等教育机构的国际科研合作，但由于中国高校内向国际化大多以本科项目为主，从而国际化的主要内容局限于教学层面，科研合作相对较少，因此科研经费投入没有产生影响。

（六）外向国际化进入方式选择影响因素的实证结果

由于中国高等教育机构建立海外分校的数量较少，因此本书主要以国际学生测量外向国际化进入方式，并以国际学生数量来测度进入方式的控制程度(招收国际学生数量超过 400 人，则认为它选择了高控制的外向国际化进入方式，用二元变量“1”来测量；反之，则认为选择低控制程度的国际化进入方式，用二元变量“0”来测量)，并通过二元 Logit 模型来检验外向国际化进入方式选择的影响因素。

依次将企业国际化一般因素、高等教育行业特有因素以及所有因素放入模型进行二元 Logit 回归检验。由于合作层次(QUL)属于内向国际化进入方式的特有变量，因此在进行外向国际化进入方式选择模型回归时，将该变量排除在外。

首先是将全部因素 12 个变量一起放入模型中进行二元 Logit 回归，回归结果如表 3－11 所示。

表 3－11　外向国际化进入方式的回归结果(全部因素)

解释变量	被解释变量 OSS					
	Coef.	Std. Err.	z	p>|z|	[95% Conf.	Interval]
CUL	−0.401	0.296	−1.350	0.176	−0.981	0.180
RISK	−1.009***	0.369	−2.740	0.006	−1.732	−0.286
lnDIS	1.356**	0.607	2.230	0.025	0.167	2.546
lnSIZE_stu	0.283	0.609	0.470	0.642	−0.911	1.477
lnSIZE_tea	0.313	0.341	0.920	0.359	−0.355	0.981
EXP	0.069*	0.042	1.620	0.096	−0.014	0.152
EK	0.002	0.010	0.160	0.874	−0.017	0.020
LEV	1.048**	0.509	2.060	0.040	0.050	2.046
TYP	0.278	0.457	0.610	0.543	−0.617	1.173
OWN	−0.095	0.539	−0.180	0.859	−1.151	0.960
lnINPUT	0.054	0.217	0.250	0.803	−0.371	0.479
TRA	0.006	0.005	1.140	0.256	−0.004	0.016
_CONS	−15.567	8.133	−1.910	0.056	−31.507	0.374

注：*、** 和 *** 分别表示结果在 10%、5%和 1%的显著性水平上显著。

数据来源：Stata 15.0 运行结果。

从对全部影响因素的初步回归结果中可以发现：东道国风险在 1%的显著性水平显著，产生负向影响；地理距离、高等教育机构等级是在 5%的显著性水平产生正向影响；国际化经验在 10%的显著性水平上产生正向影响；而文化距离、高等教育机构规模、隐性知识、类型、所有权、科研投入、科技成果转化影响均不显著。

为降低高等教育行业特有因素和企业国际化一般因素的相互作用对回归结果的干扰，接下来将一般因素和特有因素分别放入模型，并以此结果作为实证分析讨论的依据。首先，将企业国际化一般影响因素的七个变量放入模型，检验这些因素和中国高等教育机构对外招收国际学生数量的关系，回归结果如表 3－12 所示。

表 3－12 外向国际化进入方式的回归结果(一般因素)

解释变量	被解释变量 OSS					
	Coef.	Std. Err.	z	$p>\|z\|$	[95% Conf. Interval]	
CUL	−0.435	0.281	−1.550	0.121	−0.985	0.115
RISK	−1.147***	0.352	−3.260	0.001	−1.837	−0.458
lnDIS	1.422**	0.588	2.420	0.016	0.270	2.575
lnSIZE_stu	0.786	0.570	1.380	0.168	−0.331	1.904
lnSIZE_tea	0.438	0.199	2.210	0.127	0.049	0.828
EXP	0.108***	0.038	2.840	0.004	0.033	0.182
EK	0.003	0.009	0.310	0.755	−0.015	0.021
_CONS	−21.442	7.712	−2.780	0.005	−36.557	−6.327

注：*、** 和 *** 分别表示结果在 10%、5%和 1%的显著性水平上显著。

数据来源：Stata 15.0 运行结果。

从回归结果可以发现，东道国风险和国际化经验均在 1%的显著性水平显著，但东道国风险产生了显著的负向影响，国际化经验产生了显著的正向影响；地理距离在 5%的显著性水平显著，产生正向影响；文化距离、规模和隐性知识影响不显著。

再将高等教育行业特有的五个变量放入模型，检验教育因素和中国高等教育机构外向国际化进入方式选择的关系，回归结果如表 3－13 所示。

表 3－13 外向国际化进入方式的回归结果(特有因素)

解释变量	被解释变量 OSS					
	Coef.	Std. Err.	z	$p>\|z\|$	[95% Conf. Interval]	
LEV	1.690***	0.442	3.830	0.000	0.824	2.556
TYP	0.382	0.381	1.000	0.316	−0.365	1.128
OWN	−0.217	0.467	−0.470	0.642	−1.132	0.697
lnINPUT	0.346***	0.127	2.740	0.006	0.098	0.594
TRA	0.005	0.004	1.230	0.217	−0.003	0.014
_CONS	−4.562	1.457	−3.130	0.002	−7.418	−1.705

注：*、** 和 *** 分别表示结果在 10%、5%和 1%的显著性水平上显著。

数据来源：Stata 15.0 运行结果。

从回归结果可以发现，学校等级和科研费用投入两个变量在 1%的显著性水平显著，产生正向影响；机构类型、所有权和科技成果转化影响均不显著。

最后，将以上三个模型的回归结果进行横向对比，结果如表 3 - 14 所示。

表 3 - 14　外向国际化进入方式的回归结果(汇总)

解释变量	模型一	模型二	模型三
CUL	−0.401 (0.176)	−0.435 (0.121)	
RISK	−1.009*** (0.006)	−1.147*** (0.001)	
lnDIS	1.356** (0.025)	1.422** (0.016)	
lnSIZE_stu	0.283 (0.642)	0.786 (0.168)	
lnSIZE_tea	0.313 (0.359)	0.438 (0.127)	
EXP	0.069* (0.096)	0.108*** (0.004)	
EK	0.002 (0.874)	0.003 (0.755)	
LEV	1.048** (0.040)		1.690*** (0.000)
TYP	0.278 (0.543)		0.382 (0.316)
OWN	−0.095 (0.859)		−0.217 (0.642)
lnINPUT	0.054 (0.803)		0.346*** (0.006)
TRA	0.006 (0.256)		0.005 (0.217)
_CONS	−15.567 (0.056)	−21.442 (0.005)	−4.562 (0.002)
Prob.$>K^2$	0.000	0.000	0.000
X^2	93.90***	87.24***	65.75***
No. obs	189	189	189
模型拟合优度(R^2)	0.363	0.337	0.254

注：*、** 和 *** 分别表示结果在 10%、5%和 1%的显著性水平上显著，括号内为 p 值。

数据来源：Stata 15.0 运行结果。

通过对外向国际化进入方式选择影响因素的回归检验结果，可以得到结论：中国高等教育机构外向型国际化进入方式选择会受到多种因素的影响。一是企业国际化进入方式一般因素，即东道国风险、地理距离以及高等教育机构的国际化经验的影响。一般来说，高等教育机构的国际化经验越丰富、与国际学生母国地理距离越大、东道国风险越低，越倾向选择高控制程度的外向国际化方式。另一是外向型国际化进入方式选择还受到高等教育行业特有因素的影响，即高等教育机构等级和科研费用投入量影响高等教育机构外向国际化进入方式的选择：机构级别越高、对科研活动投入的费用越多，越倾向选择高控制程度的外向国际化进入方式。

(七)内/外向国际化进入方式影响因素对比讨论

为了更清晰地了解内外向国际化进入方式影响因素的区别，本书对内外向国际化进入方式，选择影响因素的回归结果进行了总结(见表 3－15)。通过表 3－15 可以清晰地看到两种方向国际化进入方式影响因素的异同之处：有 8 个因素对内向国际化进入方式的选择产生了影响，5 个因素对外向国际化进入方式的选择产生了影响，3 个因素同时对内向和外向国际化进入方式的选择产生了影响。

表 3－15　高等教育内向和外向型国际化影响因素对比

因素	影响因素	是否显著	
		内向国际化	外向国际化
企业国际化一般因素	文化距离	显著	不显著
	东道国风险	不显著	显著
	地理距离	显著	显著
	国际化经验	显著	显著
	规模	不显著	不显著
	隐性知识	显著	不显著
高等教育行业特有因素	机构类型	显著	不显著
	机构等级	显著	显著
	合作层次	显著	不显著
	办学所有权	不显著	不显著
	科研投入	不显著	显著
	科技成果转化	显著	不显著

数据来源：作者整理。

第一，企业国际化一般因素中，实证结果显示，无论是外向还是内向国际化进入方式决策均受到地理距离和国际化经验的影响，且对进入方式选择的影响都是正向影响，该结果与众多研究成果结果一致。朱天星(2013)基于国际学生流动视角探究了高等教育国际化影响因素，提出了文化距离和地理距离是影响国际学生流动的主要因素；Edra(2015)研究了影响国际学生到马来西亚私立高等教育机构学习的因素后发现，高等教育机构自身及其教学人员的国际化经验是一个显著因素。我们认为，高等教育是一个与文化交流和传播息息相关的行业，无论是“引进来”，还是“走出去”都会受到跨文化差异的影响，因此，知识的增加、距离的扩大都有助于高等教育机构选择高控制进入方式，以提高成功率，确保教育质量。至于实证结果显示文化距离对高等教育机构外向国际化进入方式选择不显著的原因，本书认为国际学生留学的重要目的之一是感受不同国家、不同地区的文化差异，所以不会轻易因文化距离扩大而改变决策。

第二，企业国际化一般因素中，实证结果表明东道国风险显著影响外向国际化进入方式选择，但不会显著影响内向国际化进入方式的决策。杜燕锋(2020)分析高校建立海外分校风险时指出，文化距离、宏观经济、学校声誉以及东道国政策均是影响高等教育机构海外分校开办与运营的重要因素；廖菁菁(2019)研究高等教育海外分校的动因时指出要密切注意东道国潜在的各类风险所带来的影响，譬如政治风险、金融风险、监管风险等。本书认为，相比于外向国际化，内向国际化更多的是将国外优秀和先进的办学模式与教学形式引入国内，因此受到本国政策和环境的影响较小。但外向国际化进入方式的选择，不仅受到东道国风险的影响，同时也受到母国风险的影响。

第三，高等教育行业特有因素中，实证结果显示无论是外向还是内向国际化进入方式选择均受到高等教育机构等级的影响。对外向国际化而言，因为高等教育机构等级不同所带来的机构声誉、课程设置、学术质量不同，因而外向国际化的难易程度会有差异，继而会选择不同的进入方式。Roga (2015)指出，学校的声誉和学术质量是国际学生选择海外高等教育机构时主要考虑的因素；白晓煌(2018)基于国外学者研究的视角梳理了国际学生流动的影响因素，发现学校等级、教学质量及课程设置均为较为常见的因素。

第四，高等教育行业因素中，实证结果表明科研投入显著影响外向国际化进入方式选择，但对内向国际化进入方式选择影响不显著。Bekbauova(2018)实证研究哈萨克斯坦高等教育国际化的研究发现，学校和政府资金投入水平是招收国际学生的一个正向显著的影响因素；谢健(2019)对英国大学海外分校办学风险规避机制进行了研究，对中国高校海外分校建立提供了建议，其中包括注重学校品牌和加大经费投入。总之，较之内向国际化，外向国际化的品牌形象更为重要，学生对高校的科研更为看中，因而，科研投入对外向国际化进入方式选择产生了显著影响。

第五，隐性知识和文化距离对外向国际化进入方式选择影响不显著的可能原因是：隐性知识通过机构的建立时间长短来测量，机构建立的时间即使很长，但如果没有积累相关的外向国际化知识，其对于外向国际化进入方式的选择也没有一定的把握，因而，在不同机构的进入方式选择中具有不同的影响；至于文化距离没有影响的原因是本研究采用国际学生测量外向国际化进入方式，而招收国际学生，高等教育机构本身并没有走出国门，因而，文化距离的大小对于高等教育机构招收哪个国家的留学生并没有任何的影响。如果采用海外分校测量外向国际化进入方式，可能就会有不同的结论。

四、结论与建议

(一)研究结论

本部分通过回顾企业国际化进入方式理论和高等教育国际化的文献，基于TCT和OCP理论，结合高等教育行业的特点，构建了中国高等教育机构国际化进入方式选择的影响因素框架，旨在检验一般的企业国际化进入方式影响因素是否适用于中国高等教育行业，探索基于高等教育行业特点提出的国际化特有因素的显著性，然后选取中国大陆普通高等院校的200个国际化行为为样本，采用二元Logit回归模型进行实证分析，研究结论如下：

第一，文化距离、地理距离、高校国际化经验、隐性知识、类型、国际合作层次、等级以及科技成果转化均显著影响了中国高等教育机构内向国际化进入方式选择。文化距离的增加会显著阻碍其选择高控制模式进入方式；地理距离则呈现出显著的积极影响，即地理距离显著促进机构选择高控制进入方式；国际化经验和隐性知识对内向国际化进入方式均产生显著的正向影响。办学模式越偏向综合型、在本国等级越高的高等教育机构更容易选择高控制进入方式；国际化合作层次越高、科技成果转化越多的高等教育机构越倾向选择高控制进入方式。

第二，地理距离、东道国风险、高等教育国际化经验、科研投入和等级均显著影响了高校外向国际化进入方式选择。其中，地理距离、经验、科研投入和等级均对高等教育机构选择高控制进入方式产生了显著的积极影响，而风险则产生了显著的消极影响。

第三，内外向国际化进入方式均受到地理距离、国际化经验以及高等教育机构等级因素的影响。

(二)政策建议

纵观全球高等教育行业，我们发现越是顶尖的高等教育机构越是在国际化业务和能力上处于领先地位，越能充分利用国际化带来的全球市场机遇，进行更深层次的国际化合作。对中国高等教育而言，要推动更多的国内高等教育机构建设为世界高校，亟须加强和规范国内高等教育机构的国际化行为。

1. 微观层面的建议

1)提升国际合作层次

实证研究表明，更高层次的国际化合作有利于高等教育内向国际化进入方式控制力提升。因此，对于国内高等教育机构而言，要用发展的眼光看待国际化合作，要提升硕士乃至博士层次的合作规模和深度，促进尖端科研人员的培养以及突破前沿技术的制约，进一步提升国际化的质量和绩效。

2)加大科技成果转化数量和效率

由于高校科研成果转化是影响其进入方式选择的因素，因此为了提升高等教育机构的国际化效果，应鼓励高校加大在科研方面同政府、企业及社会各方的合作力度和数量，充分发挥科学研究的应用价值。同时，要积极进行国际合作，通过国际合作接触科研前沿，学习先进的科研理论、理念和方法以提高科技成果转化效率。

3)积累国际经验和隐性知识

由于国际化经验有助于内向和外向国际化选择高控制进入方式，而隐性知识又可以促进高等教育机构内向国际化选择高控制进入方式，因此，国内高等教育机构一方面要利用各种渠道汲取国际化经验，另一方面，要积极进行各种国际化尝试，不断总结提炼，形成隐性知识。

4)建设综合型大学

研究结论表明，综合型大学作为未来全球高等教育机构的重要形态，因为能发挥出规模优势，降低国际化过程中的成本，而有助于选择高控制内向国际化进入方式。因此，国内大学应确立综合型高等教育机构的目标，通过合并或重组做大做强，在增强竞争力的同时，促进人才吸引和保留，促进当地经济发展。

2. 宏观层面的建议

1)加大对外文化交流力度

中国四十多年的对外开放经验证明了只要以开放的姿态参与到国际事务当中，就能够全方位地受益于经济全球化带来的机遇。实证研究也表明了文化距离对中国内向国际化进入方式选择的显著影响。因此，要继续加大对外开放的整体力度，积极同世界不同文化的国家和地区开展文化交流活动，让更多的外国人有机会学习和感受中国文化的魅力，从而缩短其与中国的文化距离，助力高等教育机构开展多种模式的国际化合作。

2)树立大国形象

2020 年新冠疫情的出现，让全世界看到了中国的国际担当，在推动高等教育发展方面，中国也应当树立和强化大国形象。因此，我们要积极参与全球高等教育的多边活动、充分响应联合国教科文组织的全球高等教育治理目标，接纳更多的海外名校走入中国，支持国内名校在世界各地纷纷建立分校，长远来看，这不仅仅推动了全球高等教育行业的发展，也让高等教育的成果真正地惠及全人类的福祉。

（三）研究展望

本章虽然较为系统地研究了中国高等教育机构国际化进入方式选择影响因素，并根据研究结论从两个层面对中国高等教育的发展提出了政策建议，但仍然存在一些不足，需要在后续的研究中完善。

第一，探寻新的理论基础。高等教育国际化进入方式选择分析的理论基础较为传统，目前学术界在国际投资和贸易领域出现了一些新的理论视角，比如 LLL (linkage-leverage-learning)分析框架、“后来者”视角、非平衡理论等，在后续的研究中可以参考借鉴。

第二，高等教育行业特有因素有限。受限于高等教育行业特有因素的变量测量困难，行业特有因素的变量种类和数量有限，不一定能体现高等教育行业的本质特征，因此，后续研究拟从中观和微观层面进一步选取特征变量，进而探索高等教育的特殊行业变量对进入方式选择的影响。

第四章　国际学生来华留学的影响因素

经济全球化、科技信息化和文化多样化的发展态势，助推高等教育走向国际化，而高等教育国际化对促进东道国和母国的经济发展、科技创新和文化交流也具有重大战略意义。虽然国际化已成为知识密集型产业的一项重要战略措施(Michael，2009)，但很少有文章通过实证分析论证高等教育国际化的驱动力并进一步探究学生流动是如何实现国际化路径的(Blanca，2013)。陈学飞(2004)将高等教育国际化归为四个维度：学生流动、项目流动、院校流动和合作办学。其中，学生流动是高等教育国际化的核心内容，大力促进学生流动是推动高等教育走向国际化的重要途径。学生流动(student mobility)，是指在高等教育国际化背景下，学生需要通过一段时间国外的学习来培养自身的国际化视野和理念，从而完成国际化教学、科研等学习要求的一项国际活动(Jose，2006)。随着全球化进程的加快以及对外开放程度的不断提高，越来越多的本土学生通过国际化途径获取专业知识，提升就业技能。一般来说，高等教育国际化不仅可以增强学生的全球化思维意识，培育学生成为全球公民，还可以增加学生未来的就业砝码，实现个人效益最大化。尽管国际学生在各国已经越来越普及，但学生流动在20世纪末期才兴盛起来。学生在意识到国际化、跨文化和全球化可以为自己带来竞争优势后，便逐渐将留学活动纳入他们的学习和工作规划之中(Scott，2006)。

21世纪以来，国际学生流动人数增长非常迅猛。美国国际教育协会IIE对留学生数据进行统计后发现，2000年全球约有二百万名学生到母国以外的国家学习，到2016年时，这项数据已经增至五百多万人；同时IIE预计，到2025年国际学生流动人数将会达到八百万人。当然，学生流动主要集中在少数几个国家。经合组织OECD指出，近六成的国际学生选择在美国、中国、英国、澳大利亚、法国、德国和日本进行留学进修，其中美国、中国、英国成为国际学生首选的留学目的国。然而，随着英国脱欧事件等的影响，国际学生流入欧美留学大国的人数有较大缩减。但与之不同的是，中国不仅政治、社会环境稳定，同时还凭借“一带一路”“自贸区”等重大机遇逐渐吸引更多国际学生来华留学，并已经成为亚洲最大的留学生目的国。

目前，有关高等教育国际化的文献虽日益增多，但在学生流动维度上仍存在一定空缺。Anna(2014)强调，目前有关人员流动的文献还较少，且现有的人员流动主要以外交官、专家和科学家为研究对象，留学生维度常常被忽视。Paloma(2016)提到，目前学者们更多关注的是学生流动为母国或东道国带来的结果而不是促使学生流动发生的原因。在现有学生流动影响因素的文献中，Jiani(2017)等指出，已有研究以欧美等发达国家为样本，而对中国等发展中国家的关注较少。仅有的以中国为样本的研究，经常研究区域之间的学生流动，很少把注意力放到国际学生流动(Mok,2016)。最后，在研究方法上，张磊(2014)等强调关于来华留学生的研究多以定性和规范性方法为主，实证性研究较少。针对现有文献存在的空缺，本章以中国为留学生流入国，13个来华留学输出国为样本，以推拉理论为基础，利用改进的贸易引力模型研究国际学生来华留学的影响因素。

一、理论基础与文献综述

(一)理论基础

1. 理论概述

关于学生的国际流动，已有文献取得了较为丰富的研究成果。学者们基于传统的移民流动理论，从东道国或母国的视角对影响学生流动的因素进行了分析。其中具有代表性的理论有：雷文斯坦因的推拉理论；拉里的新古典主义经济理论；奥迪、爱德华的新经济移民理论；伊曼纽尔的世界体系理论；迈克尔的双重劳动力市场理论以及罗比特的三重市场需求理论(见表4-1)。但是从国际化视角看，已有理论对学生流动的解释力尚存缺陷：推拉理论框架过于庞大，可以放入各种推力因素和拉力因素，虽然可以较好的对学生流动做出定性分析却不能构建模型进行定量的测度(程名望,2006)；新古典主义理论仅仅考虑东道国和母国的价格差异，缺乏其他社会因素的考虑；新经济移民理论虽然在新古典主义的基础上使分析因素变得更加多元化，但却仅从输出国角度考虑学生流动的影响因素(杨钊,2008)；世界体系理论的边缘地区到核心区域的单一流动路线也与当下复杂的学生流动路线不符(路爱国,2000)；劳动力市场理论强调母国学生需求的重要性，但只从母国需求方考虑而忽视了东道国供给方的影响因素，造成了分析结果的不精确(香伶,2006)。

基于前述研究的缺陷，理论界又相继提出了衍生的移民动力机制对学生国际流动进行研究：道格拉斯的移民网络说、贡纳的累积因果关系说和利姆的移民系统理论。衍生的移民动力机制不仅考虑了学生离岸前的影响因素，还加入了学生离岸后持续性常驻的影响因素、留学生流动对母国学生潜在国际流动的影响等问题。衍生的移民动力机制从动态、多元化角度分析了影响学生流动的因素，并在一定程度上解决了传统移民理论单维度、非动态等问题，但衍生的移民动力机制及其基于衍生移民动力机制的研究才刚刚起步，理论上仍存在诸多不足：一是现有研究仍以经济因素为主，忽视了其他因素对学生流动的影响，认为较高的工资收入和优越的

表 4-1 理论总结

理论	提出者（时间）	主要观点
推拉理论	Ravenstien (1880)	早先，研究者认为移民是由输入国与输出国的工资差别引发的。而推拉理论认为，移民流动的因素不仅有工资差异，还有输入国良好的就业前景、稳定的社会治安、更好的教育环境等因素
新古典主义经济理论	Sjaastad (1962)	强调移民是因为国别之间的经济因素差异造成的，而其他社会因素并不是重要原因。该理论被认为是最有影响力的人员流动理论
新经济移民理论	Stark，Taylor (1970)	移民流动不是国别间的绝对收入差距造成的，而是东道国与母国的相对心理满足度等综合问题（如生活幸福度差距，学习环境稳定差距，工作满意度差距等）引发的
世界体系理论	Wallerstein (1974)	世界是由核心国和边缘国两种不同体系构成的。世界核心国具有强大的经济、文化、科技实力，以绝对控制力统治世界；而世界边缘国则是全方面落后，没有统一政治中心的群体。移民往往是由世界边缘国流向世界核心国的
双重劳动力市场理论	Piore (1979) Portes (1985)	由于经济、文化等方面因素的差异，各国劳动力市场往往千差万别，这使得不同市场劳动力人群在就业机会和收入上出现较大差异，而这种差异促使劳动力人员在不同市场、国别之间流动
三重市场需求理论	Bach (1988)	三重市场需求理论在双重劳动力市场理论基础上增加“移民带动机制”，即一旦有大量母国人员在东道国获得稳定的就业和更高的收入后，母国人员就会前往东道国，从而带动更多母国劳动力前往东道国

资料来源：作者根据相关文献整理。

经济环境会吸引潜在学生流动的移民网络说、留学生的资产造成当地贫富不均时会促使那些“相对失落感”的学生流出母国的累积因果说、宏观经济结构的稳定会对国际学生的流动产生积极影响的移民系统理论；二是研究过程中影响因素局限于单边因素的考虑，即仅从输出国或输入国单个层面进行影响因素的研究，从而不符合学生流动决策基于母国和东道国因素综合权衡的实际；三是已有研究对象多为欧美等发达国家学生为主，以中国等发展中国家学生流动为对象的研究有限。

关于国际学生流动动因的研究，最具代表性的理论是推拉理论。尽管推拉理论被质疑无法将影响因素进行系统的分类和归纳，但它仍然是解释学生国际流动最有效的理论机制（Michel，2014）。

2. **推拉理论**

推拉理论把学生流动的影响因素分为推力因素和拉力因素，推力因素存在于母国，是促使学生流出母国的消极因素；拉力因素存在于东道国，是吸引学生流入的积极因素。19 世纪 80 年代英国学者 Ravenstein 在其《人口迁移规律》一书中提出了七条规律，体现了推拉理论的早期思想。Bgane 于 20 世纪 50 年代末为进一步解释人口流动的原因，概括并形成了著名的"推拉理论"。推拉理论在国际学生流动领域的应用首次出现于 20 世纪 60 年代，由麦克马洪在考察十八个学生留学美国后提出。他认为"推力"是负向因素，这些因素阻碍学生继续留在国内学习发展，推动他们离开母国；"拉力"是正向因素，因为这些因素吸引意图改善学习、工作现状愿望的学生流入东道国。在麦克马洪的研究中，影响学生流动的主要推力因素有母国的经济实力、母国的货物贸易能力、母国院校的教育质量、母国院校的师资力量等；而吸引学生流动的主要拉力因素有东道国的经济实力、东道国与母国的经济贸易、战略联盟关系、东道国院校的奖学金制度、院校声望等。推拉理论从新的视角解析了学生流动的原因，随后又有很多学者基于麦克马洪的研究研究了国际学生流动的影响因素（见图 4－1）。

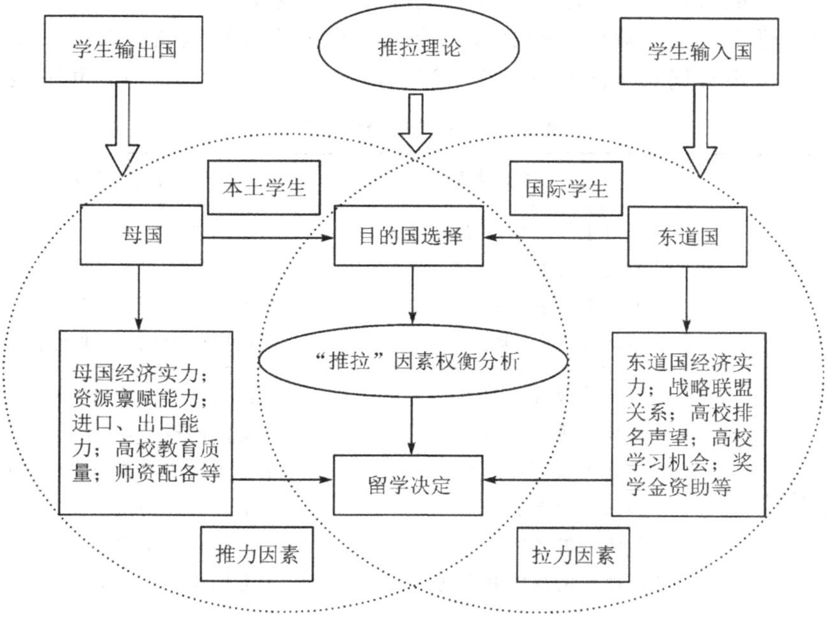

图 4－1　推拉理论解析框架

Naidoo(2007)、Elisa(2009)借助基本的推拉理论研究学生流动的影响因素，他们将视角集中在社会经济因素上，结果发现东道国的经济水平、学费和生活费用等因素是拉动学生流动的重要社会经济因素。Rodriguez(2011)通过研究国际学生流动规律，发现学生流动主要受经济因素驱使。母国和东道国的实际工资和失业率差异是学生流动的重要推拉因素。Pareyr(2011)赞同经济因素的重要性，认为学生流动主要受母国和东道国的就业前景差异影响。学生参与国际化流动不仅能在全球劳动力市场中脱颖而出，还能掌握新的语言技能，开阔视野。Linda(2013)则从高等教育回报视角进行分析：在其他条件相同情况下，学生流动对高等教育质量维度更加敏感，因为高期望的教育回报能够补偿更高的成本。其研究突破了学者们一再强调的经济因素，从东道国教育机构质量即教育因素视角进行了学生流动的推拉分析。潘昆峰(2015)以中国学生为样本研究学生选择留学目的国的影响因素，结果发现东道国的院校声誉和教学质量是显著的拉力因素，而母国政府和社会对学生的负面评价是显著的推力因素。

从相关理论及国内外基于推拉理论的研究中我们可以发现，虽然国内外学者借用推拉理论提出的影响因素不尽相同，但基本上可以分为三类：经济因素、教育因素和社会文化因素(见表 4－2)；且在探讨影响因素时更多关注的是个人主观因素(兴趣、爱好、家庭等)，忽视了宏观因素的作用。然而，正如 George(2016)强调的，个人因素只是流动决策的一个方面。毕竟，流动意向是多种因素复杂作用下的结果，个人的能力、愿望、兴趣都要在宏观背景下才能发挥作用。Christiane(2014)认为，研究学生流动影响因素时必须要全面考虑宏观环境因素。Antonina(2017)指出，尽管微观数据对于深入研究学生流动的动机非常有价值，但它并不能解释一

表 4－2 推拉理论因素总结

	推力因素	拉力因素
经济因素	母国对世界经济的依赖程度 母国的经济实力 母国人类发展指数因子 母国就业机会、地理距离等	东道国进出口水平 东道国援助水平 东道国人力资源发展指数 东道国就业机会、地理距离等
教育因素	母国高等教育的基本情况 母国高校排名、学历质量 国内高等教育可选性 母国人力资源能力 国际流动的经验 外国伙伴的战略联盟等	东道国高等院校学习机会 东道国高校排名、学历质量 东道国高等教育体系的多样性 东道国高校的招生能力 东道国现有学生的存量 东道国学习成本等
社会文化因素	语言、文化习俗 殖民关系、政治环境 信息隔离、移民政策 战略联盟、学术自由等	语言、文化习俗 殖民关系、生活环境 母国公民数量、移民政策 与母国的战略联盟、学术自由等

资料来源：作者根据相关文献整理。

些宏观层面的现象，如留学生数量的增减。因此，我们最有效解释留学生规模的方法就是通过宏观数据进行分析。

(二)文献综述

1. 国际学生流动影响因素研究综述

“学生流动”一词的出现可以追溯到19世纪末期，Oldham(1896)指出，学生流动是现代产业就业的特点之一，奠定了一个时代变化的基调。然而在当时的工业革命年代，学者们的关注点主要是工人移民的流动，学生流动并未引起关注。学生流动及其影响正式得到关注始于20世纪后期。纽约州立大学特聘教授Weis在1981年提出，学生流动源于社会经济地位的不平等，家境良好的学生更容易出现在国际知名高校，家境稍差的学生只能留驻国内深造。此后，关于学生流动影响因素的研究开始增多。总体来说，学生流动发展史可以大致分为个人需求性流动、经济需求性流动和综合需求性流动三个阶段(Choudaha,2017)。

第一个阶段：个人需求性流动(20世纪末—2005)。在这个阶段之前，虽然学生流动已经存在，但经合组织(2001)指出，学生流动的兴盛时期恰好在这个阶段。学生为提升个人技能、获取学历等原因出国留学；信息通信技术的发展、欧美等发达国家领先的教学质量均促使在国外攻读学位的学生数量大幅上升；基于学生可以从国内外的学术差距中获得经济回报，并填补国内外高技术的工作岗位，政府鼓励学生出国深造；接受机构也向留学生提供奖学金资助。

同时，这一时期的文献也从院校和个人角度分析了学生流动的动因。Walker(1993)强调，一国的经济实力不是吸引国际学生流入的根本影响因素，教育的质量和院校的名声才是核心因素；而高等教育项目的多样化也起到关键作用。Astone(1994)认为家庭结构对于学生流动产生了极大的促进作用，能与家人经常保持联系的学生更倾向于出国留学。Kyvik(1999)基于学生个人维度的研究发现，影响学生流入的主要影响因素有学生对于家庭的责任、个人经费、自身动力和学习时间等因素。

整体而言，20世纪后期，学生流动因素的研究还较为分散，虽然学界相继提出了学生流动各层面的影响因素，但影响因素研究主要局限于学生个人、家庭和院校的中微观视角，宏观性社会因素的讨论较为缺乏，影响因素框架远未构建。

第二个阶段：经济需求性流动(2005—2010)。美国经济衰退引发的全球金融危机导致世界许多国家削减高等教育领域预算(Eggins,2010)。经合组织(2010)指出，全球各国高等院校招收国际学生的兴趣越来越大，因为留学生的学费是普通本土学生的8～10倍，高校也越来越依赖留学生学费的收入。当然，东道国并不只是一味地索取，它们也支持留学生多样化的需求并满足国际学生的期望，各高校积极提供财务支持和奖学金。在留学生主要流入目的国——美国和英国都面临财政挑战时，亚洲国家的留学生教育却在飞速成长，其中，中国和沙特阿拉伯等国家政府纷纷设立奖学金，吸引留学生。

这一阶段，关于学生流动影响因素的研究开始系统化。其主要体现就是研究者在已有的学校、家庭和个人层面研究基础上，开始关注宏观层面的影响因素。在宏观的影响因素中，主要从经济方面入手，认为学生流入的核心影响因素是东道国现在和未来的经济发展水平，同时，相关的教育因素也发挥着关键作用：Chen(2005)基于教育因素层面，发现具有高边际收益的学术项目，而非院校的排名和发表论文的数量，是影响学生流动的关键因素。Necati(2006)发现学生流入东道国前主要考虑东道国的经济因素和教育因素，如东道国的消费水平、留学生的教育补助政策等。Lindberg(2009)则强调学生更多在意的是东道国未来的经济发展前景，如潜在的就业市场，高学生流入的国家其潜在的就业市场较低学生流入国家更大。李梅(2008)把单向推拉理论扩展成内外因素互动模式后发现，来华留学生的流入既取决于学生个人的特征，也受到外在宏观因素的影响。

可见，影响因素研究框架基本形成，理论基础逐渐丰富成为这个阶段研究的主要特点。但这些研究却仍然拘泥于传统移民机制的基本问题：经济因素的作用被过分重视，对除教育以外的其他社会因素的关注微乎其微。

第三个阶段：综合需求性流动(2010 至今)。到了第三个阶段，学生流动的因素也变得更加复杂多变。吸引学生流入的因素除了东道国强大的经济、教育实力外，还有东道国强大的科技实力、潜在的就业机会、稳定的学习环境等；推动学生流出的因素有各国不稳定的政治社会因素等。

这一阶段，学生流动影响因素的研究框架趋于全面，影响学生流动的指标构建越来越完善，分类也越来越清晰。已有的研究不仅考虑经济因素，也开始从教育、政治等多角度考虑学生流动的影响因素。Carlos(2011)借助新移民机制发现除了国家经济实力和地理距离外，东道国的教育背景、教育质量也是影响学生流动的显著因素。Yasar(2011)借助推拉理论发现影响学生流入的因素不仅包括东道国雄厚的经济实力，还有良好的学术气氛和稳定的政局。Francis(2012)通过移民网络说发现东道国移民系统的完善、社交网络的发达也同样促进了学生的不断流入。此外，Nckos(2013)借助回归树模型发现地缘关系和院校排名对学生流入的吸引作用更大。魏浩(2013)发现教育因素是影响发达国家学生的主要因素，而发展中国家的学生更加注重经济因素。Baranchenko(2016)研究发现东道国的教育环境对学生产生了更大的影响，如学习设施、师资配备、网络环境等。

不难发现，自 2010 年开始的研究虽然就学生流动的影响分析已经较为全面，但仍然缺乏影响因素的东道国和母国的双边比较研究，即多数研究仅从母国或东道国视角探究了影响因素，缺少东道国和母国之间的关联和对比分析，影响了研究结果的普遍性。同时，多数研究以发达国家为样本进行影响因素分析，很少有以发展中国家为样本的研究。

2. 国际学生来华留学影响因素研究综述

国际学生来华留学具有悠久的历史。唐朝时期，来到中国学习和传播文化的日本使者，中华人民共和国成立后来华深造或进修访问的留学生均属于国际学生。关于国际学生来华留学影响因素研究，国内现有文献有限，影响因素的实证研究从2006年开始出现。

陈奕容(2007)运用多重动因结构分析得出，中国因为政治稳定、综合国力强、就业前景好、文化历史悠久等多方面优势，吸引国际学生选择中国留学。曲如晓(2011)从人均国内生产总值、经济开放程度、国内人口数量、外国直接投资、高等院校数量、师生比率、人均教育经费投入和文化支出占比七个方面，对国际学生来华留学的地区选择问题进行研究分析后发现，人均国内生产总值、经济开放程度、师生比率、人均教育经费投入均显著促进了国际学生来华留学；同时，人均国内生产总值、经济开放度和师生比三项指标对国际学生选择在中国东部地区留学产生了更大的影响。俞玮奇(2015)基于对上海市八所高等院校留学生的调研分析发现，国际学生更关心高等院校质量、设施环境及中国未来就业市场；通过留学前和留学后的满意度分析发现，留学生的预期满意度和真实满意度之间存在显著差异，因此，中国高等教育需要建立留学生教育服务支持平台，满足国际学生的多元化需求。方宝(2016)分析了1999—2013年的国际学生来华留学情况发现，国际学生规模快速增长，接受国际学生的教育机构也在同步增长，但中国仍然面临对欧美等发达国家学生吸引力不足的问题，因而提升留学生教学质量、构建院校声誉、拓宽奖学金覆盖面和增加就业机会是进一步吸引国际学生的重要手段。

总体来说，相比于国外高等教育国际化研究的日渐成熟，以中国为样本研究国际学生流动的文献较少，中国国际学生流动领域的研究尚处于起步阶段。在现有的国际学生来华留学文献中，多数文献以现状分析、政策解读为主，缺少实证研究。已有的少量实证研究中，影响因素的构建缺乏相应的理论基础，影响因素的考虑也较为分散。

3. 贸易引力模型研究综述

传统的贸易引力模型是由牛顿的万有引力定律衍生而来，其基本框架为：A 国可以提供大量的货物、劳动和其他产品，同时 B 国恰好有相应的需求，但潜在的需求会因为两者间的地理距离 D 而削弱。所以模型设定为：$Y=\frac{A\cdot B}{D^2}$。Tinbergen(1962)是第一位利用引力模型研究贸易流动的学者，而 Ravenstein 则是第一位利用引力模型研究移民流动的学者。

国内外学者运用引力模型研究贸易流动非常普遍，Leppel(1993)是第一位运用引力模型研究学生选择高校的学者。这项研究基于一所特定大学，运用 Logit 分析以确定学生选择学校的决定性因素。Carla(2004)构建了一个约束性引力模型，通过运用母国和东道国地区的横截面数据，对目的国大学一年级学生进行调查分析。研究的主要发现是，地理距离和租金对学生流动产生了消极影响，国家和学校的基础设施对学生流动产生了积极影响，大学教育质量对学生流动的影响不显著。Robert(2012)指出引力模型已成为国际资本流动和贸易流动的标准实证技术，引力模型的逻辑也同样适用于人员流动的研究。他们在传统的引力模型基础上加入了人口因素，认为两个国家之间的移民人数与每个地区(或国家)的人口成正比。在社会文化因素不变的情况下，一个学生离开母国的可能性会随着该国人口的增加而增加。同样，随着东道国人口的增加，学生移居东道国的可能性也会增加。Wojciechowski(2013)在传统的引力模型基础上加入"FDI 吸引机制"研究 FDI 流动的决定因素，研究发现，各国税收、历史背景、价格稳定和出海通道对 FDI 存量有着显著的影响。Cullinan(2016)利用引力模型研究国际学生流入爱尔兰高校的影响因素，借助条件性固定效应负二项式模型发现，地理距离对学生流动中产生了重要的影响，高校特征的影响因地理距离的差异而变化。

盛斌(2004)对传统引力模型的地理距离进行了修正。传统引力模型采用的地理距离是绝对距离，即国家首都间的球面地理距离。但绝对距离仅在一定程度上压制进口需求，但并不会改变贸易的根本性需求。如果一国急需获取某件商品，就必须花费高额费用购买。因此，将绝对地理距离调整为相对地理距离，即国家首都间的地理距离与其他国家地理距离的比值，并在之后的实证中证明了相对距离的有效性。周念利(2010)发现传统的引力模型局限于截面数据分析，忽略时间因素的影响。在构建了一个服务贸易流量的引力模型对中国服务贸易的影响因素进行实证研究后发现，相比于社会文化因素，东道国的经济规模和经济发展潜力对中国与东道国双边服务贸易流量的影响更显著。董桂才(2016)对传统引力模型进行修正零值处理后，借助极大似然函数估计的 Tobit 模型研究了中国移民的区域选择问题。研究发现，中国移民以技术性移民为主，由于受过良好的高等教育，他们拥有较高的研发能力和管理经验，因此在区域选择上往往选择资源禀赋高、经济规模大、制度质量好的国家。

通过对现有引力模型的回顾，我们可以发现，大多数研究都将贸易引力模型应用在区域性教育院校的选择、高校地点的抉择、就业区域的确定等单维度需求层面上，还没有将引力模型应用于国际学生来华留学服务贸易的研究。

(三)文献评述

既有国际学生流动的研究中，学生流动的理论基础、影响因素、研究方法均存在一定不足。

理论层面上，运用推拉理论的学生流动影响因素研究，多从推力因素或拉力因素的单边视角进行分析，从东道国和母国的双边比较视角的研究较少，显然与国际学生选择留学目的国时的双边权衡比较相悖。

影响因素层面，既有研究多关注学生的个人微观因素，忽略了中、宏观因素；宏观因素则主要以经济、教育因素为主，对社会文化因素的研究关注较少。

研究方法层面，国际学生来华留学的文献大多采用定性研究方法，学者们从经济、教育层面进行现状分析或提出政策建议，实证研究国际学生来华留学的影响因素的文献有限。

模型层面，借助引力模型研究学生流动的文献，普遍将视角集中在学生的国内区域流动，从国际流动视角的研究较少。运用引力模型研究国际学生流动的文献较少，且东道国以发达国家为对象，而以发展中国家为对象的研究缺乏。

综合现有研究存在的不足，本部分将借助推拉理论对传统的贸易引力模型进行改进，构建国际学生流动引力模型，并将国际学生来华留学的影响因素分为经济因素、教育因素、科技因素和社会文化因素四大类，因素的测量则采用双边比较的视角，以丰富既有研究。

二、国际学生来华留学现状分析

国际学生来华留学发展主要分为三个阶段：第一个阶段是 1978 年前，国际学生来华留学发展缓慢，中国留学生教育处于初步探索阶段；第二个阶段是 1978 年至 1999 年，随着改革开放的不断深入，国际学生来华留学规模不断扩大，中国留学生教育处于快速发展阶段；第三个阶段是 21 世纪后，中国教育部制定并实施系列有关国际学生的文件，允许各高校自主招收国际学生，促进了各高校招收国际学生的积极性，国际学生来华留学规模空前扩大，中国的留学生教育处于黄金阶段。本部分主要聚焦于第三个阶段，即国际学生来华留学的黄金阶段，研究国际学生来华留学问题。我们将首先从规模变动、区域构成和国别属性三方面对国际学生来华留学的现状进行简要分析。

(一)规模变动

21 世纪以来，国际学生来华留学规模呈现平稳增长态势（见图 4－2）。2000 年，来华留学生人数首度突破 5 万人，共有来自 166 个国家总计 52150 名国际学生在华学习。2001 年，中国跻身留学生最具吸引力国家名单，排名第十二位。2002 年，来华留学生人数较上一年增长 38.61%，达 85829 人。2003 年由于“非典”的影响，来华留学生数量小幅下降，共 77715 人来华留学，较上一年降低 9.44%。2004 年，来华留学生却创造了历史最高增长率，为 42.60%。随后五年（2005—2009），来华留学生人数超过出国留学生人数，留学生净流入 15.49 万人，年均净流入 3.1

万人(见图 4－3)。随后的四年(2010—2013),来华留学生一直维持 10%左右的平稳增长率。2014—2015 年,中国接受留学生的增速放缓,年平均增长率在 5.5%左右。2016 年,来华留学生增速触底反弹,增长率重回 10%以上,达到 11.43%,来华留学生数量也达到历史巅峰 442773 名,较 2000 年增长近 8 倍,17 年来年均增长率高达 14.28%,位居世界之首。

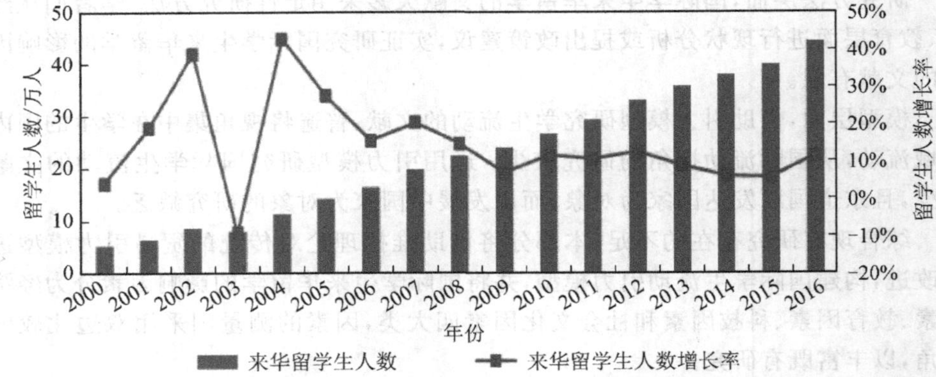

图 4－2　2000—2016 年国际学生来华留学规模变动及增长情况

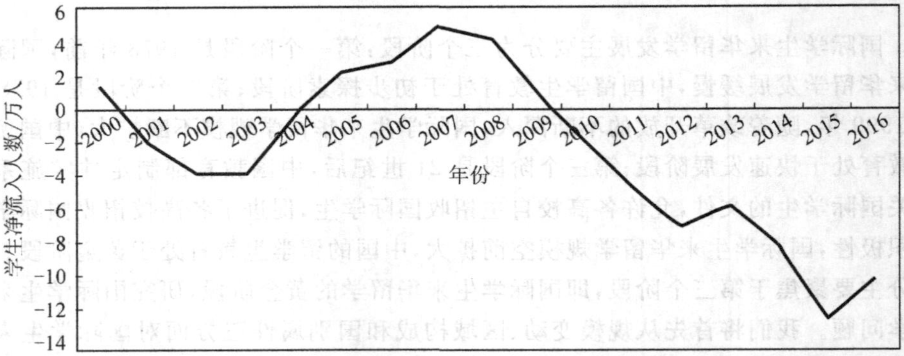

图 4－3　2000—2016 年中国留学生净流入数量

总体来看,21 世纪以来,除 2003 年因受“非典”影响而下降外,其他年份来华留学生人数均平稳增长。近几年,来华留学生人数与中国 GDP 呈现相同增长趋势(见图 4－4),国际学生来华留学增长率和中国 GDP 增长率(除“非典”时期)也具有相同走势(见图 4－5),在一定程度上说明国际学生来华人数与中国经济实力发展相匹配。按照当下增长速度,中国可以很顺利地实现国际学生来华 50 万人的目标。但仍需关注的是,2010 年后,来华留学生与出国留学生的逆差正在逐渐拉大,人才流失严重,近三年年均留学生流失 10 万余人。如果出国留学无法改变,我们是否可以从来华留学生层面解决留学生的人才流失问题?

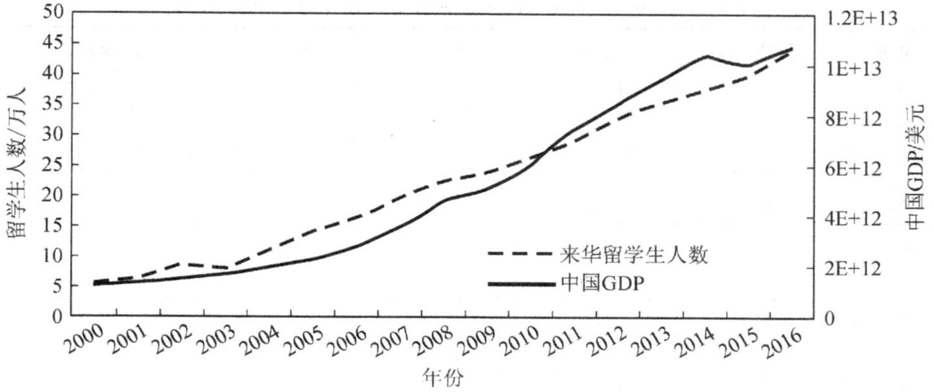

图 4-4 2000—2016 年国际学生来华留学规模与中国 GDP 走势图

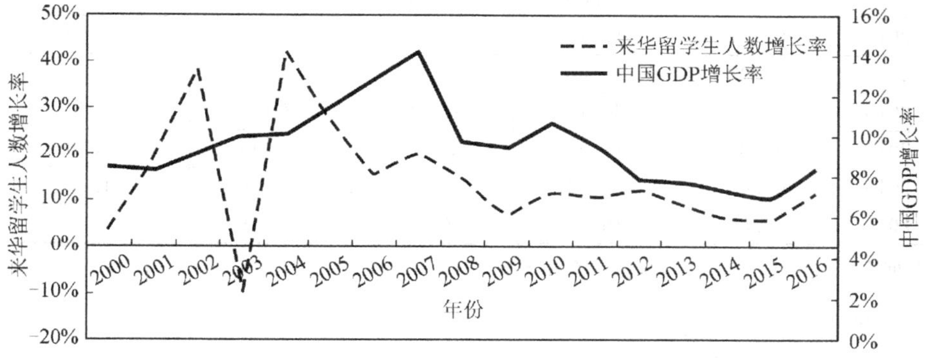

图 4-5 2000—2016 年国际学生来华留学增长率与中国 GDP 增长率走势图

(二)区域构成

我们对 2000—2016 年来华留学生的区域构成进行了汇总(见表 4-3、图 4-6),从汇总表可以清晰地发现,2000—2016 年,各大洲来华留学生构成虽存在较大差异,但留学生来源的区域构成却呈多样化态势。从规模来看,亚洲学生是来华留学生的主力军,占在华国际学生总数的六成左右。第二至五名分别是欧洲、美洲、非洲和大洋洲。虽然亚洲学生占据了半壁江山,但从表 4-3 却可以发现,亚洲学生已从 2000 年的 74.85%降到 2016 年的 59.84%,欧洲学生从 11.61%增长到 16.11%,非洲学生从 2.66%增至 13.91%,美洲学生占比从 9.86%微降至 8.60%,大洋洲学生占比从 1.47%提升到 1.54%。可见,来华国际学生来源区域的多样性正在增加,中国不再一味只能够吸引具有地缘、文化优势的亚洲国家学生,国际学生来华留学的文化多样性、地区多元化正在不断增加。

表 4-3　2000—2016 年国际学生来华留学区域构成情况

年份	亚洲/%	欧洲/%	美洲/%	非洲/%	大洋洲/%
2000	74.85	11.16	9.86	2.66	1.47
2001	74.58	10.86	10.36	2.47	1.73
2002	76.94	10.36	9.47	1.92	1.31
2003	81.93	8.31	6.05	2.31	1.40
2004	76.78	10.40	9.65	1.97	1.20
2005	75.73	11.67	9.37	1.95	1.28
2006	74.33	12.71	9.60	2.30	1.07
2007	72.47	13.47	10.06	3.03	1.07
2008	68.43	14.52	11.88	3.94	1.23
2009	67.84	15.06	10.73	5.22	1.14
2010	66.32	15.80	10.27	6.19	1.42
2011	64.21	16.15	11.05	7.09	1.50
2012	63.22	16.58	10.62	8.24	1.34
2013	58.40	20.10	10.50	7.90	1.50
2014	59.80	17.90	9.58	11.05	1.33
2015	60.40	16.79	8.79	12.52	1.50
2016	59.84	16.11	8.60	13.91	1.54

数据来源：2000—2016 年《中国教育年鉴》。

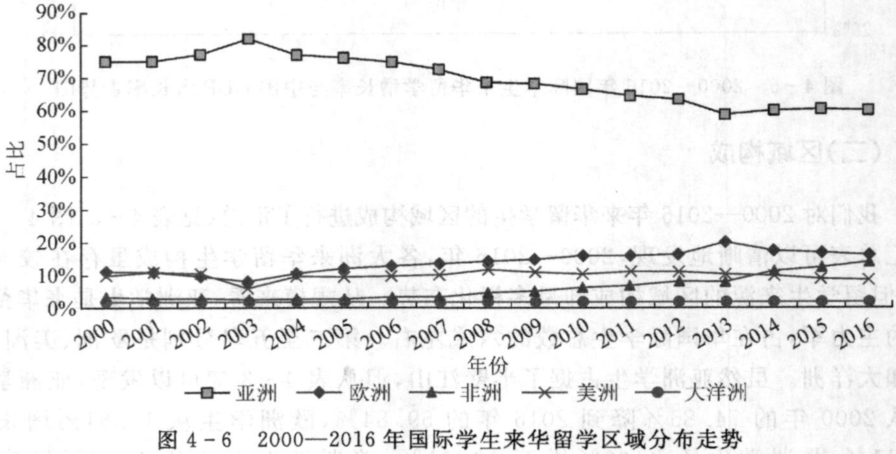

图 4-6　2000—2016 年国际学生来华留学区域分布走势

(三)国别属性

从表 4-4 中我们发现，2000 年以来，韩国一直是来华国际学生的最大输出国，其数量一直以绝对优势领跑排行榜，国际学生规模几乎为美国、日本、法国、德国等其他发达国家来华国际学生的总和。其次,美国和日本来华国际学生的数量保持在第二梯队。在 2007 年前,日本一直占据着第二输出国的位置;2008 年,美国首次超越日本,成为来华国际学生的第二大输出国。2013 年,泰国成为来华国际学生的第三大生源国。

表 4-4 2000—2016 年国际学生来华留学国别属性情况

年份	第一	第二	第三	第四	第五	第六	第七	第八	第九	第十
2000	韩国	日本	美国	印度尼西亚	德国	法国	新加	俄罗斯	泰国	加拿大
2001	韩国	日本	美国	印度尼西亚	德国	越南	法国	俄罗斯	澳大利亚	泰国
2002	韩国	日本	美国	印度尼西亚	越南	泰国	俄罗斯	法国	德国	英国
2003	韩国	日本	美国	越南	印度尼西亚	泰国	德国	俄罗斯	尼泊尔	蒙古
2004	韩国	日本	美国	越南	印度尼西亚	泰国	俄罗斯	德国	法国	尼泊尔
2005	韩国	日本	美国	越南	印度尼西亚	泰国	俄罗斯	印度	法国	德国
2006	韩国	日本	美国	越南	印度尼西亚	印度	泰国	俄罗斯	法国	巴基斯坦
2007	韩国	日本	美国	越南	泰国	俄罗斯	印度	印度尼西亚	法国	巴基斯坦
2008	韩国	美国	日本	越南	俄罗斯	泰国	印度	印度尼西亚	哈萨克斯坦	巴基斯坦
2009	韩国	美国	日本	越南	泰国	俄罗斯	印度	印度尼西亚	哈萨克斯坦	巴基斯坦
2010	韩国	美国	日本	泰国	越南	俄罗斯	印度尼西亚	印度	哈萨克斯坦	巴基斯坦
2011	韩国	美国	日本	泰国	越南	俄罗斯	印度尼西亚	印度	巴基斯坦	哈萨克斯坦
2012	韩国	美国	日本	泰国	俄罗斯	印度尼西亚	越南	印度	巴基斯坦	哈萨克斯坦
2013	韩国	美国	泰国	日本	俄罗斯	印度尼西亚	越南	印度	哈萨克斯坦	巴基斯坦
2014	韩国	美国	泰国	俄罗斯	日本	印度尼西亚	印度	巴基斯坦	哈萨克斯坦	法国
2015	韩国	美国	泰国	印度	俄罗斯	巴基斯坦	日本	哈萨克斯坦	印度尼西亚	法国
2016	韩国	美国	泰国	巴基斯坦	印度	俄罗斯	印度尼西亚	哈萨克斯坦	日本	越南

数据来源:2000—2016 年《中国教育年鉴》。

近几年来,俄罗斯、印度、印度尼西亚、哈萨克斯坦、巴基斯坦等发展中国家来华国际学生数量急剧增长，逐渐将德国、法国等欧洲大国挤出来华留学生输出国前十，分列年均国际学生来华留学排行的五到十名，属于在华留学生输出国前十的第三梯队。2016 年，发达国家来华国际学生数量排名前五的分别为韩国、美国、日本、法国和德国。其中法国和德国国际学生来华留学的规模还较小，法国来华国际学生规模 2014 年才突破 1 万人，而德国截至 2016 年还尚未突破 1 万人（见图 4－7）。发展中国家中，数量排名前八的国家分别是泰国、巴基斯坦、印度、俄罗斯、印度尼西亚、哈萨克斯坦、越南和蒙古（见图 4－8）。发展中国家来华国际学生数量增长较快的国家是泰国、印度和巴基斯坦，人数均在 2 万人左右。但相对于 10 年前的领跑，越南来华国际学生的国别排名却在逐年降低，人数稳定在 1 万人左右。蒙古则保持每年 500～1000 人的增长，稳定在发展中国家来华国际学生输出国的第八位左右，是唯一一个在华国际学生数量低于 1 万人的发展中国家。

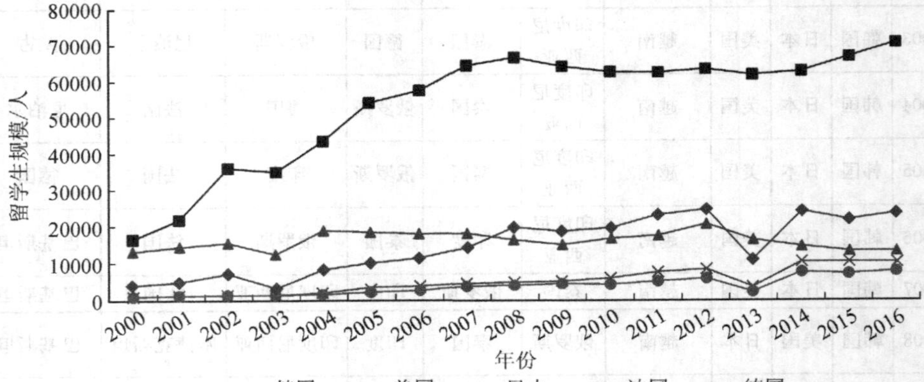

图 4－7　2000—2016 年发达国家来华留学生规模走势

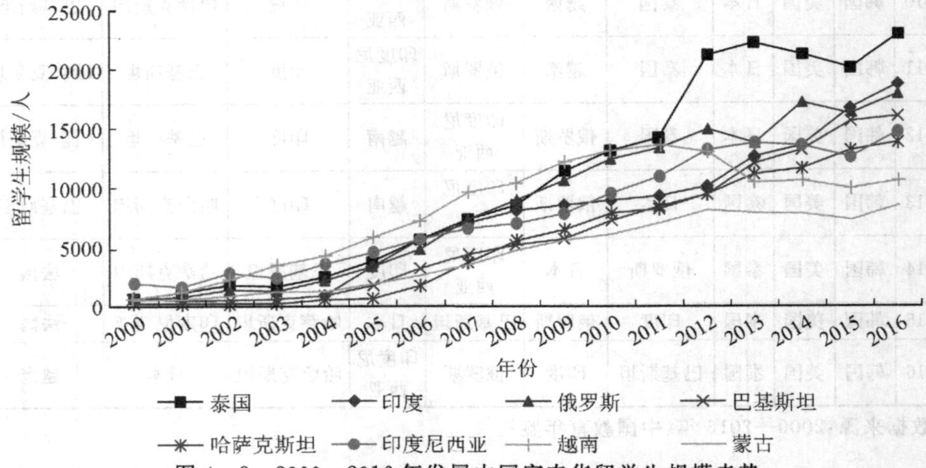

图 4－8　2000—2016 年发展中国家来华留学生规模走势

(四)小结

从国际学生来华留学数据的分析中我们可以发现:近年来,在华国际学生规模总体呈高速增长的趋势,发达国家来华国际学生比重不断增加,来华留学生输出国不断增加。但国际学生来华留学仍存在区域发展不平衡的问题:亚洲来华国际学生比重虽在降低,但比重依旧过大;欧洲国家来华留学生规模虽逐年增加,但占国际学生来华总规模的比重还未超过三成。因此,如何吸引更多欧美发达国家学生来华留学是中国各大高等院校所要重点关注的问题。

三、国际学生来华留学影响因素的理论分析

(一)研究假设

传统引力模型的变量仅限于各国经济实力和国家间地理距离,远不能解释国际学生来华留学的原因。因此,通过对已有研究的影响因素的归纳总结,我们将国际学生来华留学的影响因素分为四个大类:经济因素、教育因素、科技因素和社会文化因素。

1. 经济因素

改革开放以来,中国的经济实力快速增长,国际地位和国家形象也逐步提升,越来越多的国际学生流向中国。来华国际学生数量的扩增,其背后的驱动力与中国经济的高速发展和中国当下的大国地位不无关系。即留学生来华在完成学业的同时,也为了寻求更高的经济收益和更好的职业发展空间。George(2015)认为学生进行国际流动的主要目的是改善自己的经济状况,提高当下的生活水准和获取更好的工作机会。

自 2000 年以来,中国经济发展一直保持较高水平,年均增速高达 9.51%。国内生产总值由 2000 年的 10.03 万亿元增至 2016 年的 74.64 万亿元;人均国内生产总值达到 53935 元,较 2000 年增长 7.86 倍。随着世界经济一体化的不断深入,中国与各国的经济交往,尤其国际贸易,日渐紧密,成为世界经济一个不可分割的系统。在国际化大背景下,经济一体化对人才的需求逐渐扩大,同时国际贸易的发展急需更多熟知贸易输出国当地政策、习俗的国际人才。在货物、服务都可以自由流动的时代,人才也开始全球流动。中国很多领域都需要具备国际化视野的高端人才,吸引国际学生来华留学是一种有效的人才储备方式。当然,学生的国际流动不是单向的流入或流出,随着各国经济实力的扩增,中国不仅吸引国际学生来华留学还推动本土学生出国留学,形成国际学生流动闭环,从而促进国际学生来华留学的进一步发展。

经济因素是国际学生来华留学的重要影响因素。首先,中国是一个经济大国,经济的高速发展需要高尖端人才的引入和培养,这为国际学生来华留学的发展奠定了基础。其次,中国经济发展水平越高,它的增长潜力、贸易流通就会相对更加明确,物质消费也相对更加便利,这为国际学生来华留学创造了稳定的学习环境。最后,随着中国经济实力的提升和新兴产业的出现,大量的就业、创业机会应运而生,而这些机会正可以满足来华留学生未来的工作需要和多元化的生活需求。

基于经济因素重要性,我们在原始引力模型固有的经济实力因素外,又增添了五项经济因素:中国相对经济实力、中国相对经济增长潜力、中国相对货物贸易能力、中国相对失业率和中国相对物价水平。

GDP_{cft}:中国相对经济实力因素,通过 GDP 比测度。中国相对他国的 GDP 越高,教育事业的投入越多,越容易吸引国际学生来华留学。

POT_{cft}:中国相对经济增长潜力因素,以 GDP 增长率比测度。中国相对经济增长潜力越高,机会越多,对国际学生来华留学越具有吸引力。

TRA_{cft}:中国相对货物贸易能力因素,以货物贸易出口额比测量。出口额越高,中国的工业基础就越好,国际竞争力也越强,从而越容易吸引国际学生来华留学。

UNE_{cft}:中国相对失业率因素,以失业率比测度。失业率越高,中国的就业前景越不被看好,越不容易吸引国际学生来华留学。

PPP_{cft}:中国相对物价水平因素,以中国与各国的购买力平价比测度。中国较各国购买力平价越高,则中国的生活成本越高,越不容易吸引国际学生来华留学。

综上所述,我们提出如下假设:

H_1:中国经济因素较其他国家发展越好,则越容易吸引国际学生来华留学。

H_{1a}:中国经济实力较其他国家越强,则越容易吸引国际学生来华留学。

H_{1b}:中国经济增长潜力较其他国家越大,则越容易吸引国际学生来华留学。

H_{1c}:中国货物贸易能力较其他国家越强,则越容易吸引国际学生来华留学。

H_{1d}:中国失业率较其他国家越高,则越不容易吸引国际学生来华留学。

H_{1e}:中国物价水平较其他国家越高,则越不容易吸引国际学生来华留学。

2. 教育因素

21 世纪以来,中国留学生教育发展取得了巨大进步,已经进入留学生教育大国行列。2000 年,全国留学生接受院校仅有 166 所,来华留学生数量仅 5 万人;到 2016 年,中国留学生教育影响力日益扩大,已经建立了多元化的留学生教育体系,国际学生来华留学规模不断扩大,全国接受留学生的高等院校已增至 829 所。攻读学位人数 209966 人,其中研究生 45816 人,博士生 18051 人。

魏浩等(2012)认为,东道国的高等教育水平是影响国际学生选择留学目的国的一个重要因素。研究国际学生来华留学的影响因素时,教育因素不容忽视。学生流动是高等教育国际化的一个重要维度。在国际化时代下,仅从经济发展角度解读学生流动是远远不够的，还必须从教育文化层面进行深入分析。在高等教育国际化时代，东道国的教育环境、教育门槛、师资力量等因素可以使留学生感受到不同的教学理念和学术思想，从而推动国际学生参与到东道国院校的学习活动中。因此，东道国相对于母国的教育优势显得非常重要。只有提升师资和教育设施质量，中国才能吸引更多的国际学生以弥补当下人才流失缺口，进而增强中国的综合国力，并在国际人才竞争中取得主动地位。

教育因素对国际学生来华留学的影响主要表现在：首先，中国高校的学历在母国的认可程度直接影响国际学生做出留学目的国的选择。只有在学历互认国家进行留学深造，国际学生才可以在学成归国后获得本土就业市场的认可，将学历价值转化为自己的就业筹码。因此，中外学历互认因素对国际学生获取学历后的就业影响非常大。其次，中国留学生教育入学门槛低也在一定程度上减轻了留学生的压力，缓解留学生的心理负担，有助于其轻松入学、顺利获得学位。最后，教育环境是打造国际化创新人才的重要基础，而东道国良好的教育投入、充足的财政拨款、良好的师资配备等均有助于国际创新人才的培养。因此，中国教育资金和师资储备充足，均有助于国际学生来华留学。

本部分选用中国相对高教经费投入、中国相对高校入学率、中国相对生师比和中外学历互认四项指标测度教育因素。

FUN_{cft}：中国相对高教经费投入因素，通过各国高等教育经费投入比测度。高等教育经费投入越多，中国的教育基础设施越好，教育环境越稳定，越容易吸引国际学生来华留学。

ENR_{cft}：中国相对高校入学率因素，通过各国高等院校入学率比测度。高等院校入学率越高，入学门槛越低，越容易吸引国际学生来华留学。

$STUTEA_{cft}$：中国相对生师比因素，通过中外高校学生与老师数量比测度。中国的教师资源越充沛，越容易吸引国际学生来华留学。

CER_{cft}：中外学历互认因素，该变量为虚拟变量，中国与各国签订学历互认协议为1，反之为0。学历互认协议有助于国际学生回国就业，因此有助于吸引国际学生来华留学。

综上所述，提出如下假设。

H_2：中国教育因素较其他国家发展越好，则越容易吸引国际学生来华留学。

H_{2a}：中国高教经费投入较其他国家越多，则越容易吸引国际学生来华留学。

H_{2b}：中国高校入学率较其他国家越高，则越容易吸引国际学生来华留学。

H_{2c}：中国生师比率较其他国家越高，则越不容易吸引国际学生来华留学。

H_{2d}：中国与更多国家签订学历互认协议，则越容易吸引国际学生来华留学。

3. 科技因素

21世纪以来，中国科技实力取得巨大进步，在一些领域甚至已领先世界，正在迈向科技强国行列。目前,中国正在开创具有自己标签的科技体系和创新价值链,并已取得一大批具有国际影响力的科技成就,如载人航天技术、云计算、人工智能等。

中国的科技因素亦是吸引来华留学生的重要因素。据统计,全球每年的人员流动中,技术人才占到人员流动数量的一半以上。技术人才的流入不仅可以为东道国(输入国)提供创新想法和技术扶持,还可以促进东道国与母国的科技文化融合,有助于推进科技知识的流动与合作,继而也会对母国科技发展产生有益影响。通常,来华留学生希望在中国学习并掌握核心的科技技能,学习有价值的技术手段和科研经验,从而能够增加自身进入研究机构的筹码;中国强大的科研能力还能够激发留学生的母国寻求研发更高的技术,当留学生返回中国又会带回新技术和新思想,进一步壮大中国的科技实力,并进一步吸引国际学生来华留学。

本部分选用中国相对互联网发展程度、中国相对论文数量、中国相对专利申请数量三项指标测度科技因素。

INT_{cft}:中国相对互联网发展程度因素,用上网用户比测度。网络越发达,越容易使留学生与家人保持联系。良好的沟通是维持学生流入的持续性因素。科技的发展使留学生获得相应信息更容易,可以方便留学生了解母国消息以及留学活动,从而促进国际学生来华留学。

PAP_{cft}:中国相对论文数量因素,以科技期刊论文数量比测度。主要测度基础科学研究。论文数量越多,意味着中国科学研究实力越强,越容易吸引国际学生来华留学。

PAT_{cft}:中国相对专利申请数量因素,以各国专利申请数量比测度。主要测度应用研究。专利申请数量越多,中国的应用研究越强,越容易吸引国际学生来华留学。

综上所述,提出如下假设。

H_3:中国科技因素较其他国家发展越好,则越容易吸引国际学生来华留学。

H_{3a}:中国互联网发展程度较其他国家越高,则越容易吸引国际学生来华留学。

H_{3b}:中国论文数量较其他国家越多,则越容易吸引国际学生来华留学。

H_{3c}:中国专利申请数量相对其他国家越多,则越容易吸引国际学生来华留学。

4. **社会文化因素**

一国的社会文化因素对留学生在东道国的学习、工作、社交等活动中起着重要作用。在学生国际化流动背景下,学生前往东道国留学不仅为了完成学业、改善工作或是拓宽人脉,还为了吸取东道国的文化精髓、了解东道国的社会习俗。只有经济因素、教育因素和科技因素与社会文化因素相融合,留学生才能真正成为国际复合型人才,并在人才竞争市场中脱颖而出。社会文化因素的重要性不言而喻,但同之前的经济因素、教育因素和科技因素不同的是,这些因素不常被关注,且只有在与经济因素、教育因素和科技因素相互作用下才能发挥出最大的功效。所以,本部分将社会文化因素作为控制变量加入，具体因素包括：

DIS_{cft}：中外地理距离因素，地理距离反映了学生流动的交通成本。在不考虑其他因素的情况下，来华留学生数量与地理距离之间呈负相关关系，即中国更容易吸引与中国地理距离相对较近国家和地区的国际学生来华留学。但随着交通运输技术的快速发展和国际油价的变动，该因素的影响方向和程度有待进一步考量。对地理距离的测度我们参考相关文献进行了改良：用北京与各国首都之间的直线距离乘以该年国际平均油价测度。同时，借鉴参考文献中相对地理距离的做法，我们又以每年中国到哈萨克斯坦的地理距离为基准，将绝对地理距离变为相对地理距离。乘以国际原油价格是考虑到面板数据测度的有效性和可执行性，同时也可以从动态视角来分析地理数据的影响；以中哈地理距离为基准，是因为哈萨克斯坦是样本国家中距离中国最远的亚洲国家，采用相对地理距离，我们可以进一步区分亚洲国家和欧美国家来华留学生的影响因素的区别。

CUL_{cft}：中外文化相似度，该变量为虚拟变量，通过各国家和地区是否属于汉文化圈测度。与中国文化习俗越相似，留学生就越会更快适应中国的学习环境，减少跨文化冲突，从而有助于吸引国际学生来华留学。

GEN_{cft}：中国相对高校男女比例，以中外高校男女比例比测度。传统学生流动影响因素的研究，忽略了性别因素，Asa(2012)提到学生流动的影响因素在男女之间存在些许差异。因此，本部分引入各国高校男女比例来测度性别因素，以探究性别因素对国际学生来华留学的影响。不过，这一变量的影响方向我们暂时无法预测，需要通过实证来检验。

CRI_{cft}：中国相对犯罪率，以中外各国犯罪率比测度。学习环境的稳定对留学生学习有着重要的影响。只有为留学生提供和谐、安定学习环境的国家，留学生才愿意选择其作为留学东道国。因此，中国相对其他国家犯罪率越低，越容易吸引国际学生来华留学。

综上所述，提出如下假设。

H_4：中国社会文化因素较其他国家发展越稳定，则越容易吸引国际学生来华留学。

H_{4a}：中国与其他国家间地理距离越近，则越容易吸引国际学生来华留学。

H_{4b}：中国与其他国家文化相似度越高，则越容易吸引国际学生来华留学。

H_{4c}：中国相对其他国家男女入学比率对来华国际学生有影响。

H_{4d}：中国犯罪率较其他国家越高，则越不容易吸引国际学生来华留学。

（二）模型构建

货物贸易流动和服务贸易流动之间是相辅相成的关系，作为服务贸易流动重要构成部分的学生流动必然会受到货物贸易流动的影响。因此，本部分我们将借助基本的贸易引力模型，运用推拉理论的思想，构建一个学生流动的引力模型。

贸易引力模型的核心就是研究国家的经济实力和地理距离对贸易流动的影响，其基本模型为：

$$F_{cft}=\frac{KX_{ct}X_{ft}}{D_{cft}} \tag{4-3-1}$$

式中，F 表示一国货物贸易能力，c 代表中国，f 代表外国，t 表示时间，K 为常数项，X 代表一国经济实力，D 代表一国与另一国的地理距离。模型的含义是：国家经济实力 X 越强，货物贸易份额 F 越大；国家间的地理距离 D 越远，货物贸易份额 F 则越小。

将式(4－3－1)两边取对数后，我们得到传统的引力模型：

$$\mathrm{LNF}_{cft}=\alpha+\mathrm{LNX}_{ct}+\mathrm{LNX}_{ft}+\mathrm{LND}_{cft}+\varepsilon_{cft} \tag{4-3-2}$$

我们在前文的文献回顾中已经介绍过推拉理论的含义，即由于母国相对经济、教育等资源的短缺和东道国相对经济、教育等资源的丰富推拉着学生进行国际流动。国际学生在做出留学目的国选择时，是在比较两国之间的推力因素和拉力因素，并进行权衡分析后才做出最终的决定。虽然式(4－3－2)同样也考虑到东道国和母国的影响因素，但是它并没有对双边因素进行权衡对比，这与学生在做出留学目的国选择时的比较分析相悖。所以，我们在构建学生流动的引力模型时，首先要对原始模型中的东道国和母国的影响因素进行双边比较，然后再对引力模型进行改进。

基于推拉理论对东道国和母国影响因素进行权衡分析，具体见图 4－9。

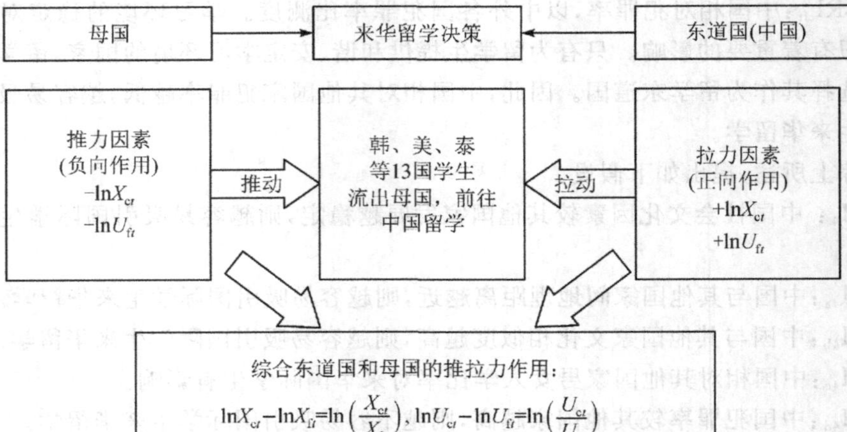

图 4－9　基于推拉理论的影响因素分析

基于推拉理论思想，我们将传统引力模型中的乘法关系改成除法关系，完成引力模型的改进，其步骤如下。

首先，我们要在原始引力模型中增加变量组合 U：

$$F_{cft}=\frac{KX_{ct}X_{ft}U_{ct}U_{ft}}{D_{cft}} \tag{4-3-3}$$

其次，我们进一步将原始模型变量间的乘法关系改为除法关系，以中国因素为分子，外国因素为分母，从而可以判断中国在各项指标上相对于学生输出国的优劣。模型因而变为：

$$F_{cft}=\frac{K\left(\dfrac{X_{ct}}{X_{ft}}\right)}{\dfrac{D_{cft}}{D_{ckt}}}\times\left(\frac{U_{ct}}{U_{ft}}\right) \tag{4-3-4}$$

最后，根据已有研究，我们主要强调经济因素、教育因素、科技因素和社会文化因素，所以，我们在引力模型中通过加入经济因素、教育因素、科技因素和社会文化因素（将 U 部分进行扩充，货物贸易 F_{cft} 变成留学生数量 STU_{cft}），构建扩展的引力模型，以研究国际学生来华学习的影响因素。扩展后的引力模型是：

$$\begin{aligned}STU_{cft}&=f(GDP_{cft}\ DIS_{cft}\ TRA_{cft}\ POT_{cft}\ UNE_{cft}\ PPP_{cft}\ FUN_{cft}\ ENR_{cft}\ TEA_{cft}\ CER_{cft}\\&\quad INT_{cft}\ PAP_{cft}\ PAT_{cft}\ CUL_{cft}\ GEN_{cft}\ COM_{cft})\\&=K\times GDP_{cft}^{\beta1}\times DIS_{cft}^{\beta2}\times TRA_{cft}^{\beta3}\times POT_{cft}^{\beta4}\times UNE_{cft}^{\beta5}\times PPP_{cft}^{\beta6}\times FUN_{cft}^{\beta7}\times ENR_{cft}^{\beta8}\times\\&\quad TEA_{cft}^{\beta9}\times e^{CER_{cft}^{\beta10}}\times INT_{cft}^{\beta11}\times PAP_{cft}^{\beta12}\times PAT_{cft}^{\beta13}\times e_{cft}^{CUL_{cft}^{\beta10}}\times GEN_{cft}^{\beta15}\times COM_{cft}^{\beta16}\end{aligned} \tag{4-3-5}$$

为了克服模型可能存在的异方差并保证样本数据的平稳性，我们对扩展后的引力模型（4－3－4）两边同时取对数。借助逐步回归的思想，我们构建如下五个回归方程。

模型（4－3－6）为传统的贸易引力模型：

$$\ln STU_{cft}=\alpha+\beta_1\ln GDP_{cft}+\beta_2\ln DIS_{cft}+\varepsilon_{cft} \tag{4-3-6}$$

模型（4－3－7）在模型（4－3－6）的基础上加入控制变量：

$$\begin{aligned}\ln STU_{cft}&=\alpha+\beta_1\ln GDP_{cft}+\beta_2\ln DIS_{cft}+\beta_3 CUL_{cft}+\beta_4\ln GEN_{cft}+\\&\quad\beta_5\ln COM_{cft}+\varepsilon_{cft}\end{aligned} \tag{4-3-7}$$

模型（4－3－8）在模型（4－3－7）的基础上加入经济变量：

$$\begin{aligned}\ln STU_{cft}&=\alpha+\beta_1\ln GDP_{cft}+\beta_2\ln DIS_{cft}+\beta_3\ln TRA_{cft}+\beta_4\ln POT_{cft}+\\&\quad\beta_5\ln UNE_{cft}+\beta_6\ln PPP_{cft}+\beta_7 CUL_{cft}+\beta_8\ln GEN_{cft}+\\&\quad\beta_9\ln COM_{cft}+\varepsilon_{cft}\end{aligned} \tag{4-3-8}$$

模型(4－3－9)在模型(4－3－8)的基础上加入教育变量：

$$\ln STU_{cft}=\alpha+\beta_1\ln GDP_{cft}+\beta_2\ln DIS_{cft}+\beta_3\ln TRA_{cft}+\beta_4\ln POT_{cft}+\beta_5\ln UNE_{cft}+\beta_6\ln PPP_{cft}+\beta_7\ln FUN_{cft}+\beta_8\ln ENR_{cft}+\beta_9\ln TEA_{cft}+\beta_{10}CER_{cft}+\beta_{11}CUL_{cft}+\beta_{12}\ln GEN_{cft}+\beta_{13}\ln COM_{cft}+\varepsilon_{cft} \quad (4-3-9)$$

模型(4－3－10)在模型(4－3－9)的基础上加入科技变量：

$$\ln STU_{cft}=\alpha+\beta_1\ln GDP_{cft}+\beta_2\ln DIS_{cft}+\beta_3\ln TRA_{cft}+\beta_4\ln POT_{cft}+\beta_5\ln UNE_{cft}+\beta_6\ln PPP_{cft}+\beta_7\ln FUN_{cft}+\beta_8\ln ENR_{cft}+\beta_9\ln TEA_{cft}+\beta_{10}CER_{cft}+\beta_{11}\ln INT_{cft}+\beta_{12}\ln PAP_{cft}+\beta_{13}\ln PAT_{cft}+\beta_{14}CUL_{cft}+\beta_{15}\ln GEN_{cft}+\beta_{16}\ln COM_{cft}+\varepsilon_{cft} \quad (4-3-10)$$

之后的实证研究，我们将基于模型(4－3－6)，(4－3－7)，(4－3－8)，(4－3－9)，(4－3－10)对国际学生来华留学的影响因素进行检验。

表 4－5 变量汇总表

变量归类	变量名称	变量符号	原始变量含义	变量测度	变量预测
因变量	来华留学生数量	STU_{cft}	第 t 年各国来华留学生数量	$\ln(STU_{cft})$	/
原始变量	中国相对经济实力	GDP_{cft}	第 t 年中外 GDP 比	$\ln(GDP_{ct}/GDP_{ft})$	+
	中外地理距离	DIS_{cft}	中国与 f 国地理距离(以当年中哈地理距离为基准)×t 年国际原油价格波动	$\ln\left[\left(\frac{DIS_{cft}}{DIS_{ckt}}\right)\times t$ 年国际原油价格波动$\right]$	－
经济变量	中国相对经济增长潜力	POT_{cft}	第 t 年中外 GDP 增长率比	$\ln(POT_{ct}/POT_{ft})$	+
	中国相对货物贸易能力	TRA_{cft}	第 t 年中外货物贸易出口额比	$\ln(TRA_{ct}/TRA_{ft})$	+
	中国相对失业率	UNE_{cft}	第 t 年中外失业率比	$\ln(UNE_{ct}/UNE_{ft})$	－
	中国相对物价水平	PPP_{cft}	第 t 年中外购买力平价比	$\ln(PPP_{ct}/PPP_{ft})$	－

续表

变量归类	变量名称	变量符号	原始变量含义	变量测度	变量预测
教育变量	中国相对高教经费投入	FUN_{cft}	第 t 年中外高等教育经费投入比	$\ln(FUN_{ct}/FUN_{ft})$	+
	中国相对高校入学率	ENR_{cft}	第 t 年中外高等院校入学率比	$\ln(ENR_{ct}/ENR_{ft})$	+
	中国相对生师比	$STUTEA_{cft}$	第 t 年中外高校学生与老师数量之比	$\ln(STUTEA_{ct}/STUTEA_{ft})$	−
	中外学历互认	CER_{cft}	第 t 年中国与外国是否签订学历互认协议	虚拟变量	+
科技变量	中国相对互联网发展程度	INT_{cft}	第 t 年中外上网人口数量比	$\ln(INT_{ct}/INT_{ft})$	+
	中国相对论文数量	PAP_{cft}	第 t 年中外科技期刊论文数量比	$\ln(PAP_{ct}/PAP_{ft})$	+
	中国相对专利申请数量	PAT_{cft}	第 t 年中外专利申请数量比	$\ln(PAT_{ct}/PAT_{ft})$	+
控制变量	中外文化相似度	CUL_{cft}	第 t 年各国是否属于汉文化圈	虚拟变量	+
	中国相对高校男女比例	GEN_{cft}	第 t 年中外高校男女比例比	$\ln(GEN_{ct}/GEN_{ft})$	待定
	中国相对犯罪率	CRI_{cft}	第 t 年中外犯罪率比	$\ln(CRI_{ct}/CRI_{ft})$	−

四、国际学生来华留学影响因素的实证分析

(一)样本选取和数据处理

1. 样本选取

我们选取 2000—2016 年对华国际学生输出国:韩国、美国、泰国、印度、俄罗斯、巴基斯坦、日本、哈萨克斯坦、印度尼西亚、法国、越南、德国和蒙古为样本。这 13 个国家作为来华留学生输出大国,来华留学生占到在华留学生的 70%。以留学生输出大国为研究样本,能够更全面地分析影响国际学生来华留学的影响因素,研究结果也更具有说服力。数据来源是 2001—2016 年《中国教育年鉴》《中国统计年鉴》、世界银行数据库、CPEII 数据库等。

2. 描述性统计分析

我们首先对样本数据进行描述性统计分析，表 4-6 是变量总体的描述性统计分析结果，包含了变量的平均值、中位数、最大值、最小值以及标准差。

表 4-6 数据描述性统计结果

变量名称	变量符号	平均值	中位数	最大值	最小值	标准差
来华留学生数量	STU_{cft}	8.732	9.005	11.164	4.605	1.300
中国相对经济实力	GDP_{cft}	1.989	1.708	7.006	−2.143	2.075
中外地理距离	DIS_{cft}	0.837	0.895	2.547	−1.291	0.852
中国相对经济增长潜力	POT_{cft}	0.297	0.322	0.539	0.097	0.396
中国相对货物贸易能力	TRA_{cft}	1.496	1.517	1.793	1.038	1.627
中国相对失业率	UNE_{cft}	−0.127	−0.202	2.042	−1.039	0.604
中国相对物价水平	PPP_{cft}	−2.543	−1.837	1.521	−7.689	2.832
中国相对高教经费投入	FUN_{cft}	−0.033	−0.042	0.695	−0.668	0.280
中国相对高校入学率	ENR_{cft}	−0.578	−0.791	1.745	−2.318	0.850
中国相对生师比	$STUTEA_{cft}$	0.092	0.060	1.196	−0.834	0.443
中外学历互认	CER_{cft}	0.520	1.000	1.000	0.000	0.501
中国相对互联网发展程度	INT_{cft}	−0.211	−0.172	1.944	−3.226	1.195
中国相对论文数量	PAP_{cft}	3.086	2.094	8.288	−1.771	2.586
中国相对专利申请数量	PAT_{cft}	2.989	2.998	8.595	−2.090	2.410
中外文化相似度	CUL_{cft}	0.462	0.000	1.000	0.000	0.500
中国相对男女入学比例	GEN_{cft}	0.044	0.009	0.841	−0.447	0.279
中国相对犯罪率	CRI_{cft}	−0.895	−1.099	1.359	−3.369	1.212

从描述性统计结果可以发现，中国的经济实力、经济增长潜力、货物贸易能力、失业率、论文数量、专利申请数量和犯罪率上较外国具有相对优势（正向因素对数值大于零，负向因素对数值小于零），而中国的物价水平、高教经费投入、高校入学率、生师比、互联网发展程度较外国具有相对劣势（正向因素对数值小于零，负向因素对数值大于零）。那么这些优势和劣势是否就是吸引或阻碍国际学生来华留学的影响因素呢？我们需要通过实证分析来进一步探讨。

3. 相关性分析

影响国际学生来华留学的因素不是孤立存在的，一个影响因素的变化会在不同程度上影响其他其因素的变化。因此，为了避免变量之间存在相关性而导致模型的多重共线性，我们要对变量进行相关性分析检验（见表 4-7）。在概率学中，

表 4－7　相关系数

变量	STU_{cft}	GDP_{cft}	DIS_{cft}	POT_{cft}	TRA_{cft}	UNE_{cft}	PPP_{cft}	FUN_{cft}	ENR_{cft}	$STUTEA_{cft}$	CER_{cft}	INT_{cft}	PAP_{cft}	PAT_{cft}	CUL_{cft}	GEN_{cft}	CRI_{cft}
STU_{cft}	1																
GDP_{cft}	0.766**	1															
DIS_{cft}	0.210***	0.411***	1														
POT_{cft}	0.144***	0.426***	−0.030***	1													
TRA_{cft}	0.085	0.028	−0.229***	0.284***	1												
UNE_{cft}	0.260***	0.229***	0.188***	0.119*	0.470***	1											
PPP_{cft}	−0.030	−0.566***	−0.092***	0.196***	0.305***	0.231***	1										
FUN_{cft}	0.180***	0.092	0.188***	0.254***	0.335***	−0.111*	−0.231***	1									
ENR_{cft}	0.068	0.087	0.369***	0.258***	0.415***	−0.140**	−0.222***	0.508***	1								
$STUTEA_{cft}$	−0.066	−0.147**	−0.475***	−0.378***	−0.117***	0.393***	0.345***	−0.077	−0.337***	1							
CER_{cft}	0.200***	0.115*	0.249*	−0.128*	0.133**	0.058	−0.086	0.352***	0.160**	0.131*	1						
INT_{cft}	0.224***	0.012	0.012**	0.453***	0.452***	0.107	0.307***	0.441***	0.345***	0.476***	0.010	1					
PAP_{cft}	0.208***	0.311***	−0.359***	−0.583***	0.457***	0.117	−0.332***	0.289***	0.384***	0.463***	0.164**	0.473***	1				
PAT_{cft}	0.167**	0.079	0.099***	−0.363***	0.077***	0.121*	−0.293**	0.245***	0.569***	−0.498***	0.284***	0.645***	0.570***	1			
CUL_{cft}	0.292***	−0.582***	−0.355***	−0.021	0.057	0.481***	−0.028	−0.097	−0.064	−0.206***	−0.019	0.020	0.393***	−0.138**	1		
GEN_{cft}	−0.094	0.035	0.193*	−0.425***	−0.321***	−0.137**	0.260***	−0.264***	−0.420***	−0.122*	0.130*	−0.072	0.186***	−0.126*	−0.121*	1	
CRI_{cft}	−0.451***	−0.137**	−0.424***	0.302***	0.206***	−0.075	0.252***	−0.053	−0.097	0.359***	−0.302	−0.381***	−0.292***	−0.462***	0.392***	−0.465***	1

注：*、** 和 *** 分别表示结果在 10%、5%和 1%的显著性水平上显著。

变量之间的相关系数大于 0.7 时，表明两个变量之间存在高度相关，应该进行数据处理以免多重共线性影响回归的有效性。

从相关分析结果中，我们可以发现，来华留学生数量和中国相对经济实力存在较强的正相关性，达到 0.766。这与本部分之前的假设分析相吻合，近几年来华留学生数量和中国 GDP 存在协同发展走势，中国的经济发展程度越高，来华留学生数量越多，从一个侧面验证本部分数据的有效性。除此之外，本部分其他数据的相关性均控制在 0.7 以下，究其原因，本部分数据是相对数据，并对数据进行了对数处理，从而有效避免多重共线性的发生，满足回归的基本要求。

(二)实证分析结果

1. 全样本回归结果

以中国与 13 个对华留学生输出大国 2000—2016 年数据为样本，运用 Eviews 8.0 软件，借用逐步回归的思想进行实证分析。

由于数据为面板数据，在检验过程中，首先，根据面板数据回归时可以采用混合效应回归、固定效应回归和随机效应回归三种方法进行估计的原理，对模型进行了豪斯曼检验，发现实证分析应该选用固定效应回归方法；其次，构建了 5 个模型对全样本进行回归分析(见表 4－8)。模型 1 为原始引力模型，探究原始引力模型对国际学生流动解释的有效性；模型 2 在原始引力模型的基础上加入控制变量，探究控制变量引入的合理性；模型 3、4、5 依次在前者的基础上加入经济因素变量、教育因素变量和科技因素变量，探究经济因素、教育因素和科技因素对国际学生来华留学的影响。从分析结果中可以看出，5 个模型的拟合优度均在 80%以上，说明模型的回归结果较好。同时，随着新增变量的加入，模型整体的 F 值和拟合优度都在逐步提升，说明新增变量的加入有效。

表 4－8　国际学生来华留学影响因素全样本回归结果

变量		模型 1	模型 2	模型 3	模型 4	模型 5
截距项	CONSTANT	-1.202^{**}	-4.249^{***}	-1.507^{*}	-2.963^{***}	4.595^{*}
原始变量	GDP_{cft}	0.401^{***}	0.477^{***}	0.142^{***}	0.137^{***}	0.152^{***}
	DIS_{cft}	-1.075^{***}	-0.725^{***}	-0.174^{**}	-0.009	-0.584^{***}
经济因素	POT_{cft}			0.041	0.029	0.094
	TRA_{cft}			0.670^{***}	0.690^{***}	0.271^{*}
	UNE_{cft}			-0.327^{***}	-0.478^{***}	-0.327^{***}
	PPP_{cft}			-0.024	0.026	0.093

续表

变　量		模型 1	模型 2	模型 3	模型 4	模型 5
教育因素	FUN_{cft}				0.127	0.243
	ENR_{cft}				0.045	0.054
	$STUTEA_{cft}$				−0.213*	−0.242*
	CER_{cft}				0.097*	0.144*
科技因素	INT_{cft}					0.449***
	PAP_{cft}					0.271*
	PAT_{cft}					0.050
控制变量	CUL_{cft}		0.993***	0.978***	1.397***	1.064***
	GEN_{cft}		−0.154	−1.27	−1.082	−0.082
	CRI_{cft}		−0.271***	−0.213***	−0.432***	−0.230***
R^2		0.802	0.822	0.826	0.849	0.899
F		45.661	52.443	53.570	75.901	108.792
P		0.000	0.000	0.000	0.000	0.000

注：*、** 和 *** 分别表示结果在 10%、5%和 1%的显著性水平上显著。

从模型 1 的结果可以看出，来华留学生数量与中国相对经济实力因素正相关，与国家间地理距离负相关，且两变量均在 1%的显著性水平上显著。回归既证明了本书对传统引力模型变量关系扩展的合理性，也验证了传统贸易引力模型在解释国际学生流动方面的有效性。在模型 2—5 中，中国相对经济实力因素与国家地理距离因素的影响方向依旧保持不变，只是在加入新增的经济、教育、科技和社会文化因素之后，中国相对经济实力因素对国际学生来华留学的拉动作用在减弱，同时地理距离的推动作用也有所降低。说明近年来，中国相对经济实力因素已不再是吸引国际学生来华留学的核心因素，留学生开始更多关注中国其他影响因素的作用，也从侧面说明模型扩展的必要性。地理距离依然是影响国际学生来华留学的显著消极因素，但阻碍作用也在降低。这种现象的出现，与这一时期国际油价的大幅走低不无关系，在同样的运输距离上，单位成本的降低会削弱地理距离对学生流动的负向影响。另外，学生虽然离开母国到中国求学需要承担运输成本，但考虑到中国强大的经济实力，地理距离的负向作用也可能大大降低。

模型 2 中，我们在原始引力模型的基础上加入了控制变量（文化相似度、高校男女比例和犯罪率）。结果发现，原始引力模型对学生流动解释的有效性依旧不变。中国相对经济实力和中外地理距离因素对来华留学生规模的影响方向和程度均未发生较大变化，证明了控制变量加入的合理性。

模型3探究了经济因素对国际学生来华留学的影响。我们发现中国相对货物贸易是影响国际学生来华留学的显著积极因素，中国相对失业率是影响国际学生来华留学的显著消极因素。而中国相对经济发展潜力和中国相对物价水平对国际学生来华留学的影响不显著。首先，相对于中国相对经济实力因素影响程度的边缘化，中国相对货物贸易因素正成为经济影响因素的核心。货物贸易会促进服务贸易的流动，货物贸易能力越强，一国与其他国家的经济关系越密切，经济关系会促进人才、文化、信息等多方面交流，从而作为服务贸易的留学生教育也会越强（Marco，2016）。中国已经连续数年蝉联世界第一大货物贸易国，随着自由贸易港的规划建设和“一带一路”倡议的实施，中国的货物贸易能力必然会在吸引更多国际学生来华留学中发挥越来越到的作用。因此，中国相对货物贸易能力越强，越容易促进国际学生来华留学。其次，中国就业前景好、工作机会多，越来越多的国际学生已经不再只考虑来华留学获取学位这一短期行为，而是更多地考虑毕业后在中国就业。2016年来华留学人才招聘会的统计数据表明，有95%的来华留学生希望毕业后留在中国工作，这说明越来越多的国际学生希望在中国获得学位后能够继续留在中国就业。在双创政策的推动下，中国市场未来必定会有更多的就业机会，从而促进更多国际学生留华工作。所以，中国相对失业率越低，即未来就业前景越好，则越容易吸引国际学生来华留学。最后，中国相对经济发展潜力和中国相对物价水平对国际学生来华留学的影响尚不显著，这与本书的假设不一致。因此，我们后续将会采取分区域回归和分时间段回归再次对假设进行检验。

模型4探究了教育因素对国际学生来华留学的影响。从结果可以看出，中国相对生师比因素对国际学生来华留学是显著消极因素，中国与他国签订学历互认协议对国际学生来华留学产生了显著拉动作用，而中国相对高教经费投入和中国相对高校入学比的影响不显著。首先，一国高等院校的生师比可以从侧面反映出一国高等教育的承载情况。生师比越高，说明每位教师指导的学生越多，受限于老师的精力和时间，学生的教育效果会大打折扣，因而会在一定程度上阻碍学生流入。从模型回归结果中我们可以明显看出，中国相对生师比因素对国际学生来华留学呈显著的负向影响。说明中国当下面临学生多、老师少的局面，这阻碍了国际学生来华留学。其次，学历互认因素被学者们认为是教育因素中的核心因素，大部分留学生要考虑回国后，母国是否承认中国学历的因素。因此，学历互认暗含着拉动作用。从回归结果，我们可以明显看到中国与各国学历互认因素对国际学生来华留学产生了显著的积极作用，结果与假设相符。最后，中国相对高教经费投入和中国相对高校入学比例因素对国际学生来华留学的影响不显著。可能的原因是，高等教育经费的投入到生效不可能一蹴而就，经费投入到经费起效需要一个过程。只有高教经费投入转换为中国高校的教育设施、师资储备后，才能对国际学生产生影响。因此,我们后续将对中国相对高教经费运用滞后效应进行分析。此外,由于中国高校入学率在2006年前远低于其余样本国家,所以我们需要通过分时段回归进行检验。

模型5探究了科技因素对国际学生来华留学的影响。从模型5的回归结果可以看到,中国相对互联网发展程度和中国相对论文发表数量对国际学生来华留学产生了显著的积极影响,而中国相对专利申请数量因素的影响不显著。首先,中国相对互联网发展程度在1%的显著水平上显著。留学生来到异国他乡求学时,与家人朋友保持良好的沟通极其重要。近几年,随着中国互联网行业持续稳健的发展,中国网民数量逐年上涨,网络普及率近六成,互联网已成为中国经济发展的重要支柱。其次,中国相对论文数量对国际学生来华留学的影响在10%显著水平上显著,论文数量可以从侧面反映一国综合科研能力,论文年均增长率高达15%,占全球论文数量的11%。随着越来越多的文献刊登在具有较强影响力的国际刊物上,中国的科研水平越来越得到国际认可。尽管论文数量是科研水平的强有力体现,但我们仍需关注的一点是,中国平均每篇科技论文的引用次数仅为世界平均水平的65%(6.92/10.69),距离真正的科研强国还有一定差距。因此,尽管中国相对论文数量对国际学生来华留学产生了积极影响,但我们仍需不断提升论文质量。最后,中国相对专利申请数量因素不显著。虽然从均值上看,中国的专利申请数量领先于其他国家,但从实证结果来看,中国相对专利申请数量对国际学生来华留学的影响不显著。可能的原因是,由于数据保密性问题,品牌、信息系统等无形资产数据我们无法获取。因此,专利申请数量数据的失真可能是一个重要的原因(Gonzalez,2011)。

模型2～5同时探究了社会文化因素对国际学生来华留学的影响。从模型2到模型5的回归结果发现,社会文化因素对国际学生来华留学的影响方向一致。文化相似度产生了显著的积极影响;同属于汉文化圈,对国际学生来华留学亦产生了显著的积极影响,这也说明为何更多亚洲学生,即与中国文化、历史相近国家的学生更愿意来华留学。此外,中国相对犯罪率是显著负向作用,随着越来越多留学生在国外遇害事件的发生,留学生对人身安全问题格外关注。因此,中国相对学习环境越安全,则越容易吸引国际学生来华留学。最后,中国相对高校男女比例对国际学生来华留学的影响不显著。

整体来看,传统的货物贸易引力模型同样适用于解释国际学生流动的服务贸易活动。此外,中国相对于留学生输出国的经济实力、货物贸易量、学历互认协议、互联网发展程度、论文数量、文化相似度均对国际学生来华留学产生了积极的影响,而地理距离、失业率、生师比、犯罪率对国际学生来华留学产生了显著的消极影响。

2. 异质性检验结果

由于不同国家的经济实力、教育资源、科技水平和文化环境存在较大差异，因而，各国学生来华留学的影响因素也可能存在一定差异。为了探究不同国家学生来华留学影响因素的差异，我们将样本国家分为发达国家样本和发展中国家样本后，对模型再次进行回归。其中发达国家包括韩国、美国、日本、法国和德国 5 个国家，发展中国家包括泰国、印度、俄罗斯、巴基斯坦、哈萨克斯坦、印度尼西亚、越南和蒙古 8 个国家，回归结果如表 4－9 和表 4－10 所示。

表 4－9　发达国家来华学生影响因素回归结果

变量		模型 6	模型 7	模型 8	模型 9	模型 10
截距项	CONSTANT	3.406**	2.703*	3.491*	−9.451***	4.731
原始变量	GDP_{cft}	0.204***	0.202***	0.203**	0.576**	0.245*
	DIS_{cft}	−0.430**	−0.009	−0.162	−0.785*	−0.720*
经济因素	POT_{cft}			0.019	0.201	−0.064
	TRA_{cft}			−0.083	−0.002	−0.020
	UNE_{cft}			−0.289***	−0.315***	−0.404***
	PPP_{cft}			−0.647	−0.678	−0.743
教育因素	FUN_{cft}				0.511	0.714
	ENR_{cft}				0.480	0.637
	$STUTEA_{cft}$				−0.950***	−0.976***
	CER_{cft}				0.019**	0.048**
科技因素	INT_{cft}					0.153**
	PAP_{cft}					0.638**
	PAT_{cft}					0.023
控制变量	CUL_{cft}		0.749***	0.752***	1.224***	1.788***
	GEN_{cft}		−0.001	−0.064	0.656	0.579
	CRI_{cft}		−0.051	−0.185**	−0.511***	−0.624***
	R^2	0.853	0.906	0.912	0.940	0.945
	F	37.765	45.805	52.433	55.716	58.007
	P	0.000	0.000	0.000	0.000	0.000

注：*、** 和 *** 分别表示结果在 10%、5%和 1%的显著性水平上显著。

表 4-10　发展中国家来华学生影响因素回归结果

变量		模型 11	模型 12	模型 13	模型 14	模型 15
截距项	CONSTANT	−6.091**	1.556	−1.476***	−2.931***	−1.456**
原始变量	GDP_{cft}	0.573***	0.286*	1.126***	1.117***	1.209***
	DIS_{cft}	−1.187***	−0.993*	−2.762***	−1.963*	−2.131**
经济因素	POT_{cft}			0.001	0.007	−0.400
	TRA_{cft}			0.727***	0.758	0.720***
	UNE_{cft}			−0.343***	−0.329***	−0.309**
	PPP_{cft}			−0.959**	−0.320***	−0.983***
教育因素	FUN_{cft}				−0.866	−0.939
	ENR_{cft}				−0.438	−0.254
	$STUTEA_{cft}$				−0.294	−0.391
	CER_{cft}				0.005*	0.023*
科技因素	INT_{cft}					0.137
	PAP_{cft}					−0.130
	PAT_{cft}					−0.059
控制变量	CUL_{cft}		0.884	1.040**	2.164*	2.233*
	GEN_{cft}		−0.218	0.307	−0.642	−0.962
	CRI_{cft}		−0.869	−0.811***	−0.588***	−0.603***
R^2		0.871	0.959	0.986	0.987	0.988
F		12.359	71.334	133.832	152.4977	171.940
P		0.000	0.000	0.000	0.000	0.000

注：*、** 和 *** 分别表示结果在 10%、5% 和 1% 的显著性水平上显著。

从实证结果来看，两类国家学生来华留学的影响因素存在共性的同时也存在差异。

两类国家来华留学生影响因素的共性主要体现在五个方面：首先，所有回归模型的拟合优度都在 85% 以上，但以发展中国家学生为样本模型的拟合优度要高于以发达国家学生为样本的模型，说明我们基于引力模型的扩展模型能够更好地解释说明发展中国家学生来华留学的影响因素。其次，中国相对经济实力因素对所有国家学生来华留学均产生了显著的积极影响，地理距离产生了显著的消极影响。不过，中国相对经济实力对发展中国家学生的影响程度要大于对发达国家学生的影响，地理距离对发展中国家学生的阻碍作用也更强。但不论国家类型，传统贸易引力模型均适用于解释国际学生来华留学的影响因素。第三，中国相对失业率对两类国家学生来华留学均产生了显著的消极影响，但对发展中国家学生的消极作用要大于对发达国家学生。第四，文化相似度始终是积极影响因素，中国相对犯罪率始终是消极影响因素。第五，中外学历互认因素对于两类国家学生均产生了显著的积极影响，但对发达国家学生的吸引力度要强于发展中国家。这一点其实不难理解，截至 2020 年 11 月，中国尚未与美国、日本等发达国家签订学历互认协议，来自发达国家的学生必然会尤其关注学历互认协议的签订。因此，学历互认是发达国家来华留学生重点考虑的因素。而对于发展中国家而言，中国的学历更有含金量，因此来自发展中国家的学生对于学历互认的关注度没有发达国家学生高。

两类国家来华留学生影响因素的差异性是：首先，中国相对货物贸易能力对发展中国家学生具有正向拉动作用，而对发达国家学生来华留学的影响作用不显著。这可能与选取的样本有关，样本的发达国家货物贸易能力较强，因此中国相对货物贸易能力因素很难对发达国家学生产生足够的吸引力。其次，中国相对物价水平也同样只对发展中国家学生产生影响。发展中国家学生更多来自经济落后地区，所以会尤其关注中国的消费水平。再次，中国相对生师比和学历互认因素对发达国家学生来华留学产生了重要影响，但对发展中国家国际学生来华留学的影响则不显著。最后，科技因素，即中国相对论文数量和互联网发展程度仅对发达国家学生来华留学产生了显著影响。究其原因，发达国家学生普遍来自科技强国，因此，能否在中国学到核心技术成为发达国家来华留学生考虑的重点因素。互联网发展程度方面，发达国家平均每 100 人中有八成以上的上网人群，而发展中国家仅有三成左右。中国介于两者之间，接近 60%。所以，发达国家学生离不开互联网的可能性更大，因而，互联网发展程度仅对发达国家学生来华留学产生了影响。

3. 影响因素的滞后效应

在贸易流动过程中，广泛存在时间滞后效应（Raul，2015），而作为服务贸易的学生流动也必然会受到解释变量的滞后影响。因此，为了探究国际学生来华留学影响因素的滞后效应，我们对解释变量分别滞后 1—5 年，再次对国际学生流动的引力模型进行回归分析，其结果见表 4－11。

表 4－11　影响因素滞后效应回归结果

变 量		模型 16 (AR-1)	模型 17 (AR-2)	模型 18 (AR-3)	模型 19 (AR-4)	模型 20 (AR-5)
截距项	CONSTANT	2.807	1.601	2.369	4.834	8.985
原始变量	GDP_{cft}	0.135***	0.117**	0.114**	0.090	0.059
	DIS_{cft}	−0.517**	−0.349*	−0.419	−0.590**	−0.937***

续表

变量		模型 16 (AR-1)	模型 17 (AR-2)	模型 18 (AR-3)	模型 19 (AR-4)	模型 20 (AR-5)
经济因素	POT_{cft}	0.087*	0.099*	0.067	0.064	0.077
	TRA_{cft}	0.391***	0.465***	0.434**	0.304*	0.059
	UNE_{cft}	−0.305***	−0.265***	−0.250***	−0.258***	−0.295***
	PPP_{cft}	0.056	0.015	0.051	0.107	0.256
教育因素	FUN_{cft}	0.286	0.452*	0.539**	0.410	0.424
	ENR_{cft}	0.066	0.050	0.029	0.030	0.073
	$STUTEA_{cft}$	−0.408***	−0.604***	−0.655***	−0.599***	−0.558***
	CER_{cft}	0.067**	0.035*	0.022	0.018	0.021
科技因素	INT_{cft}	0.357***	0.282***	0.233***	0.211***	0.190***
	PAP_{cft}	0.136*	0.021*	0.007	0.169	0.467
	PAT_{cft}	0.016	−0.055	−0.045	0.008	0.073
控制变量	CUL_{cft}	0.815***	0.611***	0.549**	0.599**	0.831***
	GEN_{cft}	−0.094	−0.227	−0.202	−0.136	0.046
	CRI_{cft}	−0.208***	−0.191***	−0.184**	−0.191**	−0.196***
R^2		0.886	0.874	0.869	0.859	0.857
F		44.466	38.013	34.796	30.483	28.640
P		0.000	0.000	0.000	0.000	0.000

注：*、** 和 *** 分别表示结果在 10%、5%和 1%的显著性水平上显著。

回归结果中，我们需要重点关注中国相对高教经费投入变量。因为之前的实证结果中，无论是全样本分析还是分国别分析，中国相对高教经费投入变量结果均与预期不符。我们认为很有可能与变量自身存在滞后效应有关，即高教经费投入到经费起效存在时滞效应。从变量滞后的回归结果中我们发现，当滞后期为一年时，中国相对高教经费投入变量依旧不显著，但是滞后期为两年和三年时，中国相对高教经费投入对国际学生来华留学的影响显著正相关，且滞后三年的影响程度比滞后两年的大。但滞后期为四年和五年时，中国相对高教经费投入因素又变为不显著。可见，中国高教经费投入对国际学生来华留学的影响存在两到三年的时滞效应。中国高等教育经费投入只有转化为高等院校的基础设施、师资储备时，才能成为拉动国际学生来华留学的影响因素。

其余各变量的回归结果与预期一致。中国相对经济实力和中国相对货物贸易能力变量对国际学生的影响程度均随滞后年份的增加而减弱，到达滞后期四年时开始不显著，这说明国际学生来华留学主要考虑中国近年的经济发展状况。而中国相对失业率、中国相对生师比在五年内都是显著的消极因素，说明国际学生做出来华留学选择时会持续关注中国的就业情况和教育环境。此外，中国相对互联网发展程度和中国文化相似度均是显著积极因素，而中国相对犯罪率依旧是显著消极因素。

（三）内生性检验

1. 工具变量法

从前文的回归结果中我们发现，无论是全样本回归、分国别回归还是滞后效应回归，中国相对经济增长潜力都不是拉动国际学生来华留学的影响因素，这与我们的预期不一致。一般来说，一国经济增长潜力越高，高等教事业发展越稳健，越容易获得国际学生的青睐。针对回归结果与预期不符的情况，我们猜想可能是变量选取不当致使模型产生内生性问题所致。因此，我们采用工具变量法对中国相对经济增长潜力变量进行替换。基于工具变量法的定义和经济增长潜力的内涵，本部分拟用城镇人口占比代替 GDP 增长率来测度中国相对经济增长潜力因素。选取替换变量的原因是：第一，工具变量法需要选取与原变量高度相关而与其他变量和随机误差项无关的变量，本部分之前用 GDP 增长率来估计中国相对经济增长潜力，这与中国相对经济实力 GDP 存在一定的相关性，进而可能导致模型出现内生性问题，因此本部分选取城镇人口占比来弱化上述存在的问题。第二，城镇化率能够有效反映一国的经济增长潜力。城镇化发展可以有效扩大一国内需，合理优化资源配置，提升居民生活质量，从而促进国家经济实力的提升。综合以上两个原因，我们选取城镇化率代替 GDP 增长率来测度中国的经济发展潜力，回归结果见表 4－12。

表 4－12　工具变量法回归结果

变　量		模型 21	模型 22	模型 23
截距项	CONSTANT	−9.764**	−2.881***	−5.360***
原始变量	GDP_{cft}	0.712***	0.523***	1.340***
	DIS_{cft}	−0.329*	−0.566***	−0.949***
经济因素	POT_{cft}	0.412***	0.193***	0.948***
	TRA_{cft}	0.287*	0.426*	0.774***
	UNE_{cft}	−0.441***	−0.120*	−0.329***
	PPP_{cft}	−0.169*	−0.108	−0.217*

续表

变　量		模型 21	模型 22	模型 23
教育因素	FUN_{cft}	0.588	0.418	−1.448
	ENR_{cft}	0.382	0.061	−1.093
	$STUTEA_{cft}$	−0.268**	−0.316**	−0.026
	CER_{cft}	0.119*	0.239**	0.047
科技因素	INT_{cft}	0.366***	0.019*	0.275***
	PAP_{cft}	0.274*	0.488*	0.359
	PAT_{cft}	0.032	−0.067	−0.059
控制变量	CUL_{cft}	1.559***	0.572***	1.837***
	GEN_{cft}	−0.166	−0.275	−2.137
	CRI_{cft}	−0.391***	−0.603***	−0.070***
R^2		0.910	0.928	0.990
F		59.468	97.123	165.191
P		0.000	0.000	0.000

注：*、** 和 *** 分别表示结果在 10%、5%和 1%的显著性水平上显著。

模型 21、22、23 分别代表全样本回归，发达国家样本回归和发展中国家样本回归。实证之前，我们同样对样本进行相关性分析和多重性共线性检验。城镇化率与其余变量的相关性均控制在 0.7 以下，VIF 值均在 10 以下。实证结果中，中国相对经济增长潜力在全样本和分国别回归中均在 1%显著水平上显著，说明中国相对经济增长潜力对国际学生来华留学产生了正向拉动作用。同时，其余变量的影响方向和显著程度均未发生较大变化。此外，中国相对经济增长潜力对发展中国家的吸引力要大于对发达国家学生的吸引力(0.948 和 0.193)，从而再一次证明发展中国家学生相对发达国家学生更加关注中国的经济因素。

2. 反向因果关系

从前文的相关性分析中可以发现，来华留学生数量和中国相对经济实力存在较强的相关性，相关系数达到 0.766。这说明我们可以通过来华留学生数量和中国相对经济实力两个变量中的一个变量了解到另一个变量的信息。那么两者之间是否会产生双向因果关系呢？研究假设中，我们认为中国相对经济实力是拉动国际学生来华留学的影响因素，那么会不会存在反向因果关系，即国际学生的大规模流入是导致中国相对经济实力增强的主要原因呢？虽然变量的高相关性不一定代表它们具有因果关系，但我们还是要通过反向因果法去检验变量因果关系的稳定性（Haussen，2016），进而避免模型存在内生性问题。所以，我们通过将来华留学生数量和中国相对经济实力因变量和自变量调换，再次对国际学生流动的引力模型进行回归分析，检验结果见表 4－13。

表 4－13　反向因果关系检验

变　量		模型 24	模型 25	模型 26
截距项	CONSTANT	2.942***	2.464***	2.636***
原始变量	STU_{cft}	0.074	0.157	−0.004
	DIS_{cft}	−0.101	−0.113*	−0.016
经济因素	POT_{cft}	−0.371	−0.495***	−0.003
	TRA_{cft}	0.550***	0.608***	0.474***
	UNE_{cft}	−0.407***	−0.690**	−0.980*
	PPP_{cft}	0.191***	0.078*	0.283***
教育因素	FUN_{cft}	0.212***	0.194***	0.083***
	ENR_{cft}	0.600***	0.592***	0.234***
	$STUTEA_{cft}$	−0.681***	−0.761***	−0.095
	CER_{cft}	0.162***	0.145**	0.027
科技因素	INT_{cft}	0.096***	−0.027	0.265***
	PAP_{cft}	0.702***	0.537***	−0.238
	PAT_{cft}	0.034	−0.019	0.073
控制变量	CUL_{cft}	0.361***	0.472***	0.167***
	GEN_{cft}	0.256	−0.169	−0.357
	CRI_{cft}	−0.976***	−1.528***	−1.434***
R^2		0.991	0.992	0.994
F		69.614	105.094	80.211
P		0.000	0.000	0.000

注：*、** 和 *** 分别表示结果在 10%、5%和 1%的显著性水平上显著。

模型 24、25、26 分别代表全样本回归、发达国家样本回归和发展中国家样本回归。从结果中可以很明显发现，无论在全样本还是分国别样本回归中，实证结果都否定了我们的猜想，即来华留学生数量和中国相对经济实力不存在双向因果关系，中国相对经济实力是吸引国际学生来华留学的重要因素，但国际学生来华留学并不是中国相对经济实力增长的主要原因。这说明来华留学生数量和中国相对经济实力之间不存在双向因果关系，继而模型不存在内生性问题，说明回归模型的估计结果稳定有效。

(四)稳健性检验

1. 时间分段

保证变量回归系数具有稳定性对于回归模型具有十分重要的意义(Ahmad，2015)。本部分选取的样本区间为2000—2016年，在此期间中国的经济因素发生了变化，政策等也进行过调整，如：2004年为国际学生来华留学的教育宣传年，中国政府开启了教育振兴行动计划，建立了国际学生来华教育管理干部培训制度，实施了国际学生留学毕业生工作计划等；2009年中国政府为了应对经济危机，出台了优秀自费生奖学金资助政策；2012年中国为进一步扩大国际学生来华数量，提高国际学生来华留学的效率和质量，教育部组织了国际学生阳光运动文化之旅活动。随着这些经济、政策活动的变化，国际学生来华留学的影响因素也可能随之变动。因此，为了保证回归结果的稳健性，我们将样本时段划分为3个时间段：2000—2005年、2006—2010年、2011－2016年，然后再次进行回归检验。实证结果发现(见表4－14)，国际学生来华留学的影响因素在三个时间段内影响方向保持一致，影响因素系数均没有较大差异。总体来看，模型稳定有效，计量结果准确可靠。

表4－14　替换时间的稳健性检验

变量		模型27	模型28	模型29
截距项	CONSTANT	−4.717	−1.707	−8.808
原始变量	GDP_{cft}	0.624***	0.540***	0.871***
	DIS_{cft}	−0.332**	−1.169***	−0.129**
经济因素	POT_{cft}	0.498***	0.317***	0.302***
	TRA_{cft}	0.732***	0.313***	0.031**
	UNE_{cft}	−0.751***	−0.623***	−0.164***
	PPP_{cft}	−0.614***	0.098	−0.092
教育因素	FUN_{cft}	−0.156	0.229*	0.973
	ENR_{cft}	0.022	0.197**	−0.995
	$STUTEA_{cft}$	−0.218	−0.039*	−0.034
	CER_{cft}	0.081	0.430**	0.021

续表

变 量		模型 27	模型 28	模型 29
科技因素	INT_{cft}	0.472	0.274	0.119***
	PAP_{cft}	0.469	−0.236	0.667***
	PAT_{cft}	−0.244	0.160	0.095***
控制变量	CUL_{cft}	0.293	1.308***	1.001***
	GEN_{cft}	0.472	0.241	−1.238
	CRI_{cft}	0.204	−0.357***	−0.487***
	R^2	0.930	0.965	0.920
	F	50.705	60.775	30.796
	P	0.000	0.000	0.000

注：*、** 和 *** 分别表示结果在 10%、5% 和 1% 的显著性水平上显著。

但仔细分析又可以发现，一方面，国际学生来华留学在三个时间段的影响因素存在细微差异，2000—2005 年以经济因素为主，2006—2010 年以经济、教育因素为主，2011—2016 年以经济、科技因素为主。说明国际学生来华学习的影响因素在动态变化；另一方面，全样本分析中不显著的中国相对高校入学率和中国相对专利申请数量在第二个时间段和第三个时间段变为显著正向影响，说明这两个变量对国际学生来华留学的影响存在时效性。

2. 替换方法

基于变量和模型，我们在实证回归中均采用了最小二乘法。考虑到样本数据存在缺失情况，最小二乘法回归的有效性需要进一步验证（Miche，2014）。因此，我们拟通过替换回归方法，采用广义最小二乘法对国际学生流动模型进行再一次验证，实证结果见表 4－15。

表 4－15　替换计量方法的稳健性检验

变 量		模型 30	模型 31	模型 32
截距项	CONSTANT	−1.164***	−6.631	−2.615***
原始变量	GDP_{cft}	0.710**	0.351*	0.725**
	DIS_{cft}	−0.216***	−0.187**	−0.344***
经济因素	POT_{cft}	0.228***	0.130*	0.674***
	TRA_{cft}	0.211***	0.104	0.408**
	UNE_{cft}	−0.475***	−0.203***	−0.692***
	PPP_{cft}	−0.389***	0.248	−0.377

续表

变量		模型 30	模型 31	模型 32
教育因素	FUN_{cft}	0.273	0.184	1.444
	ENR_{cft}	0.376	−0.389	−0.141
	$STUTEA_{cft}$	−0.324***	−0.264***	−0.505
	CER_{cft}	0.054***	0.225***	0.148*
科技因素	INT_{cft}	0.231***	−0.162	0.282**
	PAP_{cft}	0.854*	0.676*	0.093
	PAT_{cft}	−0.053	0.021*	0.192
控制变量	CUL_{cft}	0.974***	1.508***	1.019***
	GEN_{cft}	−0.485	−0.064	−1.513
	CRI_{cft}	−0.404***	−0.488***	−0.196***
R^2		0.980	0.898	0.990
F		98.842	134.570	269.517
P		0.000	0.000	0.000

注：*、** 和 *** 分别表示结果在 10%、5%和 1%的显著性水平上显著。

模型 30、31、32 依次是全样本回归、发达国家样本回归和发展中国家样本回归。从回归结果可以发现，变量的系数和显著性均未发生较大变化，拟合优度都在 0.9 左右，证明前文回归结果有效。

（五）小结

从实证回归结果可以发现，中国相对经济实力、中国相对经济增长潜力、中外文化相似度在全样本、分国别、分时间段回归中均是吸引国际学生来华留学的影响因素，因此 H_{1a}、H_{1b}、H_{4b} 支持原假设。中国相对失业率、中外地理距离、中国相对犯罪率在所有回归中均是阻碍国际学生来华留学的影响因素，所以 H_{1d}、H_{4a}、H_{4d} 也同样支持原假设。中国相对货物贸易能力和中国相对物价水平仅对发展中国家来华学生产生影响，因此 H_{1c}、H_{1e} 假设部分支持。中国相对生师比、中外学历互认、中国相对互联网发展程度和中国相对论文数量因素仅对发达国家学生有影响，从而 H_{2c}、H_{2d}、H_{3a}、H_{3b} 假设也是部分支持。此外，中国相对高教经费投入、中国相对高校入学率和中国相对专利申请数量因素仅在特定时间段起作用，因此假设 H_{2a}、H_{2b}、H_{3c} 也是部分支持。最后，我们尚未发现中国相对高校男女比例对国际学生来华留学有影响，所以 H_{4c} 假设暂不支持。

五、结论与建议

(一)研究结论

本章基于 2000—2016 年 13 国来华留学生数据，通过改进引力模型对国际学生来华留学的影响因素进行了研究。在研究过程中，我们首先对学生流动的理论和影响因素进行文献回顾和评述。其次，从规模变动、区域构成和国别属性三个方面对国际学生来华留学现状进行分析。最后，引入经济因素、教育因素、科技因素和社会文化因素构建学生流动引力模型，对国际学生来华留学的影响因素进行实证研究。研究结论如下：

①传统的贸易引力模型依然能够有效地解释国际学生流动现象。其中，中国相对经济实力是国际学生来华留学的显著积极因素，而地理距离则是显著消极因素。同时，两项因素对发展中国家国际学生的影响程度都要大于对发达国家的国际学生。

②经济因素中，中国相对经济潜力是国际学生来华留学的显著积极因素，中国相对失业率是显著消极因素，而中国相对货物贸易能力和中国相对物价水平仅对发展中国家学生来华留学产生显著影响。

③教育因素中，中外学历互认对国际学生来华留学具有显著积极影响，中国相对生师比则产生了显著负向影响。中国相对高教经费投入的影响存在滞后效应，时滞期为两到三年；中国相对高校入学率对国际学生来华留学的影响亦存在时效性。

④科技因素中，中国相对互联网发展程度和相对论文数量对发达国家来华留学生产生了显著积极影响，而中国相对专利申请数量对国际学生来华留学的影响也存在时效性。

⑤社会文化因素中，中外文化相似度对国际学生来华留学产生了显著积极影响，而中国相对犯罪率是显著的消极影响因素。

(二)政策建议

1. 经济方面

①促进经济的稳健增长。从回归结果中我们不难发现，国际学生尤其是发展中国家学生关注中国经济实力、经济发展潜力更多。而相对于发展中国家，发达国家学生的平均家庭收入较高，因而他们较少受到经济条件的羁绊。因此，未来应该积极推动中国经济的优化升级，以经济建设为中心，加快中国经济增长的转型升级，大力建设经济创新型国家，为中国经济增长添加新的活力和增长动力，保证中

国经济稳定而持续地发展，进而增强对发达国家学生的吸引力，推动国际学生来华留学的平衡发展。

②继续推动中国货物贸易发展。实证结果表明，中国相对货物贸易因素正逐渐成为影响国际学生来华留学的重要经济因素。因此，中国在维持稳定而持续的经济发展同时，还要继续维持并发展与各国的贸易伙伴关系，不仅实现自身经济实力的提升，还要实现经济增长共赢，促进中国与各国贸易关系的进一步提升。

③进一步提升就业率。如果中国能够为国际学生在获取学历后提供系统的职业规划和更多的就业机会，那么中国高等院校就能够得到更多国际学生的关注和选择。因此，中国政府要在就业市场上给予国际学生充分且平等的就业机会；积极宣传中国良好的就业前景，降低国际学生来华留学的不确定性。

④合理利用中国物价水平优势。相比发达国家，中国无论学习费用，还是生活花销，都处于较低的水平。因此，未来在吸引国际学生来华留学的过程中，要大力宣传来华留学成本低的优势，以使其成为拉动国际学生来华留学的重要因素。

2. 教育方面

①降低中国高等院校生师比。实证结果发现，中国相对生师比因素阻碍了国际学生来华留学。由于留学生教育具有特殊性，中国各高校急需针对留学生打造合适的教师团队，他们不仅需要具备相应的知识储备和管理经验，还需要熟悉各国文化、法律政策。在此基础上，加大学校整体师资队伍建设力度，扩大教师队伍规模，提高教师质量，改善生师比，加大对国际学生的吸引力。

②继续增加高等教育经费投入。经费的投入一方面可以改善教学设施，聘请高端教师和研究人员，提高教学和研究质量，另一方面，还可以为留学生改善生活设置和条件，建设更好的留学生教育环境，从而为吸引国际生来华留学和工作提供保障。

③积极推动学历互认。截至 2020 年 11 月，中国尚未与日美等经济发达国家签订学历互认协议，同样，中国也未承认一些发展中国家的学历。因此，我们要加强各国之间的教育交流沟通，如派送访问学者、交换生等，加强国家之间高等教育的认知和理解，促成学历互认协议的签订。同时，中国应积极与他国高教体系建立学分互认制度，学历和学分的互认有助于国际学生带动更多母国学生的流入，从而有助于吸引更多国际学生来华留学。

3. 科技方面

①提高中国互联网普及度。中国要加速互联网使用的普及化，方便留学生与家人、好友的沟通联络；同时，中国接受留学生的高等院校也应该大力构建互联网信息化系统，实现留学生管理手段信息化，充分体现国际化教育管理水平，进而提高中国各高校对国际学生的管理效率。

②进一步提升中国的科研能力。虽然中国高校的研究成果数量众多，但从质量和影响力看，中国与发达国家相比还有较大差距。所以，中国各高校应全方位鼓励教学科研人员增强科研意识，加大科研力度和深度，积极开展国内外合作研究，以提高科研成果的影响力，增加对国际学生的吸引力。

4.社会文化方面

①普及中国文化。国际学生来华留学，蕴含着对中国文化的认同。尽管如此，国际学生来华留学仍然会在一定程度上存在对学习环境的不适应问题，降低了学习效率。因此，普及中国文化成为中国各院校吸引国际学生来华留学的关键举措。国际学生如能快速掌握中国文化，并融入日常的学习和工作环境中，就可提升自己的学习和科研效率。所以，大力普及中国文化，让中国文化为更多国际学生所认可，进而减少国际学生来华留学产生的跨文化冲突，对中国各院校吸引国际学生至关重要。

②维持中国社会治安稳定。目前，世界多国出现政局不稳、社会动荡的局面。这对国际学生在留学目的国的选择上产生了消极影响。唯有维持社会治安稳定、院校环境和谐，才能保证留学生学习的质量和效率。因此中国要维护社会稳定的形象，切实维护社会治安，降低犯罪率。

(三)研究创新与局限

1.研究创新

学生流动是21世纪以来高等教育国际化发展的最重要途径。目前，已有学者针对学生流动影响因素的相关研究。比较已有的研究，本章的创新之处体现在以下三个方面：

第一，弥补了以中国为东道国的国际学生影响因素研究。在学生流动研究对象上，已有研究大多将目光聚焦在欧美等留学教育强国，对中国等发展中国家的关注较少。尽管从2010年后，已有部分学者以来华留学生为研究对象，但更多的是从定性层面进行解读，较少有定量分析。有关实证方面的文章，影响因素的构建也缺乏体系。而本章不仅以来华留学生为样本，还借助推拉理论较系统地提炼了国际学生来华留学的影响因素，在一定程度上丰富了国际学生来华留学的影响因素研究。

第二，从宏观层面研究国际学生来华留学的影响因素。在影响因素研究中，已有研究更多从微观即个人、家庭层面研究学生流动的影响因素，较少关注中、宏观层面国际学生流动的影响因素。本章引入经济因素、教育因素、科技因素和社会文化因素，构建了扩展国际学生流动引力模型，弥补了学生流动领域宏观影响因素研究的空缺。

第三，从推拉两个层面研究国际学生来华留学的影响因素。在引力模型研究方法上，已有研究更多是从单边视角分析学生流动的影响因素，即仅分析拉力因素，或仅关注推力作用。而本章将传统贸易引力模型进行改进，借助推拉理论思想，从比较视角进行国际学生来华留学的影响因素研究，从而为实证研究提供了新的视角。

2. **研究局限**

本章虽通过推拉理论较系统地对国际学生来华留学影响因素进行了研究，然而，本章在数据获取、变量选择等方面仍存在不足：

第一，由于数据获取的限制，本章仅对来华留学生输出大国进行影响因素研究，样本容量偏小，并且样本所属区域仅有欧洲、美洲、亚洲三大洲，尚缺少对非洲和大洋洲样本的验证，特别是非洲样本，因为非洲来华留学生数量较大，因而，结论的普遍性尚待进一步验证。

第二，尽管本部分考虑的影响因素比较全面，但因为数据原因，仍然有宗教信仰、饮食气候、生态环境差异等其他社会文化因素没有考虑。

第五章　中国高等教育服务出口竞争力研究

经济全球化的不断深入，加快了世界货物与服务贸易的增长，尤其是服务贸易增速已经明显快于货物贸易，并以其不断提升的价值创造能力，在国际分工中的地位日益增强。世界贸易组织发布的《2019 世界贸易报告》显示，自 2005 年以来，服务贸易平均每年增长 5.4%，高于 4.6%的货物贸易年平均增速。据估计，到 2040 年服务贸易在全球贸易中的份额将增长 50%。可见，服务贸易已逐渐成为国际贸易重要的组成部分。服务贸易领域中，教育服务贸易异军突起，成为各国竞相发展的新兴领域。

教育服务贸易，尤其是留学教育服务贸易为教育服务出口大国带来了巨大的经济利益。以美国和澳大利亚为例，美国高等教育服务贸易出口连续十年处于增长状态，2018－2019 年美国接受高等教育留学生人数达 109.53 万人。据美国商务部统计，2018 年留学生仅通过缴纳学费、食宿费以及其他费用为美国经济贡献了 447 亿美元，较上一年增加了 5.5%。2019 年澳大利亚接受留学生 95.7 万人，教育服务出口为澳大利亚带来 324.34 亿美元的直接收益，占澳大利亚贸易出口总额的 8%，服务出口总额的 36.8%。教育服务出口已成为澳大利亚第一大服务贸易出口行业，第三大贸易出口行业，仅次于铁矿石和煤炭。除去直接经济收益，高等教育服务出口也为这些国家带去了大量的高素质人才，很多学生毕业之后选择留在出口国工作生活，最终创造了更多的间接经济效益。

中国高等教育服务贸易虽然近年来处于持续增长状态(2018 年，中国接受留学生 49.2 万名，其中学历来华留学生 25.8 万名)，但仍然存在留学层次偏低、学生来源国较集中等问题。同时，虽然出国留学生也处于快速增长状态(2018 年中国出国留学生达 66.21 万人，出国留学生数高于来华留学生数)，加之中国高等教育服务收费标准远低于发达国家，导致中国高等教育服务贸易逆差严重。这对中国人力资本的积累和经济社会的发展造成不可估量的损失(茹宗志，2005)，而扭转教育服务贸易逆差的关键在于增强其竞争力(王建坤，2012；陈越，2016)。

中国政府高度重视高等教育服务贸易的发展。2016 年中共中央办公厅、国务院办公厅印发了《关于做好新时期教育对外开放工作的若干意见》，提出要开创更有质量更高水平教育对外开放新局面，打造“留学中国”品牌。大力发展教育服务贸易不仅有助于中国发展新的经济增长点，更有助于吸引高层次人才，减少中国人力资源的流失，促使中国从人口大国迈向人口强国，同时更好地传播中国优秀文化，提升中国国家形象。

中国高等教育服务贸易发展现状和国家发展战略都对积极发展高等教育服务贸易提出要求，不只“量”的提高，更是“质”的提升，以在国际教育服务贸易中占据优势，获得高质量可持续发展。非常遗憾的是，国内外已有研究更多聚焦于服务贸易整体竞争力，单项服务贸易聚焦于金融、旅游、运输等服务贸易部门的竞争力，而针对教育服务贸易竞争力的研究较为缺乏；有限的高等教育服务贸易竞争力的研究仅通过计算竞争力指数进行国际比较，影响因素的研究文献较少。那么，中国高等教育服务贸易竞争力到底如何，中国高等教育服务贸易出口竞争力的影响因素都有哪些？显然，对这些问题的回答，不仅有助于丰富既有文献，也有助于为中国高等教育服务贸易发展提供理论依据，继而推动中国高等教育服务贸易实践发展。

一、理论基础与文献综述

(一)理论基础

1. 国家竞争优势理论

20 世纪 90 年代，美国哈佛大学商学院迈克尔·波特教授出版著作《国家竞争优势》。他认为，一个国家产业的竞争优势取决于该国的国家竞争优势。在国家层面，竞争优势就是“生产力”，生产力决定了该国财富的多寡，生产力根植于一国的竞争环境，而形成竞争优势的有利环境又是由四个基本要素和两个辅助要素决定的，即“钻石模型”，如图 5-1 所示。四个基本要素分别为生产要素，需求条件，相关及支持产业，企业战略、结构及竞争；两个辅助要素分别为政府和机会。六个要素形成一个动态、完整的体系，共同决定了一个国家的产业能否在国际竞争中取得成功。六个要素间互相影响，其中任何一项要素的变化会影响到其他要素的变化，当企业获得钻石体系中任何一项要素的优势时，也会帮助企业创造或者提升其他要素上的优势。

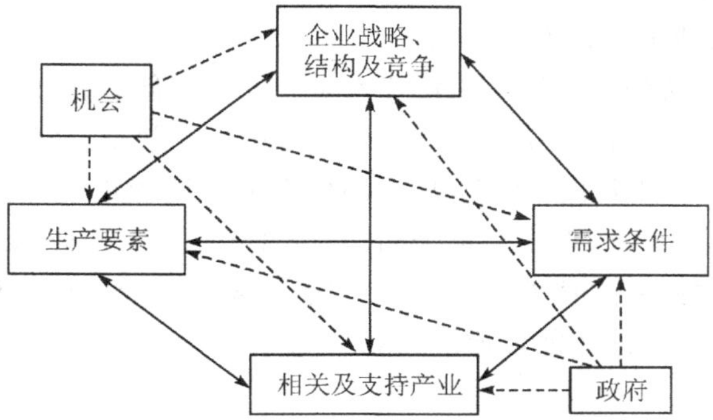

图 5-1　钻石模型

1)生产要素

生产要素是指一个国家或产业发展的基本要素条件。波特将生产要素分为基础要素和高级要素两种。基础要素是一国先天性的资源禀赋,比如自然资源、地理环境等。高级要素需要经过后天投资和开发,经过长时间积累才可以取得,专业性更强,包括人力资源、信息技术等。高级生产要素是一国产业获得高层次竞争优势的必要条件。波特强调要创造国际竞争优势,除了配置已有的生产要素外,更重要的是改善要素质量、提高要素效率并创造新要素。相比于基础要素,高级要素对一国产业竞争优势的作用更加明显和长效,高级要素的差别是拉开各国产业竞争力的关键。

2)需求条件

需求条件主要是指国内市场的需求。波特认为能够代表国际需求的国内需求、成熟而又苛刻的国内消费者以及国内市场的提早需求对国家竞争优势的形成至关重要。准确的国内市场需求结构可以帮助国内产业调整发展方向,内行而又挑剔的消费者督促着企业改善质量及服务以满足客户需求,从而可以更加从容地满足其他国家客户的需求。对某种产品或服务的本土需求先于国际需求,会引导本国比外国竞争对手更早行动,带动国际市场需求,从中获得竞争优势。

3)相关及支持产业

相关及支持产业是指本国是否拥有具有国际竞争力的上游及相关产业。一个国家产业的潜在优势是因为其上游或相关产业具有竞争优势。随着产业优势的扩散,上游产业的好处逐渐溢出到本产业,下游产业可以通过较低的成本等途径获得竞争优势。相关产业间具有一定的相似性,或是相似的技术,或是相似的上游产业和销售渠道等,通过与具有竞争力的相关产业合作、信息共享可以提高该产业生产效率,有助于该产业获得国际竞争力。一个国家如果拥有较多的富有竞争力的相关产业,产业开始聚集,就会形成关联产业集群。优势产业群内部相互串联,促进产业竞争力快速提升。

4)企业战略、结构及竞争

形成国际竞争优势的第四个关键要素是企业如何创立、组织和管理,以及行业竞争状态。激烈的国内产业竞争会促使企业提高生产效率,降低生产成本,加大对科技及创新的投入,创新生产方式,从而确保企业在国内市场存活下去,这有利于该国该产业国际竞争力的形成。每个国家有不同的国情,产业间也存在差异,企业的战略和结构往往随着这些差异而改变,只有国家和企业的优势相互结合,形成在各种差异下的最佳组合,才能形成国家竞争优势。

5)政府

政府是影响国家竞争优势的可变因素。政府可以通过加大对人力资源、基础设施的投入创造较好的生产要素条件,创造和维护强有力的公平竞争环境,制定相关政策，积极引导社会创新等方式影响产业竞争力。政府在创造和保持国家竞争优势上扮演重要角色，但如果一个产业没有处于具有竞争优势的环境中，政府的作用并不能有效发挥。

6)机会

机会这一因素可遇不可求，能够把握住有利的机遇会对产业竞争力带来巨大发展机会，问题的关键是如何把握不可预测的机遇，这需要各国政府和产业有较快的调整速度以及较完善的产业发展环境以应对稍纵即逝的机会。

2.竞争力测量方法

1)国际市场占有率

国际市场占有率(the ratio of international marker share，IMS)是指一国某种产品出口总额占国际上该种产品出口总额的比重，用来反映该国该产品在国际市场上占有的市场份额。数值越高表明占有的市场份额越多，该产品在国际上的竞争力就越强。用公式表示为：

$$IMS_{ij}=X_{ij}/X_{wj} \tag{5-1-1}$$

其中，IMS_{ij} 表示 i 国 j 产品的国际占有率，X_{ij} 表示 i 国 j 产品的出口额，X_{wj} 表示国际上各国出口该产品的出口总额。IMS在(0,1)之间取值，取值越接近于1，市场占有率越高，表示竞争力越强。

2)贸易竞争力指数

贸易竞争力指数(trade competetive index, TC)，是指一国某种产品净出口与进出口总额的比率。用来反映一国净出口的相对规模，用公式表示为：

$$TC_{ij}=(X_{ij}-M_{ij})/(X_{ij}+M_{ij}) \tag{5-1-2}$$

其中，TC_{ij} 表示 i 国 j 产品的贸易竞争力指数，X_{ij} 表示 i 国 j 产品的出口，M_{ij} 表示 i 国 j 产品的进口。从公式可以看出，TC取值范围为(−1,1)，当一国出口大于进口，TC>0，表示具有一定国际竞争力，指数越接近于1，表示竞争力越强。反之，当TC<0，表示国际竞争力水平较低。

3)显示性比较优势指数

显示性比较优势指数(revealed comparative advantage index，RCA)是指一个国家某种商品出口额占该国出口总额的份额与世界出口总额中该类商品出口额所占份额的比重，通过RCA指数可以判定一国某种产业是否具有出口竞争力，用公式表示为：

$$RCA_{ij}=(X_{ij}/Y_i)/(X_{wj}/Y_w) \tag{5-1-3}$$

其中，RCA_{ij} 表示 i 国 j 产品的显示性比较优势，X_{ij} 表示 i 国 j 产品出口总额，Y_i 表示 i 国所有商品和服务的出口总额，X_{wj} 表示世界上 j 产品的出口总额，Y_w 表示世界全部商品和服务的出口额。

4)净出口显示性比较优势指数

显示性比较优势指数只考虑了一国出口总额，而忽略了贸易进口的影响，净出口显示性比较优势指数(net export revealed comparative advantage index，NRCA)弥补了这一缺点，是一种改进的显示性比较优势指数，它表示一国某产品的出口在总出口中所占的比例与该产业的进口在总进口中所占比重之差，用公式表示为：

$$\mathrm{NRCA}_{ij}=(X_{ij}/X_i)-(M_{ij}/M_i) \quad (5-1-4)$$

其中，X_{ij} 为 i 国 j 产品的出口，X_i 为 i 国商品和服务的总出口，M_{ij} 为 i 国 j 产品的进口，M_i 为 i 国商品和服务的总进口。NRCA 指数越大，国际竞争力越强。

3. **高等教育服务贸易提供方式**

1994 年，世界贸易组织在乌拉圭回合谈判中缔结的《服务贸易总协定》(GATS)，首次将教育纳入服务贸易范畴。按照《服务贸易总协定》从交易的角度对服务贸易进行划分的方式，高等教育服务贸易的提供方式包括跨境支付、境外消费、商业存在、自然人流动四种形式。

1)跨境支付

高等教育服务的提供者和接受者在本国境内即可进行高等教育服务贸易。教育的提供者在境内通过网络、无线、通信设备等方式向任何其他成员国教育需求者提供高等教育服务，主要表现方式为远程教育、函授等。

2)境外消费

高等教育服务贸易的提供者在本国境内向任何其他成员国高等教育服务消费者提供高等教育服务，因此其他成员国人员必须进入提供高等教育服务成员国境内接受教育，出国留学是境外消费的主要表现形式，也是各国做出广泛承诺的一种高等教育服务提供方式。

3)商业存在

高等教育服务的提供者在其他成员国境内通过建立商业实体提供高等教育服务，因此在该种提供方式下，高等教育的消费者可以在本国境内享受高等教育服务，主要表现为教育机构合作办学或建立海外分校。

4)自然人流动

一成员国的自然人到任何其他成员国境内提供高等教育服务。该种提供方式主要表现为教授、专家学者在国外进行学术交流、任教以及国外专家人才引进等。

以上四种提供方式中，境外消费是高等教育服务贸易最主要的提供方式，占据了高等教育服务贸易的绝对份额，发展最为迅速。

(二)高等教育服务贸易文献综述

随着教育服务贸易的兴起和快速发展，国内外学者从多层次展开了对高等教育服务贸易的研究，研究主要集中在以下几个方面：

1. **教育服务纳入《服务贸易总协定》(GATS)引发的讨论及其带来的影响**

Knight(2002)详细阐述了GATS中教育服务的类别、关键性条款和规则、国家所做的承诺以及关于高等教育相关的讨论，并提出GATS对高等教育的影响因国家而异，各国应该平衡好其所做出的承诺和高等教育服务贸易自由化带来的机会。Soam(2007)认为国家对GATS中的教育做出承诺意味着必须要遵守世贸组织促进贸易自由化、市场准入和公平对待所有参与者的基本原则，但人们对教育服务贸易自由化的后果并不甚了解，而且GATS中对教育服务中哪些是严格的商业性服务、哪些是公共服务的界定并不清楚，由此会对教育服务贸易是否适用GATS产生争议。Nyahoho(2011)认为GATS的内容并没有消除教育服务贸易的真正障碍，比如质量保证、认证、文凭的认可以及签证等问题，因而，GATS对学生地理流动性的影响非常有限。屠新泉(2001)从中国做出的承诺体现的低开放程度出发，认为GATS对中国教育服务中的影响不会很大，影响主要体现在丰富了高等教育供给，满足人们接受高等教育的需求，但同时高校也面临更加激烈的生源竞争。俞培果(2005)却认为GATS带给中国的挑战大于机遇，他从教育纳入GATS的原因和目的、对社会和教育发展的影响、GATS中对教育的理解等方面分别阐述了中外支持者和反对者的意见，指出WTO对GATS中许多不确定性的解释、美国等教育贸易出口国对不确定解释的干预等情况使得中国应该采取积极但审慎的态度。

胡焰初(2003)总结分析了世贸成员国市场准入承诺的基本情况，并详细阐述了中国的教育服务市场准入承诺，指出将会带来教育产业属性改变、教育办学主体更加多元化、教育服务市场的国际竞争更加激烈等影响；教育服务贸易将集中在高等教育、成人教育和职业技术教育领域，并以境外消费为主要形式进行；教育服务贸易蕴藏巨大商机，将会成为未来服务贸易谈判的焦点等。Morshidi(2011)从马来西亚在高等教育服务贸易方面的谈判立场，分析了马来西亚从高等教育服务贸易中获益的前景。杨菊先(2004)强调了政府在发展教育服务贸易中的作用，并站在综合国力提升和国际竞争力增强的角度，强调在高等教育服务贸易逐渐走向国际舞台的背景下，政府作用的重要性。蔡贤榜(2004)比较了美国、加拿大、澳大利亚教育服务贸易的发展，指出政府从战略高度规划和推动、促进贸易渠道畅通和重视跨国合作办学是这些国家高等教育服务贸易发展的共同特点，据此说明中国政府应在战略上高度重视，积极参与国际竞争。方宝等(2016)认为，中国加入WTO，以及基于GATS教育服务贸易做出的承诺，对中国既是机遇又是挑战，因此为促进中国教育服务贸易的发展，需要提高中国高等教育的质量和国际知名度，提升高等教育服务贸易竞争力；多层次扩大高等教育的出口，推动高等教育国际化；加大宣传，注重营销；完善高等教育服务贸易法律法规建设。

2.高等教育服务贸易现状分析及发展对策研究

傅松涛(2005)通过比较中美高等教育服务贸易四种提供方式的发展状况，总结了中美教育服务贸易发展的异同，提出美国长期占据国际教育服务贸易市场的关键是其打造的教育精品形成了其教育服务贸易的比较优势，而中国在教育服务需求规模等方面具有比较优势，应积极发挥中国优势，提高中国竞争力。张曙霄(2008)从中国和印度的比较中得出，两国是世界上最大的发展中国家，具有相似的国情，都重视教育服务贸易的发展，但中国起步较晚，发展落后于印度，指出中国要从积极借助国际交流合作、加大教育经费投入、充分发挥比较优势等方面提高中国高等教育服务贸易的发展。李航敏(2014)主要从高等教育服务贸易境外消费现状出发，发现中国境外消费与发达国家相比存在增长幅度和国际市场占有率双低、进出口贸易失衡、高层次人才流失严重的现象，而解决这些问题的关键是提升高等教育服务贸易的质量和效益。周永源(2018)以贸易主体为划分依据，将高等教育服务贸易划分为自然人的流动和机构办学，并从机构办学角度分析中国在中外合作办学和境外办学发展过程中遇到的教育公益性和营利性矛盾突出、专业分布不平衡、教学质量评估体系不健全等问题，提出应抓住“一带一路”建设契机，促进健康均衡发展。刘冷馨(2019)通过分析全球民族主义、保护主义抬头的逆全球化的趋势对中国高等教育服务贸易带来的机遇与挑战，提出要进一步完善中国教育机构的国际拓展能力，创新软实力输出方式，提升国际影响力和综合实力的建议。

中国高等教育服务贸易逆差方面，主要聚焦于逆差原因的产生、对中国造成的损失以及对如何扭转逆差等。茹宗志(2005)认为高等教育服务贸易逆差会造成中国人才、教育资金大量外流、抑制中华文化发展等不可估量的损失。韩琪(2012)从人数和留学生年均收费角度出发，探讨中国高等教育服务贸易逆差的问题，认为经济发展水平和高等教育质量决定的收费标准低、留学层次偏低、高等教育国际化程度不足是造成逆差的原因，并提出要通过加大宣传、提高竞争力等手段扭转逆差。陈越(2016)收集大量数据，估算了2001—2014年中国留学生服务贸易相关数据，通过分析高校留学人数逆差、生均年消费总额逆差、高层次人才流失导致的前期损失得出中国高等教育缺乏竞争力、世界范围内高层次人才争夺愈发激烈等是造成中国留学教育服务逆差的原因。周金凯(2019)基于宏观和微观角度，运用30个具体指标通过逐步回归分析中美国际教育服务贸易逆差的影响因素，得出科技、环境卫生、教育条件是其决定因素。

3.学生流动的动因分析

教育和经济因素是学者研究的重点。教育因素层面，Chen(2005)分析留学生选择美国留学的影响因素后发现，与传统认知不同，影响学生流动的因素不是院校排名和以发表论文数量衡量的学术水平，而是学生是否可以在学术项目上获得较高的边际收益。Carlos(2011)从新移民机制理论出发研究国际学生流动。与人口流动相同，地理距离和国家经济发展水平是学生流动的显著因素。除此之外，具体到高等教育产业，国际学生进行跨国高等教育消费的目的是为了获得更高质量的高等教育，因此东道国的教育质量是影响学生选择留学目的国的重要因素。

经济因素方面，东道国经济实力、消费水平和回国后可获得的预期经济收益是学生流动的主要影响因素。Necati(2006)发现学生选择留学目的国前会考虑留学成本，东道国较高的消费水平对学生流动起到阻碍作用，而较高的奖学金和补助通过降低留学成本促进学生流动。Elisa(2009)借助基本的推拉理论得出相同结论，留学成本即学费和生活费是影响学生流动的显著因素。除了经济成本外，学生流动更关注经济收益。Lindberg(2009)研究表明学生更愿意选择具有较好就业市场的目的国，因此学生会主要考虑东道国潜在的经济发展前景。Parey(2011)也赞同就业前景对学生流动产生的积极意义，跨国学习增加国际学生跨语言和跨文化能力，提高了在就业市场上的竞争力，就业前景的差异影响学生跨国流动。Rodriguez(2011)研究表明母国和东道国的实际工资和失业率差异是学生流动的重要推拉因素。

随着研究的深入，更多的影响因素纳入研究中。Byung(2018)研究了国际学生流动的影响因素及其对澳大利亚双边市场整合的影响。结果表明，收入、成本、移民网络效应等增加了高等教育的需求；学生流动还是澳大利亚与学生来源国双边市场整合的重要因素。袁金明(2010)认为综合国力是影响高等教育服务贸易出口的首要因素，国际关系和政治因素是核心因素，地缘是影响高等教育服务贸易走向的重要因素，强调中国要从战略高度来重视高等教育服务贸易的发展，不断提升国际知名度。宋华盛(2014)运用1997—2012年主要生源国的面板数据，建立引力模型，发现经济水平和发展潜力提升、良好的双边贸易关系、科技教育水平改进等会促进国际学生来华留学，地理距离和文化差距阻碍来华留学生的发展；发展中国家比发达国家学生更关注中国的经济发展潜力和科技教育水平因素。曲如晓等(2011)利用中国省级面板数据研究来华留学区域选择，结果表明对外开放度、师生比、生均教育经费和人均GDP对来华留学区位选择起到积极作用。对外开放度、师生比、生均教育经费对留学生选择东部地区留学的影响更为显著。魏浩(2018)利用172个生源国来华留学生数据从经济、教育质量、社会文化、教育政策四个方面研究来华留学影响因素，结果表明来华留学同时受到前述四类因素影响。文思君(2015)基于中国经济及科技创新能力，从经济状况、初中等教育普及度、教育消费、与中国经济合作状况、地缘关系、科技创新六个方面选取10个指标构建各国来华留学潜力综合评价体系，以114个国家为研究对象，分析中国高等教育服务贸易最具出口潜力的目标市场国，并与2013年来华留学前25国家相匹配，指出塔吉克斯坦、柬埔寨、斯里兰卡、格鲁吉亚、乌克兰等10个国家来华留学生人数较少，但在预测目标市场国时，应引起我们更多的关注。凌学岭等(2015)通过建立ARIMA模型和动态回归模型，发现影响中国高等教育服务进口的主要因素依次是国内就业压力、高校毕业人数和人均可支配收入。

4.高等教育服务贸易竞争力的研究

高等教育服务贸易竞争力的研究，主要分为四类：

一是通过观察现状，分析总结高等教育服务贸易的竞争优势。覃壮才(2002)从国内和国际视角，分别从消费者偏好和供给方面分析了中国教育服务的比较优势和比较劣势。肖海(2007)比较了国内外高等教育服务贸易的发展现状后得出，发达国家高等教育服务贸易优势来源包括人力资源和优势学科的建设、高等教育服务质量的保证和广泛的海外宣传。王正娟(2018)基于钻石模型提出中国教育服务贸易竞争力的影响因素，并对相关概念进行了界定。Paul(2000)将钻石模型应用到地理学科竞争优势的研究中，构建了地理学科竞争力的钻石模型。四个基本要素分别是：要素条件包括研究方向和学校积累的经验；需求条件包括获取外部收入和招收研究生的能力；相关和支持部门包括机构的研究实力和具有研究实力的相关部门的存在；部门战略、结构和竞争包括培养研究生的重视度和论文的发表。谭伟红(2016)基于钻石模型分析了新加坡南洋理工大学快速发展为世界一流大学的原因，从战略定位、生产要素整合、社会需求定位、相关产业支持、机会把握和政府支持六个方面阐述了其竞争优势，认为南洋理工大学把握住了人力资源和学术资源这两个“核心生产要素”，这对大学竞争力的提高至关重要。同时依托相关产业满足社会需求，鼓励大学和企业联合，将大学研发与企业发展社会需求相联系，深入研究社会需求和精准把握是其成功的另一大原因。

二是通过计算竞争指数进行国际比较，魏浩等(2010)通过市场占有率和显示性比较优势指数测量中国高等教育服务贸易境外消费竞争力，通过中国与美、英等发达国家的比较得出中国留学服务贸易国际竞争力较弱；提出要加大宣传力度、扩大中国教育服务对外开放的力度等建议。Anne(2014)以发表论文数和每十万人发表的论文数计算显示比较优势，通过对比1994—2004年和2002—2012年两个时间段34个国家五大类学科显示比较优势的变化，分析一国优势学科竞争力的来源，并据此提出了学科竞争力钻石模型：生产要素包括人力资本、知识资源、资本条件、基础设施；需求条件包括学生规模等；战略、结构和竞争包括高校战略和本国法规及竞争；相关和支持产业包括出版业、IT产业、可用于在期刊发表论文的本国语言；政府包括研发经费投入、政策倾斜等。白彦锋等(2019)通过计算市场占有率、贸易竞争力指数、显示性比较优势指数，将北京与上海和世界一线城市进行比较，得出北京高等教育服务贸易竞争力指数虽略有提高，但与世界一线城市相比仍有较大差距,处于劣势。

三是基于钻石模型选取影响因素,通过主成分分析法或灰色关联法等分析方法,计算竞争力的综合得分并进行国际比较及影响因素分析。周群英等(2010)将波特钻石模型进行改进,以投入、结构、创新、国际声誉作为四大基础要素,教育机会和相关支持产业作为两个辅助要素构成高等教育国际竞争力钻石模型,并以此为依据选取了 24 个指标,通过因子分析等方法对 41 国 1999、2002、2006 三年高等教育国际竞争力进行测算和排名,结果表明中国高等教育竞争力有所提高、创新影响力、经济发展水平是影响高等教育国际竞争力的重要因素。李宏(2012)首先估算了中国高等教育服务贸易境外消费数据,然后计算中国和主要发达国家的贸易竞争力指数,基于波特钻石模型选取影响因素,利用灰色关联法分析中国高等教育服务贸易竞争力的影响因素,得到高中低三类影响因素,其中教职工比例和研究生培养机构占高校数量比是高影响因素,学校总数量、毛入学率、教育经费占 GDP 的比重和城镇居民家庭平均每人全年教育支出是低影响因素。黄丽(2019)基于钻石模型选取 5 个维度 15 个指标构建高等教育服务贸易竞争力指标体系,利用 15 个国家 2014 年相关数据对竞争力进行测评,发现教育文化推广数、国际谋杀犯罪率、铁路总公里数、国际旅游收入对竞争力的影响最为显著;竞争力排名前五的依次是美、澳、法、英、巴西。

四是高等教育服务贸易竞争力的影响因素分析。Tsiligiris(2018)通过构建钻石模型分析高等教育服务贸易出口在跨国教育中的竞争力,认为东道国英语流利程度、高等教育质量、人力资本和信息技术发展构成了生产要素;出入境国际学生流动率、高等教育入学率、人口趋势构成需求条件;创新及研发、高校就业率、博士学位人口占比构成了相关支持产业;政府对跨境教育的监管、学历认证、商业环境便利性、收入构成竞争环境。基于调整后的钻石模型提出影响因素后,作者将该钻石模型运用于中国和马来西亚后发现,改进的钻石模型具有有效性。金牛(2016)以来华留学生人数作为教育服务贸易出口竞争力衡量指标,基于波特钻石模型选取核心影响因素,通过多元回归发现教育财政投入占 GDP 的比重、服务贸易开放度和海外办学年增量显著影响高等教育服务贸易竞争力。韩丽丽(2017)基于钻石模型,从生产要素、需求条件、相关产业、国家策略四个方面选取影响因素,以 2002—2013 年时间序列数据进行回归,得出生产要素中高校生均经费、高等教育师生比,需求条件中高校毛入学率,相关产业方面计算机产业和旅游业,国家策略方面服务贸易开放度对高等教育服务贸易竞争力有促进作用,需求条件中年均汇率对竞争力的影响为负。进一步地分析发现,学历教育和来华留学生规模互相促进,学历来华留学生占比的提高会促进来华留学规模的增长,规模增长带来的影响力外溢也会进一步提高学历来华留学生的占比,两者良性互动。

(三)文献评述

基于以上文献综述我们发现,教育服务贸易的相关研究与教育服务贸易的实践发展相同步。

教育服务贸易全面深入研究始于教育服务纳入《服务贸易总协定》。早期国内外对教育服务贸易的研究多为对《服务贸易总协定》中教育服务的概念、规则、各国承诺的解读以及将教育纳入《服务贸易总协定》带来的影响。传统观念中教育的公共属性与《服务贸易总协定》中商品属性的差异引发了学者的讨论,但不论带来的是机遇还是挑战,学者普遍认为教育服务贸易国际化已是大势所趋。此阶段研究多为理论研究和定性分析。

随着教育服务贸易的发展,尤其是高等教育服务贸易境外消费贸易形式的发展,以国际学生为代表的研究逐渐增加,主要分为现状分析和留学生国际流动动因分析。中国留学生服务贸易存在留学层次低、市场集中、长期逆差等现象;学生流动主要受教育、经济、文化、距离等因素影响。面对高等教育服务贸易快速发展,国际人才争夺逐渐激烈,提高高等教育服务贸易竞争力,抢占国际市场应运而生。

总体而言,既有高等教育服务出口竞争力研究中,实证研究较少,且主要集中于竞争力的测量和竞争力的国际比较,缺乏对影响因素的深入挖掘;较少的实证研究中,主要采用截面或时间序列,研究样本较少;理论基础基于钻石模型,采用回归方法研究影响因素的文献中,竞争力多用来华留学生人数衡量,缺乏合理性,且影响因素的选取主要围绕教育投入、基础设施、经济基础等因素,没有考虑在开放的全球经济环境下,竞争力影响因素的变化。

综合现有文献中研究的不足,本章将采用2006—2017年28个国家的面板数据研究中国高等教育服务贸易出口竞争力的影响因素。以学历来华留学生在来源国的市场占有率测量竞争力,影响因素的选取结合了开放视角下中国在教育文化领域对外交流合作加深的这一趋势,最终基于钻石模型,从四大要素方面提出影响因素,其中生产要素包括教育经费的投入、高校研发支出、学校声誉、学历互认;需求条件包括普通高中毕业生数;高校战略及竞争包括接受留学生的高校数;相关和支持产业包括双边货物贸易、旅游贸易、对外招生宣传。

二、中国高等教育服务出口竞争力状况

(一)中国高等教育服务出口状况

高等教育服务贸易四种提供方式中,境外消费是最主要的方式。因此,本章选择国际来华留学生衡量中国高等教育服务贸易出口。

1. 总体规模及学历结构变动

表 5-1 展示了 21 世纪以来来华留学的基本状况。从总体规模上看，除了 2003 年受“非典”影响，来华留学生人数有小幅下降外，其余年份来华留学生人数总体呈现增长态势。2001 年中国加入 WTO，显著促进了来华留学人数创下 2002—2008 年(不包括 2003 年)的连续高速增长，2004 年较上年增长 42.63%，为近 20 年的最高增长率，2009—2015 年来华留学人数增速逐步放缓，年均增长 8.64%。到了 2016 年，随着中国“一带一路”倡议实施，来华留学生人数出现大幅增加，增长率重回 10%以上。2018 年共有来华留学生 492185 名，较 2000 年增长了近 9 倍，年平均增长率达到 13.28%。

表 5-1　来华留学基本状况

年份	来华留学生人数/人	年增长率/%	生源地国家总数/个	学历生总人数/人	学历生占比/%	获奖学金人数/人	获奖学金占比/%	接受院校个数/个
2000	52150	16.64	166	13703	26.28	5362	10.28	344
2001	61869	18.85	169	16650	26.91	5841	9.44	363
2002	85829	38.61	175	21055	24.53	6074	7.08	394
2003	77715	−9.44	175	24616	31.67	6153	7.92	352
2004	110844	42.60	178	31616	28.52	6715	6.06	420
2005	141087	27.35	179	44851	31.79	7218	5.16	464
2006	162695	15.31	184	54859	33.72	8484	5.21	519
2007	195503	20.16	188	68213	34.89	10151	5.19	544
2008	223499	14.32	189	80005	35.80	13516	6.05	592
2009	238184	6.58	190	93450	39.20	18245	7.70	619
2010	265090	11.29	194	107432	40.53	22390	8.45	618
2011	292611	10.37	194	118837	40.61	25687	8.78	660
2012	328330	12.20	200	133509	40.66	28768	8.76	690
2013	356499	8.59	200	147890	41.48	33322	9.35	746
2014	377054	5.78	203	164394	43.60	36943	9.80	775
2015	397635	5.43	202	187499	47.15	40600	10.21	811
2016	442773	11.34	205	209966	47.42	49022	11.07	829
2017	489172	10.48	204	241543	49.38	58554	11.97	935
2018	492185	0.62	206	258122	52.44	63041	12.81	1004

数据来源：2000—2018 年《来华留学生简明统计》。

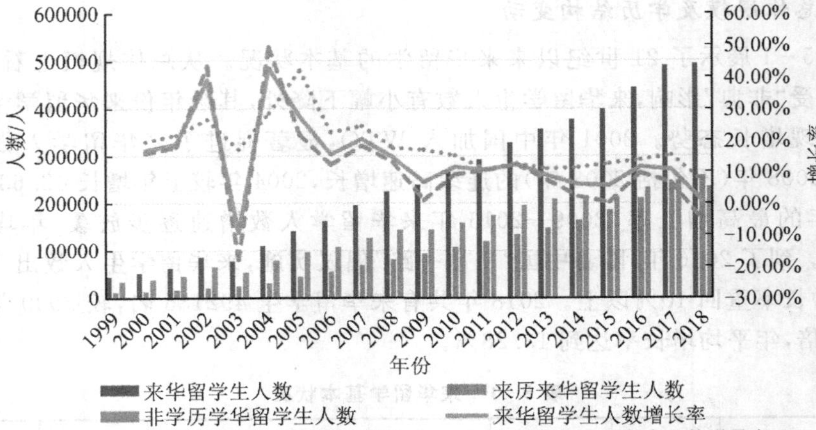

图 5-2　来华留学生人数及增长率

从学历结构来看，学历来华留学生人数增速长期高于非学历来华留学生，从图 5-2 可以看出，2011 年前，学历来华留学生与非学历来华留学生增速差距趋于减小，在 2011—2013 年差距达到最小，增速短暂相遇后，在 2013 年后又逐渐拉开差距。学历来华留学生增速逐渐提高。随着学历来华留学生增速的提高，来华留学学历生占比逐步提高，留学生学历结构逐渐优化。如图 5-3 所示，学历生占比由 2000 年的 26%增加到 2018 年 52%。2018 年，学历生占比首次超过非学历生。学历教育更能体现一国教育服务贸易出口的质量，学历来华留学生人数增加也意味着中国高等教育服务贸易出口国际竞争力不断提高。

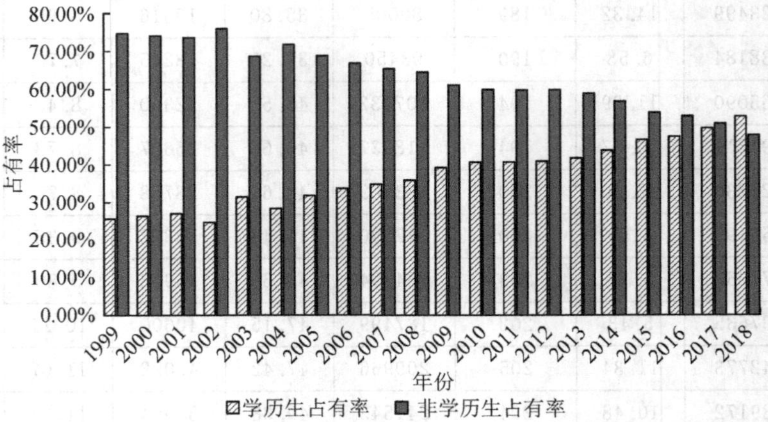

图 5-3　学历结构变动

2. **生源地构成及结构变动**

表 5－2 展示了来华留学生来源地洲别构成。由于中国与周边亚洲国家有着悠久的历史渊源，地缘优势加上中国经济的辐射影响，使得亚洲始终是来华留学最主要的生源地，2003 年亚洲来华留学生占比达到峰值 81.93%，之后在 2003—2014 年逐年降低，2014 年占比降至 59.8%，2014 年之后受“一带一路”政策的影响，亚洲学生占比小幅上升，到 2018 年亚洲学生占比稳定在 60%左右，占据了来华留学总人数的半壁江山。从图 5－4 可以看出，欧洲和美洲长期以来分列来华留学总体规模的第二、三位，平均占比分别保持在 15%和 10%的水平。来自非洲的留学生数量增长最快，由 21 世纪初的 2.5%上升至 2018 年的 16.57%，在 2014 年超过美洲成为第三大来华留学生源地，并在 2018 年首次超过欧洲，晋升为第二大来华留学生源地。

表 5－2　来华留学生洲别构成

年份	亚洲占比 /%	非洲占比 /%	欧洲占比 /%	美洲占比 /%	大洋洲占比 /%
1999	71.38	3.10	12.57	11.04	1.91
2000	74.85	2.66	11.16	9.86	1.47
2001	74.58	2.47	10.86	10.36	1.73
2002	76.94	1.92	9.47	10.36	1.31
2003	81.93	2.31	8.31	6.05	1.40
2004	76.79	1.97	10.40	9.65	1.20
2005	75.73	1.95	11.67	9.37	1.28
2006	74.33	2.30	12.71	9.60	1.07
2007	72.47	3.03	13.47	10.06	0.97
2008	68.43	3.94	14.52	11.88	1.23
2009	67.85	5.22	15.06	10.73	1.14
2010	66.32	6.19	15.80	10.27	1.42
2011	64.21	7.09	16.15	11.05	1.50
2012	63.22	8.24	16.58	10.62	1.34
2013	61.66	9.36	17.26	10.39	1.33
2014	59.80	11.05	17.90	9.58	1.66
2015	60.40	12.52	16.79	8.79	1.51

续表

年份	亚洲占比/%	非洲占比/%	欧洲占比/%	美洲占比/%	大洋洲占比/%
2016	59.84	13.91	16.11	8.60	1.54
2017	59.94	15.18	15.35	8.01	1.52
2018	59.95	16.57	14.96	7.26	1.27

数据来源：2000—2018 年《来华留学生简明统计》。

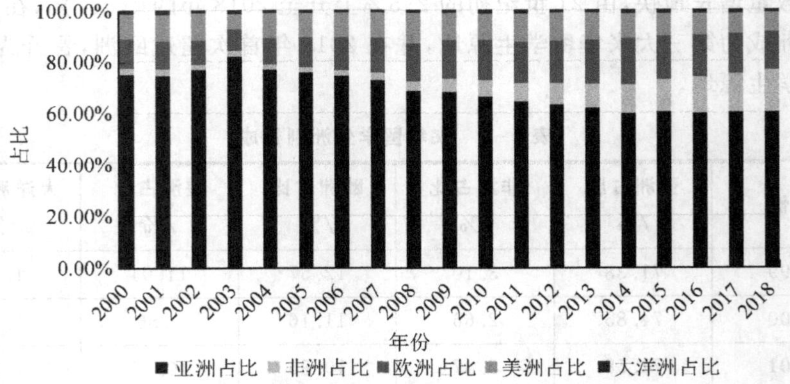

图 5-4　来华留学生洲别分布

从学历结构来看（见图 5-5），非洲来华留学生中，学历生占比呈现先降低后升高的趋势，其他四洲除个别年份的小幅变动外，学历生占比整体呈现上升的趋势，亚洲学历生占比增长最快，2018 年亚洲和非洲学历生占比超过非学历生，分别

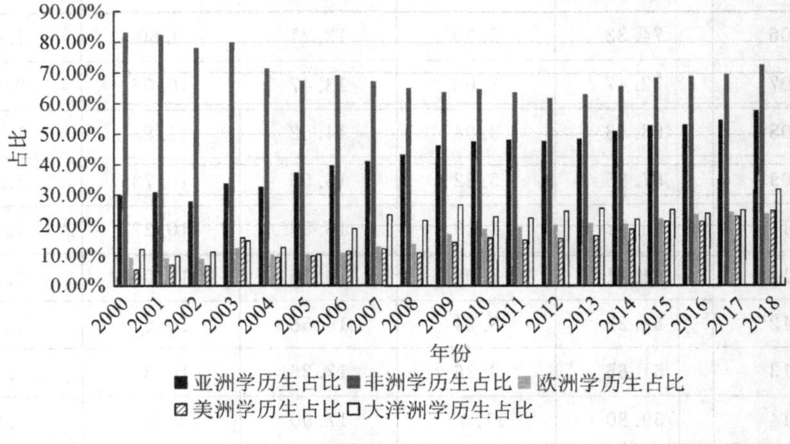

图 5-5　各洲学历生占比

为 57.74%、72.64%。欧、美、大洋洲学历生占比较低，分别为 23.92%、24.98%、31.9%。随着中国经济实力和教育质量的提高，来华留学生源地结构逐渐优化，同时各洲学历来华留学生占比整体呈现增长趋势，中国不再是一味吸引有地缘、文化优势的亚洲国家，而是逐渐得到具有更多文化多样性国家的学生认可。

"一带一路"沿线国家成为来华留学新的增长点，同期增速高于来华留学生总体增速。在来华留学生人数超过 500 人的国家中，"一带一路"沿线国家的来华留学生从 2000 年的 5855 人、占比 12.95%，发展到 2018 年的 254954 人、占比 53.38%，18 年间增加了近 43 倍(见表 5－3)。

表 5－3　"一带一路"沿线国家来华留学生人数及增速

年份	"一带一路"沿线国家来华留学生人数/人	总人数增速/%	"一带一路"沿线国家学历来华留学生人数/人	学历生增速/%	"一带一路"沿线国家非学历来华留学生人数/人	非学历生增速/%
2000	5855	65.77	1758	260.25	4097	34.59
2001	6831	16.67	2493	41.81	4338	5.88
2002	11990	75.52	3949	58.40	8041	85.36
2003	13679	14.09	5500	39.28	8179	1.72
2004	21332	55.95	9492	72.58	11840	44.76
2005	28933	35.63	16116	69.79	12817	8.25
2006	46408	60.40	23736	47.28	22672	76.89
2007	61959	33.51	31695	33.53	30264	33.49
2008	73958	19.37	37704	18.96	36254	19.79
2009	89298	20.74	46559	23.49	42739	17.89
2010	105523	18.17	55463	19.12	50060	17.13
2011	118061	11.88	63797	15.03	54264	8.40
2012	135565	14.83	73175	14.70	62390	14.97
2013	155281	14.54	83858	14.60	71423	14.48
2014	165035	6.28	93821	11.88	71214	—0.29
2015	178207	7.98	106794	13.83	71413	0.28
2016	203402	14.14	122119	14.35	81283	13.82
2017	239360	17.68	142738	16.88	96622	18.87
2018	254954	6.51	156549	9.68	98405	1.85

数据来源：2000—2018 年《来华留学生简明统计》。

特别是随着"一带一路"倡议的持续深化，来华留学教育空间不断拓宽。2016

年中共中央办公厅、国务院办公厅印发了《关于做好新时期教育对外开放工作的若干意见》，提出要开创更有质量更高水平教育对外开放新局面，强调完善教育对外开放布局，充分发挥教育在“一带一路”建设中的作用，打造“留学中国”品牌。此后的 2016、2017 年，“一带一路”沿线国家来华留学生增速连创新高，占总体来华留学生的比重也逐步增大(见图 5-6)。

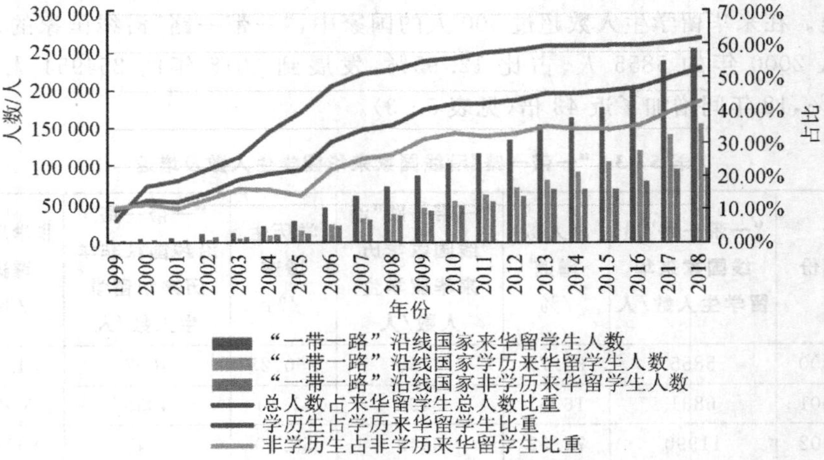

图 5-6 “一带一路”沿线国家来华留学生占比

同时，沿线国家来华留学学历结构也在不断优化，从图 5-7 可以看出，1999 年“一带一路”国家学历生占比仅为 13.82%，仅仅经过 6 年的发展，在 2015 年学历生人数超过非学历生人数，到 2018 年学历生占比达到 61.4%。

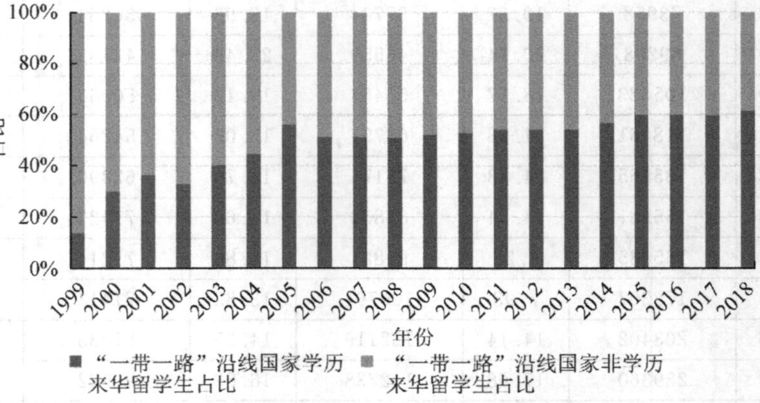

图 5-7 “一带一路”沿线国家来华留学学历结构

3. **学科结构变动**

中国高等教育服务贸易出口发展初期，经济社会发展水平及技术水平相对落后，来华留学生多集中在文科专业，汉语言专业留学生占比稳居第一。随着经济社会的发展和教育水平的提高，学科结构得到明显改善，汉语言学科占比已由 2004 年的 83.5%降至 2018 年的 37.7%，其他学科来华留学生人数逐渐增加，学科分布更加多元。增长最为显著的是西医和工科，工科专业占比由最初的 3.3%增加到 2018 年的 14.9%，留学生人数增长了近 42 倍，截至 2018 年，工科是继汉语言专业后排名第二的学科。西医紧随其后，2018 年占比 11.2%，位居第三。来华留学学科的丰富及学科结构的不断优化，也从侧面说明了中国高等教育服务贸易出口竞争力的增强（见表 5－4、图 5－8）。

表 5－4　来华留学生学科占比

年份	汉语言/%	工科/%	西医/%
2000	67.9	3.3	2.7
2001	71.4	2.6	3.1
2002	73.8	2.8	3.1
2003	68.4	3.5	3.9
2004	83.5	3.2	4.2
2005	61.4	3.2	6.8
2006	60.7	3.6	8.1
2007	60.9	3.5	8.6
2008	55.7	4.1	8.6
2009	57.3	4.9	8.9
2010	55.1	5.7	9.5
2011	55.4	6.5	9.2
2012	53.5	6.9	9.3
2013	49.5	7.7	9.8
2014	51.5	9.1	10.4
2015	45.6	9.9	11.4
2016	38.2	10.9	11.1
2017	39.7	11.9	11
2018	37.7	14.9	11.2

数据来源：2000—2018 年《来华留学生简明统计》。

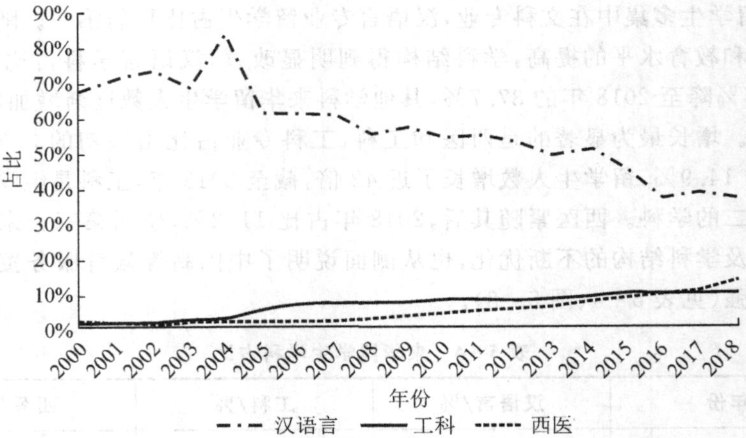

图 5-8 学科结构变动

(二)中国高等教育服务贸易竞争力状况

因为多国未公布高等教育服务贸易出口额的数据,因此高等教育服务进出口数据均用学生人数表示,通过计算中国、美国、英国、澳大利亚、法国、德国、日本、韩国、印度 9 国高等教育服务贸易国际市场占有率和贸易竞争力指数,对中国高等教育服务贸易竞争力现状进行分析。数据来源于联合国教科文组织数据库。

1. 高等教育服务贸易国际占有率

表 5-5 是中国与其他 8 个国家高等教育服务国际化市场占有率的统计表,美国、英国、澳大利亚、法国、德国代表了传统的高等教育强国,高等教育国际市场占有率总和占据全球近 50%的市场份额。美国一直以来是国际留学生的首选目的国,市场占有率保持在 18%～19%,其次是英国和澳大利亚。这些国家在教育服务市场中的领先地位与其教育服务贸易起步早、教育资源优质等因素有关。与这些国家相比,中国国际市场占有率较低,其份额从 2010 年的 1.9%仅增长到 2017 年的 2.96%,但同时我们还可以注意到,中国市场占有率虽然较低,但增速高于其他几个国家。从侧面表明中国高等教育服务贸易出口的竞争力在逐渐增强。

表 5-5 2010—2017 年不同国家高等教育服务贸易国际市场占有率

年份	占有率/%								
	美国	英国	澳大利亚	法国	德国	日本	韩国	印度	中国
2010	18.13	10.33	7.18	6.88	—	—	1.57	—	1.90
2011	17.79	10.53	6.58	6.72	—	—	1.57	0.69	2.00
2012	18.24	10.53	6.15	6.68	—	—	1.46	0.70	2.19

续表

年份	占有率/%								
	美国	英国	澳大利亚	法国	德国	日本	韩国	印度	中国
2013	18.54	9.85	5.91	5.40	4.65	3.21	1.31	0.81	2.28
2014	18.74	9.54	5.92	5.23	4.68	2.95	1.17	0.87	2.41
2015	18.96	9.00	6.15	5.00	4.78	2.76	1.14	0.88	2.57
2016	19.08	8.48	6.59	4.82	4.80	2.82	1.22	0.88	2.70
2017	18.55	8.21	7.18	4.87	4.88	3.10	1.33	0.88	2.96

数据来源：联合国教科文组织数据库。

2. 高等教育服务贸易竞争力指数

表5-6统计了中国与其他8国高等教育服务贸易竞争力指数。随着中国经济的发展，高等教育需求急速增加。2018年，中国高等教育毛入学率为48.1%，表明中国已进入高等教育普及阶段。与此同时，越来越多的学生追求更高的教育质量，选择出国留学，中国已经成为世界上第一大国际留学生源国。虽然来华留学生也逐渐增多，但长期以来中国留学服务贸易仍处于逆差状态，国际竞争力较低。中国和印度在发展中国家高等教育服务贸易中具有代表性，在国际市场上竞争力均较低，是高等教育服务贸易的主要进口国。高等教育服务贸易发展较慢的发展中国家与传统教育强国之间差距仍然较大，从表5-6可以看到，澳大利亚的贸易竞争力指数超过美国，在所选国家中排名第一。澳大利亚通过把教育服务产业化、市场化，并通过精准的出口市场定位，吸引了大量的亚洲学生，教育服务产业已经成为澳大利亚的支柱型产业，为澳大利亚带来了大量的经济效益。美国、英国贸易竞争力指数虽低于澳大利亚，但仍处于较大的竞争优势地位。

表5-6　2010—2017年不同国家高等教育服务贸易竞争力指数

年份	竞争力指数								
	美国	英国	澳大利亚	法国	德国	日本	韩国	印度	中国
2010	0.82	0.88	0.92	0.64	—	—	−0.36	—	−0.78
2011	0.82	0.87	0.92	0.63	—	—	−0.34	−0.76	−0.78
2012	0.82	0.88	0.91	0.62	—	—	−0.34	−0.74	−0.77
2013	0.82	0.87	0.91	0.50	0.24	0.61	−0.34	−0.69	−0.76
2014	0.83	0.87	0.91	0.48	0.28	0.59	−0.35	−0.69	−0.75
2015	0.84	0.86	0.92	0.47	0.32	0.62	−0.33	−0.72	−0.74
2016	0.84	0.85	0.93	0.46	0.35	0.64	−0.26	−0.74	−0.73
2017	0.84	0.85	0.93	0.49	0.36	0.68	−0.20	−0.75	−0.71

数据来源：联合国教科文组织数据库。

(三)小结

由于多国未提供高等教育服务贸易出口数据,国际留学生又占据高等教育服务贸易出口的绝对份额,因此本节以国际来华留学生相关数据代表中国高等教育服务贸易出口数据进行现状分析。从前述分析我们可以发现:

首先,在出口方面,来华留学生规模呈现增长态势,"一带一路"沿线国家成为新的增长点,同期增速高于来华留学生整体增速;生源国区域结构趋于合理,亚洲国家依旧是来华留学生的主力军,但占比逐渐降低;非洲国家来华留学生异军突起,近几年增长迅速,占比显著增加。"一带一路"沿线国家来华留学生占比超过50%;来华留学生学历结构逐步优化,学历生增速高于非学历生,学历生占比显著提高,2018 年学历来华留学生首次超过非学历来华留学生;来华留学学科趋于多元化,汉语言学科占比已由 2004 年的 83.5%降至 2018 年的 37.7%,其他学科来华留学生人数逐渐增加,工科和西医增长最为显著,已占据来华留学学科中的二、三名。从来华留学规模和结构变动都可以看出来华留学发展趋势向好,这也反映出中国高等教育服务贸易出口竞争力的增强。

其次,在中国高等教育服务贸易竞争力方面,不论国际占有率还是贸易竞争指数都表明,中国高等教育服务贸易出口竞争力在增强,但不可否认的是,中国与传统高等教育强国差距仍然较大,美、英、澳依旧表现出较强的竞争力,因此如何在如此激烈的竞争中增强中国高等教育服务贸易出口的竞争力,成为摆在我们面前的一个重要课题,而理清竞争力的影响因素或许会成为一个好的开端。

三、中国高等教育服务出口竞争力测量及比较

(一)中国高等教育服务出口竞争力测量

1. 竞争力测量方法

由于多国未公布高等教育服务贸易出口额数据,学者主要采取了两种处理方法测量高等教育服务贸易竞争力:第一种方法是用学生人数代替出口额数据,用国际留学生人数测算竞争力。如金牛(2016)用来华留学生人数表示竞争力,研究高等教育服务贸易出口竞争力的影响因素。另一种方法是通过估计高等教育服务贸易额,再用所得数据测算竞争力。李宏(2012)曾用人民网公布的《来华自费留学费用明细表(2006)》并通过 CPI 指数推算其他年份来华留学生的费用,用中国教育在线等相关网站数据获得中国留学生出国留学费用,在此基础上计算高等教育服务贸易 TC 指数。李敏航(2014)通过访问各省有代表性的高校官方网站,获取其

公布的学费标准并电话确认，最终估算学费收入；其次通过发放 4955 份调查问卷，获得留学生生活费收入，在此基础上分析来华留学的经济效益。第一种方法用国际留学生人数测量竞争力有失偏颇，因为来华留学规模扩大不一定能准确反映竞争力提高，第二种方法估计的高等教育服务贸易额可能会与实际贸易额有较大差别，即竞争力的测量会产生偏差。

为此，我们拟采用生源国学历来华留学市场占有率指标测算竞争力，即生源国学历来华留学生的人数占生源国出境学历留学生人数的比重。下文中为表述方便，学历来华留学生市场占有率将简称为市场占有率，用公示表达为：

$$STUMS_{it} = m_{it}/M_{it} \tag{5-3-1}$$

其中，i 表示生源国，t 表示时间，$STUMS_{it}$ 表示第 t 年 i 国出境学历留学生中赴中国学历留学生所占的比重，m_{it} 表示第 t 年 i 国学历来华留学生人数，M_{it} 表示第 t 年 i 国出境留学生的人数。

这种测量方法可以避免已有测量方法存在的不足。首先，相比于各国来华留学生规模，市场占有率能更好地反映竞争力的真实情况。随着各国经济发展水平的提升以及全球教育服务贸易的发展，越来越多的学生选择出国留学，伴随而来的是各国来华留学生人数普遍增加，这一增长趋势部分是因为生源国总留学需求增加，并不能反映中国竞争力的增强。而中国高等教育服务贸易出口市场占有率反映了中国抢占该国市场的能力，市场占有率高表示在该国选择出国留学的学生中，有更多的学生选择了中国，中国高等教育在该国具有竞争力。其次，生源国市场占有率可以聚焦于各个生源国，不仅反映中国在不同国家竞争力的状况，而且可以了解中国高等教育服务贸易出口竞争力的结构；还有助于分类研究中国在不同类型国家竞争力影响因素的差异。最后，本节数据均来自官方统计，具有准确性和权威性。可见，选择学历生的市场占有率更能反映中国高等教育服务贸易出口竞争力。

2. 竞争力测量结果

基于数据可得性，本部分选取了蒙古、印度尼西亚、泰国、马来西亚、新加坡、菲律宾、缅甸、印度、巴基斯坦、伊朗、波兰、哈萨克斯坦、俄罗斯、土耳其、澳大利亚、意大利、加拿大、法国、德国、日本、韩国、英国、美国、南非、巴西、丹麦、新西兰、西班牙 28 个国家作为样本。表 5－7 列出了中国高等教育服务贸易出口在各个国家的市场占有率的计算结果，学历来华留学生数据来自 2006—2017 年《来华留学生简明统计》，各国出境留学生数据来自联合国教科文组织数据库。

表 5-7　2006—2017 年中国高等教育服务贸易出口各国市场占有率

国家	占有率/%											
	2006	2007	2008	2009	2010	2011	2012	2013	2014	2015	2016	2017
蒙古	24.09	27.03	27.23	31.36	35.69	39.11	46.41	58.19	57.30	56.40	63.33	67.55
印度尼西亚	4.99	6.04	7.07	8.01	9.36	11.41	14.45	13.66	14.45	14.64	15.18	17.08
泰国	5.28	6.86	9.00	11.99	14.11	19.28	24.73	29.33	32.89	32.26	35.50	37.08
马来西亚	2.87	2.94	2.99	3.33	4.21	4.81	5.94	5.90	5.92	6.14	6.26	7.14
新加坡	3.04	3.28	3.97	5.52	6.05	6.58	7.84	8.13	5.93	6.47	6.27	7.14
菲律宾	4.32	3.97	3.71	2.92	2.81	2.88	3.14	3.13	3.29	3.66	3.35	3.29
缅甸	10.23	10.11	8.55	8.63	9.68	10.91	16.07	17.01	19.78	21.63	25.60	27.37
印度	3.56	4.14	4.05	3.92	4.03	4.24	4.86	5.69	5.79	5.93	5.52	5.71
巴基斯坦	11.66	14.47	15.75	15.40	18.51	19.92	23.55	24.84	27.74	29.66	31.58	39.91
伊朗	0.33	0.44	0.49	0.54	0.59	0.73	1.03	1.33	1.63	1.80	1.88	2.16
波兰	0.06	0.07	0.13	0.14	0.22	0.34	0.44	0.66	0.93	1.19	1.40	1.59
哈萨克斯坦	1.06	1.94	2.19	5.24	7.34	9.08	10.70	9.84	9.19	9.07	8.84	10.06
俄罗斯	2.59	4.01	4.97	6.97	7.88	8.42	9.47	10.20	10.30	10.94	12.63	14.18
土耳其	0.28	0.51	0.67	0.85	1.03	1.16	1.37	1.65	1.78	1.84	1.82	1.90
澳大利亚	1.64	1.82	2.24	2.47	3.04	3.65	4.17	4.53	4.67	5.28	4.89	4.98
意大利	0.13	0.31	0.58	0.85	1.15	1.47	1.53	1.88	1.86	1.80	1.68	1.65
加拿大	1.07	1.34	1.60	1.92	2.24	2.48	2.68	2.70	2.53	2.54	2.64	3.02
法国	0.75	1.09	1.42	1.33	1.68	1.64	1.98	2.01	2.03	1.75	1.69	1.83
德国	0.29	0.33	0.47	0.53	0.67	0.75	0.92	1.06	0.98	0.88	0.95	0.95
日本	4.89	5.68	6.00	6.32	7.42	8.33	9.50	9.58	9.50	9.93	9.26	9.14
韩国	19.48	21.17	21.87	21.25	21.41	20.15	20.70	20.99	20.70	21.49	22.37	22.28
英国	0.50	0.62	0.99	1.21	1.44	1.54	1.80	2.10	2.16	2.50	2.80	2.59
美国	1.24	1.56	1.88	2.32	2.80	3.10	3.40	3.62	3.69	3.80	3.87	4.13
南非	0.58	1.10	1.62	1.96	3.00	4.84	8.07	10.22	14.05	18.15	20.03	20.50
巴西	0.24	0.31	0.34	0.36	0.44	0.44	0.53	0.98	1.17	1.08	0.87	0.77
丹麦	0.27	0.24	0.20	0.42	0.48	0.42	1.74	3.12	3.78	5.27	6.85	7.30
新西兰	1.71	2.38	2.84	3.23	3.58	3.33	3.49	3.72	3.90	4.02	3.66	4.72
西班牙	0.17	0.24	0.33	0.41	0.64	0.84	0.81	0.98	0.83	0.87	0.89	0.88

数据来源：2006—2017 年《来华留学生简明统计》、联合国教科文组织数据库。

观察表 5－7 可知，市场占有率在不同国家具有较大差异：

①2017 年，蒙古来华学历留学生占蒙古高等教育出境留学生 67.55％的份额，市场占有率位列第一，巴基斯坦、泰国以 39.91％和 37.08％的市场份额紧随其后，而巴西、西班牙、德国来华留学市场占有率却不足 1％。

②除菲律宾外，2006—2017 年，中国高等教育服务贸易出口在各生源国市场占有率虽有小幅波动但整体呈增长趋势，2017 年波兰市场占有率较 2006 年增长 2513％，为样本国中市场占有率增幅最大的生源国。

根据 2017 年中国高等教育服务贸易出口的市场占有率及其增速，按照排名，以 5％的市场占有率将生源国分为两类，同时以市场占有率是否增长再次将生源国分为两类，则可以得到四类竞争力结构(见图 5－9)。

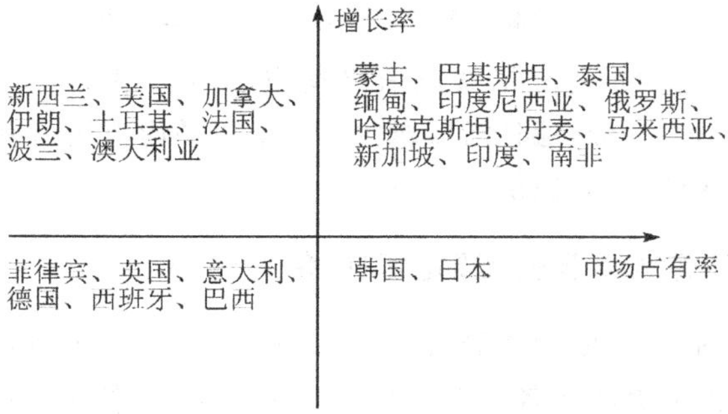

图 5－9　中国高等教育服务贸易出口竞争力结构

中国在蒙古、巴基斯坦、泰国、缅甸、印度尼西亚、俄罗斯、哈萨克斯坦、丹麦、马来西亚、新加坡、印度、南非具有高的市场占有率且处于增长状态，中国在这些国家具有较大的竞争力；新西兰、美国、加拿大、伊朗、土耳其、法国、波兰、澳大利亚虽然市场占有率较低，但增速明显，其中，新西兰、伊朗、加拿大、波兰、法国市场占有率的增幅超过 8％，竞争力显著提高；除菲律宾外，“一带一路”沿线国家都处于高市场占有率或正增长区域。前文现状分析中也表明“一带一路”沿线国家成为来华留学新的增长点，因此本节将样本国分为“一带一路”沿线国家和非“一带一路”沿线国家，以进一步分析在不同国家中国高等教育服务贸易出口竞争力的影响因素。

通过对全样本 28 国市场占有率取平均值，以及分别对分样本中 14 个“一带一路”沿线国家和 14 个非“一带一路”沿线国家市场占有率取平均值，可以从整体上较为直观地观察中国高等教育服务贸易出口平均市场占有率的变化。如图5－10 所示，中国高等教育服务贸易出口平均市场占有率呈现逐年递增的趋势。总体来说，2006 年中国平均市场占有率不足 4％，到 2017 年已增加至 12％。进一步观察“一带一路”沿线国家和非“一带一路”沿线国家市场占有率，不难发现“一带一路”沿线国家市场占有率高于非“一带一路”沿线国家，且增速明显高于非“一带一路”

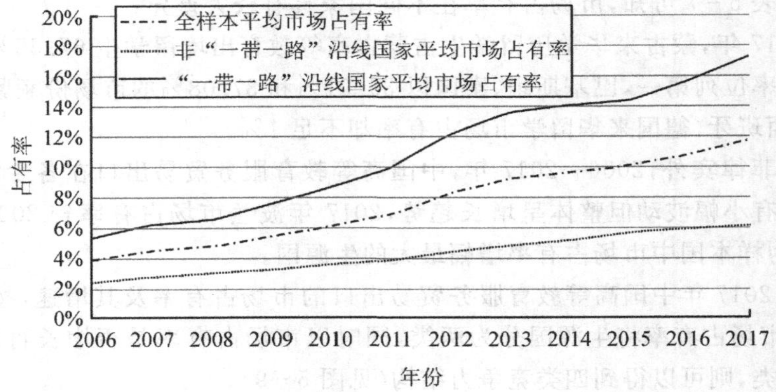

图 5－10　中国高等教育服务贸易出口平均市场占有率

沿线国家。2017 年“一带一路”沿线国家平均市场占有率 17.3%，比 2006 年增长近 2.5 倍。而反观非“一带一路”沿线国家，12 年间平均市场占有率增加不到 4%。这种差距为本节分样本研究提供了依据。

（二）中美澳高等教育服务贸易出口竞争力比较

美国和澳大利亚是主要的高等教育服务贸易出口国，在国际市场上具有较强的竞争力，通过比较中美澳在各生源国的市场占有率，分析中国高等教育服务贸易出口竞争力变动及其与美澳差距。表 5－8、5－9 测量了美澳高等教育服务贸易出口市场占有率，赴美学历国际留学生数据来源于美国 2006—2017 年《美国门户开放报告》，赴澳学历国际留学生数据来源于澳大利亚联邦教育部网站，各国出境留学生数据来源于联合国教科文组织数据库。

表 5－8　2006—2017 年美国高等教育服务贸易出口市场占有率

国家	占有率/%											
	2006	2007	2008	2009	2010	2011	2012	2013	2014	2015	2016	2017
蒙古	16.42	16.21	13.01	14.08	10.61	10.07	11.20	12.21	12.64	12.47	11.29	10.28
印度尼西亚	22.18	18.74	19.26	17.88	15.94	16.37	17.05	16.79	17.57	15.91	15.58	15.06
泰国	30.10	28.37	29.14	27.38	25.29	24.90	23.47	22.97	22.51	20.17	18.92	16.84
马来西亚	10.30	8.80	8.42	8.85	9.25	10.11	9.95	9.88	9.46	9.64	10.31	10.83
新加坡	18.94	16.90	18.21	17.21	16.54	17.13	16.83	16.42	16.16	15.63	14.67	15.43
菲律宾	43.84	41.64	40.05	37.00	27.13	26.61	24.23	23.08	19.75	17.12	14.68	14.68
缅甸	18.38	15.07	11.25	9.86	9.07	9.66	10.07	11.27	13.54	12.52	12.27	13.35
印度	46.80	44.05	43.90	42.09	39.60	37.56	37.53	35.33	34.14	39.52	39.85	38.21

续表

国家	占有率/%											
	2006	2007	2008	2009	2010	2011	2012	2013	2014	2015	2016	2017
巴基斯坦	20.02	16.92	15.27	13.67	11.88	10.86	10.26	9.71	9.07	9.07	9.59	10.98
伊朗	9.05	8.49	8.29	8.08	9.68	10.17	12.03	15.57	17.46	18.99	19.66	20.09
波兰	11.90	9.29	8.67	8.13	6.63	5.51	5.56	5.23	4.75	4.61	4.68	4.77
哈萨克斯坦	2.06	3.82	2.80	4.24	3.87	3.53	3.76	3.13	2.47	2.05	1.76	1.67
俄罗斯	10.98	10.20	9.37	8.83	8.08	7.47	7.69	7.75	7.39	7.58	7.47	7.54
土耳其	29.32	26.38	25.39	25.55	22.58	21.44	20.80	20.44	19.69	18.82	18.73	17.95
澳大利亚	23.88	21.54	24.39	23.83	22.16	23.91	23.68	23.63	23.96	25.80	25.87	26.19
意大利	8.29	8.06	8.55	8.28	7.37	7.02	6.38	6.07	5.85	5.87	5.63	5.46
加拿大	59.60	57.52	58.13	58.30	55.06	53.45	52.28	52.15	52.85	47.55	46.35	47.19
法国	9.86	9.24	11.36	9.68	8.77	8.87	8.29	6.88	6.35	6.29	5.93	6.09
德国	10.09	8.82	8.39	7.74	6.29	5.75	5.31	4.97	4.93	5.11	5.10	4.78
日本	55.71	53.19	54.67	50.87	45.84	42.35	41.08	39.11	37.55	39.84	39.24	38.01
韩国	49.14	47.65	49.03	49.44	47.24	47.26	49.07	50.95	50.76	48.45	46.75	44.17
英国	30.79	28.13	30.53	28.55	27.09	23.08	25.34	23.75	24.91	24.92	24.25	24.13
美国	—	—	—	—	—	—	—	—	—	—	—	—
南非	26.92	24.83	25.37	23.10	21.92	21.92	22.26	21.71	20.23	19.76	19.08	19.39
巴西	25.65	23.58	23.07	22.64	21.35	19.73	19.06	19.41	18.15	21.62	21.51	17.48
丹麦	12.71	13.11	12.71	12.79	11.07	10.72	10.87	14.05	11.97	14.90	13.96	14.42
新西兰	20.85	17.91	21.31	20.01	19.38	18.33	17.93	19.10	21.16	22.57	23.18	29.31
西班牙	11.29	10.86	11.89	11.47	10.73	10.33	10.12	10.70	10.67	11.66	11.86	11.76

数据来源：2006—2017 年《美国门户开放报告》、联合国教科文组织数据库。

对比中美 27 国（不包括美国）高等教育服务贸易出口市场占有率，可以发现美国占有绝对优势，市场占有率显著高于中国，但随着中国高等教育服务贸易的快速发展，到 2017 年中国在南非、印度尼西亚、泰国、缅甸、巴基斯坦、哈萨克斯坦、俄罗斯 7 国的市场占有率已超过美国。2006—2017 年除伊朗、丹麦、新西兰、马来西亚、澳大利亚、西班牙 6 国外，美国高等教育服务贸易出口市场占有率处于下降趋势，降幅排名前三依次是菲律宾（67%）、波兰（60%）、德国（53%）。

表 5-9　2006—2017 年澳大利亚高等教育服务贸易出口市场占有率

国家	占有率/%											
	2006	2007	2008	2009	2010	2011	2012	2013	2014	2015	2016	2017
蒙古	1.52	1.27	0.90	1.02	1.12	1.27	1.49	1.79	2.30	3.30	4.74	5.77
印度尼西亚	32.40	27.53	25.24	25.36	25.34	25.39	25.04	22.10	21.42	18.89	18.29	19.49
泰国	20.07	18.57	16.88	15.82	14.85	13.61	12.91	12.09	10.76	8.97	8.29	8.03
马来西亚	31.63	30.05	29.15	30.23	30.97	30.05	27.39	25.01	22.96	22.24	22.41	23.15
新加坡	42.89	40.80	41.02	41.22	41.00	39.55	36.87	34.18	31.50	29.37	27.92	30.51
菲律宾	7.91	8.19	8.86	10.17	11.63	16.21	20.36	22.82	25.61	26.39	26.26	24.35
缅甸	8.19	8.76	8.11	8.58	9.53	9.53	9.66	9.22	10.35	9.60	9.84	10.55
印度	17.28	16.54	15.28	13.62	10.41	7.45	6.58	8.73	12.15	13.67	14.57	16.27
巴基斯坦	6.74	7.67	7.92	8.09	8.16	8.20	10.82	13.86	16.23	18.61	18.87	20.59
伊朗	3.12	3.42	3.77	4.05	4.65	4.74	4.92	5.20	5.11	4.77	4.33	4.38
波兰	0.84	0.72	0.62	0.59	0.66	0.65	0.68	0.86	0.86	0.80	0.73	0.71
哈萨克斯坦	0.11	0.08	0.09	0.14	0.23	0.22	0.26	0.23	0.20	0.16	0.13	0.13
俄罗斯	1.18	1.15	1.16	1.40	1.48	1.46	1.57	1.74	1.85	1.66	1.52	1.42
土耳其	0.71	0.71	0.82	0.97	1.13	1.14	1.09	0.96	0.87	0.81	0.88	0.96
澳大利亚	—	—	—	—	—	—	—	—	—	—	—	—
意大利	0.84	0.99	1.05	1.12	1.13	1.14	1.09	1.12	1.22	1.25	1.25	1.15
加拿大	6.38	6.91	7.33	7.47	7.40	6.97	6.57	6.12	5.84	5.28	5.20	5.31
法国	1.67	2.08	2.76	2.98	3.33	2.89	2.31	1.75	1.52	1.40	1.29	1.32
德国	2.29	2.09	1.95	1.91	1.83	1.52	1.22	1.03	1.00	0.96	1.00	1.02
日本	6.45	6.35	5.97	5.95	6.05	5.79	5.46	5.16	4.87	4.97	4.73	5.02
韩国	6.38	6.69	6.80	6.72	6.89	6.78	6.79	6.54	5.98	5.39	5.04	4.81
英国	9.75	9.05	9.71	9.16	8.96	6.94	6.64	5.75	5.26	4.78	4.28	4.10
美国	4.31	3.98	3.90	3.80	3.84	3.58	3.37	3.22	3.10	3.07	3.14	3.24
南非	5.30	5.19	5.70	6.29	6.91	7.15	6.32	5.68	4.92	4.79	4.59	4.91
巴西	1.95	1.95	2.14	2.16	2.23	2.13	2.02	1.99	1.88	1.84	2.26	2.74
丹麦	2.70	2.75	2.85	3.43	3.39	2.53	2.37	2.36	2.01	2.24	2.50	2.58
新西兰	—	—	—	—	—	—	—	—	—	—	—	—
西班牙	0.50	0.53	0.56	0.53	0.65	0.64	0.67	0.78	0.81	0.77	0.75	0.75

数据来源:澳大利亚联邦教育部网站、联合国教科文组织数据库。

对比中澳 26 国(不包括新西兰、澳大利亚)高等教育服务贸易出口市场占有率,2006 年中国在蒙古、缅甸、巴基斯坦、哈萨克斯坦、俄罗斯、韩国、美国 7 国的市场占有率及增速高于澳大利亚,到 2017 年,中国在波兰、南非、丹麦、泰国、土耳其、意大利、法国、日本、西班牙 9 国的市场占有率赶超澳大利亚;澳大利亚在多国的市场占有率同美国一样处于下降趋势,降幅排名前三的依次是泰国(60%)、英国(58%)、德国(55%)。

表 5-10 反映了中国市场占有率的明显变化。

表 5-10　2006 年和 2017 年中美、中澳市场占有率比较

	2006 年	2017 年
市场占有率中国高于美国	蒙古	蒙古、南非、印度尼西亚、泰国、缅甸、巴基斯坦、哈萨克斯坦、俄罗斯
市场占有率中国高于澳大利亚	蒙古、缅甸、巴基斯坦、哈萨克斯坦、俄罗斯、韩国、美国	蒙古、缅甸、巴基斯坦、哈萨克斯坦、俄罗斯、韩国、美国、波兰、南非、丹麦、泰国、土耳其、意大利、法国、日本、西班牙

图 5-11 绘制了中美澳在 28 个生源国 2006—2017 年的平均市场占有率及其增长率。①2017 年中国除在菲律宾的市场占有率较 2006 有所下降外,在其余 27 国的市场占有率处于增长趋势。②澳大利亚在蒙古和菲律宾市场占有率增幅高于中国,除此之外,中国在各国的市场占有率增幅均高于美国和澳大利亚。③美国、澳大利亚高等教育服务贸易出口市场占有率降低的国家,中国却增幅明显,如波兰、德国、英国增幅分别为 2513%、231%、415%。④虽然中国高等教育服务贸易

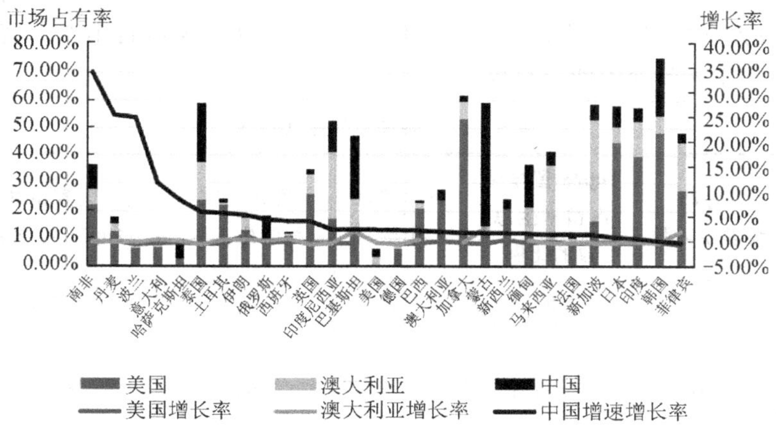

图 5-11　中美澳 2006—2017 年平均市场占有率及增长率

出口市场占有率与美澳仍有很大差距，但在美澳高等教育服务贸易出口市场占有率降低的同时，中国却处于增长趋势，各国来华留学生人数增加，市场占有率持续提高，中国高等教育服务贸易出口竞争力在不断增强。

（三）中美澳 Top25 入境国际留学生比较

基于数据的可得性，本节选取了 28 个样本国进行了比较。为避免选取的样本反映的竞争力变化不具有普遍性，我们进一步比较中美澳入境国际留学生人数前 25 个国家（Top25）留学生变动情况。中美澳 Top25 国留学生占比达到 70%以上，可以较好地反映各国入境留学生的概况。比较 Top25 留学生情况，可进一步分析中国高等教育服务贸易出口的变动。

对比中美澳 2006—2018 年前 25 个国家入境国际留学生情况，可以发现均呈现增长趋势，13 年间中美澳增长速度分别为 134.24%、115.94%、130.41%。2006 年留美留学生数是来华留学生的 2.91 倍，到 2018 年降为 2.68 倍，中澳之间的差距也由 2.32 倍缩小为 2.28 倍。中国高等教育服务贸易起步晚，发展基数小但增速最快。进一步观察前 25 个国家国际留学生占比变化，可以发现中美澳呈现不同的变化趋势，中国逐渐递减，美国逐渐递增，澳大利亚基本保持不变，这从侧面说明来华留学的生源国家趋于多样化，更多国家认可和选择中国作为留学目的地。

发达国家留学生数占 Top25 的比重在中美澳三国中均处于逐年下降的趋势（见表 5 - 11、表 5 - 12、表 5 - 13），但具体到各国情况有所不同。来自发达国家的来华留学生占比减少，一方面是因为发展中国家出境留学生数量的增速快于发达国家，导致 Top25 的发达国家个数虽然不变，但占比降低（见表 5 - 12、表 5 - 13）；另一方面是因为 Top25 中发达国家个数减少，导致占比降低（见表 5 - 11、表 5 - 13）。其中，留澳 Top25 中发达国家个数虽有减少，但降低幅度低于中国；与美国不同，中澳发达国家学生占比虽一直在降低，但在发达国家数目不变的情况下，发达国家留学生人数处于增长趋势。

表 5 - 11　来华留学生 Top25

年份	Top25 留学生人数	Top25 留学生占留学生总数的比例	发达国家个数	发达国家留学生人数	发达国家留学生人数/Top25 留学生人数
2006	147295	90.53%	12	103284	70.12%
2007	174437	89.22%	11	115715	66.34%
2008	195860	87.63%	11	126406	64.54%
2009	202944	85.20%	11	122624	60.42%

续表

年份	Top25 留学生人数	Top25 留学生占留学生总数的比例	发达国家个数	发达国家留学生人数	发达国家留学生人数/Top25 留学生人数
2010	221189	83.44%	12	129462	58.53%
2011	238202	86.46%	11	137057	57.54%
2012	260172	79.24%	11	145422	55.89%
2013	274082	76.88%	11	147314	53.75%
2014	282523	74.93%	10	144959	51.31%
2015	290979	73.18%	10	144612	49.70%
2016	320439	72.37%	10	151958	47.42%
2017	346818	70.90%	9	143656	41.42%
2018	345026	70.10%	7	116401	33.74%

数据来源:2006—2017 年《来华留学生简明统计》、联合国教科文组织数据库。

表 5-12　赴美留学生 Top25

年份	Top25 留学生人数	Top25 留学生占留学生总数的比例	发达国家个数	发达国家留学生人数	发达国家留学生人数/Top25 留学生人数
2006	428668	75.90%	8	185404	43.25%
2007	447480	76.76%	8	186568	41.69%
2008	487016	78.07%	8	193760	39.79%
2009	526763	78.43%	8	196221	37.25%
2010	548840	79.44%	8	185984	33.89%
2011	582035	80.47%	8	181644	31.21%
2012	623470	81.55%	9	182053	29.20%
2013	673992	82.23	9	180061	26.72%
2014	735300	82.99%	9	179058	24.35
2015	817606	83.86%	9	174841	21.38%
2016	879320	84.24%	9	173238	19.70%
2017	910261	84.38%	9	171207	18.81%
2018	925678	84.55%	8	159464	17.23%

数据来源:2006—2017 年《美国门户开放报告》、联合国教科文组织数据库。

表 5-13 赴澳留学生 Top25

年份	Top25 留学生人数	Top25 留学生占留学生总数的比例	发达国家个数	发达国家留学生人数	发达国家留学生人数/Top25 留学生人数
2006	341519	89.52%	12	117852	34.51%
2007	406423	89.88%	10	113240	27.86%
2008	492391	90.55%	10	109894	22.32%
2009	572864	90.67%	10	110230	19.24%
2010	554172	89.86%	10	107989	19.49%
2011	492980	88.95%	10	100298	20.35%
2012	453051	88.30%	11	98499	21.74%
2013	461286	87.97%	11	102040	22.12%
2014	518408	88.37%	11	110195	21.26%
2015	570134	88.82%	11	120977	21.22%
2016	631958	89.12%	11	133051	21.05%
2017	713741	89.68%	11	139617	19.56%
2018	786895	90.18%	10	132890	16.89%

数据来源：澳大利亚联邦教育部网站、联合国教科文组织数据库。

四、高等教育服务出口竞争力影响因素的理论分析

（一）研究假设

纵观中国高等教育服务贸易的发展历程，可以发现中国教育服务贸易的快速发展与改革开放密切相关，存在四个重要的转折点：第一个转折点是 1978 年召开的十一届三中全会，确定了对外开放政策，扭转了来华留学受阻的现象；第二个转折点是 1992 年邓小平视察南方谈话掀起中国经济体制改革，留学政策发生重大变革，教育服务贸易逐步规范化和市场化；第三个转折点是 2001 年中国加入 WTO，来华留学生人数增长迅猛；第四个转折点是“一带一路”倡议的提出以及“一带一路”教育行动的开展。每一次对外开放的深化，都为中国高等教育服务贸易的发展提供了新的机遇，来华留学生人数迎来一次较大增幅。中国是全球最大的货物贸易国，出口额也位居世界第一，而对外开放的体现，一方面是商品市场的开放，另一方面是高等教育服务贸易领域更多更深层次的交流合作。2017 年政府工作

报告指出,"一带一路"政策作为中国对外开放的新举措,极大地促进了中外教育、文化、旅游等领域的交流与合作。

因此,本节基于钻石模型,从相关支持产业、生产要素、高校战略及竞争、需求条件四方面提出高等教育服务贸易出口竞争力的影响因素,并做出研究假设,同时将研究重点聚焦在开放视角下,研究相关支持产业对中国高等教育服务贸易出口竞争力的影响。之所以没有政府和机遇因素的主要考虑是:机遇可遇而不可求;由于教育的特殊性,政府在教育服务贸易领域的影响要远远大于传统钻石模型中的作用,无论是从资金投入、管理体制还是发展战略制定、政策支持都对中国高等教育竞争力产生了巨大影响。复旦大学强永昌(2007)基于钻石模型研究中国高等教育服务贸易境外消费的国际竞争力时,将政府因素放在了钻石模型的中心,认为政府的作用交叉贯穿于教育服务贸易的方方面面。本书认可这种观点,认为政府因素贯穿于钻石模型的四大要素,因此不对政府因素做单独分析。

1. 相关支持产业

1)货物贸易

首先,贸易开放增加了中国整体国家竞争力以及在生源国的经济影响力,进一步提高了中国高等教育服务贸易出口的竞争力。第一,贸易开放促进中国经济社会的发展,这一点毋庸置疑。因此在制定发展战略和政策时,中国也一直坚持开放的发展理念,释放市场活力,学习各国先进科学技术,提高中国国内生产力水平。经济社会的发展促进着中国国际竞争力提升与中国高等教育的发展。第二,两国双边贸易在生源国所占比重越大,两国的经济关系越密切,中国在生源国的影响力也会增加。两国经贸往来密切伴随着两国互信了解的加深,中国制造的商品的质量及高性价比不断塑造中国国家形象,向生源国市场传递着中国不断发展与强大的信号,这无疑会进一步增加中国生源国高等教育服务贸易市场中的竞争力。

其次,中外经贸的开展需要大量的跨语言和跨文化人才,需要他们对中国及母国市场有深入的了解,这提高了中国的吸引力,刺激了生源国市场进口中国高等教育的动力。综上所述,提出以下假设。

H_{1a}:生源国与中国货物贸易依存度越高,则中国高等教育服务贸易出口竞争力越强。

2)旅游贸易

国际旅游服务贸易与高等教育服务贸易同属于服务贸易领域,且均以境外消费为主要提供方式。境外游客入境旅游与国际学生来华留学都伴随着人员在空间上同方向的流动,对于东道国交通运输、商业服务、信息技术等相关基础设施和服务的需求具有较高的相似性。入境旅游因其更快的流动性对基础设施和服务更加敏感,可以带动基础设施和服务领域的投资和发展。苏建军(2014)利用1982—2010年相关数据,通过构建国内旅游、入境旅游对投资、消费、出口增长的分析框架，发现入境旅游对“三大驱动力”都有显著的正效应。杨莹莹(2019)以美国为研究对象，采用16年面板数据研究国际旅游对美国FDI的影响，得出国际旅游对FDI有显著的促进作用，入境旅游的增加同时也会带动国际航班、国际饭店等基础设施的发展，可见入境旅游对相关产业带动作用的溢出有助于提升中国高等教育服务贸易的竞争力。

国际旅游还可以通过国家形象和文化软实力的塑造提高中国高等教育服务贸易的竞争力。国际旅游不仅仅是一个经济产业，而且是传播国家形象的一个重要渠道。一些国外民众对中国的认识不够全面，国际旅游可以“眼见为实”，让入境游客更好地了解中国并自发地对中国加以宣传，张春燕从国际旅游所具有的硬化、聚化、整合、内化功能出发，比较清晰地阐述了国际旅游对中国文化软实力提升的作用，最终国家形象和文化软实力的提高增加了中国对国际学生的吸引力。综上分析，提出以下假设。

H_{1b}：入境旅游贸易发展越好，则中国高等教育服务贸易出口竞争力越强。

3)招生宣传

开展招生宣传可以帮助国际学生了解中国，通过展现中国文化和高等教育水平增进国际学生对中国高等教育的认可，进而增强中国高等教育服务贸易出口的竞争力。

海外办学在开展教学和文化活动的过程中，展现了中国高等教育的各个方面，促进国外消费者对中国高等教育有更具体、深入的了解。Li(2016)通过研究分布在世界六大洲15个国家的中国汉办海外汉语教育10年间的发展，揭示了海外教育不仅推广了汉语言及中国文化，而且积极促进了教育发展的中国模式，提高了当地民众对中国高等教育的认可。与传统教育强国相比，中国高等教育服务贸易起步晚，在国际市场上，一方面不具有像发达国家一样的天然品牌优势，另一方面，自身知名度较低。因此，“走出去”宣传中国高等教育，创造畅通的宣传渠道，增进各国对中国高等教育发展的了解同样重要。

相比于发达国家，中国一直缺乏较为完善的高等教育宣传渠道。发达国家为了发展本国教育服务贸易，均建立了相应的海外文化机构，如英国文化协会、法国文化协会、西班牙塞万提斯学院以及德国歌德学院等。为此，中国在海外文化教育机构缺乏的情况下，通过积极进行海外办学，不仅有助于海外消费者了解中国高等教育，有利于中国大学提升海外知名度与形象，而且有助于提升中国高等教育服务贸易出口竞争力。基于以上分析，提出以下假设。

H_{1c}：招生宣传越多，则中国高等教育服务贸易出口竞争力越强。

2. 生产要素

高等教育产业的生产要素是指那些可以为教学活动提供支持的有形和无形资产，师资力量、经费投入和基础设施构成了高校正常运转的基本要素，学术水平和学校声誉是吸引国际留学生的重要因素。

高等教育的发展离不开资金的支持，教育经费投入越多，高校可获得的资源越丰富，先进教学设备的引进可以提高教师教学质量和学生学习效率，更好的基础设施和现代化的高校建设为师生提供良好的学习科研环境，充足的教育经费使得高校可以加大对人力资源的投入，吸引更多高素质人才，以上结果共同作用促进高等教育服务贸易竞争力的提升。廖文武等(2012)认为经费投入是影响研究生教育质量的因素之一，方芳(2019)研究表明教育经费投入有助于高等教育规模的扩张。中国财政性教育经费投入占 GDP 的比重在 2012 年实现 4%的目标，党中央和国务院在 2018 年印发的《关于进一步调整优化结构提高教育经费使用效益的意见》中肯定了教育经费的投入对教育事业全面发展的促进作用，据此提出以下假设。

H_{2a}：教育经费投入越大，则中国高等教育服务贸易出口竞争力越强。

高等教育不同于义务教育，集知识输出和知识创造为一体。高校科研能力体现一国高等教育知识创造能力，科研水平的提高与高等教育的发展是一个相互促进的过程。科研经费作为中国高等院校开展科研事业的重要资金来源，是高校科研能力提升的重要保障。柳劲松等(2014)研究表明，科研经费投入是影响高校科研质量水平的重要因素之一。有较高科研能力的高校，在国际上的高影响力可以帮助其吸引更多人才，进一步优化高校人力资源，同时提高一国高校的声誉，因此，提出以下假设。

H_{2b}：科研经费投入越大，则中国高等教育服务贸易出口竞争力越强。

学校声誉是一个综合性的影响因素，它包含了高校师资力量、学术水平等综合教育质量因素。国际学生选择留学深造一方面是学习专业知识，提升专业技能，另一方面是为了提高自己竞争力，增加在就业市场的筹码。较高的学校声誉意味着有更好的师资力量和更高的学术水平，同时在国际及国内有更高的认可度，因此成为学生留学的重要影响因素。

学生出国留学面临的风险之一是最终获得的学历不被母国认可，大部分留学生都要考虑到自己回国后，母国是否承认中国的学历，这影响到自己在母国就业市场的竞争力。因此母国是否与东道国签订学历互认协议，回国后进一步就业的合法权益能否得到保障成为影响中国高等教育服务贸易出口竞争力的重要因素。宋华盛等(2014)在研究中国高等教育为何能吸引来华留学生时，均发现学历互认对吸引留学生具有积极影响。与中国签订学历互认的国家数越多，则意味着中国高等教育在国际市场上得到更广泛的认可，为学生的国际流动提供了更大的便利性。基于以上分析，提出以下假设。

H_{2c}：高等教育声誉越好，则中国高等教育服务贸易出口竞争力越强。

H_{2d}：中国与生源国签订学历互认协议越多，则中国高等教育服务贸易出口竞争力越强。

3. 高校战略及竞争

高校之间的竞争会促使高校加大对教育的投入，提高教育质量和管理效率，从而提升高校的声誉，增强高等教育国际竞争力。高校招收留学生体现了高校国际化的发展战略。在此战略的指导下，高校会逐渐完善留学生教育，从留学生招生、课程设计及留学生管理等方面不断获取经验。当越来越多的高校实施国际化战略，招收留学生时，高校之间的竞争会进一步促使高校提高自身竞争力，以吸引更多的留学生，这为高等教育服务贸易出口竞争力的提高创造了良好的国内环境，据此提出以下假设。

H_3：高校间竞争越大，则中国高等教育服务贸易出口竞争力越强。

4. 需求条件

迈克尔·波特认为，不同的国内需求状况，会导致国家竞争优势不同。旺盛、高质量的国内需求可以促进企业提高产品质量。国内高等教育的高需求，促进高等教育规模的扩大，促使高校加大对师资力量、基础设施的投入，有力推进高等教育的发展。高等教育消费者规模的扩大，对老师科研教学水平的提升、高校管理的完善、高校内不同思想的交流起到促进作用，提升了高等教育质量。因此，提出以下假设。

H_4：高等教育需求规模越大，则中国高等教育服务贸易出口竞争力越强。

(二)模型构建

基于前述分析，我们建立以下计量模型，研究中国高等教育服务贸易出口竞争力的影响因素：

$$\ln STUMS_{it} = \beta_0 + \beta_1 \ln TRA_{it} + \beta_2 \ln FOR_{it} + \beta_3 CI_{it} + \beta_4 \ln FUND_t + \beta_5 \ln RD_t + \beta_6 \ln TOP_t + \beta_7 \ln CER_{it} + \beta_8 \ln SCH_t + \beta_9 \ln GRA_t + \varepsilon_t \quad (5-4-1)$$

计量模型中，i 代表生源国，t 代表时间，β_0 代表常数项，β_1—β_9 代表影响系数。STUMS 代表市场占有率，TRA 代表双边货物贸易，FOR 代表入境旅游贸易，CI 代表招生宣传，FUND 代表教育经费支出，RD 代表高校研发支出，TOP 代表高校声誉，CER 代表双边学历互认，SCH 代表高校竞争，GRA 代表高等教育需求。

(三)小结

本节基于钻石模型，从相关支持产业、生产要素、高校战略及竞争、需求条件四方面提出中国高等教育服务贸易出口竞争力的影响因素，提出研究假设并构建计量模型。影响因素及研究假设汇总如表 5-14 所示。

表 5-14 影响因素及研究假设

要素归类	影响因素	编号	假设内容
相关支持产业	货物贸易	H_{1a}	生源国与中国货物贸易依存度越高，则中国高等教育服务贸易出口竞争力越强
	旅游贸易	H_{1b}	入境旅游贸易发展越好，则中国高等教育服务贸易出口竞争力越强
	招生宣传	H_{1c}	招生宣传越多，则中国高等教育服务贸易出口竞争力越强
生产要素	教育经费投入	H_{2a}	教育经费投入越大，则中国高等教育服务贸易出口竞争力越强
	高校科研支出	H_{2b}	科研经费投入越大，则中国高等教育服务贸易出口竞争力越强
	学校声誉	H_{2c}	高等教育声誉越好，则中国高等教育服务贸易出口竞争力越强
	双边学历互认	H_{2d}	中国与生源国签订学历互认协议越多，则中国高等教育服务贸易出口竞争力越强
高校战略及竞争	高校竞争	H_3	高校间竞争越大，则中国高等教育服务贸易出口竞争力越强
需求条件	高等教育需求	H_4	高等教育需求规模越大，则中国高等教育服务贸易出口竞争力越强

五、高等教育服务出口竞争力影响因素的实证研究

（一）变量测量及数据分析

1. 变量测量和数据来源

第一份中国汉办海外教育年度报告发布于 2006 年，联合国教科文组织数据库各国出境留学生数据最新统计到 2017 年，同时受限于入境外国游客数据的可得性，最终本节选取 2006—2017 年 28 个国家为样本，其中“一带一路”沿线国家 14 个：蒙古、印度尼西亚、泰国、马来西亚、新加坡、菲律宾、缅甸、印度、巴基斯坦、哈萨克斯坦、俄罗斯、土耳其、伊朗、波兰，非“一带一路”沿线国家 14 个：意大利、澳大利亚、加拿大、法国、德国、日本、韩国、英国、美国、西班牙、巴西、丹麦、南非、新西兰，此 28 个国家覆盖到了五大洲，且基本囊括历年学历来华留学生排名前十五的国

家，是历年来华留学生大国，占到在华学历留学生的70%左右，具有较好的代表性。“一带一路”沿线国家的分类依据是国家信息中心“一带一路”大数据中心发布的《“一带一路”大数据报告(2016)》。

基于研究假设选取变量的测量方法及其数据来源汇总于表5-15。

表5-15　变量测量及数据来源汇总

<table>
<tr><th colspan="2">变量归类</th><th>变量名称</th><th>变量符号</th><th>变量测度</th><th>数据来源</th></tr>
<tr><td>因变量</td><td>竞争力</td><td>市场占有率</td><td>lnSTUMS</td><td>ln(第 t 年 m 国学历来华留学生/m 国高等教育出境留学生)</td><td>《来华留学生简明统计》、联合国教科文组织数据库</td></tr>
<tr><td rowspan="9">自变量</td><td rowspan="3">相关支持产业</td><td>货物贸易</td><td>lnTRA</td><td>ln(第 t 年中国与 m 国进出口总额/第 t 年 m 国 GDP)</td><td>《中国统计年鉴》、世界银行公开数据</td></tr>
<tr><td>旅游贸易</td><td>lnFOR</td><td>ln(第 t 年 m 国入境游客数/第 t 年 m 国人口)</td><td>中国国家旅游局、世界银行公开数据</td></tr>
<tr><td>招生宣传</td><td>CI</td><td>第 t 年 m 国中国海外文化交流机构数</td><td>中国汉办年度报告</td></tr>
<tr><td rowspan="4">生产要素</td><td>教育经费投入</td><td>lnFUND</td><td>ln(第 t 年中国教育经费投入/GDP)</td><td>《中国统计年鉴》</td></tr>
<tr><td>高校科研支出</td><td>lnRD</td><td>ln(第 t 年中国高等学校研究与试验发展经费支出/GDP)</td><td>《中国统计年鉴》</td></tr>
<tr><td>学校声誉</td><td>lnTOP</td><td>ln(第 t 年进入 ARWU 前 200 的中国高校数/中国研究生培养高校数)</td><td>世界大学学术排名官网</td></tr>
<tr><td>双边学历互认</td><td>CER</td><td>虚拟变量：第 t 年中国与 m 国签订学历互认协议为 1，否则为 0</td><td>中华人民共和国教育部政府门户网站</td></tr>
<tr><td>高校战略及竞争</td><td>高校竞争</td><td>lnSCH</td><td>ln(第 t 年中国接受留学生的高校数/中国普通高校总数)</td><td>《来华留学生简明统计》</td></tr>
<tr><td>需求条件</td><td>高等教育需求</td><td>lnGRA</td><td>ln(第 t 年中国普通高中毕业生数)</td><td>《中国统计年鉴》</td></tr>
</table>

2. **描述性统计分析**

回归之前，首先对样本数据进行描述性统计分析，以更好地了解样本数据分布情况。

需要注意的是，伊朗、波兰、缅甸、巴基斯坦、哈萨克斯坦、土耳其、巴西、丹麦、西班牙 9 国 2017 年入境旅游人数数据缺失，因此样本数为 327 个，其余变量数据完整包含 12 年 28 国 336 个样本。

表 5－16 显示了变量总体的描述性结果，包含了变量的样本数、平均值、标准差、最小值、最大值。

表 5－16　描述性统计结果

变量名称	变量符号	样本数	平均值	标准差	最小值	最大值
市场占有率	lnSTUMS	336	1.205	1.370	−2.797	4.213
货物贸易	lnTRA	336	1.748	0.960	0.0829	4.124
旅游贸易	lnFOR	327	−0.247	1.696	−3.673	4.092
招生宣传	CI	336	26.12	78.97	0	629
教育经费投入	lnFUND	336	1.593	0.0629	1.498	1.672
高校研发支出	lnRD	336	−1.984	0.0795	−2.150	−1.869
学校声誉	lnTOP	336	−0.167	0.798	−1.571	0.811
双边学历互认	CER	336	0.542	0.499	0	1
高校竞争	lnSCH	336	3.372	0.0891	3.264	3.571
高等教育需求	lnGRA	336	6.675	0.0323	6.589	6.729

从表中数据可以看出，来华留学生市场占有率、双边贸易、入境旅游、招生宣传指标存在较大差异，这是因为国家间差异较大，以导致部分指标出现标准差大于平均值现象，因此，在后续的实证中会通过分样本回归处理，以保证实证结果的有效性，避免回归出现偏差。

3. **相关性分析**

高等教育服务贸易竞争力的影响因素很多，一个影响因素的变化会在不同程度上影响其他因素的变化，本节基于钻石模型四大要素提出影响因素，在考虑每一要素的影响因素时，还需要考虑各影响因素之间可能的互相影响。为了检验变量之间是否存在严重的多重共线性，我们首先对变量进行相关性分析（见表 5－17）。整体来看，除了教育经费、研发支出、学校声誉之间相关系数较高，其他自变量之间相关系数绝对值都小于 0.7,呈现中低度相关性。

表 5-17　相关系数

变量	lnSTUMS	lnTRA	lnFOR	CI	CER	lnFUND	lnTOP	lnSRD	lnSCH	lnGRA
lnSTUMS	1									
lnTRA	0.700***	1								
lnFOR	0.398***	0.557***	1							
CI	0.015	−0.152***	0.025	1						
CER	0.01	−0.011	0.470***	−0.071	1					
lnFUND	0.328***	0.165***	0.046	0.174***	0.118**	1				
lnTOP	0.273***	0.144***	0.053	0.158***	0.08	0.715***	1			
lnSRD	0.297***	0.145***	0.058	0.160***	0.113**	0.745***	0.714***	1		
lnSCH	0.246***	0.124**	0.068	0.152***	0.083	0.674***	0.698***	0.562***	1	
lnGRA	0.077	0.036	−0.007	0.018	0.063	0.113**	−0.360***	−0.023	−0.222***	1

注:*、** 和 *** 分别表示结果在 10%、5%和 1%的结果上显著。

为了进一步检验变量间是否存在严重的多重共线性,我们通过计算方差膨胀因子 VIF 进行验证,结果见表 5-18。各个解释变量的 VIF 均小于 10,表示变量之间不存在严重的多重共线性,满足回归的基本要求,可以进行下一步回归分析。

表 5-18　多重共线性检验结果

Variable	VIF	1/VIF
lnTOP	6.85	0.102
lnFUND	7.24	0.108
lnSRD	3.95	0.253
lnSCH	3.02	0.331
lnGRADU	2.69	0.372
lnFOR	2.38	0.42
lnTRA	1.98	0.504
CER	1.66	0.603
CI	1.18	0.845
Mean VIF	4	

(二)实证结果

1. 全样本回归分析

运用 stata 13 软件,对 28 个来华留学国家数据进行回归分析。由于本节数据为面板数据,而面板数据回归时可以采用混合效应回归、固定效应回归和随机效应回归三种方法,首先,通过豪斯曼检验选择最合适的方法,检验结论在 10%的水平上不显著,因此实证分析选用随机效应回归方法。其次,构建了 4 个模型对全样本进行回归分析。模型 1 包括所有影响因素;模型 2—4 分别放入生产要素中的一个影响因素,以减少教育经费投入、学校声誉、高校研发支出之间的相关性对回归结果的影响,模型 2 放入教育经费,模型 3 放入学校声誉,模型 4 放入研发支出。分样本豪斯曼检验结果及模型设置与全样本相同,后续不再赘述。全样本回归结果如表 5 - 19 所示。

表 5 - 19 高等教育服务贸易出口竞争力影响因素全样本回归结果

变 量		模型 1	模型 2	模型 3	模型 4
相关支持产业	lnTRA	0.786*** (3.94)	0.834*** (4.34)	0.834*** (4.16)	0.894*** (4.51)
	lnFOR	0.073 (0.91)	0.085 (1.08)	0.066 (0.82)	0.072 (0.90)
	CI	−0.001 (−1.50)	−0.000 (−1.22)	−0.000 (−0.97)	−0.000 (−1.38)
	CER	−0.153 (−0.88)	−0.117 (−0.72)	−0.082 (−0.55)	−0.132 (−0.76)
生产要素	lnFUND	2.068*** (4.50)	4.353*** (5.85)		
	lnTOP	0.110*** (2.74)		0.382*** (5.49)	
	lnSRD	1.213*** (3.42)			2.687*** (5.85)
高校战略及竞争	lnSCH	0.581** (2.04)	0.609** (2.08)	0.251 (0.86)	1.584*** (4.26)

续表

变量		模型 1	模型 2	模型 3	模型 4
需求条件	lnGRA	3.655*** (5.52)	2.063*** (4.73)	6.177*** (6.32)	3.582*** (5.93)
截距项	CONSTANT	−20.654*** (−4.28)	−15.885*** (−4.25)	−36.908*** (−5.31)	−12.431*** (−3.63)
Obs.		327	327	327	327
国家数量		28	28	28	28
R^2		0.5393	0.5378	0.5365	0.5388
P		0.000	0.000	0.000	0.000

注：*、** 和 *** 分别表示结果在 10%、5%和 1%的结果上显著。

从模型 1－4 的回归结果来看，模型拟合度较好。模型 1 中双边贸易、教育经费投入、学校声誉、研发支出、高校竞争及高等教育需求对高等教育服务贸易出口竞争力具有显著的正向影响，其中高校竞争在 5%的显著性水平上显著，其他影响因素均在 1%的显著性水平上显著。入境旅游、海外办学和双边学历互认的影响并不显著。模型 2－4 中影响因素的显著性基本没有发生变化。

模型 1－4，相关及支持产业中双边贸易是显著的正相关性，这与我们的预期相符。生源国与中国双边贸易的日益繁华，对中国商品贸易依存增加，提高了中国在留学生母国的影响力。同时两国贸易会直接催生对人才的需求；有在华留学经历的学生因其较低的语言障碍及对中国与母国市场的了解，在母国人才市场会有更高的竞争力。社会需求的增加有效提升了来华留学的偏好。

入境旅游、招生宣传对中国高等教育服务贸易出口的竞争力影响并不显著，这与我们的预期并不相符，接下来进行分样本回归以进一步厘清中国高等教育服务贸易出口竞争力的影响因素。

2. 分样本回归分析

从前文中我们也发现，来华留学国家的市场占有率及其增速在“一带一路”沿线国家和非“一带一路”沿线国家中具有较大差别。近年来“一带一路”国家成为来华留学新的增长点，因此我们将样本分为“一带一路”和非“一带一路”国家两类，研究中国高等教育服务贸易出口竞争力在两类国家影响因素的差异。表 5－20 为“一带一路”沿线国家样本的回归结果，表 5－21 为非“一带一路”沿线国家样本的回归结果。

表 5-20 "一带一路"沿线国家回归结果

变量		模型 5	模型 6	模型 7	模型 8
相关支持产业	lnTRA	0.687** (2.12)	0.697** (2.20)	0.668** (2.04)	0.777** (2.38)
	lnFOR	0.061 (1.20)	0.075 (1.48)	0.057 (1.18)	0.060 (1.19)
	CI	0.025** (2.48)	0.030*** (3.69)	0.030*** (3.59)	0.026*** (2.79)
生产要素	CER	−0.127 (−0.60)	−0.102 (−0.51)	−0.055 (−0.30)	−0.122 (−0.60)
	lnFUND	2.626*** (6.44)	4.418*** (4.37)		
	lnTOP	0.067 (1.41)		0.377*** (3.97)	
	lnSRD	1.068** (2.10)			2.716*** (3.86)
高校战略及竞争	lnSCHOOL	0.367 (1.55)	0.240 (0.98)	−0.028 (−0.11)	1.402*** (3.31)
需求条件	lnGRA	2.384** (2.22)	1.214** (1.98)	5.389*** (3.62)	2.878*** (3.12)
截距项	CONSTANT	−13.987** (−2.07)	−11.266** (−2.07)	−32.542*** (−3.17)	−8.355* (−1.76)
Obs.		162	162	162	162
国家数量		14	14	14	14
R^2		0.4214	0.4226	0.4261	0.4186
P		0.000	0.000	0.000	0.000

注：*、** 和 *** 分别表示结果在 10%、5%和 1%的结果上显著。

表 5-21 非"一带一路"沿线国家回归结果

变 量		模型 9	模型 10	模型 11	模型 12
相关支持产业	lnTRA	0.898*** (4.47)	0.966*** (5.46)	0.988*** (5.55)	1.002*** (5.28)
	lnFOR	0.306*** (2.78)	0.295*** (2.82)	0.282*** (2.68)	0.288** (2.46)
	CI	−0.000 (−0.55)	−0.000 (−0.27)	−0.000 (−0.13)	−0.000 (−0.34)
生产要素	CER	−0.385 (−1.57)	−0.338 (−1.41)	−0.320 (−1.43)	−0.341 (−1.28)
	lnFUND	1.598* (1.86)	3.465*** (3.21)		
	lnTOP	0.104 (1.51)		0.300*** (2.95)	
	lnSRD	1.015** (2.03)			2.123*** (4.21)
高校战略及竞争	lnSCHOOL	0.509 (1.21)	0.577 (1.15)	0.280 (0.63)	1.294** (2.02)
需求条件	lnGRADU	4.126*** (4.55)	2.595*** (3.68)	5.776*** (4.32)	3.788*** (4.34)
截距项	CONSTANT	−21.982*** (−3.10)	−16.560*** (−3.08)	−32.590*** (−3.51)	−13.812*** (−2.65)
Obs.		165	165	165	165
国家数量		14	14	14	14
R^2		0.7723	0.7658	0.7618	0.7637
P		0.000	0.000	0.000	0.000

注：*、** 和 *** 分别表示结果在 10%、5% 和 1% 的结果上显著。

从实证结果来看，两类国家高等教育服务贸易出口竞争力影响因素在生产要素、高校战略及竞争、高等教育需求方面相同，整体显著且正向影响。

双边贸易在"一带一路"沿线国家和非"一带一路"沿线国家的回归结果与全样本相同，对竞争力正向拉动且显著。同时我们还可以发现，双边贸易在非"一带一路"沿线国家中的正向拉动作用要大于"一带一路"沿线国家。这说明相比而言，在非“一带一路”沿线国家中经济因素成为促进竞争力的关键因素。这一点可能与我们选取的样本国家有关，本节选取的非“一带一路”国家较多数为发达国家，市场开放度及对外贸易对国内经济的影响更大，中国逐渐崛起的国家形象和经济影响力在发达国家更容易被感受到，因此相比而言，其对中国高等教育竞争力的作用更大。

招生宣传在“一带一路”沿线国家中具有显著的正向影响，但在非“一带一路”沿线国家的影响并不显著，这与现实情况是吻合的。从国家政策层面，中国重视“一带一路”的建设，教育部原部长陈宝生曾指出，“一带一路”是中国教育国际交流合作的顶层设计、中国教育走向世界舞台中央的路线图，强调要充分发挥教育在“一带一路”建设中的基础性、先导性作用。同时，教育贸易作为特殊的产品，受到各国政府较多管制因素影响。因而，招生宣传在“一带一路”国家具有显著的正向影响。

入境旅游在非“一带一路”沿线国家中具有显著的正向影响，但在“一带一路”沿线国家中并不显著。入境旅游提供了一个可以“眼见为实”的机会，根植于民众的旅游外交是文化传播的最佳载体之一，旅游业对外宣传和辐射的功能强大，可以向世界立体式地描绘中国形象(邹统钎，2016)。实地体验中国经济发展水平及思想文化有助于非“一带一路”沿线国家消除对中国的偏见及错误认识，提升中国文化软实力，提高中国高等教育服务贸易出口的竞争力。在“一带一路”沿线国家，随着合作领域的扩大、合作程度的加深，各国对中国的了解亦不断深入与趋同，因此入境旅游对竞争力的提升作用不显著。

(三)稳健性检验

为了检验回归结果的稳健性，本节采取混合回归对模型进行再一次验证，实证结果见表 5-22。模型 13-15 依次是总样本回归、“一带一路”沿线国家样本回归、非“一带一路”沿线国家样本回归结果。

表 5-22 稳健性检验

变 量		模型 13	模型 14	模型 15
相关支持产业	lnTRA	0.936*** (4.47)	1.088** (2.51)	0.724*** (3.53)
	lnFOR	0.019 (0.12)	−0.186 (−0.85)	0.443*** (4.38)
	CI	0.001 (1.59)	0.057** (2.31)	0.000 (0.39)

续表

变 量		模型 13	模型 14	模型 15
生产要素	CER	−0.049 (−0.13)	0.041 (0.11)	−0.817 (−0.89)
	lnFUND	1.510*** (2.88)	2.195*** (3.04)	1.464** (1.99)
	lnTOP	0.055 (1.59)	0.019 (0.30)	0.109* (1.88)
	lnSRD	1.409*** (3.39)	1.173* (1.90)	1.431*** (3.04)
高校战略及竞争	lnSCH	0.864** (1.97)	0.265 (0.38)	0.741* (1.73)
需求条件	lnGRA	2.947*** (3.87)	1.091** (2.50)	5.167*** (5.20)
截距项	CONSTANT	−14.234*** (−2.81)	−4.029 (−0.65)	−27.256*** (−3.68)
Obs.		327	162	165
R^2		0.550	0.483	0.797
F		14.01	12.96	39.48
P		0.000	0.000	0.000

从回归结果可以看到，变量系数方向及显著性均未发生太大变化。双边贸易在总样本和分样本中均具有显著的正向影响，招生宣传在总样本和非“一带一路”沿线国家中不显著，但在“一带一路”沿线国家中显著为正；入境旅游在总样本和“一带一路”沿线国家中不显著，但在非“一带一路”沿线国家中显著为正。

(四)小结

在对变量进行测量的基础上，运用 28 人国家 2006—2017 年面板数据，对中国高等教育服务出口竞争力的影响因素进行了实证研究。实证结果发现，生产要素中教育经费投入、高校研发支出、学校声誉对竞争力的影响显著为正，双边学历互认影响不显著。需求条件中普通高中毕业生数对竞争力有显著的正向影响。高校战略及竞争中接受学校数对竞争力是显著的积极影响。相关支持产业中，货物贸易对竞争力的提升具有显著正向影响，旅游贸易对非“一带一路”沿线国家中国高等教育服务贸易出口竞争力的提升影响显著，但对“一带一路”沿线国家不显著；招生宣传对“一带一路”沿线国家具有正向影响，但对非“一带一路”国家影响不显著。

六、结论与建议

(一)研究结论

本章在文献综述的基础上测量了中国高等教育服务贸易出口竞争力，刻画了中国高等教育服务贸易出口竞争力结构，量化比较了中美澳三国高等教育出口竞争力，识别了各生源国在中国高等教育服务贸易出口竞争力的变化；基于钻石模型，结合开放视角，从相关支持产业、生产要素、高校战略及竞争、需求条件角度就中国高等教育服务贸易出口竞争力的影响因素进行了理论分析，提出了研究假设；运用 2006—2017 年中国与国际学生来源 28 国的面板数据，实证研究了中国高等教育服务贸易出口竞争力的影响因素，并将样本国区分为“一带一路”沿线国家和非“一带一路”沿线国家，对影响因素的国别差异做了进一步检验。主要研究结论是：

①中国高等教育服务贸易出口竞争力在不同国家具有较大差异，从市场占有率和市场增长速度两个维度出发，中国高等教育服务贸易出口竞争力在不同生源国具有 4 种发展模式。整体而言，中国高等教育服务贸易出口竞争力处于增长状态，与传统教育强国美澳两国差距在缩小。

②基于钻石模型提出中国高等教育服务贸易出口竞争力影响因素的研究假设得到基本支持。生产要素中，教育经费的投入、高校研发支出、学校声誉对于中国高等教育服务贸易出口竞争力有显著促进作用；需求条件中，旺盛的国内高等教育需求对竞争力的提升显著；高校战略及竞争中，高校竞争越激烈，中国高等教育服务贸易出口竞争力的提升越显著；相关支持产业中，货物贸易对中国高等教育服务贸易出口竞争力的影响显著为正。

③中国高等教育服务贸易出口竞争力的影响因素存在国别差异。从中国在不同生源国竞争力情况的差异，将生源国划分为“一带一路”沿线国家和非“一带一路”沿线国家。实证结果表明，中国与这两类国家不同的交流和对外开放方式，对竞争力的影响不同。旅游贸易对非“一带一路”沿线国家的中国高等教育服务贸易出口竞争力的影响显著，但对“一带一路”沿线国家影响不显著。对外招生宣传对“一带一路”沿线国家的中国高等教育服务贸易出口竞争力具有正向影响，但对非“一带一路”沿线国家影响不显著。

(二)政策建议

1. **加大对高校科研支出和教育经费的投入**

中国高校经费来源主要依赖国家拨款。教育经费占 GDP 的比重衡量了一个国家对教育的投入。教育经费的投入是高校构建师资力量、基础设施、教学科研设备等的物质基础。纵观世界高等教育强国,教育投入占 GDP 的比重平均达到 5.5%,美国及欧洲等国教育经费的投入已达到 7%,而中国政府教育经费的投入刚刚超过 4%,这说明中国对教育的投入不足,这将阻碍中国高等教育服务贸易出口竞争力的提升。高校科研支出占 GDP 的比重体现了一国对高校科研、创新的支持。如果说教育经费的投入是高校教育发展的基本资金投入,那么高校科研支出是高校发展的助推资金。若缺乏资金,高校科研活动无法展开,高校将会失去在国际学术领域的话语权,对中国高校声誉产生消极影响。因此加大教育投入是提升中国高等教育服务贸易出口竞争力的起点。

2. **加快推进世界一流大学和一流学科建设,提升中国高校国际声誉**

2015 年国务院印发了《统筹推进世界一流大学和一流学科建设建设总方案》,2017 年又相继发布了双一流建设的实施办法和建设名单,这说明中国已经有意识地培育一批具有国际竞争力的大学。高校声誉是学生选择留学目的国的重要因素,提高高等教育质量,增强高校核心竞争力,对吸引高质量人才来华留学具有重要意义。美国、英国等高等教育强国能够吸引世界各国学生进行高等教育服务贸易,主要原因是在其境内有一批国际知名大学。2019 世界大学学术排名前 100 的学校中,美国有 45 所大学入榜,其次是英国 8 所,中国只有 4 所位列其中。一流高校和一流学科的建设需要经过长时间的努力,更不能缺少国家政策的支持和合理的发展战略,因此中国应积极推动双一流建设,培育一批世界知名大学。

3. **改善高校接受留学生政策,增强高校间的留学生招生竞争**

推动高校招收留学生的动因不是国际化的需求而是经济因素,即通过招收留学生获得国家资助(Wen et al.,2018)。高校应设定好招收留学生的实施办法,不仅要关注数量,更应该注重质量。更高要求的入学考试、汉语要求、来华前学习成绩评估等措施应尽快纳入留学生招收环节中。高校切实参与到招收留学生的市场竞争中,通过竞争促进高校不断地改进留学生管理制度,促进高校适应国际化管理。高质量的学生和留学服务贸易持续发展密不可分,应引起国家和高校的注意。

4. **进一步扩大贸易开放**

货物贸易是两国商品的流通,旅游贸易是人的流动,他们为高等教育服务贸易提供了好的交流基础。双边贸易的加深、中国经济影响力的增强有助于树立中国大国形象。“百闻不如一见”,旅游贸易的发展有助于外国更加了解中国,特别是了解中国发展。加快建设旅游贸易的基础设施，发展展现中国魅力的旅游线路，加大对外旅游宣传，输出中国文化软实力，无形中为高等教育服务贸易做好前期准备，为教育服务贸易提供了支撑。

5. 制订营销策略，加大对外宣传

随着经济社会的发展，学生对于出国留学的需求增加，全球教育服务贸易快速发展，各国纷纷加入市场竞争中，国际留学市场争夺日益激烈。中国高等教育在国际上缺少知名度的环境下，想要与众多教育服务贸易强国展开竞争，宣传必不可少。不同国家、不同人群对高等教育的需求不同，这要求我们对外宣传时根据市场制订宣传策略。中国在各国建立的海外分校作为对外文化宣传的重要窗口，应充分发挥身处目标国的地理位置优势，开展文化交流活动，增进对中国了解，做好留学服务咨询，为中国高等教育服务贸易提供支持。尤其是对非“一带一路”国家，要深入了解目标国市场需求，制订适用于当地的宣传计划。

（三）创新与展望

1. 研究创新

本章的创新之处，主要有以下两个方面：

①中国高等教育服务贸易出口竞争力的测量。本章采用学历来华留学生在来源国的市场占有率衡量竞争力，该测量方法有效避免了先前学者在竞争力测量中采用的来华留学生人数或者通过估算高等教育服务贸易额计算竞争力指数带来的问题，对竞争力衡量方法做出改善，以期可以更好地反映中国高等教育服务贸易出口竞争力。通过该测量方法，可以获得不同生源国中国高等教育服务贸易出口竞争力数据，有助于分析中国竞争力结构及其变动。

②从开放视角提出了中国高等教育服务贸易竞争力的影响因素，丰富了高等教育服务贸易研究。此前学者多从教育本身的投入、经济发展、基础设施等方面提出影响因素，较少考虑在开放的环境下，国际贸易和“走出去”招生宣传对竞争力的影响。本章在先前研究的基础上，扩展了影响因素的研究，同时发现中国高等教育服务贸易出口竞争力的影响因素在“一带一路”沿线国家和非“一带一路”沿线国家具有差异。

2. 研究展望

①基于数据的可得性，本章仅对 28 个国家进行影响因素研究，相比于来华留学国家数，样本容量偏小。因此未来还需要进一步扩大样本容量，对本章研究结果的普遍性进行验证。

②竞争力的影响因素是复杂的，本章虽然对影响因素进行了创新和扩展，但仍然有其他影响因素值得进一步讨论，如高校战略更清楚的测量、国内高等教育需求质量高低的判断、各国越来越重视的创新等。

第六章　高等教育服务出口对中国对外直接投资的影响

全球经济以及世界市场的持续一体化发展密切了国际联系，深化了国际分工，驱使着资金、产品、技术和人员在国际上的大量流动。中国利用国际资源及市场优化配置功能，充分享受了国际分工带来的巨大利益，中国对外直接投资获得快速发展。

21 世纪前，对外直接投资主要在发达国家之间或者发达国家对发展中国家进行。中国积极主动地顺应全球经济发展的重大变化，紧抓世界经济一体化带来的时代机遇，在 20 世纪 70 年代末，实行对外开放。21 世纪初，中国又提出“走出去”战略，战略的实施推动对外投资发生了日新月异的变化。2008 年全球金融危机之后，对外直接投资根据当下形势适时地调整发展方向，由原来的谋求对外直接投资的速度增长转向结构调整。2013 年，中国提出有利于全球经济增长的“一带一路”倡议，为中国乃至世界的对外直接投资的蓬勃发展和经济繁荣提供了新的动力。2015 年，中国对外直接投资规模初次赶超外商直接投资，成为直接投资净输出国，引起了世界的广泛关注。

2008—2017 年，中国的对外直接投资存量从 1839.7 亿美元迅速提升到 18090.4 亿美元。在这 10 年间，中国对外直接投资存量规模的全球排名，从 2008 年的第 18 位跃升至 2017 年的第 2 位。2013 年，“一带一路”倡议提出后，中国对外直接投资流量冲破千亿美元大关，高达 1078.4 亿美元，同比增长 22.8%。2015 年投资存量冲破万亿美元大关，金额达到 10978.6 亿美元。2017 年，中国对外直接投资流量首次呈现负增长状态，同比减少 19.3%①，但流量规模仍然达 1582.9 亿美元，排名仅次于美国和日本，位居全球第三。

中国对外直接投资规模在持续扩大的过程中，存在的诸多问题也开始逐步显露。尤其需要注意的是，由于经济发展水平和技术创新等方面的差异，中国对外直接投资来源地多集中于东部地区，中西部地区对外直接投资发展相对迟缓：与东部地区相比较而言，规模较小；出现明显的地区分布的差异性问题。2017 年，中国东部地区对外直接投资存量高达 6328.4 亿美元，占全国总存量的比重为 87.0%，而中部地区投资存量为 415.5 亿美元，占比 5.7%，西部地区投资存量为 530.8 亿美元，占比为 7.3%。由以上数据直观可见，中国对外直接投资的地区差异性非常突

① 数据来源：《2017 年中国对外直接投资公报》。

出。如果中国对外直接投资格局过度集中于东部沿海地区，则这种显著不均衡的发展趋势可能会导致各地区的经济发展水平差距不断扩大，不利于中国中西部地区技术创新能力的提高和产业结构的优化升级等。因此，深入研究中国地区间对外直接投资的发展问题极为重要。

近年来，全球化的深入带动了国际人才流动，国际人才的跨境流动加速了技术创新合作和新思想在世界范围内的传播与发展。随着经济水平和国际影响力的不断提高，中国吸引了大量的海外留学生前来学习，来华留学生也成为中国与世界各国文化传播与交流的重要标志。根据历年《来华留学生简明统计》中的数据：规模层面，2008 年，来华留学生规模 223499 人，2017 年达到 489200 人，是 2008 年来华留学生人数的 2 倍多；来源地层面，2017 年共有 204 个国家和地区，比 2008 年来华留学生来源地数量增加 15 个；在华区域层面，来华留学生多选择在中国东部沿海城市；学习类型层面，来华留学的学历生的比例逐步提高，获得奖学金的来华留学生人数逐年增加。那么，在华留学生，即中国高等教育服务贸易对中国对外直接投资有无影响，尤其是对中国各地区对外直接投资有无影响？

目前关于中国对外直接投资影响因素的研究多集中于各种宏观因素对对外直接投资影响的研究，如制度因素、市场规模、资源禀赋、技术水平、文化等，却忽略了国际人才交流这一重要影响因素，因而，高等教育服务贸易对对外直接投资影响的研究，对丰富中国对外投资影响因素的研究，继而促进中国对外直接投资的区域均衡发展具有重要意义。

一、文献综述

（一）对外直接投资相关研究

1. 发达国家对外直接投资理论

Hymer(1960)首次提出垄断优势理论，该理论将企业进行对外直接投资的动机归因于技术和知识市场的不完全。在不完全市场条件下，企业自身获得的比东道国企业更有利的各种垄断优势，如市场垄断优势、生产垄断优势、规模经济优势等，以对外直接投资的方式加以利用，从而获得超额利润。Kindleberger(1969)等人对该理论进行了进一步扩展与补充，将跨国企业垄断优势概括为先进的技术水平、雄厚的资本实力、规模经济以及全球性的销售网络等。该理论产生于经济全球化水平较低的时期，国际投资活动刚兴起，在此背景下，该理论对当时企业跨国投资行为具有较强的解释力。但是随着经济全球化的进一步推进，该理论一些缺陷逐渐显现，如它不能对不具有技术或其他优势的对外投资行为进行有力解释，这促使更多学者进一步展开研究。

Vernon(1966)首次提出产品生命周期理论，该理论认为产品像人一样须经历生命的不同阶段，产品在市场上必须经历引入、成长、成熟、衰退的阶段，但产品生命周期的各个阶段在拥有不同技术水平的国家出现的时间也不同，产品的国际竞争地位的差异是各国技术差异的一种体现，致使国际贸易与投资发生相应的变化，表现出对外直接投资方向发生由最发达国家向欠发达和发展中国家或地区的转变。该理论揭示了美国对外直接投资的本质，但该理论中，有关于寻求低生产成本地区的观点与很多国家相悖，尤其是发展中国家对发达国家的投资。并且在该理论中，投资替代出口贸易，与现实情况不符。

内部化理论由 Buckley(1976)提出。该理论认为，跨国公司生产以外的活动，例如新产品的研发与一些公司培训活动等，都与中间产品(半成品和原材料，结合在专利权、人力资本中的各种知识)密切相关。中间产品市场(尤其是知识产品市场)的不完全是内部化的主要前提，因为这会导致公司无法有效利用外部市场来协调经营活动。当内部化进程越过国家的界限时，跨国公司便产生了。由于交易的不确定性会产生高的交易成本，跨国公司便进行对外直接投资以避免高交易成本的负担。

邓宁(1977)提出了国际生产折衷理论，该理论对以往20年的有关国际经济与投资的各种理论进行综合考究，集百家之长，对企业国际经营活动进行有力解释。认为企业要进行对外直接投资活动需要同时具备三大特定优势，即所有权优势、内部化优势、区位优势。该理论有效解释了企业国际化活动的三种方式。在某企业具有所有权特定优势的情况下应该选择进行技术转让的方式；在某企业具有所有权和内部化特定优势的情况下应进行产品出口；只有同时具备三种基本因素，企业才进行对外直接投资。

2.发展中国家对外直接投资理论

传统对外直接投资理论主要关注具有一定竞争优势的发达国家的企业的国际投资，无法解释缺乏一定竞争优势的相对不发达国家企业的对外投资和发达国家中小企业的对外投资。20世纪70年代，发展中国家对外直接投资兴起，发展中国家对外直接投资理论应时而生。

小规模技术理论由 Wells 于1983年提出。该理论将发展中国家企业的竞争优势与其市场特征联系起来，认为该国跨国企业在国际市场中的竞争优势来自较低的生产成本，主要表现在三个方面：其一，发展中国家跨国企业，拥有能够满足小市场需求的小规模生产技术；其二，该类跨国公司以民族为纽带，主要服务于具有与该国相当经济水平、相似文化和较近地理距离等的同一种族团体；其三，产品价格低，有利于该类跨国公司抢占市场份额。该理论对发展中国家对外投资兴起时的国际投资具有一定启发，但是，由于受小规模生产技术的局限，对发展中国家存在的高新技术企业的国际投资行为解释力有限，也不能对发展中国家对发达国家日益发展的投资行为进行有力解释。

Lall(1983)以发展中国家印度为研究对象，对该国的跨国企业在国际市场上的竞争优势以及投资动因进行深入探究，提出技术地方化理论。该理论强调发展中国家跨国企业的技术引进以后的再创造过程，企业在引进、消化和吸收新技术后进行一定程度的创新，这种创新活动形成了企业在市场上特有的竞争优势。该理论引导学者从微观层次对发展中国家跨国企业的投资行为进行研究，为相对不发达国家企业以比较优势参与国际化经营活动提供可能。

技术创新产业升级理论对于发展中国家向发达国家投资的现象做出了合理解释(Cantwell,1989)。该理论将发展中国家的技术积累视为国际投资的内部驱动力，并以地域的逐步扩张为基础，认为随时间的变化，发展中国家的国际投资活动的产业与地理分布，逐渐发生相应的变化，并且这种变化是可以进行预测的。随着技术不断积累，对外直接投资的发展方向由资源依赖转向技术依赖，其产业分布也实现逐步升级，并且产业构成与地区分布有关。

为了补充国际生产折衷理论的不足，邓宁(1981)提出了投资发展周期理论。该理论的核心思想是，发展中国家对外投资活动的倾向，取决于一国经济发展所处的阶段和该国所拥有的所有权优势、内部化优势以及区位优势。一个国家的净对外直接投资规模等于该国企业在外国的直接投资金额减去国外企业在本国的直接投资额，且该国净对外直接投资与经济水平成正相关关系。该理论把一个国家的净对外投资划分为五个阶段：第一，一国直接投资的流出与流入均较少，也就是说，在该阶段，该国净对外直接投资额为零甚至是趋于零的负数；第二，流入逐渐扩大，但对外投资较少；第三，对外投资的增长比流入的增长要快，但净对外直接投资依然为负，不过其绝对值在逐渐减小；第四，净直接投资不断增加，数值为正；第五阶段，净对外直接投资为正数，但是呈现出逐渐下降的状态，这个阶段对外直接投资受经济水平的影响减弱，主要受源自发达国家的交叉投资的影响。该理论将国际投资与经济发展水平联系起来，从动态角度对两者关系进行描述，对发展中国家对外投资行为进行了解释，并且对分析和预测一国所处的投资发展周期阶段具有重要参考意义。但该理论与当代国际投资真实情况存在相悖之处，实际情况中，即使不同国家同处于一个经济发展水平，也会存在投资流出和流入不一致的状况。

3.对外直接投资影响因素相关研究

目前国内外学者关于对外直接投资影响因素的相关研究大致分为两类，即制度因素和非制度因素。

1)制度因素相关研究

一方面，目前关于影响对外直接投资的制度因素的研究主要分为两部分，即政治制度环境、双边关系与贸易协定。一些学者认为完善的母国制度对中国对外直接投资具有正向影响。Luo 等(2010)介绍了影响中国对外直接投资的政府机构及对外直接投资的演变，推动企业国际扩张的政策，并将以往观点结合起来对企业海外投资的原因进行了解释，指出完善的母国制度对对外直接投资产生促进作用。冀相豹等(2015)同样认为母国制度对中国对外直接投资具有积极正向影响，且存在一定的地区差异，其中东部地区最为明显。Wang 等(2012)从企业、行业及国家三个层面考察中国对外直接投资的影响因素，结果表明中国政府支持和国家产业结构对中国对外直接投资的发展至关重要。另有一些学者从东道国制度角度出发进行研究，李建军等(2017)以"一带一路"沿线国家的相关数据为样本，实证分析表明东道国制度质量差更能吸引中国资源寻求型对外直接投资。

另一方面是双边关系与贸易协定对对外直接投资影响的相关研究。邓新明(2015)认为双边贸易协定对中国对外直接投资有显著促进作用。杨宏恩(2016)等从双边投资协定异质性的角度出发，利用 2003 年至 2013 年中国对外直接投资 109 个国家(或地区)的投资数据，就双边投资协定对中国对外直接投资的影响进行全样本和分样本分析，结果表明，中国与发展中国家缔结的双边投资协定对中国对外直接投资有显著正向影响，而对发达国家没有显著影响，其原因在于，双边投资协定能够对东道国制度缺陷产生一定程度的弥补作用。

2)非制度因素相关研究

关于非制度因素对对外直接投资的影响的研究主要包括市场规模、资源禀赋、技术水平、产业结构、文化差异、距离等。

关于市场规模、资源禀赋、技术水平、产业结构等对对外直接投资影响的相关研究有很多。Kolstad(2012)使用 2003—2006 年中国与 104 个样本国家的对外直接投资数据实证分析，结果表明，中国倾向于选择东道国 GDP 规模大、具有丰富的自然资源和制度环境相对比较落后的国家进行投资。Ramasamy 等(2010)根据 2006—2008 年中国上市公司年报数据，从中国企业对外直接投资的动机入手进行实证分析，结果表明，丰裕的自然资源对中国国有企业的直接投资具有正向影响。王亚星(2015)等介绍了中国对外直接投资的发展现状，并从经济、政治、社会三方面对其影响因素进行了分析，从政府和企业两个层面提出了相应政策建议。孟丹(2019)首先对中国在"一带一路"沿线国家对外直接投资的影响因素进行了分析，接着运用扩展的投资引力模型进行了实证研究，结果表明，东道国 GDP、自然资源、基础设施、科创能力等对中国对沿线国家的对外直接投资有正向影响，且影响存在一定的地区差异。王增欣(2019)同样采用扩展投资引力模型进行实证分析，结果表明，中国倾向于市场规模大、自然资源丰富、低技术水平、低市场效率的"一带一路"国家进行对外投资。侯文平(2018)选取 2003 年至 2014 年中国对外直接投资 140 个国家或地区投资数据为样本，运用投资引力模型进行全样本和分样本分析，结果表明中国倾向于在市场规模大、自然资源丰富、高技术水平、政治稳定的国家或地区进行对外投资，并且影响因素在不同发展水平国家的影响程度具有差异性。余官胜(2015)从省级层面的视角的实证研究表明,中国经济发展水平的提高、产业结构的调整、国内劳动力成本的提升都对中国对外直接投资起到促进作用,国际贸易对中国对外直接投资的影响较为复杂,其中出口贸易缩小了投资规模,进口贸易则扩大了对外投资规模,且这些影响因素存在一定的地区差异性。

关于文化差异和距离因素对对外直接投资的影响研究。许和连(2011)利用2003—2009年中国对66个国家或地区的对外直接投资样本进行的实证研究发现,文化相似并且地理位置与中国相邻的国家,更能吸引中国对外直接投资。吉生保(2018)等人实证分析表明,文化和地理距离对中国在"一带一路"沿线国家的直接投资具有显著抑制作用,而经济与制度距离没有呈现出较为明显的抑制作用。Dang(2020)认为,国家之间的文化差异是对外直接投资文化风险产生的主要原因;风险与语言、宗教信仰、法律渊源和其他因素的差异有关。在这些因素中,价值观起着隐性和影响力的作用。东盟地区潜在的文化风险最小,跨国企业可以采取以中国文化为主导文化的投资策略。中亚、南亚和独立国家联合体的潜在文化风险中等,跨国企业可以采取以中国文化与东道国文化融合为主导文化的投资策略。但是,在中欧、东欧和西亚地区,潜在的文化风险很大,跨国企业应采取适应性的投资策略,以东道国文化为主导文化,从而促进企业对外直接投资的发展。Ren(2020)的研究从中国对外直接投资的五个维度(地理距离、文化距离、制度距离、经济距离和信息距离)衡量国家距离,就距离对中国对外直接投资的区位选择的影响进行研究。结果表明,地理距离、经济距离和信息距离将大大促进中国的对外直接投资,而制度差异制约对外直接投资的发展,文化距离对中国对外直接投资没有产生重大影响。中国的对外直接投资具有强烈的自然资源寻求动力。

(二)高等教育服务出口相关研究

高等教育服务出口的研究主要集中在高等教育服务出口现状及特点、影响因素和国际竞争力的研究。

1. 高等教育服务出口现状及特点相关研究

Chow(2006)从供需角度分析了中国留学教育服务发展状况,指出中国巨大的教育服务贸易逆差的原因是中国的需求大而供给不足。Altbach(2014)分析了中印两国高等教育发展的影响因素并进行了相应的比较,提出中印两国教育国际化将有助于两国高等教育的发展。叶琳(2018)将高等教育国家化的三种方式和两个方向相结合,构建了中国高等教育国际化六种类型,并对高等教育国际化进行内向和外向国际化的评价,认为教学质量的提高将有利于中国高等教育内向国际化的发展,提倡提高教育质量的同时大力发展外向国际化,两者相互影响,共同促进中国高等教育国际化发展。李美娟(2012)主要从经济政策环境方面分析了中国存在教育服务贸易逆差的原因。陈越(2016)从中国教育服务贸易进口与出口规模、学历生比例、留学地区分布、费用、学科结构等方面分析了中国教育服务贸易出口状况。李小红(2018)从来华留学生的规模、生源地、学历层次、学科专业、奖学金制度方面,探究了中国2007—2016年在接受来华留学生方面取得的成绩,以及遇到的挑战和相应的对策。

2.教育服务贸易影响因素相关研究

Paul(2003)利用推拉理论进行分析,认为留学生自身的愿景、地方高校的参与度、地区的人口及生源国人均收入等因素影响教育服务贸易的发展。Rivza(2007)认为影响教育服务贸易出口的因素有留学生自身的需求、目的国接受留学生的宣传力度、留学费用、上一届留学生的影响、语言等。Naidoo(2007)运用推拉理论,指出生源国高等教育供给、目的国的学费、目的国的生活费、两国距离、生源国的财政及政府支持等因素对国际学生流动产生重要影响。Jiani(2016)通过对42名留学生选择在中国留学的动机和决策过程的研究,提出了一个在中国留学的动机、城市或机构的选择及方案评估三个阶段的综合模型,研究表明,中国未来的发展前景吸引了众多学生来华留学;越来越多的中国移民后裔希望返回中国接受高等教育。Chao(2015)研究中国学生选择接受美国高等教育的原因:美国的教育质量吸引中国留学生;中国学生希望走出中国传统的大学教育体系,走向国际化,提高自己的创新能力,学习到更多的技能。Gonzalez等(2011)认为国家规模、生活成本、距离、教育背景、高校教学质量、东道国语言与气候等都是影响国际学生流动的重要因素。杨军红(2006)对来华留学生的发展分析后认为,来华留学生规模呈现出自费生占主体,公费生、学历生、生源国国别等均有所增加的特点,并从社会学角度考察影响中国教育服务出口的因素,包括世界范围内的留学热、政治经济发展前景、文化历史因素、教育因素等,但来华留学生教育在学历分布和专业方面仍呈现出不均衡状态,存在较大发展空间。陆菁(2019)等认为,中国经济水平的飞速发展、对外开放程度的不断扩大、教育质量的有效提升、中国政府支持留学生来华的相关激励政策等因素对近年来华留学生人数的上涨产生较大的促进作用。实证分析表明,中国与生源国经济规模与潜力、密切的贸易往来、来自生源国的投资规模能够对来华留学生人数的增加起到显著正向影响。

3.高等教育服务贸易国际竞争力相关研究

史洁(2012)通过对中国高等教育服务贸易发展状况及国际竞争力评价常用指标进行分析,基于钻石模型,对影响中国高等教育服务贸易国际竞争力的因素进行实证分析。陈曦(2015)基于比较优势理论和竞争优势理论,对中国与发达国家美、英、澳高等教育服务出口发展状况及国际竞争力评价常用指标进行分析,对中国高等教育服务出口竞争力水平进行定位,并基于规范分析和钻石模型,对影响因素进行实证分析。Ning(2020)梳理了主要发达国家教育服务贸易的发展历程,总结了其发展的一般规律和基本模式，探讨了影响其高等教育服务贸易竞争力的因素，分析了主要发达国家高等教育服务贸易的发展特点和国际竞争力，对主要发达国家发展高等教育服务贸易的相关经验和启示进行总结。

(三)国际贸易与对外直接投资关系相关研究

现有研究发现，国际贸易与对外直接投资的关系主要表现为替代、互补、不确定三种。最初对于发达国家国际贸易与对外直接投资关系的研究表明，两者之间存在替代关系，认为贸易壁垒和运输成本等的存在，促使母国向东道国进行投资，用以替代两国的贸易来往(Egger，2001；Chen，2004；Helpman et al.，2004)。随着国际范围内要素快速流动、贸易壁垒提高、投资形式日益复杂，国际贸易与对外直接投资的关系发生变化，有学者提出投资与贸易之间存在相互促进的关系；也有学者通过实证分析发现两者之间的互补关系(Lipsey et al.，1981；Chiappini，2012)。此外，还有学者认为投资与贸易之间存在不确定关系。Head(2001)发现，不同类型的对外直接投资对贸易的影响不同，市场导向型对外直接投资表现为对贸易的替代作用，生产导向型表现为对贸易产生促进作用。

中国企业跨国经营活动的历史较短，对两者关系的研究与西方发达国家相比起步较晚。大部分研究认为中国对外直接投资对中国对外贸易具有不同程度的促进作用。王迎新(2003)的研究表明，不同类型的对外直接投资对出口产生的影响具有较大差异，服务贸易型对外直接投资对出口具有促进作用；寻求资源型对外直接投资对贸易具有替代作用。张应武(2007)选取 2000—2006 年对外贸易与中国对外直接投资数据，运用投资引力模型实证分析，结果表明投资与出口具有相互促进的关系。唐心智(2009)选取 1982—2006 年的数据，就对外直接投资与贸易结构关系进行了实证分析，结果表明对外直接投资能够优化出口商品结构。

也有研究认为，中国对外贸易对中国对外直接投资具有一定的促进作用。岳敏(2018)运用扩展的投资引力模型对来华留学生教育与中国对外直接投资的关系进行研究，实证分析结果表明“一带一路”沿线国家来华留学生规模的增加对中国对外直接投资的发展具有显著促进作用。基于国家经济发展水平差异、来华留学生规模差异、地理距离差异分样本分析的结果表明，不同发展水平的国家，来华留学生的增加对中国对“一带一路”沿线国家外直接投资均具有正向影响，且在转型国家促进作用最大，其次是发展中国家；地理距离对中国对外直接投资具有显著负向作用。谷媛媛等(2017)运用“一带一路”沿线国家样本进行的实证研究表明，来华留学生教育能够显著促进中国对外直接投资，并且来华留学生规模和地理距离都会对这种促进作用产生影响。

(四)文献评述

通过大量查阅文献,本节从中国对外直接投资相关研究、中国高等教育服务出口相关研究、国际贸易与对外直接投资关系的相关研究三个方面对现有文献进行了文献梳理。通过对国内外相关文献的回顾可以看出,已有研究主要呈现两个方面的特征:

第一,对外直接投资对高等教育服务出口影响的相关研究较多,但高等教育服务出口对中国对外直接投资影响的相关研究较少;

第二,关于高等教育服务出口与中国对外直接投资关系的研究,主要集中于在"一带一路"倡议背景下基于国家层面进行研究,从中国区域视角的研究缺乏。由于中国各地区经济发展存在较大差异,中国地区经济发展的不平衡导致了不同地区对外直接投资与高等教育服务出口的不平衡发展,那么,各地区高等教育服务出口对对外直接投资的影响如何,是否也存在地区差异性?

本章结合中国高等教育服务出口和对外直接投资发展现状,从中国省际层面出发,运用面板模型,实证分析高等教育服务出口对中国对外直接投资的影响及存在的地区差异,深化高等教育服务出口对中国对外直接投资影响的研究。

二、中国高等教育服务出口及对外直接投资状况

(一)中国高等教育服务出口状况

1.高等教育服务出口总体概况

2008—2017年,中国高等教育服务出口规模与日俱增,呈现逐年增长的趋势(见图6-1)。2008年,来华留学人数仅为223499人,2017年人数增加到489200人,年均增长率超10%。其中,2012年,来华留学生人数初次突破30万大关,与2011年相比增加了35719人;2012年至2016年,短短四年人数增加超过10万,2016年来华留学人数首次突破40万大关,达到442773人。从年增长率来看,2008年,来华留学生增长率达到最高峰,约14.3%。2015年增长率最低,约5.5%。2010年至2012年,来华留学人数增长率连续三年超过10%。在经历了近两年的来华留学人数的缓慢增长后,2016年,来华留学人数增长率迅速回升,并连续两年增长率均超过10%。

中国高等教育服务出口在规模不断提高的同时也存在问题(见图6-2)。从中国高等教育服务贸易数量来看,2008年,中国出国留学人数约为18.0万人,2017年,中国出国留学人数约为60.8万人,超过2008年人数的三倍,年均增速达到23.8%;而来华留学人数在2008年至2017年这10年间上涨了26.5万人,由2008年

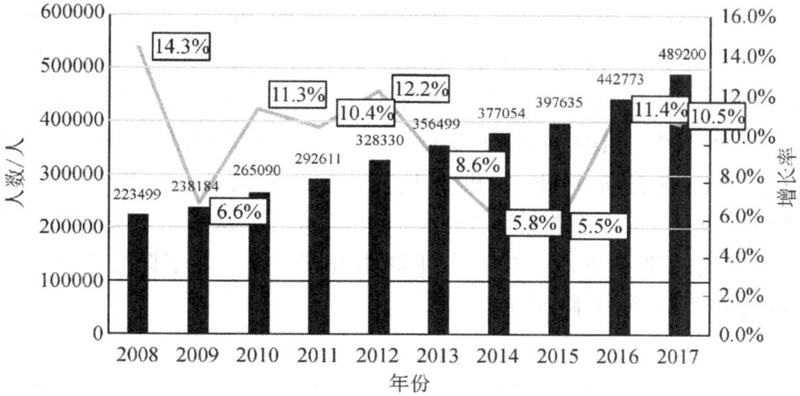

图 6-1　2008—2017 年来华留学人数及增长率

数据来源:历年《来华留学生简明统计》。

的约 22.4 万人扩大至 2017 年的 48.9 万人,年均增速 11.9%。2008—2017 年,中国出国留学人数与来华留学人数始终保持增长的趋势,但与中国出国留学人数的年均增速相比较,来华留学人数增速缓慢,且在 2010 年后,中国出国留学人数超过来华留学人数,中国高等教育服务贸易出现逆差,且逆差还有不断扩大的趋势。

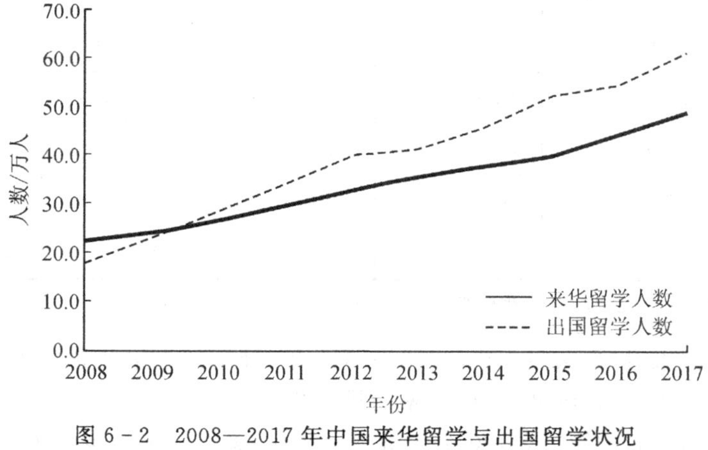

图 6-2　2008—2017 年中国来华留学与出国留学状况

数据来源:根据《中国教育报》数据整理所得。

2. 来华留学生源国地区分布

由于文化相似度高且地理距离较近,来华留学生主要来源于亚洲国家。2008—2017 年,亚洲来华留学生占比超过 50%(见表 6-1)。2008 年,来华留学生 22.35 万人,其中亚洲地区以 152931 人稳居第一,欧洲紧随其后,32461 人。近年来,各洲来华留学生人数均呈增加状态,但亚洲的主体地位并未改变。来自欧洲的留学生人数从 2008 年的 32461 人增加至 2017 年的 75064 人;来自非洲的学生首次突破 7 万人,达到 74244 人;来自美洲的学生为 39203 人,与 2008 年比增加了 12644 人。来自大洋洲的留学生人数增加了 4690 人,是 2008 年的 1.7 倍。

各洲来华留学生占比也发生了变化,从表 6-1 可以看出,非洲、欧洲及大洋洲来华留学生占比均有所上升:非洲占比从 2008 年的 3.9%增加到 2017 年的 1.2%,欧洲比重从 14.5%增加至 15.4%,大洋洲占比从 1.2%上升至 1.5%。亚洲和美洲占比则出现了下降:2017 年亚洲占比较 2008 年下降了将近 10 个百分点,美洲占比较 2008 年下降了 3.9%。

表 6-1 2008—2017 年来华留学生洲别分布

洲别		2008	2009	2010	2011	2012	2013	2014	2015	2016	2017
亚洲	人数	152931	161605	175805	187871	207555	219808	225490	240154	264976	293222
	占比/%	68.4	67.9	66.3	64.2	63.2	61.7	59.8	60.4	59.8	59.9
非洲	人数	8799	12436	16403	20744	27052	33359	41677	49792	61594	74244
	占比/%	3.9	5.2	6.2	7.1	8.2	9.4	11.1	12.5	13.9	15.2
欧洲	人数	32461	35876	41881	47271	54453	61542	67475	66746	71319	75064
	占比/%	14.5	15.1	15.8	16.2	16.6	17.3	17.9	16.8	16.1	15.4
美洲	人数	26559	25557	27228	32333	34882	37047	36140	34934	38077	39203
	占比/%	11.9	10.7	10.3	11.1	10.6	10.4	9.6	8.8	8.6	8.0
大洋洲	人数	2749	2710	3773	4392	4388	4743	6272	6009	6807	7439
	占比/%	1.2	1.1	1.4	1.5	1.3	1.3	1.7	1.5	1.5	1.5

数据来源:根据 2008—2017 年《来华留学生简明统计》整理所得。

从生源国来看(见表 6-2),2008—2017 年,韩国的来华留学生人数一直高居榜首。前十名中,除韩国外,其他国家的排名均有变化。2008—2016 年,美国一直位列生源国前十名的第二名,2017 年被泰国替代,美国退居第四。2008—2012 年,日本稳居第三,2013 年被泰国取代,随后泰国连续三年位列第三,2017 年泰国排名上升至第二位。2008—2013 年,前十名均包括韩国、美国、日本、越南、俄罗斯、泰国、印度、印尼、哈萨克斯坦和巴基斯坦。2008 年前十国来华留学生总数为 157358 人,占全球来华留学生人数的七成。前十国中,韩国、越南、日本、泰国、印度、印尼、哈萨克斯坦、巴基斯坦和老挝都是亚洲国家;同时,越南、俄罗斯、泰国、印度、印尼、哈萨克斯坦、巴基斯坦、老挝都是"一带一路"沿线国家。

可以看出,各洲(国)来华留学生数量和占比差异较大:其一,亚洲国家是来华留学生主要生源地。其二，中国与欧洲部分国家国际教育合作时间较早，合作密切，但欧洲来华留学生以非学历生为主。其三，中国政府奖学金向中国周边国家以及“一带一路”沿线国家倾斜。其中，2017 年，获得中国政府奖学金数量最多的前十个国家中，“一带一路”沿线国家占八个，分别为巴基斯坦（7034 人）、蒙古（3547 人）、俄罗斯（3365 人）、越南（2586 人）、泰国（1923 人）、老挝（1704 人）、哈萨克斯坦（1364 人）、尼泊尔（1238 人）。整体来说，来华留学生来源地主要集中于亚洲和发展中经济体，来自发达经济体的学生占比较小，存在来源不均衡现象。这种不均衡现象，对中国文化软实力的提高，以及多元化教育交流氛围的创建具有一定的不利影响。

表 6－2　部分年份来华留学生来源国前十名

排序	2008 年		2014 年		2016 年		2017 年	
	国别	人数	国别	人数	国别	人数	国别	人数
1	韩国	66806	韩国	62923	韩国	70540	韩国	63827
2	美国	19914	美国	24203	美国	23838	泰国	27884
3	日本	16733	泰国	21296	泰国	23044	巴基斯坦	24879
4	越南	10396	俄罗斯	17202	巴基斯坦	18626	美国	23911
5	俄罗斯	8939	日本	15057	印度	18171	印度	20911
6	泰国	8476	印度尼西亚	13689	俄罗斯	17971	俄罗斯	19751
7	印度	8145	印度	13578	印度尼西亚	14714	日本	14717
8	印度尼西亚	7084	巴基斯坦	13360	哈萨克斯坦	13996	印度尼西亚	14573
9	哈萨克斯坦	5666	哈萨克斯坦	11764	日本	13595	哈萨克斯坦	14224
10	巴基斯坦	5199	法国	10729	越南	10639	老挝	14222

数据来源：根据历年《来华留学生简明统计》整理所得。

3. 来华留学生在中国的地区分布

2008 年有 234499 名来华留学生选择在中国 592 所高等院校及机构进行学习与深造，2017 年的 489172 名来华留学生在中国 935 所高等院校、科研院所及机构进行学习。来华留学生目的院校多集中于中国经济水平和教育水平较高的东部沿海城市。2008 年至 2017 年，每年选择在东部地区院校学习的留学生占比超过七成（见图 6－3、图 6－4）。2008 年，在东部地区高校的来华留学生人数达 184527 人，占比八成以上；在中部高校的人数为 12060 人，占比约 5.4%；西部高校的人数为 26912 人，占比 12.0%。

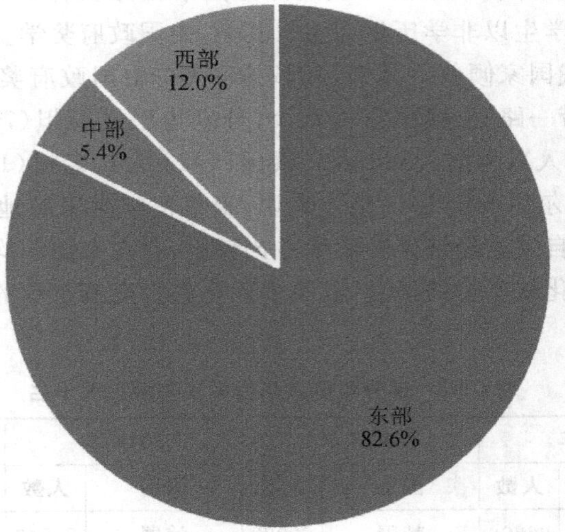

图 6－3　2008 年各地区来华留学生占比

数据来源：根据 2008 年《来华留学生简明统计》整理所得。

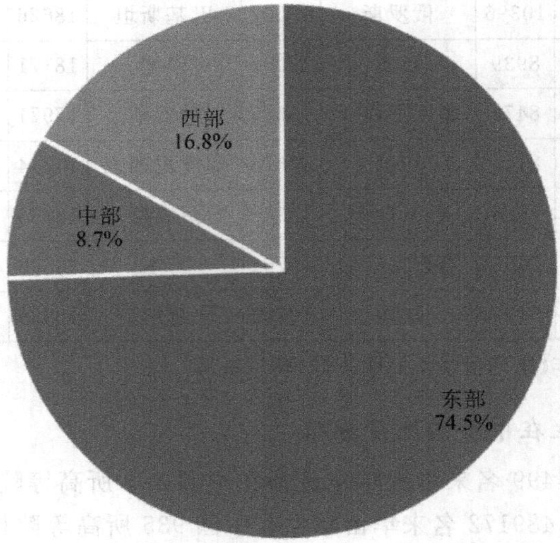

图 6－4　2017 年各地区来华留学生占比

数据来源：根据 2017 年《来华留学生简明统计》整理所得。

10 年间，来华留学生在中国地区分布虽发生了一些变化，但东部地区来华留学生占主体的地位未发生改变。2017 年，在东部地区的来华留学生人数达到 364600 人，占比 74.5％，与 2008 年相比，有所下降。而选择在中国中部地区和西部地区高校学习的留学生在数量和比重上均有上升。其中，在中部地区的留学生人数首次突破4万人，占比8.7%；西部地区留学生人数为81942人，比2008年来华留学生人数增加了55030人，占比16.8%。2008—2017年，西部地区来华留学生人数占比高于中部地区。

可见，与东部地区相比，中西部地区国际教育合作缓慢。但随着中国经济快速发展，中国政府对教育投入的不断增加，中西部地区教育水平的逐步提高，加之各个高校的特色优势化，吸引了越来越多的留学生选择在中西部院校学习。

4. 来华留学生类别结构

2008—2017年，学历生由2008年的80005人增加至2017年的241543人，占全国来华留学生的比重从2008年的35.8%上升至2017年的近1/2。其中，专、本科生在数量和占比两个方面均保持增加趋势。2008年，专、本科来华留学生为65724人，占比29.4%，2017年的占比超过全部来华留学生人数的1/3；2013年，中国专、本科来华留学生数量突破10万大关；2017年，来华留学研究生人数增加至2008年的5倍，占比约为15.5%。2008—2011年，来华留学生中，学历生增速处于下降的状态，2008年，学历生增长率为17.3%，2011年下降至10.6%，跌至10年间的增速最低值。2013年中国提出“一带一路”合作倡议，学历生增速开始回升，2017年增速达到15.0%；非学历生人数在这期间也在不断增加，但占比有所下降。非学历来华留学生从2008年的143494人增加至2017年的247629人，并在2013年首次突破20万人次，占比从2008年的64.2%下降至2017年的50.6%。

可以看出，虽然学历来华留学生数量明显增加，但非学历生依然占据主体地位（见表6-3），即以短暂学习与交流为主要目的的来华留学生占比大，来华留学生层次有待提升。

表6-3　2008—2017年来华留学生类别

年份	学历生							非学历生		合计
	本科生		研究生		学历生小计					
	人数	占比	人数	占比	人数	占比	增长率	人数	占比	
2008	65724	29.4%	14281	6.4%	80005	35.8%	17.3%	143494	64.2%	223499
2009	74472	31.3%	18978	8.0%	93450	39.2%	16.8%	144734	60.8%	238184
2010	82566	31.2%	24866	9.4%	107432	40.5%	15.0%	157658	59.5%	265090
2011	88461	30.2%	30376	10.4%	118837	40.6%	10.6%	173774	59.4%	292611
2012	97449	29.7%	36060	11.0%	133509	40.7%	12.4%	194821	59.3%	328330
2013	107288	30.1%	40602	11.4%	147890	41.5%	10.8%	208609	58.5%	356499
2014	116404	30.9%	47990	12.7%	164394	43.6%	11.2%	212660	56.4%	377054

续表

年份	学历生							非学历生		合计
	本科生		研究生		学历生小计					
	人数	占比	人数	占比	人数	占比	增长率	人数	占比	
2015	131227	33.0%	53572	13.5%	184799	46.5%	12.4%	212836	53.5%	397635
2016	146099	33.0%	63867	14.4%	209966	47.4%	13.6%	232807	52.6%	442773
2017	165784	33.9%	75759	15.5%	241543	49.4%	15.0%	247629	50.6%	489172

数据来源：2008—2017 年《来华留学生简明统计》。

5. 来华奖学金留学生类别结构

来华留学生中，非奖学金留学生占主体，奖学金留学生占比较小。但由于近年来中国政府投入增加，奖学金留学生人数持续增长，非奖学金留学生占比由 2008 年的 94.0%下降至 2017 年的 88.0%。由于缺乏非奖学金留学生相关数据，本节主要对奖学金留学生类别分布状况进行分析。

中国政府奖学金覆盖面广并且金额高，2017 年有 287 所中国院校承担了向来华学历生和非学历生发放中国政府奖学金的工作任务，涉及工科、管理、经济、汉语言、西医等诸多专业学科门类(见表 6－4)。2008—2017 年，获得中国政府奖学金的来华留学生人数从 13516 人增加至 58572 人，占比由 6.0%上升到 12.0%，且历年奖学金留学生人数增长率均在 10%以上(2015 年除外)。

表 6－4 2008—2017 年奖学金留学生类别

年份	学历奖学金留学生		非学历奖学金留学生		合计	增长率/%	奖学金留学生占来华留学生的比重/%
	人数	增长率/%	人数	增长率/%			
2008	9681	17.3	3835	12.7	13516	14.3	6.0
2009	14275	47.5	3970	3.5	18245	35	7.7
2010	18563	30	3827	−3.6	22390	22.7	8.4
2011	21905	18	3782	−1.2	25687	14.7	8.8
2012	25025	14.2	3743	−1	28768	12	8.8
2013	29037	16	4285	14.5	33322	15.8	9.3
2014	32564	12.1	4379	2.2	36943	10.9	9.8
2015	36287	11.4	4313	−1.5	40600	9.9	10.2
2016	43186	19	5836	35.3	49022	20.7	11.1
2017	51554	19.4	7018	20.3	58572	19.5	12.0

数据来源：2008—2017 年《来华留学生简明统计》。

获得奖学金的来华留学生中，学历生占主体。2008 年，奖学金留学生中，学历生人数为 9681 人，占比 71.6%，约为非学历生人数的 2.5 倍；2017 年，奖学金留学生中的学历生人数增加至 51554 人，占比 88.0%，约为非学历生人数的 7.3 倍。10 年间学历生占比均超过获得奖学金留学生人数的 70%。2008—2017 年，奖学金留学生中，学历生增长率均达 11%以上，且在 2009 年奖学金学历生增长率达到十年内最高峰，约 47.5%。虽然个别年份的奖学金非学历生增长率出现了负增长，但非学历生总体规模仍呈现不断增加的状态，2016 年奖学金留学生中的非学历生增长率创历史最高峰，约 35.3%。

(二)中国对外直接投资状况

1. 对外直接投资总体概况

1)对外直接投资流量

世界市场的不断发展，世界分工的不断完善，中国利用全球化的有利时机，利用直接投资发展并保持与西方世界的紧密联系，对外直接投资规模日益壮大，(见表 6-5)。2008 年中国对外直接投资流量约为 559.1 亿美元，2017 年中国对外直接投资流量高达 1582.9 亿美元，是 2008 年的 2.8 倍以上，年均增长量约为 29.4 亿美元。其中，2013 年，中国对外直接投资流量初次成功突破千亿美元大关，同比增速达到 22.8%；流量在 2016 年达到最高，为 1961.5 亿美元。

表 6-5　2008—2017 年中国对外直接投资发展状况

年份	对外直接投资流量			对外直接投资存量		
	金额/亿美元	同比/%	全球占比/%	金额/亿美元	同比/%	全球占比/%
2008	559.1	110.9	2.8	1839.7	56.0	1.2
2009	565.3	1.1	4.9	2457.5	33.6	1.3
2010	688.1	21.7	4.6	3172.1	29.1	1.6
2011	746.5	8.5	4.4	4247.8	33.9	2.0
2012	878	17.6	6.3	5319.4	25.2	2.3
2013	1078.4	22.8	8.3	6604.8	24.2	2.5
2014	1231.2	14.2	9.1	8826.4	33.6	3.4
2015	1456.7	18.3	9.9	10978.6	24.4	4.4
2016	1961.5	34.7	13.5	13573.9	23.6	5.2
2017	1582.9	−19.3	11.1	18090.4	33.3	5.9

数据来源：根据 2008—2017 年《中国对外直接投资统计公报》整理所得。

中国对外直接投资流量的增速在2008年最快，同比增加110.9%，较2007年翻了一番；2017年中国对外直接投资第一次出现负增长，增速为-19.3%；2009年增长较为缓慢，同比增速仅仅为1.1%；中国对外直接投资流量在其他年份的增速均保持在8.5%～34.7%。10年间，中国对外直接投资实现跨越式发展，流量规模在全球位次从第十二位提高至第三位，仅次于美国和日本，并且自2012年以后，流量规模始终保持在全球前三。

2)对外直接投资存量

中国对外直接投资存量也在此期间持续增长，规模从2008年的1839.7亿美元上升到2017年的18090.4亿美元，增长了8.8倍；2015年，中国对外直接投资存量初次突破了1万亿美元。增速方面，2008年增速最快，约为56.0%，其余年份的增速均保持在23.6%～33.9%。存量规模的扩大也促使中国对外直接投资在全球位次获得跨越：10年间，全球排名从2008年的第18位上升到2017年的第2位。中国对外直接投资存量规模仅次于美国。

但与美国比较，中国对外直接投资在全球的占比仍较小。其中，2017年存量占比5.9%，流量占比11.1%；美国存量占比超过四成，流量占比23.9%。中国对外直接投资存量小，与中国开展对外直接投资经营活动时期较短有一定关系。发达国家跨国企业作为国际投资的先行者，具备后来者所不具备的优势，中国企业作为国际投资的后来者，虽在国际竞争中处于相对弱势，但具有后发优势。因此，中国对外直接投资还有很大的提升空间。

2. 对外直接投资目的地分布

截至2017年底，中国已经在境外189个国家(地区)建立约3.92万家投资企业，这些境外投资企业分别来自2.55万家境内投资机构。

1)洲际分布

中国对外投资主要目的地在亚洲和拉丁美洲(见图6-5)。2017年，中国在亚洲投资存量最多，达11393.2亿美元，占中国总存量的63%；在亚洲投资主要集中在中国香港及东南亚等国家(地区)。对中国香港的投资存量占亚洲存量八成以上。中国对外投资存量第二集聚地是拉丁美洲，占比约21.4%，达3868.9亿美元，主要分布在开曼群岛、英属维尔京群岛；开曼等地投资占拉丁美洲投资存量的96.1%。拉丁美洲国家(地区)投资可能多是出于避税考虑。对欧洲的投资存量为1108.6亿美元，占6.1%，与2016年比较，存量占比有所下降(2016年对欧洲的存量占比6.4%)，主要分布于英国、荷兰等国家和地区。中国对北美洲、非洲和大洋洲的投资存量约占中国对外直接投资存量的9.5%。其中，对北美洲和非洲的投资存量分别为869.1亿美元(占比为4.8%)和433亿美元(占比为2.4%)。对大洋洲的投资占比为2.3%，约417.6亿美元，主要分布在澳大利亚、新西兰等国家。整体来讲，对外投资比较集中，不利于风险分散。

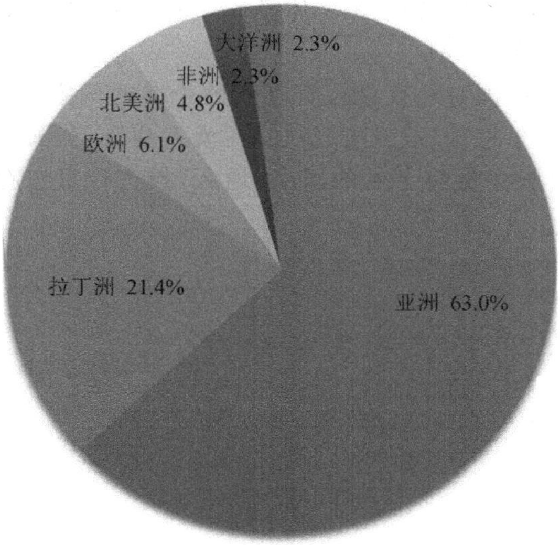

图 6-5 中国对外直接投资洲别分布

数据来源:《2017 年中国对外直接投资统计公报》。

2)基于发展水平的地区分布

中国对外投资在发展中经济体的存量金额最大,其次是发达经济体,对转型经济体的投资存量相对较少(见图 6-6)。2017 年末,在发展中经济体的投资存量占中国投资存量的八成以上,约 15524.2 亿美元。其中,63.2%的投资集中于中国香港,其次是东盟。中国在发达经济体投资存量占中国投资总存量的 12.7%,约 2291.3 亿美元,主要集中在欧盟、美国、澳大利亚和加拿大,四个国家(地区)的投资存量约占发达经济体存量的 87.5%。对发达经济体投资存量最少的是挪威,占比 0.9%。中国对转型经济体的投资存量约 274.9 亿美元,占存量总额的 1.5%。

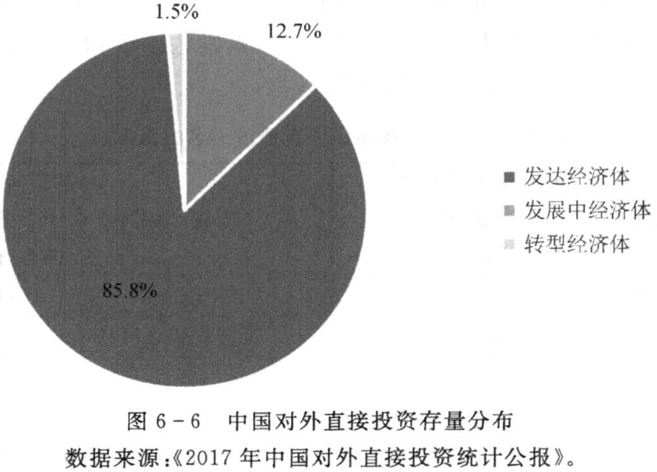

图 6-6 中国对外直接投资存量分布

数据来源:《2017 年中国对外直接投资统计公报》。

其中，对俄罗斯的投资存量占转型经济体投资存量的一半以上，为138.7亿美元。

3)国家(地区)分布

截至2017年底，中国对外直接投资存量前十名的国家(地区)依次为中国香港、开曼群岛、英属维尔京群岛、美国、新加坡、澳大利亚、英国、荷兰、卢森堡、俄罗斯，中国对外直接投资存量前十名的国家(地区)投资存量占存量总额的86.7%(见图6-7)。

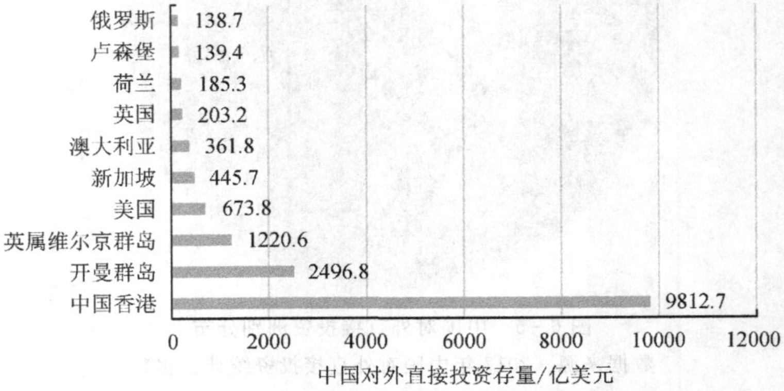

图6-7 2017年中国对外直接投资存量前十名国家或地区

数据来源：《2017年中国对外直接投资统计公报》。

较之于2016年，2017年中国对外直接投资存量前十名国家(地区)发生了变化(见表6-6)。2017年，中国对外直接投资国家(地区)中，开曼群岛、加拿大、以色列跌出前十，被瑞士、哈萨克斯坦、英国所取代；中国对外直接投资存量国家前十名中，美国、澳大利亚的投资存量排名从2016年的第二名和第五名跌至2017年的第四名和第六名，而英属维尔京群岛、新加坡、德国分别由2016年的第四名、第六名和第八名上升至2017年的第二名、第五名和第七名；2017年中国香港和马来西亚在前十名的排名中分别为第一名和第十名，未发生改变，但中国对这两个国家(地区)的对外直接投资存量均有所降低。

表6-6 中国对外直接投资存量前十名的国家(地区)

序号	国家(地区)	2016年中国对外直接投资存量/亿美元	占比/%	国家(地区)	2017年中国对外直接投资存量/亿美元	占比/%
1	中国香港	1142.3	58.2	中国香港	911.5	57.6
2	美国	169.8	8.7	英属维尔京群岛	193	12.2
3	开曼群岛	135.2	6.9	瑞士	75.1	4.7
4	英属维尔京群岛	122.9	6.3	美国	64.2	4
5	澳大利亚	41.9	2.1	新加坡	63.1	4

续表

序号	国家(地区)	2016 年中国对外直接投资存量/亿美元	占比/%	国家(地区)	2017 年中国对外直接投资存量/亿美元	占比/%
6	新加坡	31.7	1.6	澳大利亚	42.4	2.7
7	加拿大	28.7	1.5	德国	27.2	1.7
8	德国	23.8	1.2	哈萨克斯坦	20.7	1.3
9	以色列	18.4	0.9	英国	20.7	1.3
10	马来西亚	18.3	0.9	马来西亚	17.2	1.1

数据来源:《2017 年中国对外直接投资统计公报》。

中国对外直接投资的目的地分布存在的主要问题是:其一,主要集中于亚洲和拉丁美洲,过度集中会导致投资企业自相竞争,经营风险增大,也不利于企业市场多元化发展;其二,中国对发达国家投资较少,不利于中国跨国企业向对手学习先进的技术与丰富的管理经验,不能充分享受发达地区完善的市场与基础设施等带来的便利;其三,投资过多集中于中国香港、开曼群岛和英属维尔京群岛这些避税地,不利于分散投资风险。

3. 对外直接投资来源地分布

2017 年,地方企业对外非金融类直接投资存量为 7274.6 亿美元,流量为 862.3 亿美元,分别占 2017 年全国对外非金融类存量、流量总额的 45.3%、61.8%。受经济发展水平、对外开放程度以及科技水平等方面的综合因素影响,不同省、市、自治区之间存在一定差异。相对于东部地区而言,中西部地区对外直接投资发展较为缓慢。

1)投资存量分布

由地方企业对外直接投资存量占比(见图 6－8)可以看到,2017 年,东部地区占全国的 87.0%,约 6328.3 亿美元;中部地区为 415.5 亿美元,约占 5.7%;西部地区为 530.8 亿美元,占比相对于中部略高,约为 7.3%。其中,对外直接投资存量最多的来源地是广东省(见表 6－7),以 1897.1 亿美元的投资存量居首位,其次是上海市(1120 亿美元);紧随其后的省(区、市)依次为浙江省、北京市、山东省、江苏省、天津市、辽宁省、福建省、海南省,这十个省(区、市)的投资存量为 6136.7 亿美元,占全国投资存量的八成以上。2017 年对外直接投资存量前十名的省(区、市)均属于东部地区①,中西部地区对外直接投资发展缓慢。

① 注:根据《2017 年中国对外直接投资统计公报》将 31 个省(区、市)划分为中部地区、西部地区和其他地区,为了方便起见,本部分将其他地区称为东部地区。

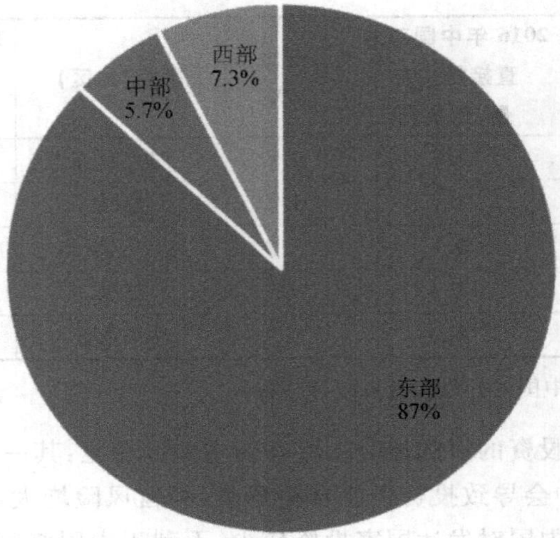

图 6-8　2017 年地方对外直接投资存量占比

数据来源:《2017 年中国对外直接投资统计公报》。

2)投资流量分布

2017 年,对外直接投资流量的东中西部地区构成如图 6-9 所示。2017 年,东部地区投资流量在三个地区中依然保持领先,约 661.5 亿美元,占全国对外非金融

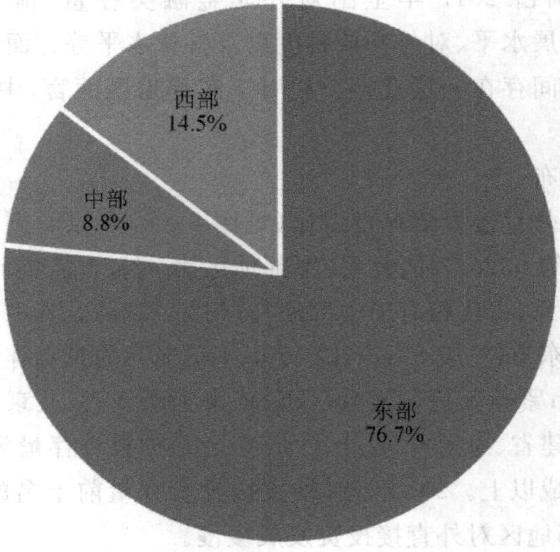

图 6-9　2017 年地方对外直接投资流量占比

数据来源:《2017 年中国对外直接投资统计公报》。

类直接投资流量的76.7%，同比下降48.7%；中部地区投资流量最少，约76.1亿美元，所占比重为8.8%，中部地区投资流量相较于2016年有所下降，同比减少24.7%；西部地区投资流量为124.7亿美元，占比14.5%，同比上涨8%。2017年，上海市以129.9亿美元的投资流量位列地方对外直接投资流量之首（见表6-7），占地方投资流量比重的15.1%，之后依次为广东省、浙江省、山东省、北京市、重庆市、江苏省、海南省、福建省、天津市。

表6-7　2017年中国对外直接投资存（流）量前十名的省（区、市）分布

序号	省（区、市）名称	存量/亿美元	省（区、市）名称	流量/亿美元	占地方比重/%
1	广东省	1897.1	上海市	129.9	15.1
2	上海市	1120	广东省	117.7	13.6
3	浙江省	983.9	浙江省	106.6	12.4
4	北京市	648.4	山东省	78.8	9.1
5	山东省	477.9	北京市	66.5	7.7
6	江苏省	403.2	重庆市	50.3	5.8
7	天津市	235.4	江苏省	43.6	5.1
8	辽宁省	132.5	海南省	31.5	3.6
9	福建省	126.7	福建省	28.3	3.3
10	海南省	111.6	天津市	23.1	2.7
合计		6136.7	合计	676.3	78.4

数据来源：《2017年中国对外直接投资统计公报》。

综上所述，中国各地区对外直接投资也存在一定程度的不均衡发展现象。东部地区具备较为明显的区位优势，由于该地区经济发展水平相对较高，资本投入相对较大，资本累计不断增长，推动着该地区对外投资的不断上升；中西部地区对外开放程度低，虽然凭借国家政策扶持等投资也获得了一定发展，但占比仍然较小。对外直接投资是促进地区经济发展的重要因素，如果对外直接投资地区发展过度不均衡，可能会导致各地区经济发展水平的差距逐步扩大，将不利于中国整体经济水平的稳步提高和各地区经济协调发展。

4. **对外直接投资产（行）业分布**

中国对外直接投资主要集中于第三产业（见表6-8）。2008年以来，第三产业对外直接投资存量占主体地位，均达到七成以上。2017年，中国在第三产业的投资存量占全国投资存量的79.2%；第二产业占比有所下降，约19.9%；其余0.9%的对外投资存量分布于第一产业。

表 6-8　中国对外直接投资存量产业构成

年份	第一产业		第二产业		第三产业	
	金额/亿美元	占比	金额/亿美元	占比	金额/亿美元	占比
2008	14.7	0.8%	370.6	20.1%	1454.5	79.1%
2009	20.3	0.8%	598.4	24.3%	1838.9	74.8%
2010	26.1	0.8%	720.5	22.7%	2425.5	76.5%
2011	34.2	0.8%	1091.5	25.7%	3122.1	73.5%
2012	49.6	0.9%	1307.7	24.6%	3962.0	74.5%
2013	71.8	1.1%	1787.9	27.1%	4745.1	71.8%
2014	96.9	1.1%	2137.0	24.2%	6592.5	74.7%
2015	114.8	1.0%	2637.0	24.0%	8226.9	74.9%
2016	148.9	1.1%	3157.2	23.3%	10267.7	75.6%
2017	165.6	0.9%	3606.6	19.9%	14318.2	79.2%

数据来源：历年《中国对外直接投资统计公报》。

从行业分布表可以发现（见表 6-9），就第三产业而言：2008 年，对外直接投资在第三产业的行业分布上主要聚集在中国的传统服务行业，如租赁和商务服务、批发和零售等劳动密集型行业；2017 年，采矿业、制造业、批发和零售业、信息传输软件和信息技术服务业、金融业、租赁和商务服务业的对外直接投资存量均达千亿美元以上，六大行业的对外直接投资存量达 15618.6 亿美元，占比达八成以上。尽管中国对外直接投资正在由传统行业向信息传输软件和信息技术服务业、金融业、文化等技术及资本密集型行业转型，但仍然面临行业分布过于集中，技术与资本密集型行业所占比重不高，竞争力不足的问题，与发达国家和地区相比依然存在很大的差距。

表 6-9　中国对外直接投资存量行业分布情况表

行业分类		2008 年		2017 年	
		金额/亿美元	占比	金额/亿美元	占比
第一产业	农林牧渔业	14.7	0.8%	165.6	0.9%
	小计	14.7	0.8%	165.6	0.9%
第二产业	采矿业	228.7	12.4%	1576.7	8.7%
	制造业	96.6	5.3%	1403.0	7.8%
	电力热力燃气及水的生产和供应业	18.5	1.0%	249.9	1.4%
	建筑业	26.8	1.5%	377.0	2.1%
	小计	370.6	20.1%	3606.6	19.9%

续表

行业分类		2008 年		2017 年	
		金额/亿美元	占比	金额/亿美元	占比
第三产业	批发和零售业	298.6	16.2%	2264.3	12.5%
	交通运输仓储和邮政业	145.2	7.9%	547.7	3.0%
	住宿和餐饮业	1.4	0.1%	35.1	0.2%
	信息传输软件和信息技术服务业	16.7	0.9%	2189.0	12.1%
	金融业	366.9	19.9%	2027.9	11.2%
	房地产业	41.0	2.2%	537.6	3.0%
	租赁和商务服务业	545.8	29.7%	6157.7	34.0%
	科学研究和技术服务业	19.8	1.1%	216.8	1.2%
	水利环境和公共设施管理业	10.6	0.6%	23.9	0.1%
	居民服务修理和其他服务业	7.2	0.4%	190.2	1.1%
	教育	0.2	0.0%	32.9	0.2%
	卫生和社会工作	0.0	0.0%	13.9	0.1%
	文化体育和娱乐业	1.1	0.1%	81.2	0.4%
	小计	1454.5	79.1%	14318.2	79.1%
合计		1839.7	—	18090.4	—

第二产业中，采矿业和制造业占比较高。其中，采矿业的投资存量占比在近年来呈现下降的趋势，由 2008 年的 12.4%下降到 2017 年的 8.7%。制造业对外直接投资存量占比虽由 2008 年的 5.3%上升到 2017 年的 7.8%，但与中国制造业大国的地位不匹配，且在制造业对外直接投资中，高附加值制造业投资相对较少。

三、高等教育服务出口对中国对外直接投资影响机制分析

(一)高等教育服务出口对中国对外直接投资影响的初步探索

从前文的分析中可以看到，一方面，在经济全球化的背景下，企业积极参与到对外直接投资活动中来，随着资源利用的优化、市场潜力的挖掘、国际供应链的调整、企业竞争力的提高，中国对外直接投资得到了巨大发展，为中国经济水平的提高做出了贡献。另一方面，随着中国对服务贸易的重视及中国国际地位和影响力的提高，中国高等教育服务出口也保持着较好的发展势头，规模日益扩大，国际教育得到越来越多留学生的认可。无论是中国对外直接投资还是高等教育服务出口

的规模均呈现出持续增加的趋势。

那么,中国高等教育服务出口与对外直接投资之间是否存在联系?为了探究二者的关系,我们将它们的变化共同绘制成图 6-10。其中,来华留学生人数是测量中国高等教育服务出口的一个简单指标。

通过对中国对外直接投资与高等教育服务出口的演变趋势的观察可以发现,2013 年以前,中国对外直接投资保持稳定增长;2013—2015 年,投资增速放缓;2015 年以后,增速进一步提高。对于来华留学生人数来说,其规模处于持续增长的状态,并在 2013 年和 2016 年增速提高较为明显。虽然两者增速发生明显变化的时间具有一定差异,但该图初步表明中国对外直接投资与中国高等教育服务出口的变化具有相似的发展方向和程度,两者可能存在一定程度的联系。那么,二者之间究竟关系如何,还有待于具体的实证分析。

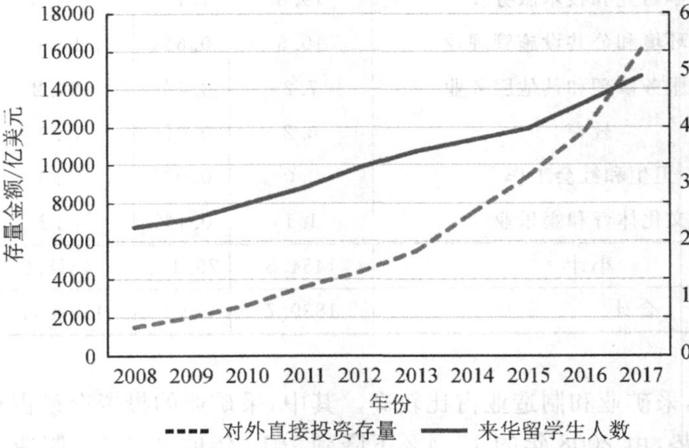

图 6-10　2008—2017 年来华留学生规模与中国对外直接投资的变化情况

(二)高等教育服务出口对中国对外直接投资影响的作用机制

通过对相关文献的查阅与梳理,我们认为,高等教育服务出口从三个途径对中国对外直接投资产生促进作用,即人才支撑效应、成本降低效应及风险规避效应(见图 6-11)。

1. 人才支撑效应

人力资本是企业发展的重要资源,高素质人才的储备对企业国际投资活动开展具有促进作用。教育服务出口可以吸引优秀的留学生,留学生可以为东道国教育提供多文化环境,有利于创新人才培养;留学生学成后留在东道国,又可以为东道国对外投资提供熟悉母国海外投资的人才,从而为对外投资提供人才支撑。

跨国企业对高素质、高水平人才较集中的国家进行投资经营,通过技术的逆向

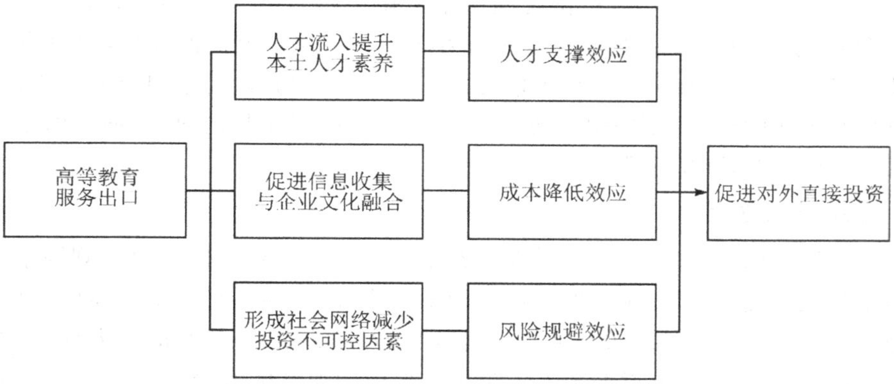

图 6－11　高等教育服务出口对对外直接投资的影响的作用机制

溢出效应提升母国企业员工的技能水平，从而增强本国企业的国际竞争力（欧阳乐，2016）。对外直接投资的发展需要专业型人才，尤其是具有海外投资经验和具有留学背景的专业人才做支撑。高级专业人才的缺乏不利于对外直接投资的发展，中国高等教育服务出口的发展能够在一定程度上为对外直接投资的发展提供人才支撑，为企业对外直接投资的发展提供便利。具有复合文化背景的留学生具有丰富的专业知识和高级技能，能够作为企业人才储备。来华留学生在经过高校培养或者社会实践后获得的工作技能及管理经验，在就业过程中能够通过技术溢出，带动培养本土技术人才，提高本土技术劳工的生产效率（谷媛媛 等，2017），从而提高劳动者整体素质，劳动者层次与水平的提高，能够为企业创造更多的价值，提高企业竞争力，使得企业在国际投资活动中凭借自身的竞争优势，在市场上占有一席之地，有利于对外直接投资的发展。

2. 成本降低效应

在企业进行国际投资活动中，降低企业成本是企业追求的目标之一。来华留学生这一特殊群体，凭借自身对母国的了解优势，能够为中国对外直接投资企业提供大量有价值的信息，并基于对两国文化的认同与了解，能够在工作过程中促进双方文化理解、交流与融合。

一方面，信息不对称被认为是对外直接投资活动的最大障碍，母国与东道国之间存在的语言、市场和文化等的差异增加了对外直接投资的难度，致使企业难以找到合适的境外项目和合作伙伴（贺书锋 等，2010），造成投资成本的增加。而来华留学生具备复合文化背景，不但接受过中国企业所需技能的培养，而且对东道国的消费偏好、风俗习惯和本土市场需求甚为了解，具备其他劳动力所不具备的优势。因此，来华留学生参与到对外直接投资活动中能够减少信息不对称导致的成本增加，减少投资方信息搜寻的时间成本，从而降低对外直接投资成本。另一方面，在国际投资活动中，母国与东道国之间由于文化差异会产生文化壁垒(Barkema et al.,1996)，投资企业需要花费时间和精力熟悉和适应东道国的文化，而具有复合文化背景的留学生，在留学过程中接受中国文化的熏陶，认同中国企业文化，来华留学生在工作中能够促进中国与东道国员工之间的交流与沟通，有利于国际投资活动的文化整合，降低企业成本。

3. 风险规避效应

企业进行国际投资的过程中，面临着复杂多变的国家环境，各种主观因素和客观因素的交织变化，具有很大的不可控和不确定性，从而造成投资收益的不确定，导致投资风险。海外社会关系网络中，稳定的人际关系可引发“圈内人优势”的示范作用，促使企业对外直接投资在东道国及地区的加速聚集，有利于企业发现及创造良好的对外直接投资机会，获取相应的市场等方面的经验，降低对外直接投资决策风险；母国内部社会网络关系能够帮助企业的海外经营突破国内资源约束，扩张其生产可能性边界，从而促进对外直接投资的发展(汪占熬 等，2013)。与国内投资相比，对外直接投资面临诸多的制度、投资环境和经验不足等问题，而留学生在中国和东道国建立的社会网络使他们充分了解东道国和中国的政治环境和市场竞争环境，并掌握大量有价值的信息，能够帮助消除国际投资活动中存在的不确定性(赵永亮，2012)，促进东道国与中国的交流和国际化合作，有利于降低违约风险。并且，在政府部门或当地企业工作的留学生，出于文化和理念认同，更能促进双方信任感的建立与项目合作，降低投资风险，有利于对外直接投资的发展。

四、高等教育服务出口对中国对外直接投资影响的实证分析

(一)研究设计

1. 样本与数据来源

1)样本选取

考虑到数据的可获得性，西藏地区部分数据的缺失，并且西藏的对外直接投资存量占比不到全国对外直接投资存量的万分之一，因此本部分的样本数据不包含西藏地区相关数据，本部分选取了2008—2017年中国大陆30个省、市、自治区的面板数据进行实证分析，涵盖对外直接投资存量、来华留学生人数、学历生人数、非学历生人数、双边贸易额、地区能源消费总量、规模以上工业企业研究与试验经费、第三产业产值占GDP的比重变量指标，并且对外直接投资存量、双边贸易额、规模以上工业企业研究与试验经费用GDP平减指数进行平减后的数据进行衡量。对于所选取的中国30个省、市、自治区样本，根据历年《中国对外直接投资公报》将其划分为东部地区、中部地区和西部地区(见表6-10)。

表 6-10　样本地区划分[①]

地区划分	省(区、市)
东部地区	北京、天津、河北、上海、江苏、浙江、福建、山东、广东、海南、黑龙江、吉林、辽宁
中部地区	山西、安徽、江西、河南、湖北、湖南
西部地区	内蒙古、广西、四川、重庆、贵州、云南、陕西、甘肃、青海、宁夏、新疆

数据来源:《2017 年中国对外直接投资统计公报》。

2)变量选取及来源

被解释变量:30 个省(区、市)的对外直接投资作为被解释变量。在研究中国高等教育服务出口对中国对外直接投资的影响时,根据现有文献的常用做法,对外直接投资指标用对外直接投资存量测量,数据来源于 2008—2017 年度的《中国对外直接投资统计公报》,单位为万美元。

核心解释变量:本节用来华留学生人数测量中国高等教育服务出口的简单指标,来华留学生人数、学历生人数、非学历生人数作为本部分的核心解释变量,相关数据来源于 2008—2017 年的《来华留学生简明统计》。

基于余官胜等(2015)、吴亚慧(2019)的研究,将双边贸易额、能源消费总量、规模以上工业企业研究与试验经费、第三产业产值占 GDP 的比重作为控制变量。

双边贸易额(TRADE):双边贸易额反映了中国与生源国之间的经贸关系,双边贸易额越多,体现了两国之间的贸易往来越频繁。双方通过频繁的贸易交流,能够深入了解东道国的文化背景、消费偏好和风俗习惯等多方面的信息,从而减少信息不完全现象,降低投资国企业所面临的投资风险。同时,学习效应能够使得企业在国际经营活动中提高自身技术能力,有利于对外直接投资的发展,预期符号为正。双边贸易额的相关数据来源于中华人民共和国国家统计局,单位为亿美元。

能源消费总量(ENERGY):众多文献研究表明,企业对外直接投资区位选择的重要因素之一是丰富的自然资源。一个地区经济的发展伴随着自然资源的消费,自然资源需求增长会导致其价格上涨,企业为了降低生产成本,会向自然资源丰富的国家进行对外直接投资,通过在东道国获得廉价的资源来降低企业成本。因此,能源的消耗会使企业为了降低成本产生对外直接投资的动力,预期符号为正。地区能源消费总量相关数据来源于历年《中国能源统计年鉴》,单位为万吨标

① 《2017 年中国对外直接投资统计公报》将我国区域划分为中部地区、西部地区、东部地区和东北三省,为便于讨论,本节将东部地区和东北三省合称为东部地区。

准煤。

规模以上工业企业研究与试验经费(R&D):规模以上工业企业研究与试验经费的投入能够促进企业技术创新能力的发展,技术创新能力在企业的核心竞争力中发挥着重要的作用。规模以上工业企业研究与试验经费投入越多,技术创新能力越强,企业越具有竞争优势,更有利于企业开展国际经营活动,预测符号为正,数据来源于中华人民共和国国家统计局,单位为万美元。

第三产业产值占 GDP 的比重(STRUCTURE):随着中国经济发展方式的转变,技术水平不断提高,中国产业结构也发生了转变,产业结构的动态调整过程促进中国对外直接投资的行业构成的优化,从而促进中国对外直接投资的发展,预计符号为正,数据来源于中华人民共和国国家统计局。

将各变量的英文简称、变量含义及数据来源整理于表 6 - 11。

表 6 - 11　各变量含义及数据来源

变量	英文简称	变量含义	数据来源
被解释变量	OFDI	对外直接投资存量	历年《中国对外直接投资统计公报》
核心解释变量	STU	来华留学生人数	历年《来华留学生简明统计》
	ESTU	学历生人数	历年《来华留学生简明统计》
	NESTU	非学历生人数	历年《来华留学生简明统计》
控制变量	TRADE	双边贸易额	中华人民共和国国家统计局
	ENERGY	地区能源消费总量	《中国能源统计年鉴》
	R&D	规模以上工业企业研究与试验经费	中华人民共和国国家统计局
	STRUCTURE	第三产业产值占 GDP 的比重	中华人民共和国国家统计局

2. 描述性及相关分析

1)描述性统计

对样本 30 个省(区、市)的变量进行描述性统计(见表 6 - 12)。其中,规模以上工业企业研究与试验经费缺少 2010 年的相关数据,通过对 2009 年和 2011 年规模以上工业企业研究与试验经费取均值来获得。为避免价格因素的影响,本节对所有名义数据均进行了价格调整,使之转化为实际数据。此外,为避免异方差因素的干扰,本部分对数值较大的数据均进行了对数化处理。

表 6-12　各变量描述性统计结果

变量名	平均值	中位值	最大值	最小值	标准差
lnOFDI	12.220	12.383	16.629	6.198	1.783
lnSTU	8.524	8.708	11.315	4.787	1.428
lnESTU	7.641	7.977	10.646	2.303	1.678
lnNESTU	7.708	8.052	10.790	2.944	1.652
lnTRADE	5.889	5.716	9.234	1.806	1.590
lnENERGY	9.346	9.337	10.569	7.034	0.677
lnR&D	12.015	12.148	15.086	7.091	1.430
STRUCTURE	0.435	0.415	0.806	0.283	0.093

注：ln 变量中所有名义变量数据均进行了价格调整。

2)相关系数分析及多重共线性检验

对数据进行相关系数分析(见表 6-13)，可以看出，大部分变量间的相关系数在 0.7 以下，个别变量间的相关系数大于 0.7。考虑到解释变量之间可能存在多重共线性的问题，需要进行多重共线性检验。由方差膨胀因子的检验结果可以看出，各变量的 VIF 值均小于 10，说明各变量之间不存在严重的多重共线性问题，可用于后续回归分析。

表 6-13　相关系数及多重共线性检验结果

变量	OFDI	STU	TRADE	ENERGY	R&D	STRUCTURE
OFDI	1					
STU	0.470	1				
TRADE	0.636	0.542	1			
ENERGY	0.337	0.069	0.484	1		
R&D	0.657	0.291	0.755	0.699	1	
STRUCTURE	0.459	0.833	0.433	−0.109	0.234	1
VIF	—	2.66	6.48	4.17	6.28	1.82

3. **研究模型**

基于以往文献研究，构建高等教育服务出口与中国对外直接投资的基本模型。

模型 1：

$$\ln OFDI_{it}=\alpha_1+\beta_1\ln STU_{it}+\gamma_1\ln TRADE_{it}+\delta_1\ln ENERGY_{it}+\theta_1\ln R\&D_{it}+\varphi_1 STRUCTURE_{it}+\varepsilon_{it} \quad (6-4-1)$$

模型 2：

$$\ln OFDI_{it} = \alpha_2 + \beta_2 \ln ESTU_{it} + \gamma_2 \ln TRADE_{it} + \delta_2 \ln ENERGY_{it} + \theta_2 \ln R\&D_{it} + \varphi_2 STRUCTURE_{it} + \varepsilon_{it} \quad (6-4-2)$$

模型 3：

$$\ln OFDI_{it} = \alpha_3 + \beta_3 \ln NESTU_{it} + \gamma_3 \ln TRADE_{it} + \delta_3 \ln ENERGY_{it} + \theta_3 \ln R\&D_{it} + \varphi_3 STRUCTURE_{it} + \varepsilon_{it} \quad (6-4-3)$$

式中，i 代表省份，t 代表年份，$OFDI_{it}$ 代表地区 i 的对外直接投资存量，STU_{it} 代表地区 i 的来华留学生人数，$ESTU_{it}$ 代表地区 i 的来华留学生中的学历生人数，$NESTU_{it}$ 代表地区 i 的来华留学生中的非学历生人数，$TRADE_{it}$ 代表地区 i 的双边贸易额，$ENERGY_{it}$ 代表地区 i 的能源消费总量，$R\&D_{it}$ 代表地区 i 的规模以上工业企业研究与实验经费，$STRUCTURE_{it}$ 代表地区 i 的第三产业产值占 GDP 的比重，ε_{it} 为随机误差项。

为了进一步考察各个地区的来华留学生对中国对外直接投资的影响，在基础模型的基础上，本节分别建立了各地区对应的样本模型，即东部模型、中部模型和西部模型，分别对应模型 4、5、6。

模型 4：

$$\ln OFDI_{it} = \alpha_e + \beta_e \ln STU_{it} + \gamma_e \ln TRADE_{it} + \delta_e \ln ENERGY_{it} + \theta_e \ln R\&D_{it} + \varphi_e STRUCTURE_{it} + \varepsilon_{it} \quad (6-4-4)$$

模型 5：

$$\ln OFDI_{it} = \alpha_m + \beta_m \ln STU_{it} + \gamma_m \ln TRADE_{it} + \delta_m \ln ENERGY_{it} + \theta_m \ln R\&D_{it} + \varphi_m STRUCTURE_{it} + \varepsilon_{it} \quad (6-4-5)$$

模型 6：

$$\ln OFDI_{it} = \alpha_w + \beta_w \ln STU_{it} + \gamma_w \ln TRADE_{it} + \delta_w \ln ENERGY_{it} + \theta_w \ln R\&D_{it} + \varphi_w STRUCTURE_{it} + \varepsilon_{it} \quad (6-4-6)$$

(二)实证结果及分析

1. 全样本回归结果及分析

对于平衡面板数据回归，存在着三种主要的模型，即混合效应模型、固定效应模型和随机效应模型，三种模型可通过 F 检验和 Hausman 检验进行判断选择，经过检验，最终认为三个模型均以固定效应为最优模型。

表 6－14 中的模型 1、2 和 3 分别考察了三个核心变量即来华留学生、学历生和非学历生对中国对外直接投资的影响，根据回归分析结果可知：

表 6-14　全样本分析结果

变量	模型 1	模型 2	模型 3
lnSTU	0.440*** (4.311)		
lnESTU		0.385*** (5.088)	
lnNESTU			0.310*** (3.500)
lnTRADE	0.032 (0.312)	0.003 (0.029)	0.035 (0.337)
lnENERGY	1.905*** (6.386)	1.858*** (6.320)	2.058*** (6.956)
lnRD	0.888*** (7.290)	0.865*** (7.193)	0.982*** (8.250)
STRUCTURE	6.359*** (7.516)	6.060*** (7.187)	6.645*** (7.840)
_CONS	−22.954*** (−10.889)	−21.131*** (−9.777)	−24.297*** (−11.609)
N	300	300	300
R^2	0.870	0.873	0.867
F 检验	39.86***	39.79***	39.98***
Hausman 检验	96.29***	92.24***	107.95***

注：***、**、* 分别表示回归系数在 1%、5%和 10%的水平上显著，括号内数值为 T 统计量。

三个模型的核心解释变量来华留学生、学历生、非学历生人数的系数均为正值，均在 1%水平上通过显著性检验，表明其对于对外直接投资存在着显著的正向影响，说明来华留学生、学历生、非学历生规模越大，越有利于中国对外直接投资的发展。来华留学生通过自身在东道国与中国建立的社会网络来帮助企业降低对外投资风险，为投资方提供大量有价值的信息来降低企业对外直接投资的成本，并且来华留学生的发展为进行国际化投资活动提供人才支撑来促进对外直接投资的发展（谷媛媛 等，2017）。来华留学生、学历生、非学历生人数每增加 1 个百分点，将会促使对外直接投资分别增加 0.4 个百分点、0.4 个百分点、0.3 个百分点。

三个模型中的双边贸易额均未通过显著性检验。双边贸易额反映了中国与其他国家密切的贸易往来，双边贸易额的提高表明中国同其他国家的贸易交流频繁，在进行对外直接投资活动时面临的阻碍相对减小。但贸易往来频繁不直接意味着对外投资活动的活跃，国际贸易主要是两国为获取自身所需要的商品与劳务进行的交换活动，而对外直接投资不仅受两国经济与贸易方面的影响，而且受两国技术水平、文化差异、距离等因素的影响（许和连 等，2011；侯文平，2018）。因此，双边贸易额未能表现出对中国对外直接投资的显著促进作用。

地区能源消费总量的系数为正值，并且三个模型中均在1%水平上通过显著性检验，说明自然资源的消耗对企业对外直接投资有显著促进作用。不难解释，企业在生产过程中伴随着能源的消耗，自然资源需求增长会导致其价格上涨，企业为了获得廉价的资源便会向资源丰富的国家进行对外投资以降低企业成本，提高企业竞争力，从而有利于企业进行对外直接投资。

规模以上工业企业的研究与试验经费的系数为正值，且三个模型中均在1%水平上通过了显著性检验，表现出对对外直接投资的显著正向影响。这与李洪亚（2016）、余官胜等（2015）的研究结果一致。规模以上工业企业的研发费用反映了国内企业整体的技术水平，研发费用的提高有助于提高企业的技术创新，增强企业的核心竞争力，有利于企业进行国际投资活动。

第三产业产值占GDP的比重系数为正值，并且均在1%水平上通过了显著性检验，表明产业结构对各地对外直接投资产生了显著正向影响。这与岑亮瑜（2019）、余官胜（2015）的研究结果一致，第三产业产值占GDP比重的变动反映了各地区产业结构的调整，第三产业占比的提高表示服务业在经济中的贡献度有所提高，随着中国产业结构的动态调整，中国产业结构也发生了合理化与高级化的转变，产业结构的调整推动经济水平的发展，在产业结构变迁的过程中助推对外直接投资行业结构的变化（龚静 等，2019），对外直接投资已经由以商品贸易为主的基础性较强的行业向技术附加值较高的行业发生转变，促进对外直接投资规模的不断扩大和层次的不断升级。

2. 分样本回归结果及分析

为考察中国高等教育服务出口对对外直接投资影响的区域异质性，我们利用东、中、西三个区域的分样本数据进行进一步回归，回归结果详见表6-15。

表6-15　分样本分析结果

变量	模型4	模型5	模型6
lnSTU	−0.322 (−1.623)	0.545** (2.429)	0.516*** (3.546)

续表

变量	模型4	模型5	模型6
lnTRADE	−0.261 (−1.116)	−0.245 (−1.148)	0.428*** (2.723)
lnENERGY	2.647*** (3.889)	3.199*** (4.712)	1.986*** (4.221)
lnR&D	1.168*** (6.954)	1.007*** (4.202)	0.470** (1.986)
STRUCTURE	11.654*** (9.373)	3.991** (2.108)	4.392*** (2.987)
_CONS	−27.330*** (−6.154)	−35.544*** (−6.819)	−19.857*** (−6.761)
N	130	60	110
R^2	0.907	0.943	0.836
F 检验	29.49***	28.97***	24.57***
Hausman 检验	649.79***	90.43***	27.22***

注：***、**、*分别表示回归系数在1%、5%和10%的水平上显著，括号中为 T 统计量。

由表6-15回归结果可知，各变量对于三个地区对外直接投资的影响存在一定的区域差异。

东部地区来华留学生系数为负，且未通过显著性检验。从地区差异来看，自改革开放以来，中国的经济政策向东部沿海地区倾斜，如上海、天津、北京等城市，经济开放程度较高，经济发展水平高，每年吸引着众多海外学子前来留学。但该地区外向型程度较高，其对外直接投资的发展不需要借助来华留学生的推动。双边贸易额在东部地区未通过显著性检验，且系数为负，对该地区对外直接投资发展表现出一定的抑制作用。东部地区能源消耗总量、规模以上工业企业研究与试验经费、第三产业产值占GDP的比重系数均为正值，且均在1%的水平上通过显著性检验，与全样本回归结果类似。

中部地区来华留学生系数为正，在5%的水平上通过显著性检验，表现出对对外直接投资的显著促进作用。双边贸易额在中部地区未通过显著性检验，系数为负，与东部地区回归结果类似。中部地区能源消耗总量、规模以上工业企业研究与试验经费系数为正，且均在1%水平上通过显著性检验，与全样本回归结果类似。第三产业产值占GDP的比重系数为正，在5%的水平上通过显著性检验，表现出对对外直接投资的正向影响。

西部地区来华留学生系数为正，且在1%的水平上通过显著性检验，表明西部地区来华留学生人数的增加对该地区对外直接投资具有显著正向影响。该地区来华留学生每增加1%，预期对外直接投资提高0.5%。西部地区双边贸易额系数为正，且在1%的水平上通过显著性检验。中国西部地区整体经济发展水平和教育资源都略低于中部和东部地区，其经济开放程度尚不足，因此，该地区与其他国家的资源交换主要依赖于国际贸易，西部地区各省（区、市）双边贸易额的增加有助于推动其对外直接投资的增长。对于西部地区而言，双边贸易额每增加1%，预期对外直接投资提高0.4%。规模以上工业企业研究与试验经费系数为正，在5%的水平上通过显著性检验，对该地区对外直接投资产生显著的积极影响。能源消费总量和第三产业产值占GDP的比重系数为正，且均在1%的水平上通过显著性检验，与全样本回归结果类似。

（三）稳健性检验

中国经济水平、国际形象与影响力的提升，使世界各国留学生看到了中国未来光明的发展潜力，吸引着更多的留学生选择来华学习。而来华留学生又通过信息分享为对外直接投资提供便利，并且为跨国企业提供人才支撑，助推着对外直接投资的发展，因此两者之间可能存在着内生性问题。

为了解决内生性问题以保证模型结果的可靠性，本节参考岳敏（2018）的做法，将核心解释变量滞后两阶作为工具变量，利用两阶段最小二乘法2SLS对模型进行回归，回归结果见表6-16。

结果表明来华留学生、学历生、非学历生的系数与进行内生性处理之前的结果虽然有一定程度的变化，但各变量符号的方向与内生性处理之前保持一致，各变量系数均为正值。根据内生性处理结果可知，来华留学生、学历生、非学历生仍然表现出对中国对外直接投资的显著正向影响。该结果表明内生性问题的处理在一定程度上调整了来华留学生、学历生、非学历生对中国对外直接投资的影响程度，但并未改变其正向作用的方向。因此，考虑了内生性问题之后，得到了比较稳健的估计结果。

表6-16 稳健性检验结果（2SLS）

变量	模型1	模型2	模型3
lnSTU	0.837*** (3.714)		
lnESTU		0.582*** (3.693)	
lnNESTU			1.185*** (4.220)

续表

变量	模型 1	模型 2	模型 3
lnTRADE	0.015 (0.121)	−0.076 (−0.628)	0.068 (0.455)
lnENERGY	1.937*** (4.674)	1.900*** (4.777)	2.057*** (4.419)
lnR&D	0.546*** (3.007)	0.562*** (3.274)	0.593*** (3.033)
STRUCTURE	6.376*** (5.923)	6.423*** (6.299)	5.632*** (4.378)
N	240	240	240
R^2	0.796	0.820	0.715

注：***、**、* 分别表示回归系数在 1%、5%和 10%的水平上显著，括号中为 T 统计量。

五、结论与建议

（一）研究结论

在高等教育服务出口与对外直接投资的关系相关研究综述基础上，首先对中国高等教育服务出口与对外直接投资状况进行了分析，对两者可能存在的关系进行了探索；其次，分析了高等教育服务出口影响中国对外直接投资的作用机制；最后，运用 2008—2017 年中国 30 个省、市、自治区高等教育服务出口与对外直接投资的面板数据，实证分析高等教育服务出口对中国对外直接投资的影响及地区差异。

首先，高等教育服务出口与对外直接投资规模不断扩大，但仍然面临诸多问题。从中国高等教育服务出口现状进行分析可以看出，中国高等教育出口呈现五个特点：第一，高等教育服务出口规模不断扩大，但由于中国高等教育服务出口国际竞争力较弱等原因的存在，导致其存在较大逆差现象；第二，由于受到文化差异与地理距离等因素的影响，来华留学生来源地主要集中于亚洲国家，存在来源地分布不均的现象；第三，由于受经济发展水平和教育水平等因素的影响，来华留学生多集中于东部地区，呈现地区分布不均的现象；第四，来华留学生中非学历生占主体，学历生不断增加；第五，奖学金留学生规模不断扩大，主要以学历生为主。通过对中国对外直接投资发展状况的分析可以看出，中国对外直接投资呈现以下四个特点：其一，中国对外直接投资规模呈现出不断扩大的趋势；其二，受文化差异、地理、自然资源等因素的影响，中国对外直接投资主要集中于亚洲和发展中经济体，存在目的地分布不均的问题；其三，由于中西部地区对外直接投资发展缓慢等原因，中国对外直接投资来源地多集中于东部地区，呈现地区分布不均现象；其四，对外直接投资主要集中于第三产业，仍然面临行业分布过于集中，技术与资本密集型行业占比不高，存在竞争力不足的问题，与发达国家和地区相比依然存在很大的差距。

其次，高等教育服务出口通过人才支撑效应、成本降低效应和风险规避效应促进中国对外直接投资。

最后，高等教育服务出口能够显著促进中国对外直接投资的发展；东、中、西部地区高等教育服务出口对中国对外直接投资的影响存在一定差异：中西部地区促进作用显著。地区能源消费总量、规模以上工业企业研究与试验经费、第三产业产值占 GDP 的比重能够在一定程度上促进对外直接投资的发展，这种促进作用亦存在地区差异。

(二)政策建议

1. 扩大高等教育服务出口规模

根据实证结果，来华留学生整体规模的扩大能够显著促进中国对外直接投资的快速发展，且中西部地区促进作用最为明显。为了促进中国对外直接更好的发展，应积极扩大高等教育服务出口规模。为了扩大来华留学生规模，并缩小其地区差异，建议采取如下措施。

①加强教育经费的投入，尤其是中西部地区教育经费投入。近年来，虽然中国教育经费不断提高，2017 年，中国财政性教育经费投入为 34207.8 亿元，是 2008 年的 3 倍，但 2017 年中国财政性教育经费仅占中国国内生产总值的 4.1%，与世界平均水平还有差距。此外，中国教育经费还存在分配不均的问题(见表 6－17)，各地区普通高等学校生均一般公共预算教育事业费存在较大差异，位于东部地区的北京市、上海市是位于西部地区四川省经费的 2～5 倍。中国应该加强教育经费支持力度，尤其是中西部地区，改善中国中西部地区教育资源落后的状况，继而吸引更多国际留学生，促进经济的良性循环发展。

表 6－17　2017 年部分省(区、市)普通高校生均公共预算教育费

省(区、市)	金额/元
北京市	63805.4
上海市	33711.7
广东省	24149.2
天津市	23422.2

续表

省(区、市)	金额/元
江苏省	20274.8
浙江省	20113.3
贵州省	17781.2
新疆维吾尔自治区	17207.8
陕西省	16115.4
云南省	15424.6
四川省	13983.05
湖南省	13945.66
山西省	13659.81

②重视政府奖学金等激励作用。奖学金是留学生来华留学的重要影响因素。为了扩大来华留学生的规模,可以适当增设奖学金名额,特别是针对来华留学生主要来源国的奖学金名额,促使更多的留学生来华留学,促进中国与生源国的文化交流,为对外直接投资的发展提供方便。中国来华留学生中学历生比重不断增加,但仍以非学历生占主体,可以通过增设对学历和高层次留学生的专项奖学金与助学金,甚或倡导建立省级和校级奖学金和助学金,可帮助更多的留学生缓解家庭经济压力,吸引更多的高层次留学生来华学习。

③努力提高高校教学质量。与东部地区相比较,中西部地区受环境、地理和经济发展水平等因素长期影响,高等教育服务出口发展缓慢。教学质量不高也是中西部地区高等教育服务出口发展缓慢的重要原因。为了更好地发展中西部高等教育服务出口,不仅要学习世界各国家教育发展的经验和发展理念,坚持引进发达国家优质教学资源,提升中西部地区高等教育质量和国际化教育水平,充分发挥“引进来”的资源优势,而且中西部地区应加大地方高校教育国际化宣传力度,充分发挥地区特色优势,提高知名度,提高国际化水平,从而吸引更多的留学生来华学习。

2.提升企业技术创新能力

企业技术创新能力是企业竞争力的重要影响因素。企业技术创新能力的提高能够提高劳动力的产量、资源的利用率,改善企业内部的管理模式,使得企业降低生产与经营成本,获得自身的发展优势,有利于对外直接投资的发展。为此,首先应该加强企业与高校研发经费支出,为企业及高校提供良好的基础条件。高校注重基础研究,企业的研发能够更好地迎合市场需求,两者的结合能够更好地促使研究成果与市场接轨,更有效地促进企业技术进步。其次,加强知识产权的保护。加强知识产权的保护能够有效维护研究主体的利益，激发高校及企业的技术创新潜质，营造良好的技术创新的活跃氛围。最后，技术的进步离不开人才的培养，应该加大高校科研机构的经济投入，注重研发人才的培养，地方政府应该采用积极的人才引进政策，提高地区人力资本，促进企业研发创新，提高国际化竞争力，促进对外直接投资的发展。

3.努力提高第三产业占比

产业的协调均衡发展有助于生产资源要素配置更加合理，产业结构进一步优化，继而促进中国对外直接投资产业结构变化，促进中国对外直接投资的发展。因此，应重视产业结构升级对中国对外直接投资的积极影响，确立对外直接投资支持产业，如对技术密集型和资本密集型行业重点扶持；发挥产业结构优化对对外直接投资的促进作用。同时，在对外直接投资行业分布上，应该有意识地进行差别化产业布局，努力提高第三产业占比，优化对外直接投资行业分布，充分利用全球经济一体化条件下的世界市场资源，通过对中国对外直接投资行业分布的调整与优化，坚持“走出去”发展战略，进一步促进中国对外直接投资的发展。

(三)研究创新与未来展望

1.研究创新

本章的创新体现在两个方面。一方面，通过高等教育服务出口对中国对外直接投资影响的研究，丰富了高等教育服务出口与对外直接投资关系的相关研究。另一方面，深入探究了高等教育服务出口对中国对外直接投资影响的地区差异，从异质性角度拓展了既有研究。

2.研究展望

尽管我们的研究对中国高等教育服务出口的发展，对外直接投资的优化具有一定的借鉴意义，但仍存在不足之处，有待于未来研究的进一步深入。

第一，采用教育服务出口的多元数据。本章将来华留学生、学历生及非学历生数量作为测量中国高等教育服务出口的核心解释变量，其原因在于中国省级层面的教育服务出口数据只有《来华留学生简明统计》较为完整，而关于高等教育服务出口的其他测量指标，如高校来华教师、海外分校等数据较少或不完整。这样，由于来华留学生规模缩小了高等教育服务出口的范围，影响了研究结果的一般性。因此，后续研究可以通过采用各个高校提供的微观数据，考虑更准确的高等教育服务出口的测量指标，深入研究高等教育服务出口对中国对外直接投资的影响。

第二，实证研究教育服务出口对对外直接投资的影响机制。由于受时间和数据的限制，未对高等教育服务出口影响中国对外直接投资的机制进行进一步检验。未来的研究将对研究机制做进一步检验。

第七章　高等教育服务出口对地区全要素生产率的影响

进入21世纪以来,随着经济全球化和教育国际化的不断推进,教育服务贸易正逐渐成为影响一国经济发展的重点领域和国际上方兴未艾的一种新型产业。随着教育市场开放度不断提高,教育服务贸易也发展得愈来愈快,全球各国对教育服务的重视程度也愈来愈高,且教育国际化也已成为知识密集型产业的一项重要战略措施,继而成为全球高等教育发展的基本趋势(叶琳 等,2018)。因此,能否在国际教育市场上拥有控制权以及处于主导地位,不仅决定着一国能获得多少经济利益,还影响着该国的软实力,如社会道德、主权问题以及文化继承等多方面重要问题。

随着各个国家教育市场的不断发展,人们也越来越深刻地意识到教育服务出口带来的巨大利益,许多西方发达国家也将推进教育服务出口发展战略置于越来越重要的地位。近年来教育服务贸易开放度不断提高,越来越多的国家进入国际教育市场,各国之间的教育竞争也愈演愈烈。因此,在国家层面上,通过对来华留学生设立相关评价制度以及完善政府奖学金制度等谋求国际竞争优势是中国政府近年来促进高等教育服务出口的重要举措。在政府的大力支持和促进下,中国教育服务出口有了较为显著的进步。数据表明,步入21世纪以来,中国高等教育服务出口规模扩张加快。2000年,来中国求学的国际留学生数量仅为5万余人;到2019年时,共有200多个国家和地区50余万名国际学生来中国留学,国际留学人数位列世界第二位,仅次于美国,高等教育服务出口规模扩大10倍。与此同时,高等教育服务出口得到了越来越多的关注。

改革开放以来,中国的经济增长速度一直维持中高速增长,经济总量快速增加,稳居全球第二位。但随着全球经济的低迷,中国的经济增长速度也有所减缓,2016年,经济增长速度为6.8%,而2019年下降为6.1%。2020年,受新冠肺炎疫情的影响,经济增速进一步下滑。显然,传统的投入驱动推动经济增长的模式已无法支持中国经济持续的中高速增长,且随着资本边际报酬不断递减、出口增速变缓及"人口红利"逐渐消失,经济增长不能仅仅依靠物质资本、劳动和货物出口的推动作用,而要寻找新的可持续发展的驱动力。因此,经济增长由投入驱动向全要素生产率驱动的转型势在必行(王婷,2018)。全要素生产率是指在要素投入达到一定的水平时,推动经济增长所获取的额外效率,它不同于传统发展动力因为资本边际报酬递减而带来消极作用,而是为长期经济增长提供可持续动力的不竭源泉。因此，发展方式能否成功地向全要素生产率增长驱动转型对中国经济持续稳定发展尤为重要。

众所周知，科技和创新水平的提升会显著提高技术效率和技术进步，从而提高全要素生产率。科技是第一生产力，创新是引领发展的第一动力，然而科技和创新的发展离不开人力资本的投资。研究认为，在高等教育服务贸易过程中，来华留学生作为教育服务出口产品的接受者，通过对其进行跨国界、跨文化的教育来提升个人经济与社会价值的投资称为高等教育国际化人力资本投资（胡凤玲 等，2014）。与此同时，来华留学生作为异质性人力资本促使中国人力资本的存量和质量均有所提高，并通过提升中国的教育水平促使劳动者能够更有效地应用现存的实物资本驱动新知识的发展和传播，提高劳动者模仿和开发新技术的能力。那么，高等教育服务出口是否对经济增长全要素生产率有影响？如果有，通过何种路径影响？

虽然中国高等教育服务出口和全要素生产率的快速发展引起了理论和实践界的广泛关注，但是非常遗憾的是，对二者关系的相关研究较为匮乏，有限的研究中，鲜有实证研究。所以，本章将高等教育服务出口对地区全要素生产率的影响作为研究对象，使用基于数据包络分析（DEA）的 Malmquist 指数法测算中国 30 个省（区、市）的全要素生产率，探索高等教育服务出口对地区全要素生产率的影响及影响机制，并根据实证研究结果提出高等教育服务出口促进中国各地区全要素生产率发展的政策性建议。

一、文献综述

（一）高等教育服务出口相关研究

国际教育服务贸易是指教育服务的输出与输入，它是不同国家之间一种基于经济性目标的教育活动。当一项教育活动的提供方和接受方属于不同国家，且具备商业性和市场化时，它就构成了国际教育服务贸易（巩雪 等，2018）。改革开放以来，中国经济持续增长，教育服务出口规模不断扩大，促使中国从教育进口大国逐步演变为教育服务贸易大国。

根据 GATS 的服务贸易定义，教育服务贸易可以包括四种方式。第一，跨境交付（cross-border supply），指一成员国在境内向任何其他成员方境内提供的教育服务，这种服务具有跨国界性质，且提供方与接受方均不会出现跨境移动情况，它是一种借助网络、光缆、卫星传输等技术进行的跨国远程教育。第二，境外消费（consumption abroad），它是指一成员国境内教育机构向其他成员方的服务消费者提供的教育活动，这种教育服务方式一直占有最大比例，比如，留学生离开自己的母国前往其他成员国求学的这种留学教育服务就属于此类贸易方式。第三，商业存在（commercial presence），它是指服务的提供者通过在其他成员方的境内设立实体机构提供的相关服务。这类教育服务的主要贸易方式有：一成员国到其他成员国建立教育机构；一成员国学校到海外设立分校或与东道国合作办学，其中后者是核心方式。第四，自然人流动(movement of personnel)，它是指一成员方的自然人在其他任何成员方境内提供的服务，从教育服务的角度来说，主要是指某一成员方聘请外籍教师，如国外学校聘用中国教师进行教学等。由于各国政治制度的约束，中国高等院校在海外办学的情况较少，因而，本章高等教育服务出口主要指境外消费，即中国各地区高等学校接受的外国留学生。

1. 国外相关研究

Chowdhury(2012)指出，澳大利亚是全球第三大教育服务出口国，近年来其教育部门在服务业出口中排名第一，在所有出口创收者中排名第三，并且利用Johansen 协整方法，发现教育出口收入、实际汇率、世界收入和贸易条件之间存在稳定的长期关系。Obert(2012)认为，澳大利亚高等教育国际化的重要体现就是大学就读的国际学生人数大幅增长；提高学生对国际教育服务的满意度，就必须更注重学生的实际需要。Nyland(2013)基于澳大利亚的一个案例认为，为了实现教育服务出口稳定，需要建立一个由一系列利益相关者组成的治理网络，且这些利益相关者有能力相互制衡，从而减少国际学生和学术成果可能面临的风险。

Delgado(2011)通过计算教育服务贸易和教育质量的皮尔逊相关系数，发现高等教育机构国排名得分(泰晤士高等教育世界大学排名)与其国际化程度之间正相关。Vossensteyn(2017)采用 2011—2017 年 Times Higher Education 公布的全球大学排名，从宏观和微观两个层面探索了不同国家留学生对教育水平的影响，结果表明，宏观国家层面上，差异化的文化氛围对教育水平影响不大；微观高校层面，国际化水平达到 20%以上时，差异化的文化氛围对教育水平有正向积极的影响。Stuenetal(2012)以美国百所高校为样本的研究发现，国际学生能积极影响高校科研产出。

2. 国内相关研究

赵黎明(2011)在肯定了国际学生对一国经济发展利益，继而肯定了教育服务出口必要性的基础上，从不同角度剖析了来华留学教育的优劣势，提出中国作为发展中国家，要利用与发达国家留学生教育存在的差别，不断推进留学生教育服务的发展。魏浩等(2012)以 1999—2008 年全球 48 个国家的数据为研究样本，深入分析了不同类型国家对留学生的吸引因素，认为中国应该将人才战略的目光转向国际平台，提高对高等教育的资金支持及教育水平，大力吸引各个国家的留学生来中国求学并留华工作，并不断引进各国不同类型的人才留华工作，从而增强中国经济发展的可持续性。刘志民(2018)通过柯布-道格拉斯生产函数探析了“一带一路”国家来华留学生对中国经济增长所起的作用，分析了其呈现的空间特征，研究结论是,“一带一路”沿线国家留学生既能带动本地经济发展,也能显著提高相邻地区的经济增长。陈夏瑾(2018)从地区的角度认为随着浙江省留学生规模及队伍的不断壮大,留学生对该省经济贸易发展的促进作用不可小觑。魏浩(2018)则利用中国省市国际人才流入数据和制造业企业微观数据,研究国际人才流入对中国制造业企业研发投入的影响,结果表明,国际人才流入对企业研发投入的促进作用显著,但因地区差异和企业异质性的存在,促进效应具有异质性。袁清(2019)用《来华留学生简明统计》以及世界银行数据库,梳理了1999年以来“一带一路”沿线国家来华留学生教育对华双边贸易发展情况,提出发展来华留学生教育与中国扩大对外开放举措具有高度互补性,定量估计了来华留学生教育对中国外贸的影响效应并提出了相应的政策建议。

(二)全要素生产率相关研究

1. 全要素生产率的内涵和测算

从本质上来说,全要素生产率是生产率的特殊方式之一。生产率是产出与投入之比。生产率概念早在亚当·斯密时期就受到重视。随着经济不断发展,相关学者在生产率方面也探究出了新的理论和方法,如生产率由单要素发展到全要素。在实际生产过程中,要依靠多种要素的共同作用,如果仅仅只控制单一的一种生产要素的节约高效,并不能避免其他要素的低效,因此依靠单要素生产率分析可能会造成一定的误差。全要素生产率(total factor productivity,TFP)是指在生产过程中,所有投入的生产要素所产生的综合效益,其增长率也是判断技术进步的重要标准。通过全要素生产率既能寻求影响经济增长的因素,也能考察经济增长质量。判定经济发展的程度及质量时,常常使用资源配置效率、单要素增长率及全要素生产率的增长等理论进行分析,其中全要素生产率增长率的判定计算是分析中的核心内容。

Tinberger(1942)定义了全要素生产率的相关概念,并在探究其变动过程中加入了时间趋势项,把产出作为劳动、资本和时间的函数。Solow(1957)也认为,TFP增长率就是产出增长率减去资本和劳动增长率的加权之后的剩余值。

Farrell(1957)在边界生产函数法中认可技术无效。Aigner等(1968)将TFP的变化分解为生产前沿的移动,以此引出确定性生产前沿,使得技术进步和实际生产点向可能性边界移动,最终使得技术效率发生变化。Fare(1994)认为Malmquist指数可以用来代表全要素生产率的增长,最终Malmquist指数与DEA结合方法的使用有效的弥补了DEA研究方法的不足,因而这种方法被看作是全要素生产率测算中的一种重要方法。Kumar等(2002)基于DEA将全要素生产率增长看作是资本积累、效率改善和技术进步的贡献,并分别研究三者对全要素生产率的影响效应。

学术界关于全要素生产率的测量方法并未取得一致意见，因为各种测量方法各有优劣。崔传斌仔细分析了 Solow、Denison、Jorgensen 在研究中使用的增长率算法以及 Farrell、Aigner、Charnes 等人采用的新测量方法。吴磊对基于 DEA 的 Malmquist 指数法测量全要素生产率进行了评价，认为规模报酬固定的假设应用于宏观经济研究。王铮在应用 Malmquist 指数法的不同测量准则测量全要素生产率时得出两种方法等价的结论，前提条件是固定的规模收益和无限制的要素处置。

综合相关文献分析，对全要素生产率主要估算方法优缺点的总结如表 7－1 所示。

表 7－1 全要素生产率主要估算方法优缺点

方法	类型	优点	不足
索洛余值法	参数方法	模型简单、符合经济学原理	该方法的全要素生产率通过方程的“剩余”计算出来，不可直接求解；技术进步外生性、希克斯中性的假定值得质疑；参数估计使用的方法不同，结果有较大出入
随机前沿生产函数	参数方法	允许技术无效率的存在，考虑了随机误差对经济增长的影响，将全要素生产率的变化分解为技术效率和技术进步的变化，比传统索洛余值法更接近生产和经济的实际情况	随机干扰项服从非负断尾正态分布的假设值得商榷；只适用于大样本数据；同索洛余值法一样，需要选择生产函数的具体形式
数据包络分析法	非参数方法	不需要任何具体函数形式或分布假设，对各种形式的投入产出都能适用。结合 Malmquist 生产指数方法，不需要行为假设，不需要有关投入产出的价格信息	没有考虑随机测量误差和噪音的影响；“最高”样本的水平直接影响到确定性前沿的水平；只能对面板数据或截面数据进行测算

从表 7－1 中各个方法的优劣势分析可以看出，基于 DEA 模型的 Malmquist 指数法由于不用估计参数以及对具体情形进行假设，可以存在技术无效率，而且能分解全要素生产率，因而在学术界被大量应用。

2. 基于 DEA 的 Malmquist 生产指数法

数据包络分析(DEA)是一种非参数前沿的效率分析方法，常用来测量全要素生产率。Farrell(1957)最早提出该方法，后来随着更多复杂问题的出现，一些学者为了加强 DEA 解决问题的能力，对其进行了许多改善和优化。因此下文将基于

DEA 的 Malmquist 生产指数法测算 2000—2016 年中国 30 个省(区、市)的全要素生产率指数,并将全要素生产率指标分解为技术进步和技术效率两个指标。

Fare(1994)认为,不同时间点的 Malmquist 指数的几何平均被用来定义 Malmquist 生产率指数,具体公式如下:

$$m_0(y_{t+1},x_{t+1},y_t,x_t)=\left[\frac{d'_0(x_{t+1},y_{t+1})}{d'_0(x_t,y_t)}\times\frac{d_0^{t+1}(x_{t+1},y_t)}{d_0^{t+1}(x_t,y_t)}\right]^{\frac{1}{2}} \tag{7-1-1}$$

其中,t 生产点的距离函数用 $d'_0(x_t,y_t)$ 来代表,$d'_0(x_{t+1},y_{t+1})$ 则代表 $t+1$ 生产点的距离函数。$d'_0(x_t,y_t)$ 和 $d'_0(x_{t+1},y_{t+1})$ 类似。生产点 (x_{t+1},y_{t+1}) 与生产点 (x_t,y_t) 相比的生产率变动如式(7-1-1),当结果大于 1 时,说明全要素生产率在 t 到 $t+1$ 期间是上升的;比 1 小时,则是下降的。

式(7-1-2)是关于 $d'_0(x_t,y_t)$ 的求解过程:

$$\begin{cases}[d'_0(x_t,y_t)]^{-1}=\max_{t,y}t\\ -\varphi y_{i,t}+y_t\lambda\geqslant 0\\ x_{i,t}-X_t y\geqslant 0\\ y\geqslant 0\end{cases} \tag{7-1-2}$$

求解的线性规划问题为式(7-1-3):

$$\begin{cases}[d_0^{t+1}(x_{t+1},y_{t+1})]^{-1}=\max_{t,y}t\\ -\varphi y_{i,t+1}+y_{t+1}\lambda\geqslant 0\\ x_{i,t+1}-X_{t+1}t\geqslant 0\\ t\geqslant 0\end{cases} \tag{7-1-3}$$

关于 $d'_0(x_{t+1},y_{t+1})$ 的求解过程为式(7-1-4):

$$\begin{cases}[d'_0(x_{t+1},y_{t+1})]^{-1}=\max_{x,t}x\\ -\varphi y_{i,t+1}+y_t\lambda\geqslant 0\\ x_{i,t+1}-X_t t\geqslant 0\\ t\geqslant 0\end{cases} \tag{7-1-4}$$

式(7-1-5)是关于 $d_0^{t+1}(x_t,y_t)$ 的求解过程:

$$\begin{cases}[d_0^{t+1}(x_t,y_t)]^{-1}=\max_{t,y}t\\ -\varphi y_{i,t}+y_{t+1}\lambda\geqslant 0\\ x_{i,t}-X_{t+1}y\geqslant 0\\ y\geqslant 0\end{cases} \tag{7-1-5}$$

式(7-1-6)是 Malmquist 全要素生产率指数分解为两个指标的过程,这两个指标分别是技术效率和技术进步。其中 EFFCH 和 TECHCH 分别指技术效率变化和技术进步变化。

$$m_0(y_{t+1},x_{t+1},y_t,x_t)=\left[\frac{d_0^t(x_{t+1},y_{t+1})}{d_0^t(x_t,y_t)}\times\frac{d_0^{t+1}(x_{t+1},y_t)}{d_0^{t+1}(x_t,y_t)}\right]^{\frac{1}{2}}$$
$$=\frac{d_0^{t+1}(x_{t+1},y_{t+1})}{d_0^t(x_t,y_t)}\times\left[\frac{d_0^t(x_{t+1},y_{t+1})}{d_0^{t+1}(x_t,y_t)}\times\frac{d_0^t(x_{t+1},y_t)}{d_0^{t+1}(x_t,y_t)}\right]^{\frac{1}{2}}$$
$$=\text{EFFCH}\times\text{TECHCH}$$
$$=\text{TEPCH}\qquad(7-1-6)$$

3. 全要素生产率的影响因素

知识进步、规模效应和资源的高效配置三个因素曾被丹尼森认为是影响全要素生产率的主要因素。当代学者则将技术进步(知识进步)和效率提高(资源的优化配置)看作是影响全要素生产率最重要的因素。

技术进步方面,Arrow(1962)认为全要素生产率的提高受“出口学习”和“技术溢出”两种效应的影响。Romer(1990)的观点是,TFP 增长的主要原因是技术进步。Grossman(1991)则认为技术进步中最重要的活动是企业的研发。Lucas(1988)、Spiegel(2005)都将逐渐积累起来的人力资本存量视为在创新和进步过程中的重要路径。而在当前经济全球化对全要素生产率的影响愈演愈烈的现实背景下,一国是否能够进行高水平的科技创新活动,不仅依靠该国自身的储备,同时需要吸收和学习外来技术溢出的能力。Borensztein(1998)的研究表明,对外直接投资的过程中会产生技术溢出,从而对被投资国的生产率产生间接的正向作用。

资源的有效配置对全要素生产率提升有着重要意义,而对资源有效配置产生影响的因素很多。Hall(1999)通过对地区间的公共服务建设和全要素生产率之间的一系列研究,验证了地区基础设施水平对资源配置效率的决定性影响。Alfalo(2000)主要关注市场效率和制度在金融资源配置中的作用。

(三)出口贸易影响全要素生产率的相关研究

在出口贸易过程中伴随着出口学习效应、出口竞争效应和出口规模效应,因而出口贸易能促进出口国或者企业全要素生产率提升。

出口贸易影响全要素生产率的相关研究集中于贸易规模、开放程度等对全要素生产率的影响。Helpman(1985)认为,劳动生产率的提升,可以通过规模效应来实现。Kim(2012)指出,韩国对外贸易规模的扩大是全要素生产率提高的主要原因。Awokuse(2014)认为对外贸易无论是进口还是出口贸易,当其规模扩大时都能够促进一国产能的增加。张杰等(2008)认为,在经济全球化的背景下,各个国家之间贸易往来的频繁使得中国企业获得更多接触国际先进产品和知识的机会,在出口中学习，进而对自身的生产率产生积极影响，促进中国全要素生产率的提高。李小平等（2006）在中国全要素生产率测量为基础的研究中发现，中国和发达国家之间的贸易对全要素生产率的提升有明显的正向影响，而和发展中国家之间的贸易对全要素生产率的影响并不明显。包群（2006）认为在其他条件固定时，对外开放程度每提高 1%，便会使全要素生产率增加 2%。朱福林（2010）认为服务贸易结构对服务贸易质量具有重要的影响。关兵（2010）对中国全要素生产率与出口之间的相互联系进行研究之后得到结论，出口贸易规模的扩大能显著促进全要素生产率的提高，反过来全要素生产率也对出口起到正向促进作用。邢志平（2018）的研究表明，出口量对企业全要素生产率的增长起显著的积极作用，从而进一步验证了出口学习效应。

（四）文献评述

综合国内外现有研究成果可以发现，现有文献仍存在不足。

①高等教育服务出口影响全要素生产率的相关研究存在空缺。目前，国内外相关研究多集中于出口贸易和全要素生产率方面，且有关出口贸易的研究主要集中在概念、模式、动因等方面，同时以提供产品的实体企业为主要研究对象；很少有以服务贸易为主体的研究，尤其是知识服务贸易。而全要素生产率的研究也主要集中在内涵、测量等方面，将高等教育服务出口与地区全要素生产率二者联系起来对其关系进行研究的文献相当缺乏。高等教育服务出口作为高等教育服务贸易的重要组成部分和未来发展趋势，将对中国人力资本质量和存量水平的提升起到至关重要的作用，而人力资本水平的提高将对全要素生产率产生影响，因此对二者关系的研究很有必要。

②研究样本单一且缺乏实证研究。一方面，国际上大部分有关高等教育服务出口的相关研究主要研究对象是英国和美国等国际教育大国，很少有针对中国等发展中国家的研究，显示出当下以英、美等教育强国为研究对象的不平衡局面，使得高等教育服务出口的研究样本单一。另一方面，国内高等教育服务出口的相关文献多采用定性分析法，实证研究缺乏，导致结果缺乏说服力和科学性。

③教育影响地区全要素生产率的路径研究缺乏。有限的教育服务出口对全要素生产率影响的研究，将视角集中在直接效应，忽略了教育服务通过影响全要素生产率增长的决定因素而间接影响全要素生产率的路径。由于教育服务出口对全要素生产率的影响路径缺乏，制约了现有研究的发展，也导致基于教育服务出口的全要素生产率提升的政策建议缺乏针对性。

二、高等教育服务出口对地区全要素生产率影响的机制分析

(一)相关理论基础

1. 新经济增长理论

在对新古典经济增长理论的探讨与批判中发展起来的新经济增长理论与前者一样认为，劳动力的投入、资本和技术的进步都是经济增长的源泉。区别是前者坚信要素的边际收益是递减的，且经济增长的动力是外生的，因此，未来的经济增速会逐渐放缓，同时各个地区之间的经济水平的鸿沟也将变小；新经济增长理论强调经济的增长动力是内生的，强调个人的学习能力，对知识的追求，以及从实践经验中不断总结可以为经济的持续增长提供动力。Romer(1986)基于此提出生产函数模型：

$$\begin{cases} Y(t)=[K_t(1-\alpha_k)]^{\alpha}[A(t)(1-\alpha_k)L_t]^{1-\alpha} & 0<\alpha<1 \\ A(t)=B[K_t\alpha_k]^{\beta}[\alpha_l L(t)]^{\gamma}A(t)^{\theta} & B>0,\beta\geqslant 0,\gamma\geqslant 0,\theta<1 \end{cases} \tag{7-2-1}$$

其中，Y 代表产出，资本投入用 K 来表示，A 是技术，劳动投入用 L 代表。

该模型认为，在劳动投入方面，教育和培训等活动能够对人力资本存量产生积极影响；同时，通过加强研发投入，促进技术进步，生产率也会提高。所以，技术的进步才是一国经济持续发展的驱动力，而技术进步的提高带动全要素生产率的提高是一国经济发展的重中之重。

2. 人力资本理论

人力资本的本质是劳动力，然而，劳动力并不天然是人力资本，它只有在与知识、技术、信息与劳动力相互脱离后，再以商品的形式进入市场交换的条件下才能转化为人力资本。在物质经济时代，知识、技术和信息已经成为独立的商品；在知识经济的时代，围绕知识进行的社会的生产、分配及交换才开展起来，占领所有交易主体地位的是知识、技术以及信息，而且这三项逐渐代替非人力资本成为最稀缺的重要资源。纵观传统的经济理论，可发现劳动力是人类生而具有的一种“禀赋”，人与人之间的差别只是存在于量的层次，而没有质的区别。不过，在知识经济时代，人们发现劳动力(高级劳动力)能够经过后天的不断努力，通过“干中学”等方式去提升。这与知识经济时代的特点相匹配，占据主导地位的依然是稀缺的知识、技术和信息。显而易见，高级劳动力已变成投资的一种产物。因此，劳动力所有者势必会要求分享经济的剩余。

1960 年，舒尔茨第一次提出了“人力资本”这一概念。不过关于人力资本的定

义，学者们见仁见智。目前主要的观点有两种：第一种观点以舒尔茨为代表学者认为劳动者的知识、技能以及健康状况的叠加称为人力资本。人力资本的内容是这个定义的出发点，即提高人的知识、能力和健康等的人力资本对于经济的增长所做的贡献远超过了物质以及劳动力数量的增长。第二种观点以贝克尔为代表人物，认为人力资本即人们在教育、健康、培训等各个方面进行投资，最后得到的总的资本。人力资本的形成是这个定义的出发点，即人力投资形成的资本是人力资本，人力资本投资是可以增加人的资源和消费能力的投资（江涛，2008）。

舒尔茨与贝克尔的定义重点虽然不同，但是二者均体现出人力资本的最本质特征：人力资本即凝结在人体的体力以及智力中所体现的所有劳动力价值的总和。它能够在未来某些特定经济活动中，对经济行为主体创造出剩余价值或者利润效益，且人力资本和非人力资本同样能在经济发展中显现其贡献，因此，人力资本能够与非人力资本一同来分享企业的经济剩余（贝克尔，2007）。

（二）高等教育服务出口对地区全要素生产率影响的理论分析

进出口贸易影响经济增长的早期理论分析，多从资源配置的静态效应着手，而非从动态的技术溢出效应入手。亚当·斯密强调，各国都生产自己具有绝对优势的产品，而不是具有劣势的产品，然后用优势产品去交换其他国家生产的本国处于劣势而没有生产的产品，那么，每个国家的生产效率都将提高，世界也将进步。大卫·李嘉图则强调每个国家按照比较优势进行生产和交换，这样不仅能使得资源高效配置，还能促进各方的生产效率（关兵，2010）。新贸易理论首先认为，进出口贸易促进了一国或地区与国际的交流，一国或者地区的出口企业能够接触国际平台，便利了先进的高技术产品、科技知识和管理方法的获取，所以开放的企业有更多的机会接触学习国际上先进的技术和管理，从而提高自身技术和管理水平，出口中学习的方式也能使企业的生产率得到促进和增长（关兵，2009）。其次，一国或地区的企业通过进出口贸易可以进入全球市场，为了在全球市场的激烈竞争中生存下去，出口企业必须投入更多的人力、物力及财力来提高企业的生产效率和产品质量。所以出口企业在提高生产率方面比非出口企业更有优势（康志勇，2009）。最后，通过出口贸易，一国或地区能够实现规模经济效应，即单位商品的成本会伴随着产量的扩大而逐渐降低。

高等教育服务出口是一种特定形式的出口贸易，其出口的产品是知识，提供服务的主体是各地区的高等学校，产品的接受者是留学生。高等教育服务出口贸易进行的同时，来华的国际留学生也带来了母国的知识、文化和视野等。高等教育服务出口导致的国际学生流动会产生技术外溢，从而有助于直接提高东道国的人力资本数量和质量，而人力资本对全要素生产率的增长起到关键的推动作用，因而高等教育服务出口对全要素生产率增长有着直接的促进作用。基于上述分析，我们提出如下假设。

H_1：高等教育服务出口越多，越能促进地区全要素生产率的增长。

由于各国政治制度的约束，中国高等院校在海外办学的情况较少，因而，本章的高等教育服务出口主要指中国各地区高等学校为国际留学生提供的教育服务，因此，分别用来华留学生人数和学历来华留学生人数来衡量高等教育服务出口规模。这是因为目前来华留学生分为学历来华留学生和非学历来华留学生，其中学历来华留学生包括专科留学生、本科留学生、硕士研究生和博士研究生，所以，分别将来华留学生人数和学历来华留学生人数作为测量教育服务出口的变量，以探究不同类型的来华留学生对地区全要素生产率的影响。基于上述分析，我们提出假设 H_1 的分假设。

H_{1a}：来华留学生人数越多，越能促进地区全要素生产率的增长。

H_{1b}：来华学历留学生人数越多，越能促进地区全要素生产率的增长。

H_{1c}：来华留学生人数越多，越能促进地区技术效率的提升。

H_{1d}：来华学历留学生人数越多，越能促进地区技术效率的提升。

H_{1e}：来华留学生人数越多，越能促进地区技术进步。

H_{1f}：来华学历留学生人数越多，越能促进地区技术进步。

(三)高等教育服务出口影响地区全要素生产率的机制分析

高等教育服务出口贸易也具有与出口贸易相同的特性，根据出口贸易影响地区全要素生产率的理论分析得到，高等教育服务出口对地区全要素生产率的影响分为直接效应和间接效应，其中直接效应是指前文提到的高等教育服务出口通过提高人力资本数量和质量即人力资本投入，直接对全要素生产率的提升起到显著的正向影响。间接效应的路径则分别由学习效应、竞争效应和规模效应这三个中介效应构成。

1. 学习效应

学习效应指高等教育服务出口促使高校的人力资本质量提升，从而增加高等学校科技成果的产出，进而对全要素生产率产生积极影响。

从学生角度来看，来华留学生提供了文化多样性而使得学生在批判和积极性思维方面获得巨大收益，同时也可以提高学生的跨文化能力；而且国际学生在一定程度上提高本土学生的语言能力、适应能力、团队协作能力、创新能力和问题解决能力，以及增强其国际意识和责任心。因此，本土学生上述能力的提高可以使其有能力阅读更多的外文资料，在科研上形成自己独特的见解和思维，从而提高本国学生的科研产出和质量。

从教师角度来说,由于国际学生也参与导师的科研项目,他们不一样的文化背景、知识积累和思维方式可以为科研项目提供多样的见解,从而也有利于科研成果的创新。国际学生有望通过将国际视野引入课堂讨论,并促使教师思考新的教学方法,改善教育内容和过程(Marco,2016),这对教师也提出了新的要求,不仅要求教师具备较高的英语能力和国外文化知识,还要不断改进自身的教学内容和方法,这都有利于增强教师的综合素质,不仅提高为本土学生以及留学生的服务能力,还有利于自身学术职业的发展,从而提高科研质量,也为顶尖成果和顶尖人才的涌现奠定基础。

人才培养质量和科学研究质量的提升可以产出更多优秀的科技成果,促成更多科技成果转化,助力地区创新。地区创新则是影响全要素生产率的重要因素。基于上述分析,我们提出如下假设。

H_2:学习效应在高等教育服务出口规模与地区全要素生产率之间起正向中介作用。

2.竞争效应

各地区的高等教育服务出口都会面临国际和国内两方面的竞争,因此也将面对更大的竞争压力,而且国内高等教育机构与发达国家的教育出口存在较大差距。首先,从地区层面看,在同一市场领域中,想要得到更大的市场份额或者获取更好的经济效益,各地政府必然会做出努力促使高等教育水平提高,如加大教育费用支出等,致力于地区人力资本的质量的提升,而人力资本质量的提升将对全要素生产率产生积极影响。其次,从学校层面来看,各高校为了提高学校对留学生的吸引力,势必将提升服务质量、优化课程内容、提升教师水平等。可见,为应对国内和国际竞争,必须加大研发投入和教育经费支出、提升管理水平等,这些举措也将对地区全要素生产率产生积极影响。基于上述分析,我们提出以下假设。

H_3:竞争效应在高等教育服务出口规模与地区全要素生产率之间起正向中介作用。

3.规模效应

教育服务出口的规模效应同时也是教育服务出口贸易的正外部性。从教育服务出口角度来看,教育服务出口规模的扩大使得留学生人数不断增加,学生规模的扩大会使教育资源利用得更加充分,学校管理效率水平更高,同时也会降低高等学校生均成本,而单位成本的降低常常意味着全要素生产率的提高。基于上述分析,我们提出以下假设。

H_4:规模效应在高等教育服务出口规模与地区全要素生产率之间起正向中介作用。

综合直接效应和间接效应分析，我们可以绘制高等教育服务出口对地区全要素生产率的影响机制图（见图 7－1）。

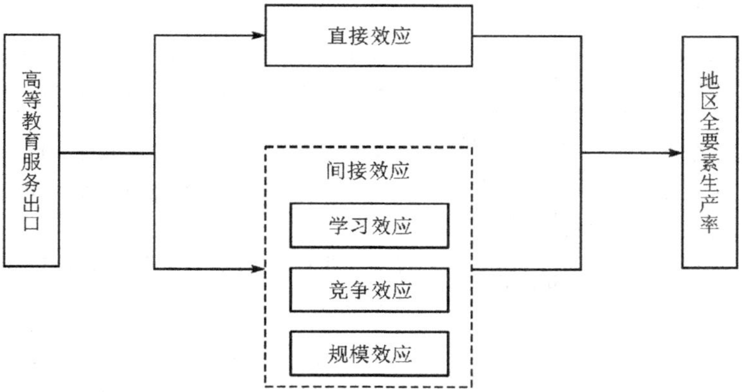

图 7－1　高等教育服务出口对地区全要素生产率的影响机制图

（四）小结

本节以新经济增长理论和人力资本理论为基础，通过对现有文献的分析，探索了高等教育服务出口对地区全要素生产率的影响机制。该影响机制包括了直接效应和间接效应两条影响路径，其中，间接效应中又包含学习效应、竞争效应和规模效应。

三、高等教育服务出口对地区全要素生产率影响的研究设计

（一）模型构建

为了使实证研究的计量模型构造合理有效，我们在既有研究模型研究变量梳理、分析比较的基础上，构建了高等教育服务出口影响地区全要素生产率的研究模型。表 7－2 是选取的五篇具有代表性的文献所使用的计量模型方法的比较。

表 7－2　计量模型比较

序号	论文作者（发表时间）	计量方法	主要变量
1	华萍（2005）	固定效应模型	教育水平变量，全要素生产率变化指数，技术效率，技术进步，贸易开放度，外国直接投资额，国有企业就业率，人均实际 GDP

续表

序号	论文作者（发表时间）	计量方法	主要变量
2	孙雅智（2013）	L-P 模型	全要素生产率，进口额，外商直接投资，政府财政科技支出，贸易开放度，高等教育人力资本
3	金戈（2014）	基于创新型内生增长框架的固定效应模型	全要素生产率，进出口贸易总量，实际利用外资，研究开发支出，教育经费投入，城市化
4	潘沈仁（2014）	空间误差模型	全要素生产率，外商直接投资，进出口，R&D 投入，经济制度因素
5	姬广磊（2016）	多元回归模型	投资率，劳动增长率，外商直接投资，对外开放程度，政府规模，R&D 投入，地区经济发展水平

在高等教育服务出口影响地区全要素生产率的作用机制中我们分析了高等教育服务出口对全要素生产率的影响包括了直接效应和间接效应，因此本节的模型构建分为直接效应的模型构建和间接效应的模型构建两部分。

1. 直接效应模型

基于高等教育出口对全要素生产率影响机制，考虑到全要素生产率的相关影响因素，本节拟采用面板数据，继而构建高等教育服务出口对地区全要素生产率及其分解指标——技术效率、技术进步影响的面板模型。

高等教育服务出口以来华留学生人数测量，因而其对全要素生产率影响的回归模型可以表达为：

$$\mathrm{TFPCH}_{it}=\beta_0+\beta_1\mathrm{LHLXS}_{it}+\beta_2\mathrm{CV}_{it}+\eta_i+\varepsilon_{it} \qquad (7-3-1)$$

模型(7－3－1)中，i 和 t 分别代表省份和时间，CV_{it} 为对被解释变量产生影响的控制变量，η_i 是会对各地区造成随机或固定的效应，ε_{it} 为干扰项。TFPCH 表示用 DEA 的 Malmquist 生产指数法算出的全要素生产率，LHLXS 代表以来华留学生人数衡量的高等教育服务出口规模。

$$\mathrm{TFPCH}_{it}=\beta_0+\beta_1\mathrm{XLS}_{it}+\beta_2\mathrm{CV}_{it}+\eta_i+\varepsilon_{it} \qquad (7-3-2)$$

模型(7－3－2)中，XLS 代表学历来华留学生数，其余与模型(7－3－1)一致。

为了探讨来华留学生人数衡量的高等教育服务出口对技术效率的影响，建立以下回归模型：

$$\mathrm{EFFCH}_{it}=\beta_0+\beta_1\mathrm{LHLXS}_{it}+\beta_2\mathrm{CV}_{it}+\eta_i+\varepsilon_{it} \qquad (7-3-3)$$

$$\mathrm{EFFCH}_{it}=\beta_0+\beta_1\mathrm{XLS}_{it}+\beta_2\mathrm{CV}_{it}+\eta_i+\varepsilon_{it} \qquad (7-3-4)$$

模型(7－3－3)中,LHLXS 代表来华留学生人数;模型(7－3－4)中,XLS 代表学历来华留学生人数,EFFCH 代表技术效率变化指数。其余与模型(7－3－1)一致。

为了探讨来华留学生人数衡量的高等教育服务出口对技术进步的影响,建立以下回归模型:

$$\mathrm{TECHCH}_{it}=\beta_0+\beta_1\mathrm{LHLXS}_{it}+\beta_2\mathrm{CV}_{it}+\eta_i+\varepsilon_{it} \qquad (7-3-5)$$

$$\mathrm{TECHCH}_{it}=\beta_0+\beta_1\mathrm{XLS}_{it}+\beta_2\mathrm{CV}_{it}+\eta_i+\varepsilon_{it} \qquad (7-3-6)$$

模型(7－3－5)中,LHLXS 代表来华留学生人数;模型(7－3－6)中,XLS 代表学历来华留学生人数,TECHCH 代表技术进步变化指数。其余与模型(7－3－1)一致。

2. 间接效应模型

高等教育服务出口对地区全要素生产率的间接效应由三个中介效应构成,分别是学习效应、竞争效应和规模效应。

1)中介效应检验方法

中介效应是指在变量 X 和变量 Y 之间的影响过程中,存在着某种中间变量,也就是说,当 X 变量影响 Y 变量时,必须通过 M 变量起中介作用,这种间接影响被称为中介效应。在这里 M 作为中介变量是一种内部机制,这种内部机制,体现了解释变量如何对被解释变量产生影响。如图 7－2 所示,是中介变量的影响路径分析图。

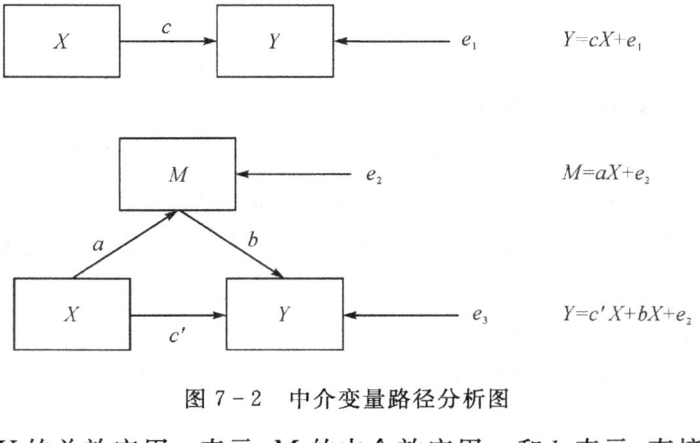

图 7－2　中介变量路径分析图

X 影响 Y 的总效应用 c 表示,M 的中介效应用 a 和 b 表示,直接效应表示为 c'。下文将采用温忠麟等(2004)提出的三步检验法对中介效应进行检验。

①首先对回归系数 c 进行检验,若结果显著,则进入②步,否则终止。

②其次对 a、b 两个回归系数进行检验,若 a、b 都显著,则到达第③步,否则进入第④步。

③如果结果显著,那就说明该间接影响过程属于部分中介,换句话说,就是 X

变量不完全依靠中介变量影响 Y 变量，检验结束；反之，如果结果不显著，则说明 X 变量完全通过中介变量影响 Y 变量，那就说明该过程属于完全中介。

④进行 Sobel 检验，检验统计量为 $Z=\frac{\hat{a}\hat{b}}{S_{ab}}$，($S_{ab}=\sqrt{\hat{a}^2 S_b{}^2+\hat{b}^2 S_a{}^2}$，$\hat{a}$、$\hat{b}$ 为 a、b 的估计参数，S_a、S_b 为 $\hat{a}$、$\hat{b}$ 的标准误差)。如果结果显著，则属于较为明显的中介效应，反之，则属于较不明显的中介影响过程，检验结束。

三步法检验程序图如图 7－3 所示。

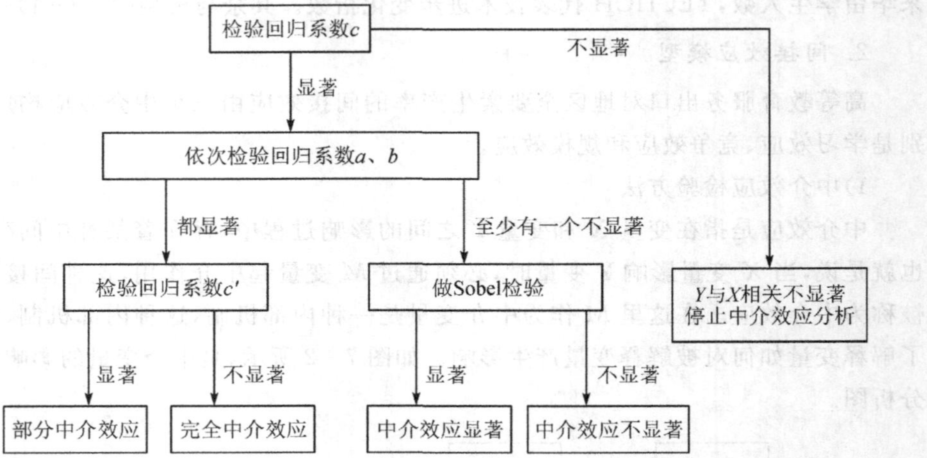

图 7－3　三步法对中介效应检验程序图

基于上文分析得出，如要对学习效应、竞争效应和规模效应是否在高等教育服务出口促进地区全要素生产率的影响中起到中介作用进行检验，则首先要测量学习、竞争和规模三种不同效应，并将三种效应分别作为中介变量 M，继而进行回归模型的构建。其中，Y 代表地区全要素生产率变化指数，X 代表高等教育服务出口，M 是中介变量。

2)间接效应模型的构建

为了探讨高等教育服务出口通过中介效应对地区全要素生产率的影响，构建以下回归模型：

$$\mathrm{TFPCH}_{it}=\beta_0+\beta_1\mathrm{LHLXS}_{it}+\beta_2\mathrm{GWLW}_{it}+\beta_3\mathrm{CV}_{it}+\eta_i+\varepsilon_{it} \quad (7-3-7)$$

模型(7－3－7)为学习效应模型，其中 i 和 t 分别代表省份和时间，CV_{it} 为各地区对被解释变量产生影响的相关控制变量，η_i 是会对各地区造成随机或固定效应的变量，ε_{it} 为干扰项。TFPCH 代表基于 DEA 的 Malmquist 生产指数法算出的全要素生产率，LHLXS 代表以来华留学生人数衡量的高等教育服务出口规模。GWLW 代表衡量学习效应的各地区高等学校科技成果。

$$TFPCH_{it} = \beta_0 + \beta_1 LHLXS_{it} + \beta_2 GXRD_{it} + \beta_3 CV_{it} + \eta_i + \varepsilon_{it} \quad (7-3-8)$$

模型(7－3－8)为竞争效应模型，其中 GXRD 代表高等学校 R&D 支出，其余与模型(7－3－7)一致。

$$TFPCH_{it} = \beta_0 + \beta_1 LHLXS_{it} + \beta_2 SJCZYS_{it} + \beta_3 CV_{it} + \eta_i + \varepsilon_{it} \quad (7-3-9)$$

模型(7－3－9)为规模效应模型，其中 SJCZYS 代表高等学校生均成本，其余与模型(7－3－7)一致。

之后的实证研究，我们将基于模型(7－3－1)至(7－3－9)对高等教育服务出口影响地区全要素生产率进行全样本回归、分区域回归、分效应回归，并对回归结果进行稳健性检验。

(二)变量选取与数据来源

1. 被解释变量

1)测算方法

以中国各地区分别作为决策单位测量全要素生产率，样本为 2000—2016 年的除西藏外中国的 30 个省(区、市)，计算过程中需要的变量有：产出变量、劳动投入量和资本存量。各指标计算方法如下。

产出变量：以 2000 年为基期的中国 30 个省(区、市)的实际 GDP 数据。劳动投入量：以中国 30 个省(区、市)的全社会就业人员数计算。资本存量：用永续盘存法来估算各省(区、市)的资本存量，具体参考了单豪杰等(2008)的做法：

$$K_{it} = K_{it-1}(1-\delta) + \frac{I_{it}}{P_{it}} \qquad t = 2, \cdots, 11 \qquad (7-3-10)$$

2)测算过程

首先，单豪杰等求出的 2000 年各省(区、市)的资本存量是以 1978 年为基期计算的，用单豪杰 2000 年相对于 1978 年为基期的固定资产价格指标，把各省份资本存量转换为以 2000 年为基期的资本存量。P_{it} 的衡量使用固定资产投资价格指数。δ 取 10.96%，代表各省(区、市)固定资本形成总额的折旧率。I_{it} 代表总的固定资产投资额。接着用永续存盘法计算出中国各省(区、市)以 2000 年为基期的 2000—2016 年的物质资本存量。

然后，使用基于 DEA 的 Malmquist 生产指数法，利用 DEAP 2.1 软件，将中国 30 个省(区、市)的产出变量和投入变量输入软件，得到每年每省(区、市)全要素生产率指数(TFPCH)，技术效率指数(EFFCH)、技术进步指数(TECHCH)。

中国各省(区、市)2000—2016 年全要素生产率及其分解指标的年平均值如表 7－3 所示。30 个省(区、市)中，只有吉林和甘肃的 TFP 指数小于 1，重庆的 TFP

指数最高；黑龙江、上海、安徽、湖北、湖南、广西、海南、重庆、四川、云南、陕西 11 个省(区、市)的 TFPCH 在全国平均水平之上；全要素生产率的分解指标——技术效率指数均不足 1，说明中国技术效率在 2000—2016 年并没有出现较为显著的增长；但所有省(区、市)的技术进步指数都大于 1，表明全国技术进步明显。

表 7-3　各省(区、市)全要素生产率指数及其分解指标

省(区、市)	全要素生产率(TFPCH)	技术效率(EFFCH)	技术进步(TECHCH)
北京	1.008	0.992	1.020
天津	1.011	0.993	1.024
河北	1.014	0.985	1.034
山西	1.015	0.978	1.042
内蒙古	1.001	0.980	1.026
辽宁	1.010	0.984	1.031
吉林	0.997	0.973	1.029
黑龙江	1.029	0.985	1.048
上海	1.040	1.003	1.043
江苏	1.013	0.999	1.020
浙江	1.015	0.990	1.030
安徽	1.050	0.992	1.068
福建	1.022	0.980	1.047
江西	1.021	0.989	1.037
山东	1.024	0.993	1.036
河南	1.017	0.982	1.044
湖北	1.035	0.995	1.044
湖南	1.053	0.994	1.069
广东	1.011	0.988	1.028
广西	1.032	0.985	1.057
海南	1.031	0.982	1.054
重庆	1.080	1.001	1.081
四川	1.066	0.984	1.079
贵州	1.025	0.998	1.032
云南	1.039	0.979	1.071
陕西	1.061	1.006	1.063
甘肃	0.988	0.972	1.021

续表

省(区、市)	全要素生产率(TFPCH)	技术效率(EFFCH)	技术进步(TECHCH)
青海	1.010	0.989	1.027
宁夏	1.007	0.973	1.039
新疆	1.018	0.967	1.062
样本均值	1.025	0.987	1.043

2000—2016 年的全要素生产率变化指数及分解指标如表 7 - 4 所示。可以看出，2000—2016 年中国各省(区、市)的全要素生产率年平均增长 2.5%，技术效率指数降低 1.3%，而技术进步指数增长 4.3%，进一步说明技术进步是影响中国各地区全要素生产率提高的主要原因，而技术效率对全要素生产率的提升贡献较小；全要素生产率值除 2000 年下降外，其余年份都是增长的，增幅最大的是 2007 年。

表 7 - 4　历年全要素生产率变化指数及其分解

年份	全要素生产率(TFPCH)	技术效率(EFFCH)	技术进步(TECHCH)
2000	0.984	1.042	1.026
2001	1.028	0.989	1.039
2002	1.032	0.993	1.040
2003	1.038	0.994	1.045
2004	1.039	0.981	1.059
2005	1.034	0.979	1.056
2006	1.035	0.984	1.051
2007	1.043	0.992	1.052
2008	1.028	0.976	1.054
2009	1.016	0.994	1.022
2010	1.032	0.978	1.055
2011	1.026	0.966	1.062
2012	1.019	0.965	1.056
2013	1.011	0.994	1.017
2014	1.013	0.972	1.043

续表

年份	全要素生产率(TFPCH)	技术效率(EFFCH)	技术进步(TECHCH)
2015	1.022	0.990	1.033
2016	1.021	0.991	1.031
平均值	1.025	0.987	1.043

为了更直观地观察全要素生产率及其分解指标的变化趋势，我们又将历年指标绘图展示（见图7-4）：全要素生产率在2000—2016年总体上升，2016年生产率增长速度最快，2000年最低。其中，全要素生产率在2001—2007年逐渐提高；2008—2010年全要素生产率增长率波动幅度较大，2011—2014年全要素增长率有所放缓。技术进步与全要素生产率的变化均为正值且具有较为相同的变化轨迹。技术效率方面，2000年上升，其余年份均为下降趋势。总体来看，技术效率呈下降趋势。

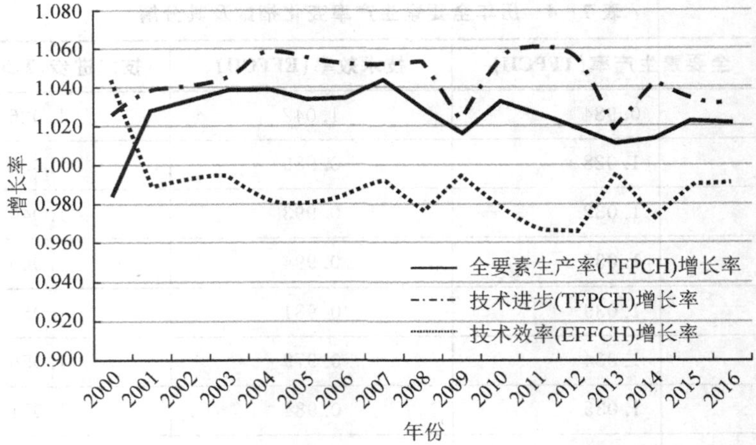

图7-4 TFPCH、EFFCH、TECHCH变化的时间趋势

2. 解释变量

随着2001年中国加入WTO且国内市场进一步扩大开放程度后，中国的货物进出口贸易以及服务进出口贸易都增长迅速。自2013年提出“一带一路”倡议以来，中国的教育出口快速增长。教育出口是服务贸易出口的一种形式，是一种教育输出行为，一般是指一个国家的高等院校接受外国留学生以及一国高等院校在海外办学并获取经济利益的教育输出行为。由于各国政治制度的约束，中国高等院校在海外办学的情况较少，因而，本章的高等教育服务出口主要指外国学生来华留学，因此，用来华留学生人数测量高等教育服务出口规模，又因为来华留学生分为

学历来华留学生和非学历来华留学生，所以将学历来华留学生人数也作为衡量教育服务出口的变量，从而探究不同类型的来华留学生对地区全要素生产率及其分解指标的影响。

从总体趋势上看，近年来华留学生和学历来华留学生的人数总体上呈高速增长，但是其增长率经历了几次起伏。如图 7-5 所示，进入 2000 年以来，中国来华留学生人数除 2003 年因疫情影响有所下降外，一直呈现显著增长态势。其中，2005 年增速最高，这是因为 2005 年胡锦涛总书记在出席“联合国成立六十周年首脑会议”时宣布：中国将加大对发展中国家的扶持，在短期内为其培养大量人才；温家宝总理也提出，中国将在 2006 年把政府奖学金名额增加到每年一万人次，并适当提高资助标准，这充分体现国家对高等教育服务出口的重视，导致来华留学生人数高速增长，随后增速逐年放缓，直到 2008 年，增速趋于稳定，并保持在 5%～10%。

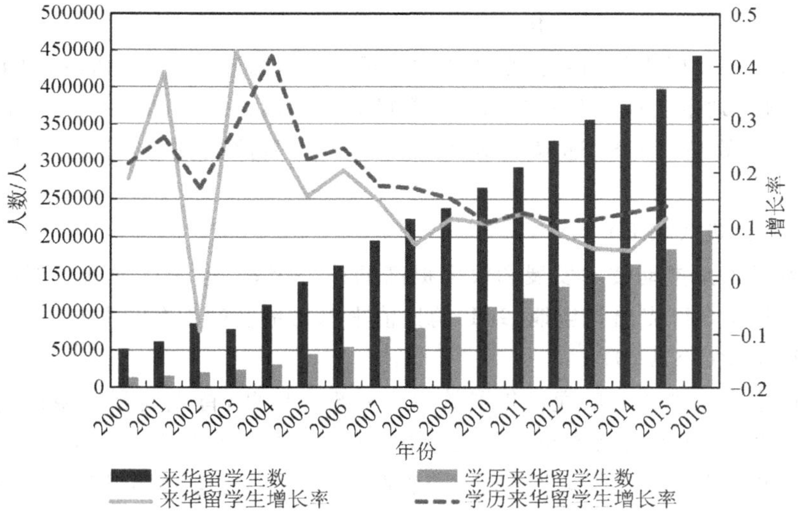

图 7-5 来华留学生规模变化趋势图

3. 中介变量

学习效应用高等学校科技成果数量(GWLW)来测量。

竞争效应的测量用高等学校 R&D 支出(GXRD)。

规模效应用高等学校生均成本(SJCZYS)来测量。

4. 控制变量

尽管本章研究的重点是高等教育服务出口对地区全要素生产率的影响，但是考虑到不同地区影响全要素生产率的其他变量，以及由于遗漏某些变量从而造成一定程度的估计误差，基于此，选取了与被解释变量相关的控制变量。

1)投资率(INV)和劳动增长率(LABOR)

主要的考虑是：第一，作为生产常见的基本投入要素，一个地区的自然禀赋可以通过资本和劳动力进行充分的反映；第二，投资率能体现国家及区域投资支出对全要素生产率的影响效果；投资率用各省(区、市)每年的资本形成总额与GDP的比值测量，劳动增长率用当年各省(区、市)社会从业人数的增长率测量。

2)政府因素(GOV)

在经济发展的过程中，政府支持发挥着十分重要的作用，因此，在分析不同地区全要素生产率的增长情况时，应该考虑政府支持力度。选取了当年财政支出占当地GDP的比值作为政府因素的测量指标。

3)对外开放程度(OPEN)

对外开放程度用地区当年的进出口贸易总值与GDP的比值测量。

4)地区经济发展水平(ERGDP)

地区经济发展水平与对教育和技术的重视程度成正比，换句话说，如果一个地区较为发达，则也会加大对教育和技术等的投入力度进而提高效率，这也符合经济学中的马太效应，因此，选取了地区发展水平作为控制变量，用地区人均GDP测量。

5)R&D投入(RD)

研发投入是推动技术发展和效率提高的核心因素，也能体现地区对技术的重视程度。用R&D支出与当地GDP的比值来测量地区的R&D投入水平。

6)城市化(TOWN)

区域生产率增长一般通过集聚效应来实现。因此，首先要利用城市化聚集大量人口和企业，使得商品流动和劳动力有效配置，进而提高生产效率。其次，城市化也能聚集相关社会资源，即形成配套资源的“集聚”，也会间接提升人才水平和企业水平，从而促进全要素生产率提高，因此城市也被称为“创新孵化器”。城市化用地区城镇人口的比值测量。

7)外商直接投资(FDI)

选取各省(区、市)每年实际利用外商直接投资额与GDP的比值来测量FDI。由于FDI使用美元衡量，因此在实际计算时，将美元乘以当年平均汇率转换成人民币。

本章选用的所有变量测量方法如表7-5所示。

表 7-5　变量汇总表

类型	名称	符号	测度	预测
被解释变量	全要素生产率指数	TFPCH	基于 DEA 的 Malmquist 生产指数法	/
	技术效率指数	EFFCH		
	技术进步指数	TECHCH		
解释变量	来华留学生人数	LHLXS	各地区来华留学生人数的自然对数	+
	学历来华留学生人数	XLS	各地区来华留学生中学历生人数的自然对数	+
中介变量	学习效应	GWLW	各地区高等学校国外学术刊物发表论文数量的自然对数	+
	竞争效应	GXRD	各地区高等学校 R&D 经费支出占地区总 R&D 内部支出比率	+
	规模效应	SJCZYS	各地区高等学校生均财政预算教育事业费	—
控制变量	投资率	INV	各地区资本形成总额与 GDP 的比值	+
	劳动增长率	LABOR	各地区全社会从业人数的增长率	+
	政府因素	GOV	各地区政府财政支出与 GDP 比值	+
	对外开放程度	OPEN	各地区进出口总额与 GDP 比值	+
	地区经济发展水平	ERGDP	各地区人均 GDP(万元)	+
	R&D 投入	RD	各地区 R&D 内部支出与 GDP 比值	+
	城市化	TOWN	各地区城镇人口的比值	+
	外商直接投资	FDI	实际利用外商直接投资额与 GDP 的比值	+

3. **数据来源**

来华留学生相关数据来自《中国教育年鉴》以及教育部国际合作与交流司编写的《来华留学生简明统计》，高等学校相关数据来自《中国高等学校科技统计资料汇编》，经济和其他数据来自国家统计局发布的《中国统计年鉴》。

(三)描述性统计分析

首先针对研究数据进行了描述性统计分析。表 7-6 显示了变量的描述性分析结果。从描述性统计结果来看,全要素生产率指数大于1,说明中国的全要素生产率是处于增长趋势,技术效率的均值小于1。

表7-6 数据描述性统计结果

变量名称	变量符号	平均值	标准差	最小值	最大值
全要素生产率指数	TFPCH	1.025	0.034	0.908	1.127
技术效率指数	EFFCH	0.987	0.027	0.871	1.104
技术进步指数	TECHCH	1.043	0.028	0.896	1.125
留学生人数	LHLXS	7.737	1.753	2.833	11.261
学历来华留学生人数	XLS	6.494	2.412	0	10.574
高等学校科技成果	GWLW	7.455	1.769	1.609	10.538
高等学校 R&D 支出	GXRD	0.703	0.47	0.18	3.635
高等学校生均成本	SJCZYS	0.067	0.042	0.007	0.291
投资率	INV	0.556	0.158	0.295	1.396
劳动增长率	LABOR	0.017	0.025	−0.111	0.214
政府规模	GOV	0.194	0.09	0.069	0.627
对外开放程度	OPEN	0.314	0.389	0.032	1.721
地区经济发展水平	ERGDP	2.161	1.588	0.276	8.948
R&D 投入	RD	0.013	0.01	0.001	0.06
城市化	TOWN	0.49	0.152	0.232	0.896
外商直接投资	FDI	0.026	0.023	0	0.146

(四)相关性及共线性分析

进一步,我们又对数据进行了相关分析以及共线性检验。从相关分析结果(见表7-7)来看,解释变量之间的相关系数虽然均小于0.7,但还有个别变量间的系数相关系数较大。为了避免变量的共线性影响回归结果,我们进一步计算了变量的方差膨胀因子(variance inflation factor,VIF),表7-8的检验结果显示,各个变量的VIF值均小于10,表明变量之间不存在严重的共线性问题,满足回归的基本要求。

表 7-6　相关系数

变量	TFPCH	EFFCH	TECHCH	LHLXS	XLS	GWLW	SJCZYS	GXRD	INV	LABOR	GOV	OPEN	ERGDP	RD	TOWN	FDI
TFPCH	1															
EFFCH	0.259***	1														
TECHCH	0.500***	−0.237***	1													
LHLXS	0.022	−0.059	−0.075*	1												
XLS	0.049	−0.086*	−0.023	0.643***	1											
GWLW	0.077*	−0.027	−0.035	0.628***	0.530***	1										
SJCZYS	−0.193***	−0.023	−0.272***	0.575***	0.474***	0.432***	1									
GXRD	0.193***	−0.026	0.207***	0.199***	0.209***	0.261***	0.021	1								
INV	−0.179***	−0.344***	−0.018	−0.056	−0.020	−0.188***	0.106**	−0.099**	1							
LABOR	−0.219***	−0.213***	−0.085*	0.169***	0.143***	0.040	0.164***	−0.082*	0.083*	1						
GOV	−0.065	−0.217***	0.010	−0.166***	−0.185***	−0.305***	0.238***	0.006	0.682***	−0.013	1					
OPEN	−0.054	0.101**	−0.186***	0.559***	0.440***	0.399***	0.526***	−0.057	−0.316***	0.310***	−0.295***	1				
ERGDP	−0.151***	−0.044	−0.280***	0.549***	0.666***	0.647***	0.676***	−0.035	0.064	0.201***	−0.021	0.567***	1			
RD	−0.024	0.080*	−0.182***	0.670***	0.564***	0.636***	0.505***	0.124***	−0.176***	0.167***	−0.134***	0.650***	0.674***	1		
TOWN	−0.125***	−0.006	−0.244***	0.728***	0.656***	0.576***	0.417***	0.106**	−0.003	0.255***	−0.068	0.621***	0.453***	0.217***	1	
FDI	0.002	0.149***	−0.108**	0.288***	0.232***	0.183***	0.146***	0.004	−0.253***	0.189***	−0.390***	0.573***	0.299***	0.261***	0.431***	1

注：*、** 和 *** 分别表示结果在 10%、5%和 1%的显著性水平上显著。

表 7-8　共线性检验结果

变量	VIF	1/VIF
ERGDP	7.14	0.1401
TOWN	6.52	0.1534
LHLXS	5.06	0.1975
GWLW	4.78	0.2092
SJCZYS	4.44	0.2252
OPEN	3.96	0.2525
RD	3.48	0.2873
GOV	2.96	0.3378
INV	2.41	0.4155
FDI	1.81	0.5528
GXRD	1.44	0.6944
LABOR	1.18	0.8475
Mean VIF	3.77	

四、高等教育服务出口影响地区全要素生产率的实证结果

囿于样本数据，本章以 2000—2016 年中国各省（区、市）为研究对象。借助 Stata 13 软件就高等教育服务出口对地区全要素生产率的影响进行实证分析。

（一）直接效应回归结果

本章数据为面板数据，在检验时依据面板数据回归可以采用混合效应回归、固定效应回归和随机效应回归的思路，首先对高等教育服务出口直接影响地区全要素生产率的模型进行 Hausman 检验，得出模型（7-3-1）、（7-3-2）、（7-3-5）、（7-3-6）应用随机效应回归方法，而模型（7-3-3）、（7-3-4）应用固定效应回归方法。

表 7-9　高等教育服务出口对地区全要素生产率变化影响的回归结果

变量	模型 (7-3-1) (TFPCH)	模型 (7-3-2) (TFPCH)	模型 (7-3-3) (EFFCH)	模型 (7-3-4) (EFFCH)	模型 (7-3-5) (TECHCH)	模型 (7-3-6) (TECHCH)
CONSTANT	1.0081*** (0.002)	1.0353*** (0.000)	1.0723*** (0.002)	1.0475*** (0.000)	1.0154*** (0.000)	1.0365*** (0.009)

续表

变量	模型(7-3-1)(TFPCH)	模型(7-3-2)(TFPCH)	模型(7-3-3)(EFFCH)	模型(7-3-4)(EFFCH)	模型(7-3-5)(TECHCH)	模型(7-3-6)(TECHCH)
LHLXS	0.0072*** (0.002)		−0.0071*** (0.002)		0.0056*** (0.002)	
XLS		0.0038*** (0.001)		−0.0751*** (0.003)		0.0032*** (0.000)
INV	−0.0376*** (0.004)	−0.0378*** (0.004)	−0.0735*** (0.003)	−0.1660*** (0.007)	0.0175 (0.112)	0.0168 (0.121)
LABOR	−0.2393*** (0.002)	−0.2372*** (0.002)	−0.1628*** (0.007)	0.0611 (0.138)	−0.0619 (0.144)	−0.0608 (0.144)
GOV	0.0756** (0.033)	0.0761** (0.033)	0.0722* (0.058)	−0.0058 (0.111)	0.0089 (0.128)	0.0080 (0.128)
OPEN	0.0230** (0.029)	0.0263*** (0.009)	−0.00151 (0.110)	0.00446* (0.052)	0.00784 (0.109)	0.0103 (0.108)
ERGDP	−0.0045** (0.022)	−0.0033 (0.102)	0.0057** (0.022)	−1.7755*** (0.002)	−0.0078*** (0.002)	−0.0069*** (0.001)
RD	−0.1931 (0.438)	−0.0512 (0.433)	−1.6045*** (0.004)	0.0082 (0.125)	0.2445 (0.366)	0.3445 (0.362)
TOWN	−0.0520** (0.026)	−0.0554** (0.026)	0.0112 (0.126)	0.0782 (0.197)	−0.0276 (0.122)	−0.0318 (0.122)
FDI	0.0598 (0.296)	0.0565 (0.196)	0.0777 (0.197)	−0.0028** (0.021)	−0.0029 (0.181)	−0.0064 (0.182)
R^2	0.0916	0.0966	0.1971	0.1936	0.0949	0.0986
F			12.83	12.25		
Wald	61.91	61.03			43.05	43.99
Obs.	510	510	510	510	510	510

注:括号内数值为 p 值;*、** 和 *** 分别表示结果在10%、5%和1%的显著性水平上显著。

从实证结果来看,来华留学生人数和学历留学生人数都对全要素生产率、技术进步产生了显著的积极影响,并且都在1%的显著性水平上显著。这说明来华留学生规模扩大有利于全要素生产率的提高,这与我们的假设相符。这是因为教育服务出口是一种特殊的出口贸易，在对外输出服务的同时，大量国外学生来华留学接受中国教育服务的同时也带来了母国的知识，作为知识的使用者，国际学生跨国交流学习已经成为技术外溢的主要实现方式（仇怡 等，2015），因此，教育出口的同时会伴随着来华留学生的技术外溢效应，而国际智力流动为东道国带来了人力资本量的积累，从而有助于直接提高东道国的人力资本数量和质量，又因为人力资本对全要素生产率（TFP）的增长具有促进作用，因此高等教育服务出口对全要素生产率有着直接的促进作用。

来华留学生和学历生人数对技术效率均产生了显著的消极影响，且学历留学生规模对技术效率的影响系数大于来华留学生总数对技术效率的影响系数。对此，Pircthett（2001）认为，低水平的教育质量、供需失衡的情况在劳动力市场上频繁显现，以及不利的政策制度是发展中国家技术效率低下的重要原因。

控制变量对地区全要素生产率的影响结果是：投资率（INV）对地区全要素生产率产生了显著的阻碍作用，可能与投资多为基础建设投资而高科技产业相关投资较少的投资结构有关。劳动增长率（LABOR）显著负向影响，仅用劳动力数量增长来衡量劳动力水平，未充分考虑到劳动力的分布是可能的原因。政府因素（GOV）对地区全要素生产率显著正向影响。这是因为测量指标地区政府财政支出从投入和产出两个方面影响了全要素生产率。对外开放程度（OPEN）对地区全要素生产率产生了显著正向影响。中国经济和科技的快速发展得益于改革开放，从开始的“从模仿中学习”逐步转化为直接进入国际市场，加入竞争行列，不断推进着中国企业的技术进步。地区经济发展水平（ERGDP）和城市化（TOWN）呈负向影响，赵爽（2018）认为，地区经济发展水平和城市化可能对地区全要素生产率存在显著的门槛特征。具体来说，在城市化程度和地区经济发展水平越过门槛值之前，两者对地区全要素生产率、技术效率和技术进步的影响并不相同。R&D 投入对全要素生产率的影响不显著，而对地区技术效率存在抑制作用。可能的原因是，企业 R&D 投入占主体，且不同企业均为独立的经济主体，均谋求本企业的利润最大化，但各个企业的最优却并非最有效率。

（二）分区域回归结果

因为中国各地区的经济发展程度、教育发展水平和科技研究能力不同，来华留学生对地区全要素生产率作用也可能存在差异。为探究这些差异，我们把样本数据分为东中西三个区域，并对模型再次进行回归，回归结果如表 7 - 10、表 7 - 11、表 7 - 12 所示。

表 7-10　东部高等教育服务出口规模对地区全要素生产率变化影响的回归结果

变量	模型 (7-3-1) (TFPCH)	模型 (7-3-2) (TFPCH)	模型 (7-3-3) (EFFCH)	模型 (7-3-4) (EFFCH)	模型 (7-3-5) (TECHCH)	模型 (7-3-6) (TECHCH)
CONSTANT	1.0455*** (0.008)	1.0573*** (0.003)	1.1097*** (0.006)	1.0802*** (0.007)	1.0196*** (0.006)	1.0248*** (0.001)
LHLXS	0.0011 (0.103)		−0.0075* (0.054)		0.0012 (0.102)	
XLS		0.0003 (0.102)		−0.0044* (0.052)		0.0012 (0.101)
INV	−0.0514** (0.020)	−0.0531*** (0.009)	−0.0946*** (0.001)	−0.102*** (0.009)	0.0273 (0.118)	0.0281 (0.117)
LABOR	−0.1582*** (0.007)	−0.1714*** (0.005)	−0.1486*** (0.002)	−0.1431*** (0.002)	−0.0371 (0.149)	−0.0434 (0.148)
GOV	0.1014** (0.039)	0.0751* (0.054)	−0.0797 (0.172)	−0.0526 (0.181)	0.0932** (0.037)	0.0747* (0.059)
OPEN	0.0212*** (0.007)	0.0256*** (0.007)	−0.00305 (0.1098)	−0.00458 (0.109)	0.0161*** (0.006)	0.0163*** (0.006)
ERGDP	−0.0004 (0.102)	0.0002 (0.102)	0.0053* (0.053)	0.0045 (0.103)	−0.0041*** (0.002)	−0.0041*** (0.002)
RD	−0.5304** (0.029)	−0.5386** (0.024)	−0.8661 (0.737)	−1.0315 (0.727)	−0.6321*** (0.003)	−0.5967** (0.043)
TOWN	−0.0424* (0.052)	−0.0472** (0.022)	0.0097 (0.123)	0.0127 (0.123)	−0.0087 (0.219)	−0.0112 (0.119)
FDI	0.0353 (0.174)	0.0085 (0.179)	0.0865 (0.106)	0.1132 (0.104)	−0.0496 (0.167)	−0.0462 (0.170)
R^2	0.2032	0.1941	0.3741	0.3742	0.2833	0.2743
F	50.8	54.61			58.15	50.48
Wald			12.16	12.13		
Obs.	204	204	204	204	204	204

注：括号内数值为 p 值；*、** 和 *** 分别表示结果在 10%、5%和 1%的显著性水平上显著。

表 7-11　中部高等教育服务出口规模对地区全要素生产率变化影响的回归结果

变量	模型 (7-3-1) (TFPCH)	模型 (7-3-2) (TFPCH)	模型 (7-3-3) (EFFCH)	模型 (7-3-4) (EFFCH)	模型 (7-3-5) (TECHCH)	模型 (7-3-6) (TECHCH)
CONSTANT	1.1103*** (0.009)	1.1082*** (0.007)	1.0881*** (0.009)	1.0915*** (0.007)	1.0965*** (0.007)	1.0883*** (0.005)
LHLXS	-0.0005 (0.103)		0.0013 (0.104)		-0.0029 (0.102)	
XLS		-0.00014 (0.102)		-0.0006 (0.103)		-0.0015 (0.102)
INV	-0.1497*** (0.002)	-0.1491*** (0.002)	-0.1395*** (0.009)	-0.1382*** (0.009)	-0.0530*** (0.009)	-0.0517*** (0.009)
LABOR	-0.2862** (0.028)	-0.2835** (0.027)	-0.0226 (0.129)	-0.0169 (0.129)	-0.1991* (0.054)	-0.1927* (0.053)
GOV	0.0122 (0.102)	0.0198 (0.108)	-0.0959 (0.122)	-0.0919 (0.125)	-0.0562 (0.101)	-0.0346 (0.108)
OPEN	0.0368 (0.102)	0.0331 (0.101)	-0.1446* (0.053)	-0.1342 (0.102)	0.1431** (0.025)	0.1337** (0.024)
ERGDP	0.0149*** (0.005)	0.0145*** (0.005)	0.0128** (0.026)	0.0133** (0.016)	0.0085* (0.055)	0.0077 (0.105)
RD	1.8565*** (0.008)	1.8252*** (0.004)	-0.1781 (0.646)	-0.1796 (0.643)	1.6192*** (0.005)	1.5181*** (0.003)
TOWN	-0.1061** (0.045)	-0.1088** (0.044)	-0.0392 (0.105)	-0.0232 (0.107)	-0.0783* (0.051)	-0.0881** (0.039)
FDI	0.137 (0.219)	0.133 (0.228)	-0.348 (0.357)	-0.354 (0.357)	0.129 (0.196)	0.143 (0.204)
R^2	0.4188	0.4187	0.294	0.293	0.2391	0.2354
F	103.05	102.99			44.94	44.02
Wald			6.23	6.23		
Obs.	153	153	153	153	153	153

注：括号内数值为 p 值；*、** 和 *** 分别表示结果在 10%、5%和 1%的显著性水平上显著。

表 7－12　西部高等教育服务出口规模对地区全要素生产率变化影响的回归结果

变量	模型 (7－3－1) (TFPCH)	模型 (7－3－2) (TFPCH)	模型 (7－3－3) (EFFCH)	模型 (7－3－4) (EFFCH)	模型 (7－3－5) (TECHCH)	模型 (7－3－6) (TECHCH)
CONSTANT	0.9052*** (0.002)	0.9785*** (0.006)	1.0461*** (0.003)	1.0547*** (0.005)	0.9433*** (0.005)	1.0166*** (0.000)
LHLXS	0.0127*** (0.003)		－0.0111** (0.016)		0.0127*** (0.002)	
XLS		0.0068*** (0.002)		－0.0006 (0.102)		0.0068*** (0.001)
INV	0.0214 (0.129)	0.0246 (0.126)	－0.0401 (0.126)	－0.0281 (0.128)	0.0551** (0.023)	0.0583** (0.024)
LABOR	－0.4562*** (0.007)	－0.4425*** (0.009)	－0.2976*** (0.006)	－0.3577*** (0.005)	－0.1294 (0.107)	－0.1156 (0.111)
GOV	－0.0568 (0.152)	－0.0541 (0.153)	0.0266 (0.166)	－0.0250 (0.163)	－0.0772* (0.061)	－0.0744* (0.042)
OPEN	0.1115* (0.065)	0.1162* (0.066)	－0.0278 (0.158)	－0.0591 (0.157)	0.1867*** (0.000)	0.1922*** (0.002)
ERGDP	－0.0257** (0.012)	－0.0136 (0.111)	0.0102 (0.112)	0.0192 (0.113)	－0.0254*** (0.009)	－0.0133 (0.109)
RD	0.5383 (0.714)	0.8405 (0.708)	1.4101 (0.455)	1.0136 (0.466)	－0.0256 (0.559)	0.2748 (0.562)
TOWN	0.1353 (0.197)	0.0204 (0.196)	0.0409 (0.164)	－0.1586 (0.166)	0.0370 (0.176)	－0.0780 (0.175)
FDI	1.0353*** (0.002)	1.2486*** (0.004)	－0.2453 (0.368)	－0.2207 (0.375)	0.8963*** (0.009)	1.1102*** (0.001)
R^2	0.3723	0.3546	0.177	0.153	0.4151	0.3888
F	84.81	78.58			101.47	90.96
Wald			3.23	2.71		
Obs.	153	153	153	153	153	153

注：括号内数值为 p 值；*、** 和 *** 分别表示结果在 10%、5%和 1%的显著性水平上显著。

从实证结果来看，各区域高等教育服务出口对地区全要素生产率的影响存在一定差异。东部地区高等教育服务出口对全要素生产率和技术进步均没有显著影响。

对技术效率有显著的负向影响。中部地区高等教育服务出口对全要素生产率、技术效率和技术进步均没有显著影响。但与东部和中部不同的是，西部地区高等教育服务出口对地区全要素生产率和技术进步均具有显著的正向影响，对技术效率具有显著的负向影响。来华学历留学生对东部和西部的技术效率产生了显著的负向影响，对西部全要素生产率和技术进步产生了显著积极影响。

任胜钢(2015)认为，门槛效应使得市场化改革对经济水平较高的地区影响更大，但对经济水平较低的地区促进效果较差，这种马太效应是不同经济水平地区市场化作用差异的内在机制。但由于教育的特殊性，教育服务出口也并非完全的市场化行为，因而其与市场化改革的作用机理效果并不相同。这是因为，东中部地区的市场化水平比西部更高，人力资源的集聚程度高，因而教育出口的人力资源作用已进入边际效用递减阶段，但西部的教育服务出口却正好满足了西部人力资源的短缺状况，所以，东中部高等教育服务出口规模对地区全要素生产率的促进作用没有西部地区的作用大。也就是说，西部地区人力资本，包括国际人力资本的稀缺是导致这种结果的重要因素，继而促使国际人力资本的作用能在西部地区得到更好的展现。与此同时，中部和东部地区国际人力资本密度较大，使得国际人力资本在整体社会中供需失衡，从而不能充分利用教育出口优势。

(三)间接效应回归结果

本章运用更为稳健的固定效应估计模型，采用三步回归法检验模型(7-3-7)、(7-3-8)、(7-3-9)中学习效应、竞争效应和规模效应的有效性(叶霖莉 等，2014)，过程和结果如表7-13和表7-14所示。值得一提的是，不同于基准回归中，来华留学生对全要素生产率的回归采用随机效应的方法，此处为了保证“三步回归法”中每一步的回归方法一致且参数可比，第一步采用了固定效应的方法。

1.学习效应

表7-13中模型(7-3-7)的检验结果显示，高等教育服务出口对地区全要素生产率产生了显著的积极影响。其次，高等教育服务出口对学习效应有正向显著影响。最后，在将中介变量学习效应引入回归方程后，高等教育服务出口对地区全要素生产率变化的影响系数出现了下降，但仍然显著，说明学习效应在教育服务出口对全要素生产率变化的影响过程中起到中介作用，中介效应的大小为0.0023，假设H_2得到验证。

2.竞争效应

表7-13中模型(7-3-8)的检验结果显示，高等教育服务出口对地区全要素生产率产生了显著的积极影响。其次，高等教育服务出口对竞争效应有显著的促进作用，即自变量与中介变量的相关系数显著。最后，在将中介变量竞争效应引入

表 7－13　中介效应的检验回归结果

变量	模型(7－3－7)学习效应			模型(7－3－8)竞争效应			模型(7－3－9)规模效应		
	第一步 (TFPCH)	第二步 (GWLW)	第三步 (TFPCH)	第一步 (TFPCH)	第二步 (GXRD)	第三步 (TFPCH)	第一步 (TFPCH)	第二步 (SJCZYS)	第三步 (TFPCH)
CONSTANT	1.014*** (0.001)	3.060*** (0.009)	1.004*** (0.002)	1.014*** (0.001)	−0.0389*** (0.003)	1.018*** (0.001)	1.014*** (0.001)	0.0521 (0.179)	1.016*** (0.000)
LHLXS	0.0061*** (0.001)	0.714*** (0.005)	0.0038** (0.022)	0.0061*** (0.001)	0.0117*** (0.002)	0.0050*** (0.001)	0.0061*** (0.001)	−0.0200** (0.019)	0.0056*** (0.001)
INV	−0.0445*** (0.003)	−0.695* (0.056)	−0.0423*** (0.003)	−0.0445*** (0.003)	−0.0750*** (0.005)	−0.0376*** (0.004)	−0.0445*** (0.003)	−0.272*** (0.006)	−0.0519*** (0.003)
LABOR	−0.245*** (0.009)	−3.739** (0.029)	−0.234*** (0.006)	−0.245*** (0.006)	−0.0505 (0.168)	−0.241*** (0.009)	−0.245*** (0.159)	−0.274 (0.431)	−0.253*** (0.008)
GOV	0.0531** (0.023)	−4.081*** (0.001)	0.0661*** (0.004)	0.0531** (0.023)	0.0945*** (0.006)	0.0444* (0.0532	0.0531** (0.023)	1.928*** (0.007)	0.106*** (0.005)
OPEN	−0.0048 (0.107)	−1.016*** (0.008)	−0.0015 (0.108)	−0.0048 (0.107)	−0.0587*** (0.006)	0.0007 (0.107)	−0.0048 (0.107)	0.176*** (0.008)	3.2005 (0.107)
ERGDP	−0.0064*** (0.002)	0.198*** (0.009)	−0.0070*** (0.002)	−0.0064*** (0.001)	−0.0199*** (0.003)	−0.0046** (0.022)	−0.0064*** (0.002)	0.162*** (0.003)	−0.0020 (0.102)
RD	0.174 (0.223)	37.14*** (0.005)	0.0563 (0.231)	0.174 (0.223)	0.577** (0.026)	0.121 (0.223)	0.174 (0.223)	15.07*** (0.008)	0.584** (0.023)

续表

变量	模型(7-3-7)学习效应			模型(7-3-8)竞争效应			模型(7-3-9)规模效应		
	第一步 (TFPCH)	第二步 (GWLW)	第三步 (TFPCH)	第一步 (TFPCH)	第二步 (GXRD)	第三步 (TFPCH)	第一步 (TFPCH)	第二步 (SJCZYS)	第三步 (TFPCH)
TOWN	−0.0174 (0.122)	−0.702 (0.595)	−0.0151 (0.223)	−0.0174 (0.223)	0.184*** (0.002)	−0.0343 (0.123)	−0.0174 (0.122)	0.0345 (0.161)	−0.0164 (0.122)
FDI	0.134* (0.084)	−4.808** (0.014)	0.150* (0.086)	0.134* (0.084)	0.164* (0.092)	0.119 (0.183)	0.134* (0.081)	−0.976* (0.058)	0.108 (0.792)
GWLW			0.00318* (0.057)						
GXRD						0.0922** (0.039)			
SJCZYS									−0.0272*** (0.006)
R^2	0.1333	0.7767	0.1395	0.1333	0.7696	0.1665	0.1333	0.2724	0.1431
F	8.55	193.28	8.09	8.55	185.57	9.97	8.55	20.8	8.33
P	0.000	0.000	0.000	0.000	0.000	0.000	0.000	0.000	0.000
Obs.	510	510	510	510	510	510	510	510	510

注：括号内数值为 p 值；*、** 和 *** 分别表示结果在 10%、5%和 1%的显著性水平上显著。

回归方程后，高等教育服务出口对地区全要素生产率变化的影响系数出现了下降，数值由 0.0061 下降到 0.0051，但仍然在 1%的水平上显著，说明竞争效应在教育服务出口对全要素生产率变化的影响过程中起到明显的中介作用，中介效应的大小为 0.0011，假设 H_3 得到验证。

3. 规模效应

表 7－13 中模型(7－3－9)的检验结果显示，高等教育服务出口对地区全要素生产率产生了显著的积极影响。其次，高等教育服务出口对规模效应有显著的促进作用，这与我们的预期一致，教育服务出口规模的不断扩大使得来华留学生生均成本规模递减，因此规模效应的不断提高促进了全要素生产率的增长。最后，在将中介变量规模效应引入回归方程后，高等教育服务出口对地区全要素生产率变化的影响系数出现了下降，数值由 0.0061 下降到 0.0056，但仍然在 1%的水平上显著，说明规模效应在教育服务出口对地区全要素生产率变化的影响过程中起到明显的部分中介作用，中介效应的大小为 0.0001，假设 H_4 得到验证。

表 7－14　中介变量检验结果汇总

步骤及回归系数	中介变量	模型(7－3－7) 学习效应 (GWLW)	模型(7－3－8) 竞争效应 (GXRD)	模型(7－3－9) 规模效应 (SJCZYS)
第一步 $Y=Cx+e_1$	c	0.0061***	0.0061***	0.0061***
第二步 $M=aX+e_2$	a	0.7144***	0.0117***	－0.0200**
第三步 $Y=c'X+bM+e_3$	c'	0.0038**	0.0051***	0.0056***
	b	0.0033*	0.0910**	－0.0270***
中介效应是否显著	—	显著	显著	显著
中介效应类型	—	部分中介效应	部分中介效应	部分中介效应
中介效应大小	ab	0.0023	0.0011	0.0005
中介效应占总效应	ab/c	0.3811	0.1746	0.0885

注：*、** 和 *** 分别表示结果在 10%、5%和 1%的显著性水平上显著。

(四)稳健性检验

1. 替换时间

实证结果具有稳定性对回归模型非常关键。由于前述样本时间段为 2000—2016 年，这段时期内中国经济以及出口贸易政策等多因素均有变动，如 2004 年大力宣传国际学生赴华留学教育；2009 年颁布奖学金资助项目；2012 年以质效双优为目标，教育部开展阳光运动文化之旅。因此，为确保回归结果具有稳健性，我们把样本分为 2000—2007 年和 2008—2016 年两段，进行了再次回归。从回归结果

(见表 7-15、表 7-16)可以看出,变量的系数和显著性均未发生较大变化,说明前文回归结果具有稳定性。

表 7-15 替换时间的稳健性检验(2000—2007)

变量	模型 (7-3-1) (TFPCH)	模型 (7-3-2) (TFPCH)	模型 (7-3-3) (EFFCH)	模型 (7-3-4) (EFFCH)	模型 (7-3-5) (TECHCH)	模型 (7-3-6) (TECHCH)
CONSTANT	0.914*** (0.001)	1.007*** (0.002)	1.174*** (0.006)	1.116*** (0.002)	0.688*** (0.003)	0.859*** (0.008)
LHLXS	0.0319*** (0.008)		−0.0157*** (0.002)		0.0537*** (0.008)	
XLS		0.0258*** (0.005)		−0.00956*** (0.002)		0.0396*** (0.005)
INV	0.0692 (0.118)	−0.0111 (0.112)	−0.187*** (0.005)	−0.154*** (0.006)	0.294*** (0.008)	0.167* (0.092)
LABOR	0.0193 (0.276)	0.00711 (0.269)	0.0112 (0.117)	0.0120 (0.119)	0.00584 (0.238)	−0.00825 (0.237)
GOV	0.0180 (0.201)	0.331 (0.220)	−0.429*** (0.009)	−0.515*** (0.009)	0.570*** (0.009)	1.014*** (0.002)
OPEN	−0.132*** (0.004)	−0.114*** (0.003)	−0.0104 (0.113)	−0.0139 (0.114)	−0.122*** (0.003)	−0.0988** (0.039)
ERGDP	0.0888*** (0.002)	0.0924*** (0.009)	−0.0027 (0.108)	−0.0079 (0.187)	0.0951*** (0.008)	0.105*** (0.006)
RD	−1.817 (0.516)	−1.434 (0.553)	0.917* (0.055)	0.564 (0.553)	−2.874** (0.037)	−2.027 (0.243)
TOWN	−0.148* (0.079)	−0.233*** (0.008)	0.103*** (0.004)	0.127*** (0.008)	−0.290*** (0.008)	−0.411*** (0.004)
FDI	−0.870** (0.035)	−0.712** (0.035)	0.105 (0.143)	0.0463 (0.147)	−1.062*** (0.003)	−0.819** (0.003)
R^2	0.195	0.228	0.356	0.352	0.368	0.413
F	9.12	10.98	13.29	11.61	24.38	25.40
P	0.000	0.000	0.000	0.000	0.000	0.000
Obs.	240	240	240	240	240	240

注:括号内数值为 p 值;*、** 和 *** 分别表示结果在 10%、5%和 1%的显著性水平上显著。

表 7-16　替换时间的稳健性检验(2008—2016)

变量	模型(7-3-1)(TFPCH)	模型(7-3-2)(TFPCH)	模型(7-3-3)(EFFCH)	模型(7-3-4)(EFFCH)	模型(7-3-5)(TECHCH)	模型(7-3-6)(TECHCH)
CONSTANT	0.577** (0.026)	0.876*** (0.002)	0.955*** (0.003)	0.967*** (0.004)	0.335 (0.319)	0.705*** (0.002)
LHLXS	0.114*** (0.002)		−0.0140** (0.015)		0.180*** (0.009)	
XLS		0.0803*** (0.005)		−0.0156*** (0.004)		0.139*** (0.002)
INV	−0.765*** (0.004)	−0.742*** (0.002)	−0.145** (0.015)	−0.146*** (0.005)	−0.463* (0.055)	−0.429* (0.052)
LABOR	−1.247 (0.398)	−1.322 (0.407)	−0.505 (0.368)	−0.526 (0.368)	−0.157 (0.305)	−0.213 (0.506)
GOV	0.727** (0.048)	0.840** (0.036)	−0.195** (0.031)	−0.248*** (0.005)	1.340*** (0.009)	1.601*** (0.004)
OPEN	−0.653*** (0.005)	−0.579*** (0.001)	0.0189 (0.299)	0.0117 (0.290)	−0.715*** (0.143)	−0.603*** (0.141)
ERGDP	−0.152*** (0.004)	−0.135*** (0.003)	−0.0369*** (0.009)	−0.0361*** (0.009)	−0.109*** (0.009)	−0.0875** (0.017)
RD	5.871 (0.191)	6.782 (0.170)	3.404*** (0.007)	3.516*** (0.005)	3.633 (0.203)	4.602 (0.285)
TOWN	1.445* (0.055)	1.313* (0.060)	0.282** (0.042)	0.284** (0.041)	0.755 (0.757)	0.575 (0.743)
FDI	1.989 (0.395)	2.141 (0.566)	1.643*** (0.004)	1.588*** (0.004)	−0.419 (0.165)	−0.103 (0.129)
R^2	0.160	0.154	0.398	0.412	0.191	0.195
F	7.19	6.52	17.87	19.94	7.73	7.80
P	0.000	0.000	0.000	0.000	0.000	0.000
Obs.	270	270	270	270	270	270

注:括号内数值为 p 值;*、** 和 *** 分别表示结果在 10%、5%和 1%的显著性水平上显著。

2.替换方法

前文的实证分析过程采用的方法为最小二乘法，该方法假设等方差，考虑到样本数据存在异方差等其他原因导致最小二乘法回归的有效性降低，因此，必须进行进一步的检验。而采用广义最小二乘法(GLS)可以在存在异方差的情况下得到无偏一致估计量，更具有普遍性，因此，我们采用广义最小二乘法对高等教育服务出口影响地区全要素生产率进行再次检验(见表7-17)。

表7-17 替换方法的稳健性检验

变量	模型 (7-3-1) (TFPCH)	模型 (7-3-2) (TFPCH)	模型 (7-3-3) (EFFCH)	模型 (7-3-4) (EFFCH)	模型 (7-3-5) (TECHCH)	模型 (7-3-6) (TECHCH)
CONSTANT	1.015*** (0.002)	1.035*** (0.001)	1.029*** (0.009)	1.019*** (0.008)	1.022*** (0.008)	1.043*** (0.007)
LHLXS	0.0061*** (0.001)		−0.0028*** (0.001)		0.0059*** (0.000)	
XLS		0.0042*** (0.008)		−0.0018*** (0.000)		0.0039*** (0.000)
INV	−0.0457*** (0.005)	−0.0489*** (0.006)	−0.0498*** (0.003)	−0.0486*** (0.002)	−0.0070 (0.111)	−0.0098 (0.112)
LABOR	−0.241*** (0.004)	−0.243*** (0.005)	−0.225*** (0.006)	−0.223*** (0.006)	−0.0158 (0.155)	−0.0179 (0.156)
GOV	0.0538** (0.024)	0.0648** (0.025)	0.0054 (0.196)	0.0013 (0.197)	0.0188 (0.225)	0.0285 (0.234)
OPEN	−0.0049 (0.165)	−0.0014 (0.645)	0.0001 (0.462)	−0.0015 (0.467)	−0.0051 (0.518)	−0.0018 (0.519)
ERGDP	−0.0061*** (0.002)	−0.0054*** (0.002)	0.0001 (0.159)	−0.0003 (0.154)	−0.0077*** (0.001)	−0.0069*** (0.001)
RD	0.138 (0.231)	0.216 (0.232)	0.353** (0.017)	0.311* (0.062)	−0.150 (0.181)	−0.0684 (0.182)
TOWN	−0.0184 (0.261)	−0.0281 (0.262)	0.0054 (0.225)	0.0092 (0.227)	−0.0093 (0.168)	−0.0180 (0.168)
FDI	0.132* (0.069)	0.144** (0.049)	0.147*** (0.006)	0.142** (0.046)	0.0091 (0.554)	0.0197 (0.555)
Obs.	510	510	510	510	510	510
R^2	0.131	0.138	0.183	0.183	0.130	0.135

注：括号内数值为 p 值；*、** 和 *** 分别表示结果在10%、5%和1%的显著性水平上显著。

从检验结果可以发现，变量的系数和显著性均未发生较大变化，验证了前文回归最小二乘法方法以及结果具有有效性。

（五）小结

实证结果表明，来华留学生人数和学历留学生人数对全要素生产率、技术进步均产生了显著的积极影响，并且都在1%的水平上显著，即高等教育服务出口越大，越能促进地区全要素生产率的增长以及地区的技术进步，因此假设H_1、H_{1a}、H_{1b}、H_{1e}、H_{1f}均得到验证；而来华留学生和学历生人数对技术效率均产生了显著的消极影响，假设H_{1c}、H_{1d}没有得到支持。

分区域回归结果表明，东部地区高等教育服务出口对全要素生产率和技术进步均没有显著影响，对技术效率有显著的负向影响。中部地区高等教育服务出口对全要素生产率、技术效率和技术进步均没有显著影响。但与东部和中部不同的是，西部地区高等教育服务出口对地区全要素生产率和技术进步均具有显著的正向影响，对技术效率具有显著的负向影响。来华学历留学生对东部和西部的技术效率产生了显著的负向影响，对西部全要素生产率和技术进步产生了显著的积极影响。

间接效应的实证结果表明，教育出口贸易通过学习效应、竞争效应和规模效应三种中介效应来促进全要素生产率的增长，因此假设H_2、H_3、H_4均得到验证。

五、结论与建议

（一）研究结论

基于中国2000—2016年30个省（区、市）的面板数据，本章采用随机效应模型、固定效应模型和中介效应模型，就高等教育服务出口对地区全要素生产率的影响进行了研究。在研究过程中，我们首先对高等教育服务出口、全要素生产率以及出口贸易和全要素生产率二者关系进行了文献回顾和评述；其次，通过对出口贸易影响地区全要素生产率的理论分析，建立了高等教育服务出口影响地区全要素生产率的理论关联机制；最后，通过构建影响的直接效应和间接效应的模型，就高等教育服务出口对地区全要素生产率的影响进行了实证研究。

①高等教育服务出口显著提升了地区全要素生产率，其中，高等教育服务出口对技术进步的提升是促进地区全要素生产率的主要驱动力。高等教育服务出口对技术效率存在显著的消极作用。

②中国各区域高等教育服务出口对地区全要素生产率的影响存在一定差异。东部和中部地区高等教育服务出口对全要素生产率和技术进步均没有显著影响；西部地区高等教育服务出口对全要素生产率和技术进步均具有显著的正向影响。

技术效率方面，东部地区和西部地区高等教育服务出口对技术效率均产生了显著的负向影响，中部地区则没有显著影响。

③学习效应在高等教育服务出口对地区全要素生产率的影响过程中起到显著的正向中介作用。学习中介效应占总效应的比重最大，为 38.1%。

④竞争效应在高等教育服务出口对地区全要素生产率的影响过程中起到显著的正向中介作用。中介效应占总效应的比重为 17.5%。

⑤规模效应在高等教育服务出口对地区全要素生产率的影响过程中起到显著的正向中介作用。中介效应占总效应的比重为 8.9%。

(二)政策建议

1. 大力发展高等教育服务出口

由实证结果可知，高等教育服务出口显著提升了地区全要素生产率，这表明中国高等教育国际化政策有效，因此，应该大力发展高等教育服务出口。首先，中国应该将高等教育服务出口确定为国家战略，立足全球，制订分层次、有重点、宽领域的高等教育服务出口发展战略，出台更细化、有重点的高等教育服务出口政策措施，协调各方面、各层次的力量支持中国高等教育服务出口，统筹发挥高等教育服务出口对人力资本提升的作用。其次，地方政府应该加大对高等教育服务出口的支持力度，从激励机制、监管机制、协调机制和质量控制机制等方面出发，使教育出口从目标到实施都能够得到切实可靠的保障。同时，高校应该重视高等教育服务出口的发展，积极响应国家的号召，制订学校和各院系的具体发展规划，建立更加明确和具体的发展目标和工作任务。

2. 促进学习效应、竞争效应和规模效应

①促进学习效应。探索来华留学生与本土学生的协同培养模式，促进本土学生从来华留学生提供的文化、知识、思维和语言等多样性方面获得收益，提高本土学生的语言能力、适应能力、团队协作能力、创新能力和问题解决能力，以及增强其国际意识和责任心，形成独特的学术见解和思维，提高本土学生科研产出和质量。在学生素质和能力提升的基础上努力促使教学相长，使老师的科研能力、教学方法、背景知识、语言能力全方位提升，最终提高高等学校科技成果数量和质量，提高高等学校科技成果转化率，从而提升高等学校为社会服务的能力。

②促进竞争效应。国家应制定鼓励各地区高等学校公平竞争的政策措施，为中国高等学校健康发展提供环境；地方政府应为高等学校良性竞争提供支持服务，配合并协调高校发展；高校应探索自身特色，大力发展竞争优势，提升服务质量，优化课程内容，提升教师水平等。同时，高校为应对国内和国际竞争，必须加大研发投入，优化管理，提高效率。

③促进规模效应。首先,中国应该通过举办或参加更多的国际教育展览、在海外设立代理机构等加大对外宣传力度,把中国教育市场推向国际教育市场,吸引更多国际留学生来华就读。其次,多渠道筹集资金,为留学生提供奖学金和助学金,减轻留学生的生活负担。目前,留学生奖学金大多来源于政府奖学金,渠道较为单一,高校也应该根据自身情况为留学生提供一定的资助。最后,重视对留学生生活条件的建设,通过对留学生饮食和生活提供方便,建立和健全留学生医疗保险制度等来提高对留学生的服务水平,优化留学生现有生活环境,为吸引留学生提供必要保障。

3. 分区域精准施策、重视技术效率的提高

①分区域精准施策。一方面,东中部地区应注意教育服务出口的精细化管理,合理配置教育资源,使其能够将人力资本发挥到最优。另一方面,国家应该加大西部高等教育服务出口的宣传引导,使高等教育服务出口在西部能够最大限度地发挥其价值,提高全要素生产率,从而促进经济持续增长。

②重视技术效率的提高。相比于全要素生产率和技术进步提升,中国技术效率增长相对缓慢,因此,技术效率已成为制约中国全要素生产率增长的短板。从"补短板"视角出发,重视技术效率,并采取切实有效的举措,提高技术效率,最终提升全要素生产率。

(三)研究创新与局限

1. 研究创新

本章的研究创新有以下两点:

①拓宽了影响地区全要素生产率研究的视角。目前,关于地区全要素生产率影响因素的相关研究很多,如出口贸易、人力资本等对全要素生产率的影响,但是将教育服务出口和地区全要素生产率联系起来进行的研究却几乎没有。本章以高等教育服务出口为对象,研究其与地区全要素生产率之间的关系,拓宽服务贸易出口影响全要素生产率的相关理论研究视角。

②构建并验证了高等教育服务出口对地区全要素生产率的影响机制。本章通过直接效应和间接效应两条路径探索了高等教育服务出口对地区全要素生产率的影响机制,在为教育服务贸易与全要素生产率的相关研究领域做出贡献的同时,通过理论分析及实证研究发现了高等教育服务出口对地区全要素生产率的影响机制。

2. 研究局限

虽然我们通过分析高等教育服务出口对全要素生产率的影响机制,检验了其高等教育服务出口对全要素生产率的影响性质和程度,具有一定的创新性。然而,在数据获取、变量选择等方面仍有不足之处，有待今后研究加以拓展。

①教育出口测量指标单一。教育出口包括来华留学生和海外分校学生等指标，由于数据的缺失，本章只采用了30个省（区、市）的来华留学生数据，没有考虑海外分校及海外合作办学项目国际学生数量的影响，结论的普遍性尚待进一步验证。

②影响机制的进一步挖掘。虽然我们发现了教育出口通过学习效应、竞争效应和规模效应促进了地区全要素生产率的提升，但教育出口还可能通过其他途径影响地区全要素生产率，因此，影响机制也有待未来研究的进一步挖掘。

第八章　高等教育服务出口对区域创新的空间溢出效应

自 2012 年国家提出创新驱动发展战略以来，中国的区域创新能力得到显著提升。据 2012 年发布的《中国区域科技创新评价报告 2012》显示，中国区域创新能力综合效用值排名前五的分别是江苏、广东、北京、上海以及浙江。经过 8 年多的发展，中国区域创新能力综合效用值显著提升（见图 8－1）。《中国区域科技创新评价报告 2020》指出，整体而言，中国区域创新水平依然呈现上升趋势，但存在较大差异。广东省以 62.14 的成绩位居首位；北京、江苏、上海、浙江、山东与上一年持平，位居前六位；排在前十位的还有湖北、安徽、陕西、重庆。整体来看，珠三角地区创新能力最强，中部和西部地区的创新能力均较弱，其中，西藏地区创新能力综合效用值为 17.08，比 2018 年的 18.58 还低 0.5，创新能力进一步降低。

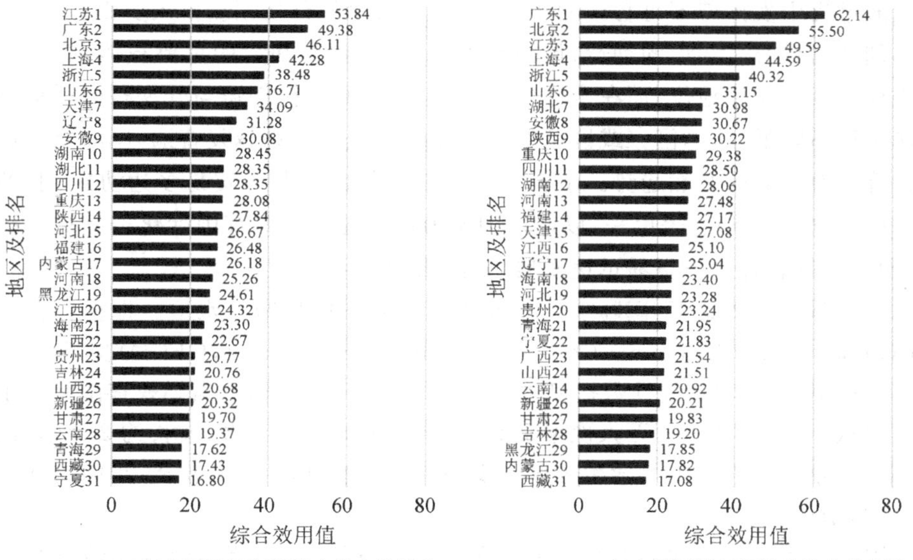

(a) 2012年中国区域创新能力综合效用值　　(b) 2019年中国区域创新能力综合效用值

图 8－1　中国区域创新能力排名

数据来源：根据《中国区域科技创新评价报告 2012》《中国区域科技创新评价报告 2020》整理。

《中国区域科技创新评价报告2020》指出，中国综合科技创新指数为72.19，相比上一年提高了1.48，其中北上广的科技创新中心领先地位越发凸显，辐射带动京津冀地区、长三角地区以及珠三角地区协同创新能力进一步提升。中国综合科技创新水平的大幅提升，表明中国的区域创新体系也更加完善，愈发多层次且各具特色，区域创新能力的提升将有力支撑创新型国家建设。

2020年9月2日，世界知识产权组织(World Intellectual Property Organization，WIPO)、美国康奈尔大学(Cornell University)以及欧洲工商管理学院(INSEAD)联合发布的《2020年版全球创新指数》(GII2020)介绍了最新的全球创新趋势和131个经济体的年度创新排名，中国的排名从2016年第25位上升至2020年第14位。可见，中国创新驱动发展战略取得的成果逐渐被世界认可，中国成为推动全球创新格局变化的重要力量。

随着社会从以农业经济和工业经济发展为主，逐步转向主要依靠知识经济和信息经济的发展，高等教育机构(主要是大学)，作为知识的生产、贮存和传播主体，在促进经济发展的过程中发挥着越来越重要的作用(王业强 等，2018)。人才作为新知识的接受、吸收和转化的主体，具备活跃的思维与创造能力，在促进知识的传播扩散过程中发挥着不可替代的作用，是一种重要的科技创新投入要素。

创新的核心是知识的创造、传播和吸收，人才作为知识的重要载体，在区域创新进程中处于主导地位，而在全球化背景下，地域对传播知识与开展科研活动的约束作用逐渐降低，跨越国家或区域的知识交流及人才流动越发普遍，国际化已然成为高等教育发展的必然趋势。事实上，自1993年国际服务贸易多边协定《服务贸易总协定》(GATS)签署以来，以发达国家为代表的高等教育国际化进程被广泛关注，同时高等教育服务贸易迅速发展(刘红梅 等，2020)。

在全球化大背景下，国际学生的人数一直处于稳步增长水平。根据经合组织(Organization for Economic Co-operation and Development，OECD)文件 Education at a Glance 2020 统计数据显示(见图8-2)，OECD国家高等教育国际学生入学人数从1998年的170万人次增加到2018年的390万人次，增长约2.3倍，而非OECD国家高等教育国际学生入学人数从1998年的50万人次到2018年的170万人次，增长3.4倍。

国际化是区别现代大学和传统大学的重要特征，是高等学校顺应经济全球化潮流，将国际文化多元化维度一体化到高校的科研及教学服务中(农春仕，2021)，旨在提升高校国际声望与影响力的过程，中国大学的国际化发展对提升中国高等学校国际影响力和竞争力发挥着重要作用。

2019年，中共中央、国务院印发《中国教育现代化2035》，提出开创教育对外开放新格局战略任务。2020年，新冠疫情加上复杂的国际大环境使出国留学之路与

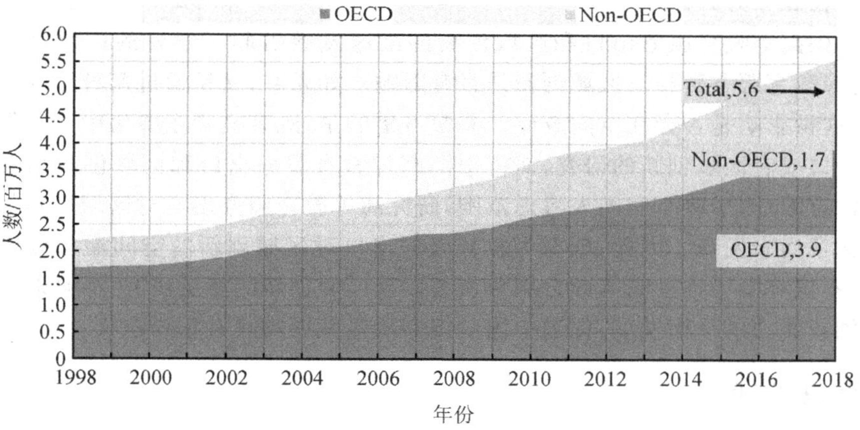

图 8-2　OECD 和非 OECD 国家注册的国际学生人数

数据来源：根据 Education at a Glance 2020 整理。

来华留学之路都充满不确定性，对中国高等教育国际化，乃至对世界范围内高等教育国际化均带来了极大的挑战。中国政府依然坚持教育对外开放政策。2020 年中国教育部等八部门发布《关于加快和扩大新时代教育对外开放的意见》，明确强调要坚持教育对外开放政策不动摇，同时提出优化出国留学工作的布局，做强“留学中国”品牌，深化教育领域的国际合作。教育部有关部门负责人亦在 2020 年中国国际服务贸易交易会上提出，中国将继续致力于提高双向留学的质量，这些举措深刻反映了中国政府对教育国际化的重视态度。据《来华留学生简明统计》数据（见图 8-3），2018 年中国接受 492185 名外国留学人员，在全国 31 个省（区、市）的 1004 所高等院校学习，2018 年来华留学生人数是 2000 年 52150 名的 8.4 倍，平均

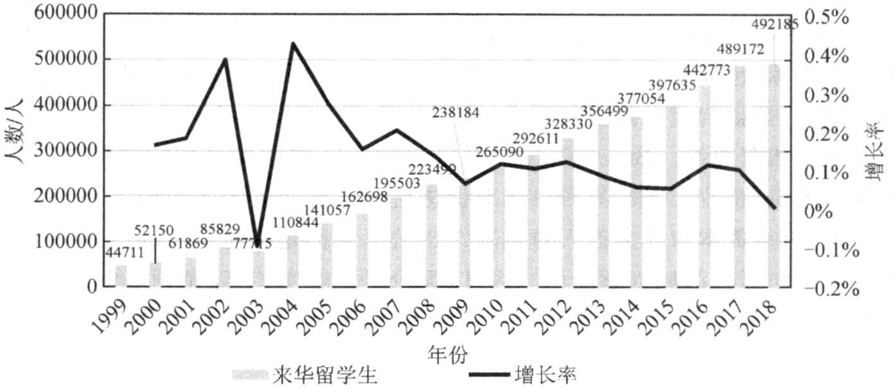

图 8-3　1999—2018 年来华留学生统计

数据来源：根据《来华留学生简明统计》整理。

每年增长 2.4 万人。

中国高等教育服务出口和区域创新的高速发展引起了学者的广泛关注。那么,高等教育服务贸易对区域创新是否有影响?如果有,又是通过何种路径?进一步的,这种影响是否存在空间效应?非常可惜的是,既有文献主要集中于高等教育服务出口或者区域创新的研究,而将中国高等教育服务出口和区域创新结合的文献非常有限;至于将空间纳入考虑范围,研究高等教育服务出口对区域创新溢出效应的文章尚未发现。因此,就高等教育服务出口对区域创新的空间溢出效应进行研究,不仅有助于推动高等教育服务贸易以及区域创新的相关研究,而且对于推动区域创新能力的平衡发展,促进中国经济高质量发展均具有重要意义。

一、文献综述

(一)区域创新相关研究

1912 年,约瑟夫·A. 熊彼特在其著作《经济发展理论》中首次提出创新(innovation)一词。20 世纪 80 年代,傅家骥先生从企业角度对技术创新进行了定义,自此中国也开始了技术创新相关研究。

党的十八大和十九大报告都指出:创新在促进经济发展的过程中占据主导地位,各地区在实施创新驱动战略的同时需要重视创新的作用,并逐步加强技术创新和实践运用的合理对接。受地理位置的影响,创新在各区域间存在较大差异,因此,中国区域创新的相关研究一直是研究区域经济发展学者关注的重点。

1. 区域创新的影响因素相关研究

区域创新的影响因素在既有文献中得到了较多的讨论,主要因素可总结为三类:第一类影响因素是创新主体,包括高校、企业、政府、科研机构等;第二类影响因素是创新资源,包括科技研发投入、外商投资、政府投资、人力资本积累、经济发展水平等;第三类影响因素是创新环境,主要指政府政策、市场情况、金融环境、产业环境以及自然资源等。Buesa 等(2010)研究欧洲区域创新影响因素时发现,对于欧洲各国来说,企业、大学、科研机构对促进区域创新产出的作用均显著,而企业的创新投入,包括资本与人力投入对创新产出的影响都是正向的,政府对创新的财政投资也会正向影响区域创新产出。因此,无论是创新主体,还是创新资源或者创新环境对区域创新的影响都引起了学术界的广泛关注。

1)创新主体

企业作为社会经济产品主要生产者,在促进区域创新中发挥着举足轻重的作用(Buesa 等,2010)。郭京京等(2021)利用中国省级面板数据研究外商直接投资、产学研合作对区域创新绩效的影响发现,在随机前沿模型中,产学研合作作为企业知识获取渠道，对区域创新效率具有促进作用，在这个过程中企业需要投入一定的时间和成本来获取缄默知识。科技企业孵化器作为培育扶植中小企业的服务机构，对区域创新的影响不容置疑(龚斌，2021)，科技企业孵化器通过充分发挥风险投资与孵化基金的中介作用得以激活区域创新。程鹏(2014)认为，高校既是科研人才的聚集地，也是知识创造和知识传播的主要载体，其对科研活动的投入既可以直接推动本地区创新能力提升，也可以对周边地区的创新能力产生溢出效应。地方科研机构是连接区域创新体系与国家创新体系互动的纽带，为了更好地实现创新目标，应充分发挥地方科研机构的中枢作用，有效加强高校、企业、科研机构的互动交流是使创新产业链得以连贯的重要支持(孙祥龙，2020)。王辉等(2021)利用两阶段 DEA 模型研究高校科技创新对区域创新效率的影响提出，产学研合作能够将高校科研优势与企业市场优势有机结合起来，为供给与需求的对接提供沟通桥梁，从而形成区域优势，促进区域创新效率的提升。

2)创新资源

科技研发投入、外商投资、政府投资、人力资本积累、经济发展水平等创新资源要素是区域创新的重要影响因素(翟婧彤 等，2020)。Liu 等(2019)对 1995—2013 年欧盟区域创新活动与经济发展的空间演化模式进行分析以及可视化研究，发现研发投入在区域创新效率提升过程中发挥积极作用，其中占主导地位的是研发投资基金。

人力资本可以充分利用无形资产，通过整合和创造隐性知识产生比较优势，人力资本水平的提高会促进区域创新能力的提升(陈武 等，2010；张玉明 等，2009)。钱晓烨等(2010)利用省级数据研究人力资本、创新活动对经济增长的影响时发现，受过高等教育的从业人员与区域创新活动之间存在正相关关系，他们对区域技术创新的贡献程度比受过中等或初等教育的从业人员更大。修国义等(2017)研究区域创新能力影响因素时也发现，高等教育水平与区域创新能力高度关联，除此之外，外资开放度、经济规模、贸易交流、基础设施建设等均是有效促进区域创新能力提升的重要因素。赵青霞等(2019)基于对京津冀地区、长三角和珠三角地区数据的实证分析发现，产业聚集，特别是制造业聚集和生产性服务业聚集与科技人才的交互效应促进区域创新能力提升，其中科技人才对区域创新的推动作用更大，这与孙超等(2020)的研究结论相一致。李婧等(2009)在分析区域创新效率的影响因素时发现，劳动者素质显著正向影响区域创新效率，由于初创期的创业公司不具备一定规模，导致区域创业水平负向影响区域创新效率。

外商直接投资(FDI)是一种先进技术转移扩散的重要途径(陈劲 等，2007)，鲁钊阳等(2012)研究指出，当区域跨越一定的知识产权保护门槛后，FDI 技术溢出对区域创新能力提升的促进作用显著。李政等(2017)利用空间面板检验 FDI 对中国区域创新效率的影响时发现，整体而言，FDI 对区域创新效率的促进作用显著，具体来看，在中部和西部地区FDI可以加强中西部地区的追赶效应，缩小中国东西部地区的创新效率差异。徐磊等(2009)研究也发现人力资本是影响技术效率的重要因素，FDI的溢出在低创新区域并不显著，但在高创新区域溢出效应显著。

张秋燕等(2016)利用中国30个省(区、市)工业行业数据，研究不同规模下地区多样化聚集、专业化聚集以及企业竞争对区域创新能力的影响，研究发现，三者对于区域创新能力的促进作用显著，且专业化聚集和企业竞争对区域创新能力之间是倒"U"形关系。王春杨等(2020)提出，中国高铁网络建设通过改变人力资本流向及空间布局，重塑中国区域创新的空间结构。马蓉等(2020)在研究交通设施对区域创新产出的影响时指出，在交通设施相对落后区域，创新产出具有负向溢出效应，而交通设施对人力资本的虹吸效应是解释这一现象的主要原因。惠宁等(2020)认为，对于中国西部和中部地区而言，互联网的发展能够显著促进区域创新能力的提升，且该影响呈现出非线性的倒"U"形趋势，即随着互联网的发展，其对区域创新的影响先上升后下降。李新伟等(2020)研究发现，互联网发展在直接促进区域创新产出水平提升的同时还可以通过外商直接投资间接推动区域创新能力发展。

3)创新环境

政府创新政策、市场情况、金融、产业以及自然资源等创新环境是影响区域创新的第三大因素。

政府作为区域经济发展的重要驱动力，不但以政策法规等手段直接影响科技创新，也通过财政补贴等鼓励性手段影响科技创新和经济发展的方式和方向(方磊等，2020)。姜琪等(2020)实证检验了政府质量、科技创新对绿色GDP发展的影响后指出，政府效率、公平程度、腐败程度均会不同程度的影响绿色GDP的发展，由此可见，政府在促进区域经济发展过程中所发挥的作用不容忽视。国家创新政策显著影响区域创新绩效，在创新投入影响创新绩效过程中发挥调节作用(苏屹 等，2020；晏艳阳 等，2020)。李政等(2018)研究发现，财政分权作为一种制度安排发挥着调整中央和地方财政权力关系的作用，在很大程度上决定着财政资源配置方式、资源配置效率以及资源配置水平。财政分权对区域创新效率的影响存在差异，在东部和西部地区财政分权促进区域创新绩效提升作用显著，但在中部地区，财政分权会通过抑制地方政府的创新偏好造成创新效率损失。王淑杰等(2020)研究发现，财政透明、预算违规以及创新预期对区域创新能力的影响均存在双重门槛效应，财政透明既可以直接促进区域创新能力的提升，也可以通过抑制预算违规和稳定创新预期从而提高区域创新能力。

党文娟等(2008)利用负二项分布方法研究中国创新环境对区域创新能力的影

响发现，政府干预在某种程度上具有促进区域创新能力提升的作用，同时区域市场化程度对区域创新能力提升具有积极影响。除了研究创新环境直接对区域创新的影响外，也有学者将创新环境作为调节变量纳入考察范围：周平录等(2020)研究双向 FDI 与区域创新效率关系时发现，FDI 与 OFDI 对区域创新效率具有显著促进作用，然而这种正向影响会随着区域制度环境的改善，特别是知识产权保护程度的加强而减弱；王淑英等(2018)利用计量经济学空间杜宾模型研究研发投入与区域创新能力关系时发现，金融发展在研发投入与区域创新能力间起促进作用；Barra 等(2018)研究发现，意大利大学以及私有部门的研发投资对区域创新具有积极影响，其中，大学技术转让办公室在研发投入影响区域创新效率过程中发挥了调节作用。

2. **区域创新作用相关研究**

将中国区域的空间溢出效应以及反馈效应作为主题的研究起步较晚，较早发现中国区域间存在"内核地区"对"外围地区"空间溢出效应的学者是 Ying(2000，2003)，他在研究中国区域经济增长影响因素时指出，中国区域经济发展存在着较强的相互作用。潘文卿(2015)基于空间溢出效应利用投入产出法及结构分解技术，研究 1997—2007 年中国经济发展的乘数效应、溢出效应和反馈效应后指出，中国区域内乘数效应对经济总产出的贡献在下降，而溢出效应和反馈效应的贡献在上升，说明中国区域间的相关性关系在增强；也有学者开始关注区域创新的溢出效应(吴玉明，2007；刘和东，2013；王鹏 等，2015)。李婧等(2010)考察 1998—2007 年中国 30 个省(区、市)区域创新的相关性与聚集的结果表明，中国区域创新存在显著正向空间相关性，无论是静态空间面板模型还是动态空间面板模型均显示创新投入与创新产出之间正向相关。

晏艳阳等(2020)在研究创新政策对全要素生产效率的影响时指出，创新政策会通过劳动扭曲影响全要素生产率，某一地区的创新政策不仅会直接影响本地区的全要素生产率，还会通过辐射相邻地区，产生空间溢出效应。刘那日苏等(2020)利用 1987—2018 年中国省际数据研究中国区域创新的溢出效应时发现，中国的区域创新普遍存在溢出效应，东中部地区创新能力强劲，具有高比例的溢出，而西部地区则更多地依赖于外来溢出，至于溢出效应变迁的时滞性，整体而言，前 1～3 年是空间溢出的高速传导期，第 2～3 年为半衰减期。李四维等(2020)基于空间计量分析了创新驱动对区域经济收敛的空间溢出效应及其形成机制后指出，由于区域经济发展具有空间关联效应，导致创新驱动对区域经济收敛产生积极的直接效应，同时也形成正向的空间溢出效应。翟婧彤等(2020)研究了长三角城市群城市规模对创新能力的空间溢出效应后认为，长三角地区城市创新能力存在显著的空间溢出效应，且随时间推移这种相关性呈现逐渐增强趋势。廖述梅(2011)基于

1997—2007 年中国 30 个省(区、市)数据研究发现,高校研发对技术创新存在广泛的溢出效应,且技术创新溢出超越行政地理边界,辐射到邻近区域。曹广喜(2009)利用动态面板数据研究外商直接投资对区域创新的溢出效应的结果发现,外商直接投资对创新具有正向溢出,但在区域层面的溢出存在很大的异质性,不过这种溢出对高水平创新能力的提升不大。

3. 吸收能力与区域创新相关研究

企业在创新过程中所需的资源无法完全自给自足,跨组织之间的合作是企业获得匮乏资源的有效途径。因此,企业须具备一定的吸收能力以充分搜索外部知识,有效整合、转化并利用外部资源,从而实现创新资源的最优配置。Nieth 等(2020)强调知识整合在区域创新活动中的重要作用。联盟内应该形成一个共享的知识整合与学习的过程;但这一过程却是复杂而混乱的。差异化的理解吸收能力对知识的解析易产生分歧,从而再创造出不同的知识;区域对显性知识及缄默知识的消化吸收能力在一定程度上决定着区域创新能力。

纵观国内外相关研究成果,以吸收能力与区域创新之间关系为主题的研究已得到部分学者的关注。Bouguerra 等(2016)率先提出外部知识溢出无法直接对区域创新绩效产生影响,但可以通过吸收能力的调节作用,即在进行一系列内部化过程后实现知识的溢出。大量文献剖析了吸收能力对区域创新的作用,研究结论主要分为两类,一类观点认为吸收能力对区域创新的影响主要体现为调节效应;另一类观点则认为吸收能力的作用只是单纯的表述为调节效应过于片面,即吸收能力对区域创新的影响可能存在门槛效应或中介效应,而非简单的调节效应。

王海花等(2020)基于 2008—2018 年中国省际数据研究发现,吸收能力正向调节高新技术认定对区域创新的影响。苏屹等(2021)利用 2009—2016 年中国 30 个省际数据研究知识溢出对区域创新绩效的影响后认为,省际知识溢出对区域创新效率的影响具有以吸收能力为双重门槛的非线性关系,区域吸收能力处于一定区间时,知识溢出与区域创新效率存在阶梯式上升的促进作用,且中国区域消化能力整体处于中等水平,地区间差异逐渐扩大。王雅洁等(2020)运用空间计量模型研究人力资本、知识产权保护水平、技术差距三种吸收能力在知识溢出与区域创新之间关系中发挥的作用时发现,人力资本以及知识产权保护水平的提升可以有效促进溢出效应的实现,但是地区间不断扩大的技术差距会抑制溢出效应的实现。李华等(2020)指出,区域间并不存在稳定的空间关联关系,区域创新的空间溢出效应只在部分年份显著,且吸收能力影响各地区对区域创新溢出的利用程度,提升吸收能力可以促进区域创新效率。

但也有文献得到了不同的研究结论。庄园园(2020)基于知识生产函数,研究 2009—2016 年中国区域知识溢出与外资企业创新绩效之间的关系后发现,中国区域知识溢出与吸收能力极度不匹配，导致吸收能力负向调节知识溢出与企业创新绩效之间的关系。苏屹等(2020)基于消化吸收门槛，研究区域创新系统的知识溢出效应发现，在研发阶段，随着消化吸收能力的提高，知识溢出对区域创新产出的抑制作用逐渐减弱；而在经济转型阶段，知识溢出效应存在显著双门槛特征，其对区域创新产出的促进作用呈现出先升后降趋势。赵大丽等(2018)研究知识获取对区域创新能力的影响时发现，吸收能力在不同的知识获取方式中发挥着不同的作用，在产学研合作以及国内技术购买方式下的知识获取对区域创新能力的影响中，吸收能力只发挥部分中介作用，但在以国外技术引进方式的知识获取与区域创新能力的关系中发挥着完全的中介作用。

(二)高等教育服务出口相关研究

根据萨缪尔森对公共产品的经典定义，"每个人对这种产品的消费并不减少任何他人也对这种产品的消费"，以及高等教育具有非排他性和不充分的非竞争性，因此高等教育是一种"准公共产品"(杜燕，2020)。作为"准公共产品"的高等教育，其主要投资方是政府，而受教育者在知识和能力方面的提升将会使社会及其他人受益，但教育机构或政府却无法对这部分收益进行收费，因此高等教育亦具有正的外部性。

近年来，随着教育服务贸易的不断发展，许多学者开始关注高等教育服务出口的影响因素以及其对经济发展、创新等产生的作用。

1. 高等教育服务出口的影响因素相关研究

Ma 等(2015)运用中国 39 所高校的 1264 名学生数据的实证研究表明，增强学生及教师流动性、增设国际化课程及项目、与国际科研机构合作是中国精英大学实现国际化的主要方式；二级研究型大学为学生提供的国际化发展计划相对较少；国际化制度在不同学科间存在差异。Roga 等(2015)通过留学生的问卷数据研究了拉脱维亚留学生选择高等教育机构的影响因素后发现，拉脱维亚的留学生选择高等教育机构考虑的主要因素是机构学术质量、声誉及其拥有的国际学生和教师等。李冬梅等(2019)基于 1999—2015 年来华留学生人数排名前 30 国家的相关数据，研究影响中国高等教育服务出口的因素后认为，对学历生而言，地理距离是决定其选择留学目的国的重要因素，同时还会受两国贸易额以及奖学金等因素影响；对非学历生而言，两国经济差距以及贸易额是影响其选择留学目的国的重要因素；无论学历生还是非学历生均会受到往届生因素的影响。陈宇等(2015)认为国际化教育观念、课程、师资队伍、管理团队以及合作办学、学术人员交流等均是影响高等教育国际化的重要因素。

2. 高等教育服务出口作用相关研究

一是经济作用的研究。Chen(2019)认为,中国经济发展为中国高等教育国际化指明了方向,而高等教育国际化通过增加人力资本储备促进中国经济发展。唐浩元等(2016)在研究高等教育国际化的作用中指出,发达国家作为主要留学生输入国,国际学生能为当地高校带来十分可观的学费收入,国际留学生的输入还可以带动服务业、餐饮业等相关产业的发展,为当地经济发展产生间接效应。

二是创新作用的研究。王业强等(2018)在研究大学国际化对区域创新的影响后指出,"官产学"的紧密合作可以为区域创新创造良好的环境,在三者合作紧密的区域,大学国际化对区域创新的促进作用更强,反之则促进作用不显著,其中大学国际化对区域创新的影响存在以三螺旋算子为门槛值的门槛效应。魏浩(2018)从微观角度研究国际人才流入对制造业企业 R&D 投入的影响时指出,国际人才流入会促进制造业企业的 R&D 投入,但由于地区之间的差异以及企业存在异质性致使这种效应在地区间产生差异。Stuen 等(2012)以美国 100 所高校为研究对象的研究结果发现,美国高校中,本地学生以及国际学生均对美国科学实验室的知识产出具有显著促进作用;国际博士留学生的增加对美国 STEM 学科论文出版及引用率具有积极促进作用。

三是声誉作用。研究国际化与高等教育机构声誉之间关系的文献较多,但研究结论却存在较大争议。Seeber 等(2016)以欧洲 400 多个高等教育机构的数据为样本,结合从国际大学获得的调研数据,研究不同环境下高等教育机构国际化的影响因素。研究发现,当高等教育机构一直处于国际环境时,国际化发展是提高机构国际声誉的重要途径,此时的国内环境对机构国际化影响不显著。Delgado-Márquez 等(2012)认为高等教育机构的声誉会影响机构国际化,但并非决定因素。Delgado-Márquez 等(2013)基于 2004—2011 年在全球排名前 50 的大学的数据,分析高等教育机构国际化与声誉之间的因果关系后发现,国际化与声誉二者之间不是简单的因果关系,高等教育机构的国际化的确可以促进高等教育机构声誉的提升,同时国际化调节高等教育机构声誉与绩效之间的关系。

(三)文献评述

在对已有文献进行梳理后发现,现有文献从不同的维度对区域创新、创新的作用,吸收能力与区域创新,高等教育服务出口等问题进行了研究,取得了重要进展。但整体而言,现有研究仍存在几个方面的不足:

①教育服务出口效应,尤其是空间溢出效应的研究缺乏。尽管教育服务出口的效应研究已开始出现,且已有研究从经济、创新和声誉的作用等方面进行了有益的探索,但既有文献数量有限,且主要集中于直接效应,对于空间溢出效应的研究

非常缺乏。由于教育出口可以带来人力资本，而人力资本又具有较大的流动性，因而，从空间溢出效应视角的研究对于丰富高等教育服务出口作用的研究非常重要。

②教育服务出口对区域创新影响路径研究缺乏。创新在促进经济发展的过程中占据主导地位，区域创新对于区域经济的均衡和高质量发展至关重要。因而，就区域创新的影响因素进行研究具有重要的理论和实际意义。在有限的教育出口影响区域创新的研究中，还得到了不一致的研究结论，至于研究教育出口影响区域创新的路径的文献还尚未发现。

③吸收能力对区域创新影响的研究得到了矛盾的结论。已有文献从企业和区域两个层面研究了吸收能力与创新的关系，但却得到了不同的甚至矛盾的研究结论：有研究发现吸收能力发挥中介作用（苏屹 等，2021），有研究认为是部分中介（赵大丽 等，2018），还有研究发现存在门槛效应（王业强 等，2018）。更为重要的是，既有研究主要分析了吸收能力的线性影响，尚没有吸收能力的空间影响以及吸收能力在变量空间溢出过程中的作用的研究。

基于已有研究存在的不足，本章将运用空间面板计量模型，基于吸收能力的调节作用，研究高等教育服务出口对区域创新的溢出效应。

二、高等教育服务出口与区域创新的空间关联机制

（一）空间关联

新经济地理学又名空间经济学，是区位论的最新发展。该理论以边际收益递增、不完全竞争和路径依赖为理论基础，以空间经济现象为研究对象，并以全新的视角将城市经济学、区域经济学相统一，分析经济活动的空间聚集等经济现象的理论。作为相对位置，经济活动区位通常可以用“距离”来刻画，这种距离可以是具体的空间地理距离，也可以是抽象的文化距离、心理距离、时间距离、制度距离、信息距离等，不同含义的距离意味着支付不同形式的成本，距离及其相关成本是新经济地理学解释经济活动空间分布、空间变化以及空间相互作用的核心变量（Tobler，1970）。

经济活动空间联系存在距离衰减律，距离体现为两个区域的贸易成本，较近区位间经济联系成本较低，因此邻近区域之间经济活动联系较强，而相隔较远区位间经济联系较弱。高等院校的声誉具有累积效应，毕业的国际学生对其所在高等院校的评价会影响其母国其他计划出国留学学生对留学高等院校的选择；同时由于相邻地区文化相似度更高，相对于距离较远的地区而言，留学生对周边邻近地区的文化更为了解。此外，由于出行时间和成本的限制，留学生更多地会选择以高校所在地区为核心的周边地区为旅游目的地，留学生在周边地区的流动会加深其对周

边文化的了解，从而对周边地区做出更多的正向评价，促使留学生们更愿意推荐有意出国留学的学生在周边地区留学。因此，上一年毕业的国际学生对本地区本年国际学生人数产生正向影响。

高等教育服务出口作为服务贸易的一种，是一种重要的国际经济活动。经济活动具有空间集聚趋势，这种集聚会带来运输成本的节约，从而致使邻近地区间的经济活动产生空间溢出效应。溢出效应是一种收益，是超出生产组织预期以外的效益，并对组织之外的人或社会产生影响，接受者无须为此付出代价，邻近区域积极正向的溢出有利于促进本区域高等教育服务出口的发展。结合新经济地理学理论及已有研究，提出如下假设。

H_{1a}：高等教育服务出口具有空间相关性，本地区高等教育服务出口会影响邻近地区高等教育服务出口。

H_{1b}：高等教育服务出口具有空间集聚性，高出口地区与高出口地区相邻，低出口地区与低出口地区相邻。

（二）溢出效应

魏浩等(2018)认为留学生也是一种国际人才，而国际人才引入会促进中国制造企业的研发投入。Stuen 等(2012)认为，国际学生中的博士留学生可以促进科学工程论文产出以及论文引用率的提升。由此可见，国际学生的流入可以促进经济高质量发展。那么，来华留学生作为一类国际人才，其流入是否会推动中国区域创新能力的提升？

奖学金是决定一个学生是否选择出国留学的重要因素(Stuen，2012)。中国政府为世界各国来华留学生以及学者提供资助，为鼓励其到中国高校参与学习、科研等活动设立了中国政府奖学金。政府奖学金的设立可以促进中国与世界各国在科学、教育、文化以及经济贸易等相关领域的交流与合作。李冬梅(2018)对来华留学生的调查结果显示，国际学生选择来华留学的一个重要决定因素就是奖学金。统计数据显示，仅 2018 年，来华奖学金留学生人数达 63041 人，占来华留学生总数的 12.8%。其中，学历奖学金来华留学生 56649 人，占当年奖学金留学生总数的 89.9%；非学历奖学金来华留学生则有 6392 人，占当年奖学金留学生总数的 10.1%。在相同条件下，高质量学生获得奖学金的概率更大，因此，是否获得奖学金以及所获奖学金等级是评判学生质量的一个重要参考指标。由于留学生的微观数据缺乏，加之缺乏可以有效测量学生质量的客观指标，因此，我们假设奖学金制度可以有效地将留学生区分为高质量学生与低质量学生。

高校在招生过程中关注的是学生的质量 p 和学费收入 m。我们把潜在来华留学生分为两类，即贫困学生 N^i 和富裕学生 N^j，前者指家庭经济拮据但符合中国高校录取条件的学生，对于这类学生，高校会为其提供奖学金，支持其来华留学；后者指家庭经济富裕且符合中国高校录取的学生，这类学生受中国高等教育比较优势吸引，在没有奖学金支持的情况下，他们有条件选择自费来华求学，因此，奖学金不再是左右其是否来华求学的关键因素。假设高校在审核留学申请时公平对待每一个申请者，对符合奖学金申请条件的高质量来华留学生提供奖学金支持。是否授予奖学金的判断标准是：当且仅当申请者的质量大于 p_s 时，高校为其提供奖学金支持。这时，就富裕学生而言，当其质量大于 p_s 会获得高校提供的奖学金，而质量小于 p_s 且未获得奖学金的潜在来华留学生可以选择自费来华留学；就贫困学生而言，由于自身经济条件的限制，当且仅当其质量大于 p_s 并获得奖学金时才会选择来华留学。

假设：

①富裕学生和贫困学生的质量分布均满足 $f(p)(f(p)\in U[0,p_0])$。

②高校招收来华留学生的成本函数为凸函数 $c(\cdot)$，即来华留学生人数越多，拥挤成本越高，假设 $c(x)=\dfrac{C}{2}x^2$。

③来华留学生质量的边际效益是 a，来华留学生学费的边际效益为 b。

④E_1、E_2 分别为来华留学生和本国学生对区域的质量贡献，则区域的目标函数为：

$$E=E_1+E_2 \tag{8-2-1}$$

$$E=aN^i\int_{p_s}^{\infty}pf(p)\mathrm{d}p+N^j\left[a\int_{p_n}^{\infty}pf(p)\mathrm{d}p+bm\int_{p_n}^{p_s}f(p)\mathrm{d}p\right]-c\left[N^i\int_{p_s}^{\infty}f(p)\mathrm{d}p+N^j\int_{p_n}^{\infty}f(p)\mathrm{d}p\right]+E_2 \tag{8-2-2}$$

整理得：

$$E=aN^i\frac{p_0^2-p_s^2}{2p_0}+N^j\left[a\frac{p_0^2-p_n^2}{2p_0}+bm\frac{p_0-p_n}{p_0}\right]-C\left[N^i\frac{p_0-p_s}{p_0}+N^j\frac{p_0-p_n}{p_0}\right]+E_2 \tag{8-2-3}$$

为使目标函数最大化，令式(8-2-3)的一阶条件为0，即$\begin{cases}\dfrac{\partial E}{\partial p_s}=0\\ \dfrac{\partial E}{\partial p_n}=0\end{cases}$，则：

$$\begin{cases}\dfrac{\partial E}{\partial p_s}=(-aN^i p_s)+bmN^j+CN^i(N^i\dfrac{p_0-p_s}{p_0}+N^j\dfrac{p_0-p_n}{p_0})=0\\ \dfrac{\partial E}{\partial p_n}=(-ap_n)-bm+C(N^i\dfrac{p_0-p_s}{p_0}+N^j\dfrac{p_0-p_n}{p_0})=0\end{cases}\tag{8-2-4}$$

通过求解式(8－2－3)分别得出 p_s 和 p_n：

$$\begin{cases}p_s=\dfrac{abmp_0{}^2N^j+bmCp_0N^j(N^i+N^j)+aCp_0{}^2N^i(N^i+N^j)}{ap_0N^i[aCp_0(N^i+N^j)]}\\ p_n=\dfrac{abmp_0+bmC(N^i+N^j)-aCp_0(N^i+N^j)}{-a^2p_0-aC(N^i+N^j)}\end{cases}\tag{8-2-5}$$

分别对贫困学生、富裕学生人数求偏导，得：

$$\begin{cases}\dfrac{\partial p_s}{\partial N^i}=\dfrac{a^2p_0{}^2[(N^i)^2-bmN^j]-bmC^2N^j(N^i+N^j)^2-2abmCp_0N^j(N^i+N^j)}{a(N^i)^2[ap_0+C(N^i+N^j)]^2}\\ \dfrac{\partial p_s}{\partial N^j}=\dfrac{a^2Cp_0^2N^i+bm[ap_0+C(N^i+N^j)]^2}{a(N^i)^2[ap_0+C(N^i+N^j)]^2}\\ \dfrac{\partial p_n}{\partial N^i}=\dfrac{aCp_0^2}{a(N^i)^2[ap_0+C(N^i+N^j)]^2}\\ \dfrac{\partial p_n}{\partial N^j}=\dfrac{aCp_0^2}{a(N^i)^2[ap_0+C(N^i+N^j)]^2}\end{cases}\tag{8-2-6}$$

各区域学生的总体质量函数为：

$$\begin{aligned}Q&=N^i\int_{p_s}^{\infty}pf(p)\mathrm{d}p+N^j\int_{p_n}^{\infty}pf(p)\mathrm{d}p+Q_2\\&=N^i\frac{p_0^2-p_s^2}{2p_0}+N^j\frac{p_0^2-p_s^2}{2p_0}+Q_2\end{aligned}\tag{8-2-7}$$

其中，Q_2 为本国学生质量。

根据上式可以推导得出：贫困学生人数 N^i 变化对区域学生总质量的影响以及富裕学生人数 N^j 变化对区域学生总质量的影响分别为：

$$\begin{cases}\dfrac{\partial Q}{\partial N^i}=\dfrac{p_0^2-p_s^2}{2p_0}-\dfrac{p_s}{p_0}N^i\dfrac{\partial p_s}{\partial N^i}-\dfrac{p_n}{p_0}N^j\dfrac{\partial p_n}{\partial N^i}\\ \dfrac{\partial Q}{\partial N^i}=\dfrac{p_0^2-p_n^2}{2p_0}-\dfrac{p_s}{p_0}N^i\dfrac{\partial p_s}{\partial N^j}-\dfrac{p_n}{p_0}N^j\dfrac{\partial p_n}{\partial N^i}\end{cases}\tag{8-2-8}$$

将式(8－2－6)带入式(8－2－8)中可以求得：

$$\frac{\partial Q}{\partial N^i}-\frac{\partial Q}{\partial N^j}=\frac{p_n^2-p_s^2}{2p_0}+\frac{p_s}{p_0}N^i\left(\frac{\partial p_s}{\partial N^j}-\frac{\partial p_n}{\partial N^i}\right)$$
$$=\frac{b^2m^2(N^i+N^j)}{2a^2p_0(N^i)^2}>0 \tag{8-2-9}$$

梳理推导的结果表明，来华留学生对区域学生总质量的贡献恒为正，据此可推断：来华留学生有利于区域学生质量的提升；当奖学金机制可以有效判断留学生质量时，招收奖学金来华留学生，在提高来华留学生质量的同时，会对中国高校的国际声誉产生积极影响。可见，招收国际学生有利于提高学生培养质量，继而提高区域人力资本质量。

高质量的人力资本不仅可以通过识别、同化、利用外部知识来促进创新，还可以通过互动产生更多的新知识，因此高质量人力资本不仅促进了区域创新，还可以提高区域吸收能力。区域的教育出口越多，人力、技术、资本等生产要素就越会向该地区集中，从而产生虹吸效应，导致该区域的生产规模不断扩大。由于高等教育服务贸易的规模报酬递增，随着要素资源收益的增加及市场规模的不断扩大，对教育产品的需求进一步增长，继而提高本地区教育服务出口份额。根据 Baldwin 等(2001)的空间局部溢出模型(L-S 模型)，知识和技术的溢出能在区域之间产生，且知识资本存量对新资本形成的溢出效应随着距离的增加而降低。可见，区域教育服务出口通过循环累积以及扩散效应不断强化知识溢出，促进区域创新能力提升。

20 世纪 80 年代，Romer 和 Lucas 提出“新增长理论”，在经历 20 余年的沉寂后，再次焕发生机。该理论突破传统的边际收益递减理论，将知识和人力资本引入经济增长模型，认为知识作为一种特殊的生产要素，其本身的生产具有报酬递增性质，而作为生产投入要素，其边际生产力递增。知识的特性不同于其他普通商品，它既不属于传统的私人经济产品，也不属于公共产品，而是介于两者之间的、同时具备非竞争性和部分排他性特征的产品。知识的生产具有正外部性，这使将知识存量作为投入要素，与其他要素结合的消费品生产产生递增收益。知识不仅自身具有收益递增属性，还会通过其他要素在生产过程中不同的结合方式，使资本和劳动力等要素产生递增收益，并生产出其他新的产品和服务。由于知识存在溢出效应，这将使其在其他投资一定的基础上反复利用，降低资本稀缺性产生的约束力。

高等教育的一个重要特征是“个人社会双受益”(吕杰昕 等，2010)，而公办高校是中国开展高等教育的主要方式。随着知识经济时代的到来，世界各国对各类人才等稀缺资源的竞争愈加激烈，同时为了应对日益激烈的国际竞争，各国政府争相实施一系列人才战略，吸引国际人才步伐加快。教育是实现编码知识传播的主要途径，而非编码知识则通过知识携带者之间面对面直接接触传播。

知识及其载体——人力资本均具有规模报酬递增的特性。我们主要关注“人力资本”中的“国际学生”这一类人才，即跨越国界流动且接受中国高等教育的来华留学生。高等教育服务出口可以促进人才流动，人才流动增加非编码知识携带者接触概率从而促进知识传播，而来华留学生的国际流动也为中国带来了重要的“人才”，增加再造知识的多样性，促进更多新产品和服务的生产。

新产品和新服务的生产即属于产品服务创新。创新可以分为突变型创新(radical innovation)和渐进型创新(incremental innovation)。突变型创新打破了以前的技术范式，颠覆性地改变现状，比如从未出现过的新技术、新材料、新资源等；而渐进型创新是通过已有技术对现有产品、服务、工艺进行改进，产生的改变程度较小(Yong et al.,2016)。在知识经济背景下，创造新知识和利用现有知识并将其商业化的探索和开发能力，是新兴经济体提升其竞争力和追赶领先技术的重要战略途径。从长期来看，由于接受高等教育服务出口的学生具有较强的流动性，因此，本地区的高等教育服务出口对其他区域的突变型和渐进型创新产生影响。据此，提出如下假设。

H_2：高等教育服务出口对区域创新具有空间溢出效应。

H_{2a}：高等教育服务出口对区域突变型创新具有空间溢出效应。

H_{2b}：高等教育服务出口对区域渐进型创新具有空间溢出效应。

(三)调节作用

吸收能力(absorptive capacity)最早由 Cohen(1990)提出，被定义为“公司评估、消化和商业化外部知识的能力”(Cohen et al.,1990)。Szulanski(1996)认为知识具有黏性的主要原因是缺乏吸收能力(Wang et al.,2021)。此后，学者们根据自己的理解，进一步扩展了吸收能力的概念。在企业层面，吸收能力是“识别、消化和最终商业化新知识的能力”；在区域层面，吸收能力是区域内公司或者组织之间产生的互动关系网络，而非简单地将区域内公司或者组织的吸收能力加总(朱俊杰等,2017)。朱俊杰等(2017)强调吸收能力的多维动态和分层，他们认为市场交易产生的外部经济是吸收能力促进区域创新的重要途径，同时吸收能力可以产生独立于市场之外的知识溢出从而影响创新。提升区域对先进知识和技术的感知能力以及消化能力是区域吸收能力提升的基础，吸收能力的强弱将会影响区域创新能力的提升。

区域吸收能力通过识别和利用外部知识能力来调节高等教育服务出口与区域创新的关系。Criscuolo 等(2008)从国家层面出发，认为吸收能力是研发投入和外部知识复杂性和相关性的一个函数。这意味着，吸收能力将随着企业研发投资的增加而增加，但增长速度呈下降趋势，并且当企业的研发投资水平不变而外部知识变得更加复杂时，吸收能力会下降。具体而言，吸收能力有四个不同但互补的维度，分别是获取知识、同化知识、转化知识以及利用知识。Zahra 等（2002）将吸收能力分为两种类型：一是潜在吸收能力，具体指知识的获取和同化能力；二是实际吸收能力，具体包括知识的转化和利用两个维度。我们借鉴 Zahra 等的分类方法，将区域吸收能力分为潜在吸收能力和实际吸收能力，潜在吸收能力反映了区域企业对外部新知识的识别和消化，而实际吸收能力则反映区域企业对外部知识的转化和商业化。

完善的知识获取和同化机制可以使企业实现更高的创新绩效；高效的知识转化和利用程序可以使企业由于灵活利用资源而保持竞争优势。由于具有一定知识储备的人才有探索和接受外部知识的动机，他们可以快速有效地获取并理解外部知识，并创造新知识，从而提高自身知识储备。人力资本质量是新思想接受能力和适应能力的决定因素，劳动力是所有项目或工程投资阶段的重要投入，而高质量人力资本不足会导致低效率，高密集人力资本投资导致识别和理解外部知识的概率增加。因此，高质量的人力资本才拥有较高的潜在和实际吸收能力，才可以促进潜在吸收能力的提升；同时，潜在吸收能力则为创新提供了基础与可能，最终调节了人力资本与创新的关系。

基于以上分析，提出如下假设。

H_3：吸收能力对高等教育服务出口与区域创新之间的关系具有调节效应。

H_{3a}：潜在吸收能力对高等教育服务出口与突变型创新之间的关系具有调节效应。

H_{3b}：潜在吸收能力对高等教育服务出口与渐进型创新之间的关系具有调节效应。

H_{3c}：实际吸收能力对高等教育服务出口与突变型创新之间的关系具有调节效应。

H_{3d}：实际吸收能力对高等教育服务出口与渐进型创新之间的关系具有调节效应。

表 8－1 是本章研究假设汇总。

表 8－1　研究假设汇总

假设	假设内容
H_{1a}	高等教育服务出口具有空间相关性，本地区高等教育服务出口会影响邻近地区高等教育服务出口
H_{1b}	高等教育服务出口具有空间集聚性，高出口地区与高出口地区相邻，低出口地区与低出口地区相邻
H_2	高等教育服务出口对区域创新具有空间溢出效应

续表

假设	假设内容
H_{2a}	高等教育服务出口对区域突变型创新具有空间溢出效应
H_{2b}	高等教育服务出口对区域渐进型创新具有空间溢出效应
H_3	吸收能力对教育服务出口与区域创新之间的关系具有调节效应
H_{3a}	潜在吸收能力对高等教育服务出口与突变型创新之间的关系具有调节效应
H_{3b}	潜在吸收能力对高等教育服务出口与渐进型创新之间的关系具有调节效应
H_{3c}	实际吸收能力对高等教育服务出口与突变型创新之间的关系具有调节效应
H_{3d}	实际吸收能力对高等教育服务出口与渐进型创新之间的关系具有调节效应

基于已有研究，本书认为教育服务出口对区域创新的空间溢出效应将会受到吸收能力的影响，而这种影响将会通过两个途径实现，一是通过提升区域自身对先进知识和技术的感知能力，增强对来华国际学生带来的差异化知识的理解和掌握能力，并形成区域内组织间新的隐性知识流动方式，从而促进区域创新产出；二是通过提升区域自身对已掌握知识的商业化能力，即区域内来华国际学生带来的商业网络、社会网络会促进创新产出在区域内的垂直流动，提升区域利用已掌握知识的能力，为新技术的形成以及新产品的开发创造基础，推动形成区域内不同生产要素的组合方式，从而促进区域创新产出。调节机制如图 8-4 所示。

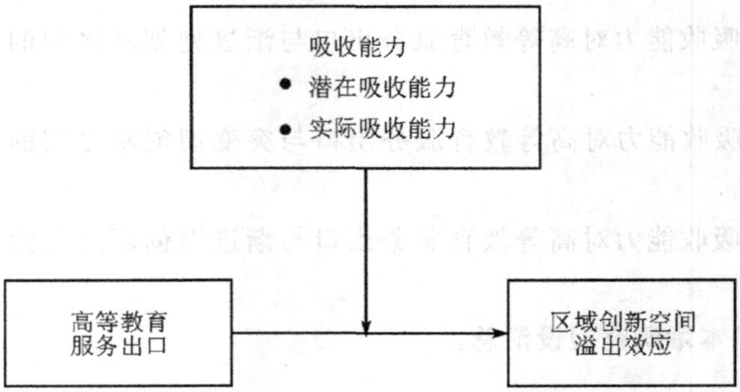

图 8-4　吸收能力对教育服务出口与区域创新关系的调节作用

三、高等教育服务出口与区域创新的空间分布特征

(一)高等教育服务出口空间分布特征

2009—2018 年是世界格局发生大变化的 10 年。新兴市场与发展中国家的群

体性崛起推动了国际力量对比的深刻变化，发展中经济体话语权逐步提升。伴随着“一带一路”倡议的推进，选择来华留学的国际学生人数也在不断增加。来华留学生总数从2009年的238184人增长到2018年的492185人，10年间累计增长达106.6%。

中国经济东西之间、南北之间、沿海与内陆之间均存在较大差异，导致各地区对国际学生的吸引力度各不相同，来华留学生的地理空间分布存在较大差异。

表8-2　来华留学生概况

排名	地区	总计	百分比/%	累计占比/%	排名	地区	总计	百分比/%	累计占比/%
1	北京	744369	20.28	20.28	16	内蒙古	74559	2.03	85.95
2	上海	441372	12.02	32.30	17	山西	74492	2.03	87.98
3	天津	286364	7.80	40.10	18	四川	60650	1.65	89.63
4	江苏	198075	5.40	45.50	19	陕西	60259	1.64	91.27
5	辽宁	191338	5.21	50.71	20	江西	50893	1.39	92.66
6	浙江	177053	4.82	55.54	21	重庆	46883	1.28	93.94
7	广东	164501	4.48	60.02	22	湖南	40462	1.10	95.04
8	山东	144772	3.94	63.96	23	新疆	38820	1.06	96.10
9	黑龙江	124976	3.40	67.37	24	安徽	38264	1.04	97.14
10	湖北	119074	3.24	70.61	25	河南	36909	1.01	98.15
11	河北	113673	3.10	73.71	26	甘肃	22485	0.61	98.76
12	吉林	107421	2.93	76.63	27	海南	20753	0.57	99.32
13	福建	102017	2.78	79.41	28	贵州	14304	0.39	99.71
14	云南	83803	2.28	81.70	29	青海	5524	0.15	99.86
15	广西	81676	2.23	83.92	30	宁夏	4984	0.14	100.00

数据来源：由《来华留学生简明统计》计算整理得到。

表8-2是2009—2018年来华留学生地区分布概况。从中可以看出，作为中国的政治、文化以及国际交往的中心，北京拥有雄厚的教育资源，对国际学生的吸引力最大，是样本期间接受来华留学生最多的地区，累计接受74.4万名留学生，占总人数的20.28%；上海是一个现代化的大都市，其对留学生的吸引力相对较大，累计接受44.1万名来华留学生，占来华留学生总人数的12.02%，仅北京和上海两个地区累计接受留学生占来华留学生总人数的1/3。排名前五的接受来华留学生人数较多地区还有天津、江苏、辽宁，这五个地区接受留学生累计达全国留学生

总人数的50.71%，也就是说，10年间五个地区接受了超过一半的来华留学生，加上浙江、广东、山东、黑龙江和湖北，接受来华留学生较多的前十个地区累计接受来华留学生259万人，占来华留学生总人数的70.61%。接受来华留学生较多的地区多是东部沿海经济发展水平较高的地区。

反观排名倒数的五个地区：甘肃、海南、贵州、青海、宁夏，其接受的来华留学生累计仅占来华留学生总人数的1.9%，而这些地区除了海南，其他四个均分布在中国中西部地区。需要说明的是西藏自治区由于部分数据的缺失，暂没有纳入分析范围。

我们进一步采用探索性空间数据分析方法，对2009年和2018年来华留学生、学历生以及非学历生的空间分布特征进行描述后发现，接受留学生人数较多的地区均分布在东部沿海，呈现空间集聚特征。从东北三省的黑龙江、吉林、辽宁，到环渤海地区的京津冀、山东半岛，再到长江三角洲地区的上海、浙江、江苏、安徽，跨越福建省到珠三角的广东，这些地区每年接受大部分来华留学生。海南及西北地区接受留学生人数较少。海南省虽然也在沿海地区，拥有沿海优势，但由于当地高校较少，本科院校及专科院校合计21所，其中本科院校仅有8所，而有来华留学生教育资质的高校更是少之又少，导致其接受来华留学生数量有限。海南2009—2018年接受来华留学生累计仅占全国的0.57%。西北地区的新疆、甘肃、宁夏、青海等省(区)接受来华留学生人数也相对较少。

(二)区域创新空间分布特征

十八届五中全会提出“创新、协调、绿色、开放、共享”五大发展理念，其中创新排在首位，政府对创新发展的重视程度由此可见一斑。五大发展理念作为中国“十三五”乃至更长时期发展的思路、方向及着力点，为中国经济可持续发展提供依据。本节主要分析区域突变型创新以及区域渐进型创新的空间分布特征；前者以各省(区、市)发明专利衡量；后者以实用新型专利与外观设计专利之和衡量。

表8-3是样本期间中国突变型创新概况。可以看出，样本期间，江苏省突变型创新产出最高，达143万项，占全国突变型创新产出16.47%；紧随其后的创新产出大省是广东，创新产出达116万项，占全国总产出的13.35%；江苏、广东、北京、浙江、山东是10年间创新产出排名前五的地区，这些地区携同安徽、上海等在东部沿海地区形成高创新产出集群。从表中累计百分比列可以看出，中国突变型创新产出排名前五的地区，其累计产出达54.28%，亦说明中国近一半的突变型创新来自江苏、广东、北京、浙江和山东这五个地区，加上安徽、上海等排名前十的地区贡献了全国76.11%的突变型创新，高创新产出集群是中国创新的中坚力量。新疆、内蒙古、宁夏、海南、青海是排名靠后的五个省(区)，这些省(区)大部分分布在中国西北部地区，形成低低聚集的低创新产出集群，其突变型创新产出仅占全国

的 1.02%，加上江西、山西、吉林、云南、甘肃等分布在内陆的省份，排名后十的省（区）累计仅占全国突变型创新的 4.48%。

由此可推断，中国的突变型创新的地理分布呈现高高聚集、低低聚集的特征，同时，东部沿海地区是带动中国突变型创新发展的中坚力量。

表 8-3　突变型创新概况

排名	地区	总计	百分比/%	累计/%	排名	地区	总计	百分比/%	累计/%
1	江苏	1430441	16.47	16.47	16	福建	181349	2.09	90.18
2	广东	1159404	13.35	29.82	17	重庆	174524	2.01	92.19
3	北京	817260	9.41	39.23	18	河北	108562	1.25	93.44
4	浙江	687152	7.91	47.14	19	黑龙江	103596	1.19	94.63
5	山东	619923	7.14	54.28	20	贵州	77112	0.89	95.52
6	安徽	550915	6.34	60.63	21	江西	70457	0.81	96.33
7	上海	463834	5.34	65.97	22	山西	64283	0.74	97.07
8	四川	342654	3.95	69.91	23	吉林	63143	0.73	97.80
9	湖北	296779	3.42	73.33	24	云南	57757	0.67	98.46
10	陕西	241298	2.78	76.11	25	甘肃	44997	0.52	98.98
11	河南	224050	2.58	78.69	26	新疆	24431	0.29	99.27
12	天津	220444	2.54	81.23	27	内蒙古	24173	0.28	99.55
13	湖南	202504	2.33	83.56	28	宁夏	18752	0.22	99.77
14	辽宁	201452	2.32	85.88	29	海南	12485	0.14	99.91
15	广西	192044	2.21	88.09	30	青海	7827	0.09	100.00

数据来源：由《中国科技统计年鉴》计算整理得到。

表 8-4 是样本期间中国渐进型创新概况。从表中可以看出，位于东部沿海地区的江苏是渐进型创新产出大省，以 320 万项的渐进型创新产出遥遥领先其他各省（区、市）；广东以 305 万项渐进型创新产出紧随其后，二者创新产出累计占全国的 35.01%，也就是说全国 1/3 的渐进型创新来自江苏和广东两省。排名前五的地区分别是江苏、广东、浙江、山东、四川，占全国渐进型创新的 58.52%。渐进型创新产出排名前十的省（区、市）在东部形成高创新产出集群；而以西北地区为主的新疆、内蒙古、宁夏、海南、青海排名后五，其中，产出最少的青海 10 年间仅有 1.5 万项渐进型创新，仅占全国的 0.44%。后五个省（区）产出合计仅占全国的 1.21%，再加上西南部的广西、云南，以及甘肃、吉林等，这些省（区）呈现创新产出低低聚集的空间特征。

表 8-4 渐进型创新概况

排名	地区	总计	百分比 /%	累计 /%	排名	地区	总计	百分比 /%	累计 /%
1	江苏	3202599	17.93	17.93	16	河北	347433	1.95	90.01
2	广东	3052871	17.10	35.03	17	江西	346009	1.94	91.95
3	浙江	2384477	13.35	48.38	18	辽宁	274919	1.54	93.49
4	山东	1118721	6.26	54.65	19	黑龙江	197592	1.11	94.59
5	四川	692510	3.88	58.52	20	贵州	153877	0.86	95.46
6	福建	688863	3.86	62.38	21	广西	136385	0.76	96.22
7	安徽	662602	3.71	66.09	22	云南	130887	0.73	96.95
8	北京	640437	3.59	69.68	23	山西	122232	0.68	97.64
9	上海	613875	3.44	73.11	24	甘肃	109932	0.62	98.25
10	河南	583644	3.27	76.38	25	吉林	95611	0.54	98.79
11	湖北	483711	2.71	79.09	26	新疆	78462	0.44	99.23
12	天津	477920	2.68	81.77	27	内蒙古	68803	0.39	99.61
13	陕西	383057	2.15	83.91	28	宁夏	30066	0.17	99.78
14	湖南	371462	2.08	85.99	29	海南	23724	0.13	99.91
15	重庆	369947	2.07	88.06	30	青海	15495	0.09	100.00

数据来源：由《中国科技统计年鉴》计算整理得到。

表 8-3 和 8-4 主要是中国突变型创新和渐进型创新的数量特征，并在一定程度上体现中国创新的空间分布特征。为了更直观地分析中国区域创新的空间分布特征，接下来，我们将对 2010 年和 2019 年中国区域创新数据进行可视化描述。

我们进一步采用探索性空间数据分析方法对中国区域创新的空间分布进行分析后发现：东部沿海地区，山东、江苏、上海、浙江等创新产出比其他地区高，而高创新产出地区总是与高创新产出地区相邻，这些地区在地理上呈现高创新的空间集聚现象；反观西部地区，青海、新疆、西藏、甘肃等创新产出最低，在空间上呈现低低集聚；中部地区的陕西、四川、河南、湖北、湖南等创新产出中等，在空间上也形成集群。中国区域创新的空间分布可以简述为东高西低、南高北低。

进一步地，随着时间的推移，高创新产出地区开展创新活动在促进本地区的创新产出的同时，也间接影响邻近地区的创新活动。据此可以推断，创新在区域间存在相关性。

(三)高等教育服务出口的空间相关性分析

社会网络的存在使得空间内观测变量之间存在潜在的相关性及相互依赖性。进行探索性空间数据分析可以更加直观地反映中国教育服务出口的空间属性，特别是区域间的空间依赖性及空间异质性。

莫兰指数是学界普遍采用的空间自相关的检验方法。莫兰指数分为全局莫兰指数(Global Moran's Ⅰ)(Moran,1948)和局部莫兰指数(Local Moran's Ⅰ)(Anselin et al.,1996)。全局空间自相关主要解释区域到底有无集聚(H-H,L-L)，而局部空间自相关则主要解释集聚的具体空间位置以及集聚的显著度。

1. **全局空间自相关分析**

全局莫兰指数(Global Moran's Ⅰ)主要是用来描述一种整体的平均关联程度，即所有的空间单元在整个区域上与周边地区的平均关联程度，其计算公式为：

$$\text{Global Moran's Ⅰ} = \frac{n}{S_0} \cdot \frac{\sum_{i=1}^{n}\sum_{j\neq i}^{n} w_{ij}(x_i - x^2)(x_j - x^2)}{\sum_{i=1}^{n}(x_i - x^2)^2} = \frac{\sum_{i=1}^{n}\sum_{j\neq i}^{n} w_{ij}(x_i - \bar{x})(x_j - \bar{x})}{S^2 \cdot \sum_{i=1}^{n}\sum_{j\neq i}^{n} w_{ij}} \qquad (8-3-1)$$

式中，n 是区域空间单元总数；$S^2 = \frac{\sum_{i=1}^{n}(x_i - \bar{x})^2}{n}$ 是样本方差；w_{ij} 是空间权重矩阵的第(i,j)个元素，用以衡量 i 单元与 j 单元之间的距离；$\sum_{i=1}^{n}\sum_{j\neq 1}^{n} w_{ij}$ 为所有空间权重矩阵的聚和。

全局 Moran's Ⅰ的取值范围是[−1,1]，当全局 Moran's Ⅰ大于0且小于1时为正相关，表示具有相似属性的对象聚集在一起，其值越大，空间相关性越明显；当全局 Moran's Ⅰ大于−1小于0时为负相关，表示具有不同属性的对象聚集在一起，其值越小，空间差异越大；当全局 Moran's Ⅰ接近0时表示对象呈随机分布，即研究对象不存在空间自相关性。

地理学第一定律认为，任何事物都是紧密相连的，只不过越相邻的事物连接越紧密(陈强,2017)，而空间权重矩阵反映个体在空间中的相互依赖关系，具体可分为空间邻接矩阵和空间距离矩阵。根据空间单元的邻近关系，邻接矩阵又可以分为有公共边的车相邻(rook contiguity)和有公共顶点的后相邻(queen contiguity)。一般空间权重邻接矩阵对角线元素均取0。

我们将拟采用的空间权重邻接矩阵元素构建为:

$$w_{ij}=\begin{cases}1, & i\text{ 与 }j\text{ 相邻}\\0, & i\text{ 与 }j\text{ 不相邻}\end{cases} \tag{8-3-2}$$

空间单元之间的关系除了用是否相邻进行描述外,还可以用距离进行描述,而在空间计量经济学中,距离又可以分为广义距离和狭义距离,其中广义距离包含多种不同形式的虚拟距离,最常用的是以人均GDP衡量的经济距离及以认知衡量的心理距离等;狭义距离通常指两个空间的直线距离或者行政中心距离。我们用省会(自治区首府)城市之间的直线欧氏距离构建空间权重距离矩阵,其元素对应省会城市之间直线欧氏距离平方的倒数,具体如下:

$$w_{ij}=\begin{cases}\dfrac{1}{d_{ij}^{2}}, & i\neq j\\0, & i=j\end{cases} \tag{8-3-3}$$

其中 d_{ij} 为 i 地区与 j 地区之间的欧式距离。

经济距离权重矩阵各元素构建为:

$$\boldsymbol{w}_{Eij}=\boldsymbol{w}_{ij}\times\boldsymbol{E}_{ij}$$

其中,

$$\boldsymbol{E}_{ij}=\begin{cases}\dfrac{1}{|\overline{Y_i}-\overline{Y_j}|}, & i\neq j\\0, & i=j\end{cases} \tag{8-3-4}$$

其中,$\overline{Y_i}$、$\overline{Y_j}$ 分别是 i 地区与 j 地区的人均GDP。

表8-5是样本期间中国高等教育服务出口的全局Moran's Ⅰ。从表中可以看出,教育服务出口的全局Moran's Ⅰ值在0.10~0.718,均大于0,且都通过了1%的显著性水平检验,说明各区域教育服务出口的差异不是随机产生的,中国高等教育服务出口存在较强的空间正相关性,即具有相似属性的对象聚集在一起,在空间上呈现高高集聚、低低集聚的特征。进一步的,从图8-5可以看出,高等教育服务出口的全局Moran's Ⅰ从2000年的0.12到2018年的0.72,呈增长趋势,表明随着时间的推移,高等教育服务出口的空间依赖性逐渐增强,空间集聚愈发明显。

由前述分析可以初步推断,高等教育服务出口存在空间自相关性,且近年来这种相互依赖性有逐步增强的趋势。

表 8-5　全局莫兰指数

时间	Moran's Ⅰ	*P* 值	时间	Moran's Ⅰ	*P* 值
2000	0.123	0.009	2010	0.129	0.074
2001	0.113	0.035	2011	0.133	0.069
2002	0.079	0.08	2012	0.145	0.057
2003	0.102	0.067	2013	0.174	0.032
2004	0.124	0.062	2014	0.214	0.014
2005	0.133	0.052	2015	0.217	0.014
2006	0.120	0.087	2016	0.238	0.009
2007	0.108	0.109	2017	0.691	0.000
2008	0.101	0.105	2018	0.718	0.000
2009	0.123	0.078			

数据来源：由 Stata 计算整理得到。

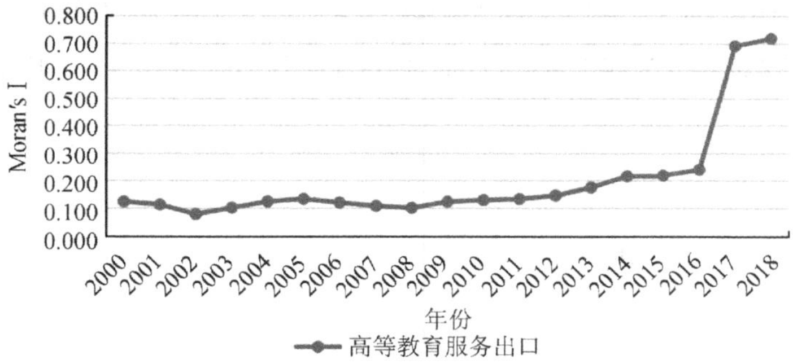

图 8-5　全局莫兰指数

数据来源：由 Stata 计算整理得到。

2. 局部空间自相关分析

局部莫兰指数(Local Moran's Ⅰ)是描述某一地区观测值水平与整个区域观测值平均水平之间的关系，以及某一地区的周边地区观测值与整个区域观测值水平之间的关系，其计算公式为：

$$\text{Local Moran's I} = \frac{(x_i - \bar{x})}{\frac{1}{n} \cdot \sum_{j=1}^{n} w_{ij}(x_i - \bar{x})^2} \sum_{j \neq i}^{n} w_{ij}(x_i - \bar{x})$$

$$= \frac{z_i}{S^2} \cdot \sum_{j \neq i}^{n} w_{ij} z_j = \sum_{j \neq i}^{n} w_{ij} z_i z_j \qquad (8-3-5)$$

式中，z_i，z_j 为标准化后的观测值；w_{ij} 为标准化后的空间权重矩阵的(i，j)元素。

对局部 Moran's Ⅰ 的理解如表 8-6 所示。

表 8-6 局部 Moran's Ⅰ判断标准

z_i	$\sum_{j\neq i}^{n} w_{ij}z_j$	Moran's Ⅰ	含义
>0	>0	>0	i 区域观测值水平高,周边区域观测值水平高。高高聚集(H-H 聚集)
<0	<0	>0	i 区域观测值水平低,周边区域观测值水平低。低低聚集(L-L 聚集)
<0	>0	<0	i 区域观测值水平低,周边区域观测值水平高。低高聚集(L-H 聚集)
>0	<0	<0	i 区域观测值水平高,周边区域观测值水平低。高低聚集(H-L 聚集)

为了直观地了解高等教育服务出口的空间相关性特征,我们进一步将区域高等教育服务出口的局部 Moran's Ⅰ以可视化的方式呈现。将z_i 作为横轴,$\sum_{j\neq i}^{n} w_{it}z_j$ 作为纵轴,将平面坐标系分为四个象限(H-H,L-H,L-L,H-L),如图 8-6 所示。

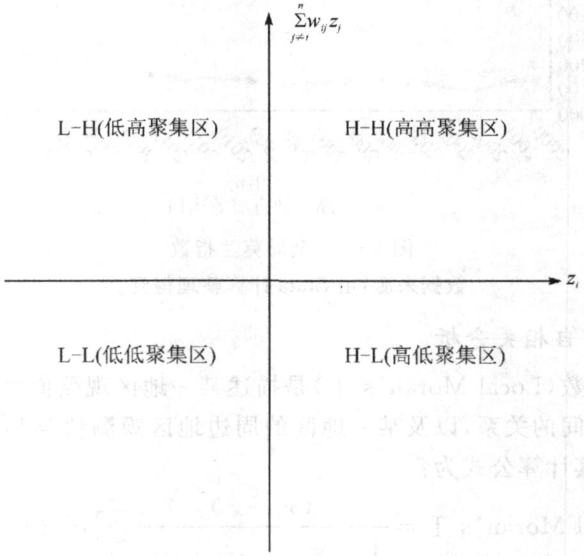

图 8-6 高等教育服务出口莫兰象限图

图 8-7 是样本期间区域高等教育服务出口的莫兰散点图。从局部相关的角度来分析,位于第一、三象限的地区(位于第一象限的北京、天津、江苏、浙江、山东、安徽等,以及位于第三象限的西藏、青海、宁夏、甘肃等)明显多于第二、四象限的地

Moran scatterplot (Moran's I = 0.195)
2000年来华留学生

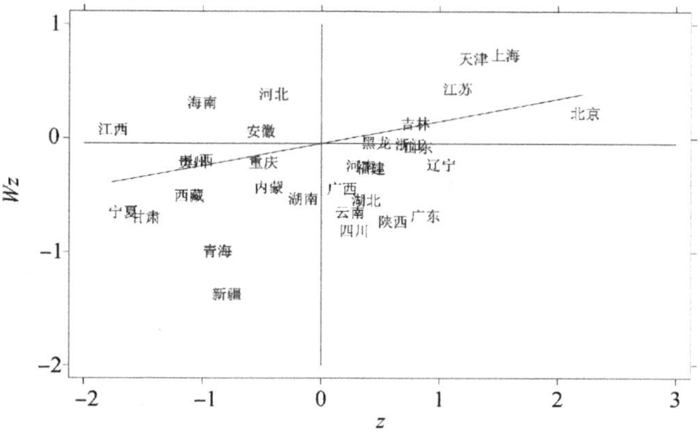

Moran scatterplot (Moran's I = 0.182)
2002年来华留学生

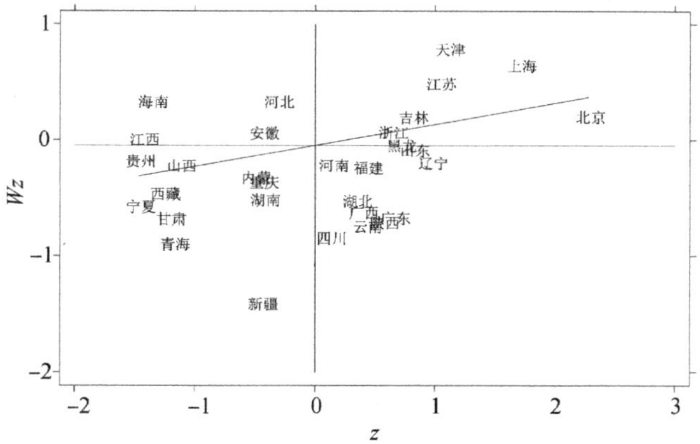

Moran scatterplot (Moran's I = 0.203)
2004年来华留学生

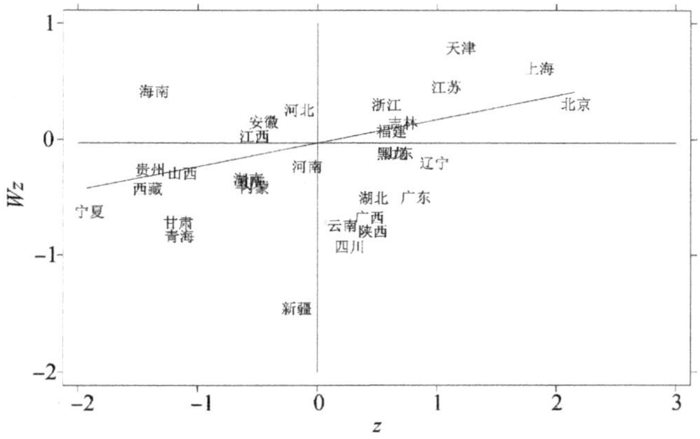

Moran scatterplot (Moran's I = 0.202)
2001年来华留学生

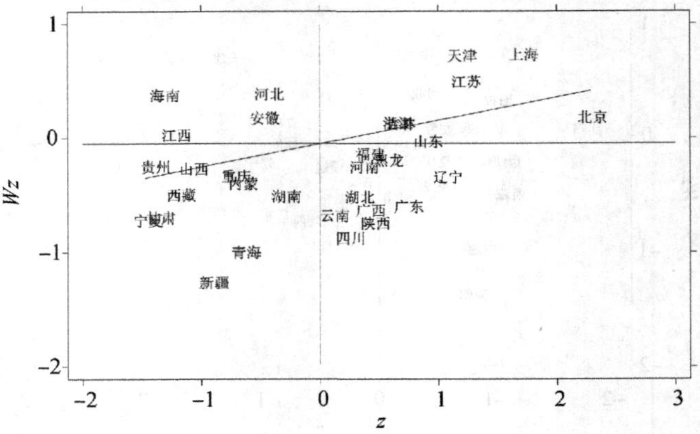

Moran scatterplot (Moran's I = 0.172)
2003年来华留学生

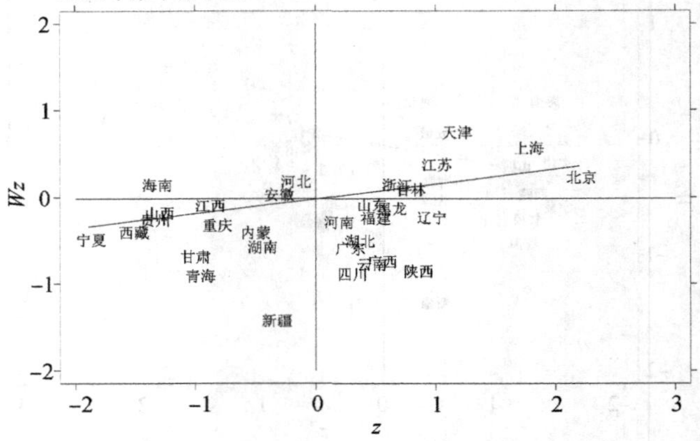

Moran scatterplot (Moran's I = 0.218)
2005年来华留学生

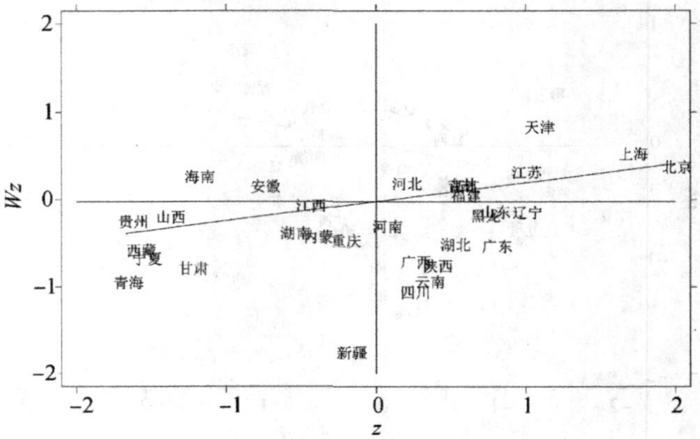

Moran scatterplot (Moran's I = 0.127)
2006年来华留学生

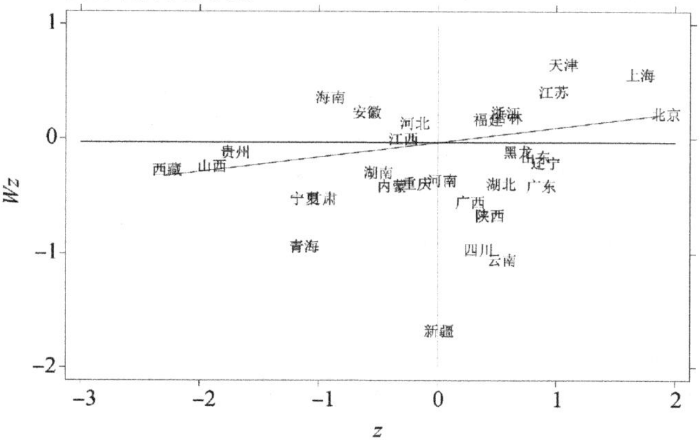

Moran scatterplot (Moran's I = 0.106)
2008年来华留学生

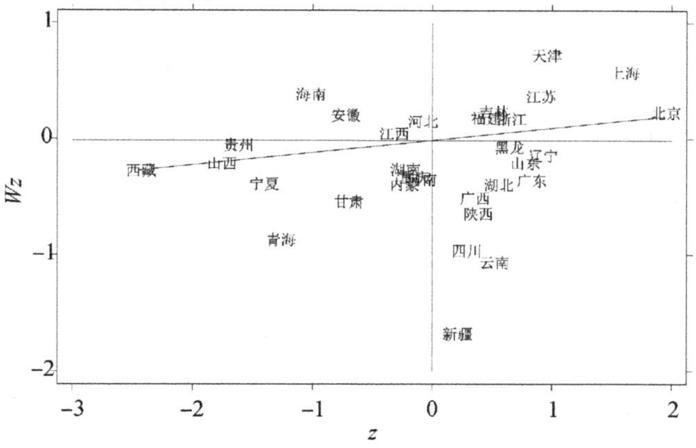

Moran scatterplot (Moran's I = 0.113)
2010年来华留学生

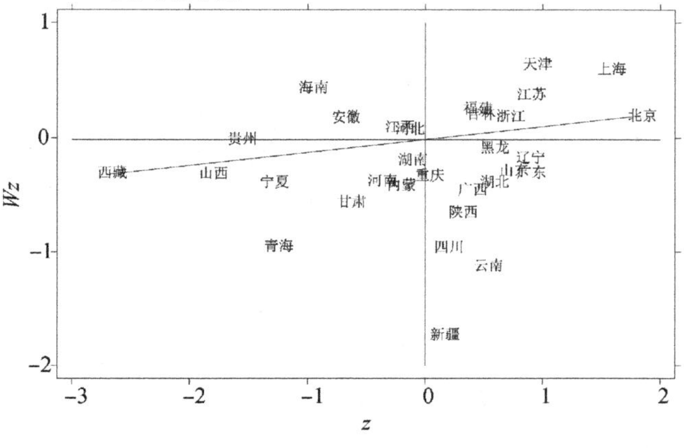

Moran scatterplot (Moran's I = 0.111)
2007年来华留学生

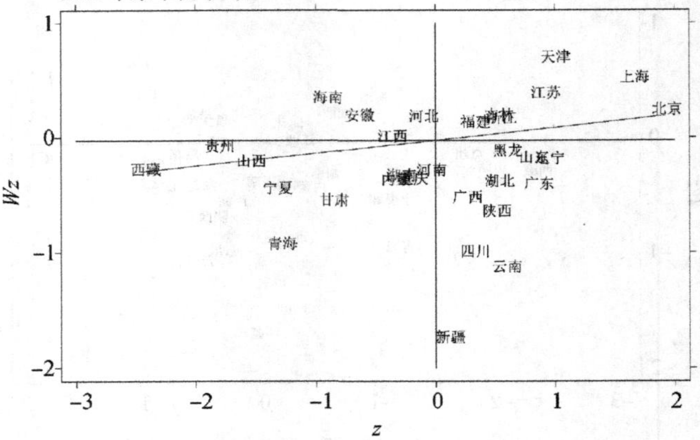

Moran scatterplot (Moran's I = 0.130)
2009年来华留学生

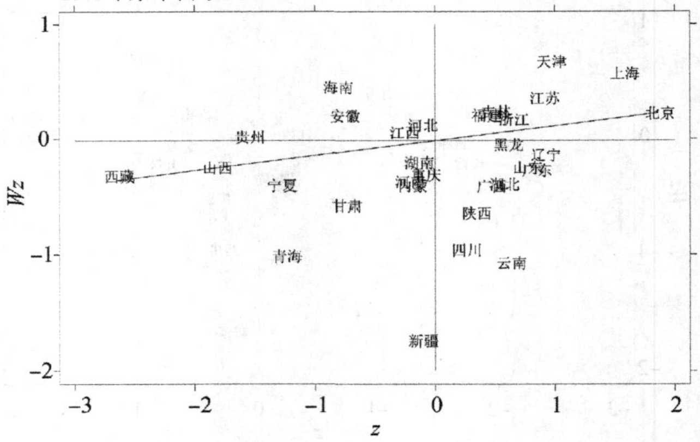

Moran scatterplot (Moran's I = 0.107)
2011年来华留学生

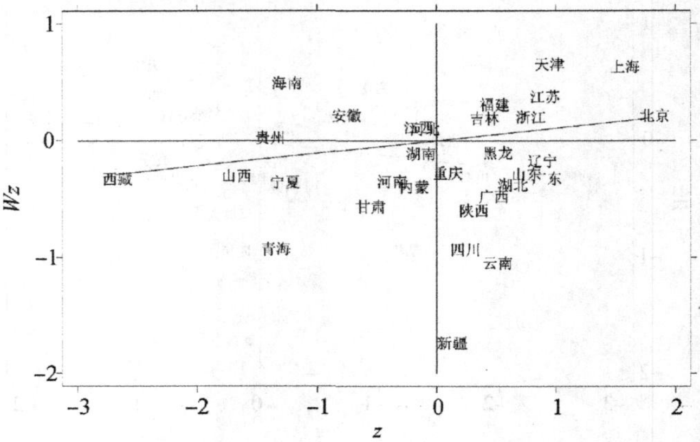

Moran scatterplot (Moran's I = 0.118)
2012年来华留学生

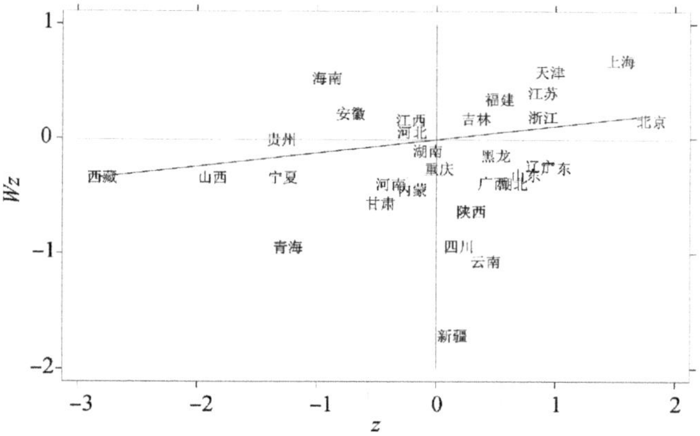

Moran scatterplot (Moran's I = 0.170)
2014年来华留学生

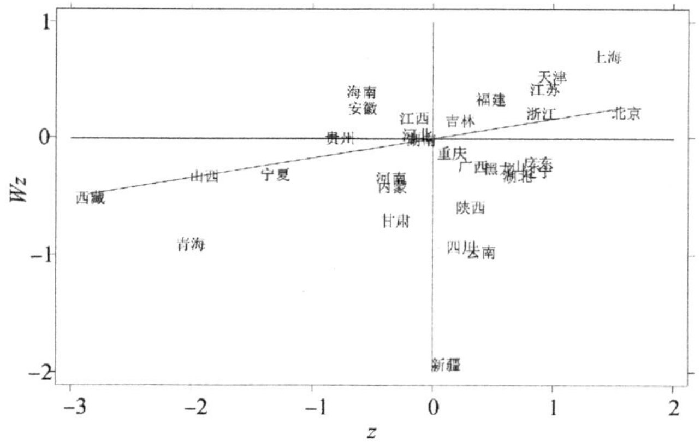

Moran scatterplot (Moran's I = 0.162)
2016年来华留学生

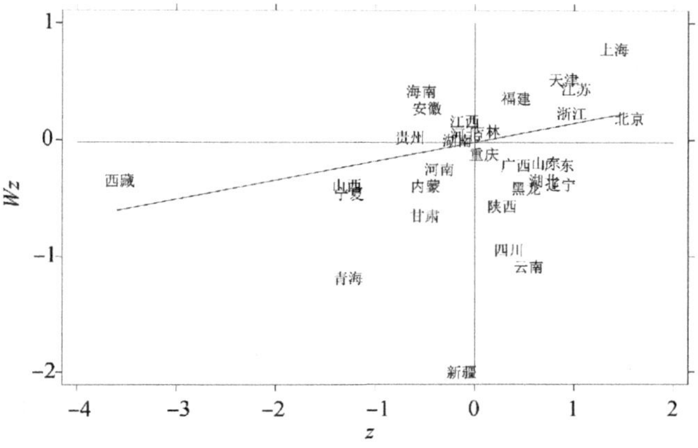

Moran scatterplot (Moran's I = 0.121)
2013年来华留学生

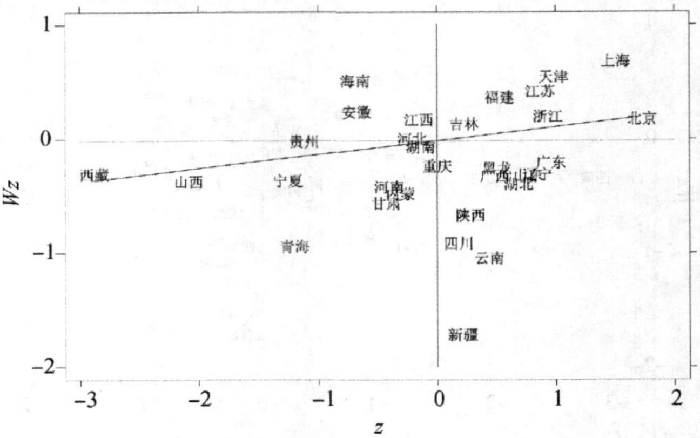

Moran scatterplot (Moran's I = 0.149)
2015年来华留学生

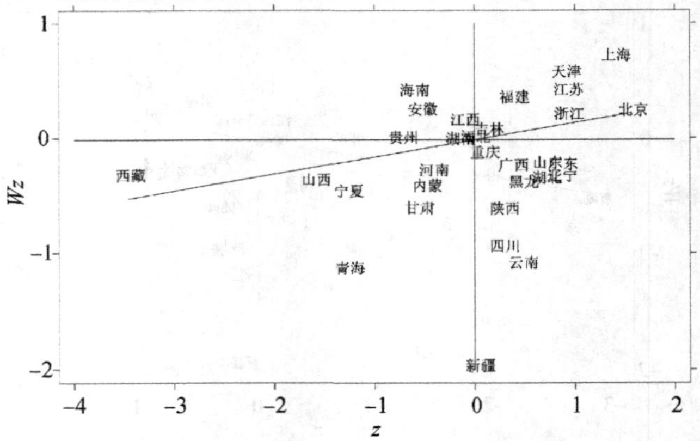

Moran scatterplot (Moran's I = 0.432)
2017年来华留学生

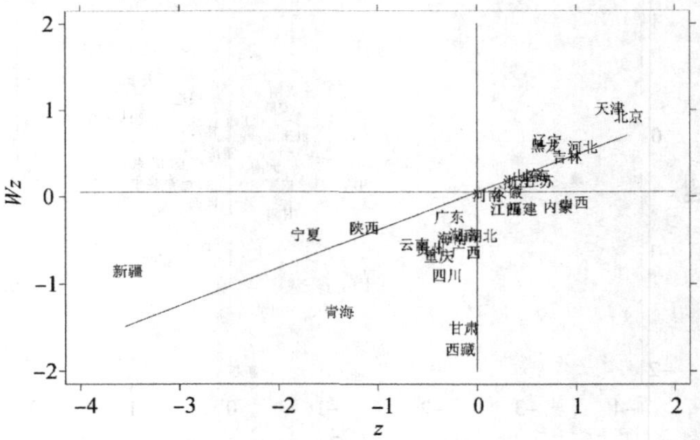

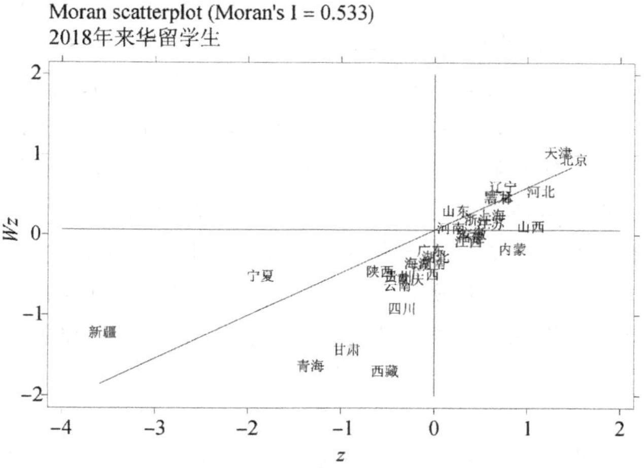

图 8－7　高等教育服务出口莫兰散点图

区，表明 H-H 和 L-L 型聚集的地区比 L-H 和 H-L 型聚集的地区多，也就是说高等教育服务出口较多的地区间容易形成高高聚集，而出口较少的地区间容易形成低低聚集。由于 H-H 和 L-L 型聚集的地区比较多，说明区域创新的空间差异较小。

四、高等教育服务出口对区域创新空间溢出的实证分析

（一）研究设计

1. 变量测量和数据来源

1）被解释变量

本部分的观测变量是区域创新（regional innovation），但在文献中，区域创新的测量并没有得到一致的意见。文献中，区域创新既有用创新结果，即专利数量衡量（程鹏，2014；王雅洁，2020；Chen et al.，2018），也有创新投入（薛漫天 等，2009；Yang et al.，2012）测量。此外，薛漫天等（2009）采用工业增加值衡量，Barra 等（2018）在研究意大利区域创新系统效率时曾指出："无论是通过研发支出还是研发人员来衡量创新，创新产出首先取决于人们在资源配置上所做的努力。"因此，他曾分别用 R&D 支出及 R&D 人员衡量投入，用专利测量区域创新产出。由于创新活动的最终目的是通过市场交易将创新产出转换为经济效益，因此新产品产值也是理想的衡量指标，如范德成等（2018）用新产品销售收入占主营收入比例衡量区域创新，姚相如等（2016）采用新产品产值与工业总产值之比衡量创新。

在创新的测量过程中，专利是一个非常重要的指标。但由于并非所有的创新

成果都会申请专利保护，因此仅用专利数量衡量区域创新较为粗糙。专利包括发明专利、实用新型专利和外观设计专利三大类，不同类型的专利对经济发展的影响程度不同。只要对产品的外观进行艺术改造即可申请外观设计专利，其技术含量最低；对产品在已有的技术设备基础上进行改良即可申请实用新型专利，其对技术含量的要求比外观设计专利高，但低于发明专利；只有对产品、方法提出开创性、革命性的改进方案才能申请发明专利，其对技术含量要求最高，对经济发展的贡献度也是三种专利中最大的。更为重要的是，专利距离市场最近，转换为经济效益比较方便，因此，我们用专利申请量衡量创新产出。基于不同专利的技术含量不同，我们用发明专利申请量指标衡量突变型创新，用实用新型专利和外观设计专利申请量之和衡量渐进型创新。

2)解释变量

高等教育服务出口是一种重要的教育输出行为，其在跨国服务贸易中占据重要地位。一般所说的高等教育服务出口指某国高校接受本国以外的学生以及某国高校到海外办学并获取经济利益的教育输出行为(杨妍，2018)。受到各国制度因素的限制以及中国高校国际知名度不高的影响，中国以商业存在形式提供的高等教育服务出口并不常见，同时考虑数据的可得性以及连续性，本节的高等教育服务出口主要指中国高校接受的来华留学生。

3)调节变量

本节将区域吸收能力分为潜在吸收能力(potential absorptive capacity，PABC)和实际吸收能力(realized absorptive capacity，RABC)。潜在吸收能力反映企业对外部新知识的识别和消化能力。作为促进和吸收缄默知识、消化外部新知识的关键要素——人力资本在潜在吸收能力中发挥桥梁作用，本节用人均受教育水平[式(8-4-1)]测度区域潜在吸收能力。实际吸收能力反映企业对外部知识的转化和商业化能力。由于技术市场是推动科技成果向现实生产力转化的重要场所，是专利、技术等创新成果实现从科研成果到生产要素转化的重要路径，因此，我们用技术市场成交额测度区域显在吸收能力。

$$\mathrm{EDUC}_{it}=\frac{i\text{ 地区第 }t\text{ 期(小学人数}\times 6+\text{初中人数}\times 9+\text{高中人数}\times 12+\text{大学专科及以上人数}\times 16)}{i\text{ 地区第 }t\text{ 期 6 岁以上人口数}} \tag{8-4-1}$$

4)控制变量

为了尽可能得到有效的估计结果，参考已有文献，我们对其他可能影响区域创新的因素进行控制。国际化水平(internationalization)可以反映不同区域国际市场的参与度，用区域出口额占国内生产总值(GDP)的比值来衡量[式(8-4-2)]；就业水平(employ)用来判断不同区域劳动力就业情况，用反向指标失业率衡量；研发经费投入(fund input，RD)用研究与试验发展(R&D)经费与国内生产总值之比衡量[式(8－4－3)]；研发人力投入(R&D manpower input，PRD)是开展 R&D 活动的重要基础，用研发人员全时当量来衡量；只有实际利用外商直接投资(inward foreign direct investment，IFDI)才能准确反映各地区的外资利用水平，也能在一定程度上反映出各地区运营商环境建设水平以及政府招商引资的力度，用实际利用外商投资额测量。

$$INTE_{it}=\frac{i\text{ 地区第 }t\text{ 期出口额}}{i\text{ 地区第 }t\text{ 期国内生产总值(GDP)}} \qquad (8-4-2)$$

$$RD_{it}=\frac{i\text{ 地区第 }t\text{ 期 R\&D 经费}}{i\text{ 地区第 }t\text{ 期国内生产总值(GDP)}} \qquad (8-4-3)$$

变量的测量及方法汇总如表 8－7 所示。

表 8－7　变量定义汇总

变量类型	变量名称		变量符号	变量测度
被解释变量	区域创新	渐进型创新	INTECI	各省发明专利授权量的自然对数
		突变型创新	RATECI	各省实用新型专利和外观设计专利之和的自然对数
解释变量	高等教育服务出口		STU	各省来华留学生的自然对数
调节变量	吸收能力	潜在吸收能力	PABC	各省人均受教育年限的自然对数
		实际吸收能力	RABC	各省技术市场成交额的自然对数
控制变量	国际化水平		INTE	各省出口额占 GDP 比例的自然对数
	就业水平		EMPL	各省失业率的自然对数
	研发经费投入		R&D	各省 R&D 经费占 GDP 比例的自然对数
	研发人力投入		PRD	各省 R&D 人员全时当量的自然对数
	外商直接投资		IFDI	各省实际利用外商直接投资的自然对数

5)数据来源

本部分以 2008—2019 年中国 30 个省际数据为样本(因为西藏部分数据缺失，不含西藏)，探索跨国高等教育服务出口对区域创新的溢出效应。区域创新指标以及研发经费、研发强度等数据均来自 2008—2019 年《中国科技统计年鉴》，来华留学生的相关数据来源于 2006—2018 年《来华留学生简明统计》，教育经费相关数据来源于 2006—2018 年《中国教育统计年鉴》，其他数据均来自各省(区、市)2006—

2019年统计年鉴。

2.空间计量模型构建

知识是一种公共产品，它不仅会使本地区的生产者受益，还会使邻近地区的生产者受益，这就会导致空间效应，但这种效应并不会无限传播，由于地理距离的限制，这种正外部性会随距离的增加而减弱，因此知识的传播本质上仅在邻近地区扩散(LeSage et al.,2009)。传统计量经济学在分析问题时常常忽视了经济资源以及经济活动对地理空间的依赖性，而空间计量经济学通过检测空间变量间相互影响的关系、方向和强度，弥补了传统计量经济学对地理空间邻近带来空间相关性和空间异质性的忽略。空间回归模型是研究不同空间单位之间复杂的依赖关系，参数估计包含了大量空间单位关系的信息，任何一个空间单位的解释变量改变将会直接影响该空间单位本身(直接效应)，并潜在地影响所有其他空间单位(间接效应)(LeSage et al.,2009)。

空间计量模型(LeSage et al.,2009;Anselin,1988;Anselin et al.,1997)包括三种模型。

一是包含被解释变量的空间滞后项的空间自回归模型(Spatial Autoregressive,SAR)，即空间滞后模型(Spatial Lag Model,SLM)：

$$y=\lambda Wy+\varepsilon \qquad (8-4-4)$$

式中，扰动项$\varepsilon \in N(0,\sigma^2 I_n)$；$W$为已知空间权重矩阵；$\lambda$是空间自回归系数，用以刻画空间依赖性，度量空间滞后项WY对Y的影响。该模型认为相邻地区的被解释变量可能相互依赖，最终导致一个均衡结果。

二是包含解释变量的空间滞后项的空间误差模型(Spatial Errors Model,SEM)：

$$y=X\beta+\mu \qquad (8-4-5)$$

式中，扰动项$\mu=\rho Mu+\varepsilon,\varepsilon \in N(0,\sigma^2 I_n)$；$M$为空间权重矩阵。扰动项存在空间依赖性，也就是不可观测的随机冲击存在空间相关性。

三是包含解释变量和被解释变量的空间滞后项的空间杜宾模型(Spatial Durbin Model,SDM)：

$$Y=\lambda WY+X\beta+WX\delta+\varepsilon \qquad (8-4-6)$$

式中，Y、X、β、W、λ和ε的含义与式(8-4-4)和式(8-4-5)相同，$WX\delta$为来自邻近地区解释变量的影响，δ是系数向量，反映相邻地区解释变量对本地区被解释变量的影响效应的大小。

空间计量经济学是计量经济学空间化的结果，它融合了地理统计学、空间经济学、计量经济学以及计量软件开发等多个学科的最新发展成果。在正式进行空间计量分析之前，需要在模型设定过程中考虑采用何种空间计量模型，即SAR模型、

SEM 模型以及 SDM 模型，哪一个模型能更好地拟合数据。

空间效应的交互形式检验一般采用 Anselin(1988)提出的经典拉格朗日乘子检验(Lagrange Multiplier Test，LM 检验)及 Anselin 等(1996)提出的稳健拉格朗日乘子检验(Robust Lagrange Multiplier Test，稳健 LM 检验)。我们在前文空间探索分析过程中，用 Moran's I指数初步验证了区域创新的空间自相关关系，发现了中国区域创新存在空间集聚特征。鉴于此，本节采用空间计量模型进行实证分析合理。鉴于研究内容与方法的匹配度，我们拟采用空间面板杜宾模型(Belotti et al.，2017)研究高等教育服务出口对区域创新的空间溢出效应，所有解释变量均滞后 2 期。

模型 0：区域创新与控制变量之间的基础计量模型。

$$\text{RATECI}_{it}=\lambda W\text{RATECI}_{it}+\beta_j\text{Controls}_{i(t-2)}+\delta_j W\text{Controls}_{i(t-2)}+\varepsilon \tag{8-4-7}$$

$$\text{INTECI}_{it}=\lambda W\text{INTECI}_{it}+\beta_j\text{Controls}_{i(t-2)}+\delta_j W\text{Controls}_{i(t-2)}+\varepsilon \tag{8-4-8}$$

模型 1：教育出口对区域突变型创新的溢出效应。

$$\begin{aligned}\text{RATECI}_{it}=&\lambda W\text{RATECI}_{it}+\beta_1\text{STU}_{i(t-2)}+\beta_2\text{INTE}_{i(t-2)}+\beta_3\text{EMPL}_{i(t-2)}+\\&\beta_4\text{RD}_{i(t-2)}+\beta_5\text{PRD}_{i(t-2)}+\beta_6 I\text{FDI}_{i(t-2)}+W(\delta_1\text{STU}_{i(t-2)}+\delta_2\text{INTE}_{i(t-2)}+\\&\delta_3\text{EMPL}_{i(t-2)}+\delta_4\text{RD}_{i(t-2)}+\delta_5\text{PRD}_{i(t-2)}+\delta_6\text{IFDI}_{i(t-2)})+\varepsilon\end{aligned} \tag{8-4-9}$$

模型 2：教育出口对区域渐进型创新的溢出效应。

$$\begin{aligned}\text{INTECI}_{it}=&\lambda W\text{INTECI}_{it}+\beta_1\text{STU}_{i(t-2)}+\beta_2\text{INTE}_{i(t-2)}+\beta_3\text{EMPL}_{i(t-2)}+\beta_4\text{RD}_{i(t-2)}+\\&\beta_5\text{PRD}_{i(t-2)}+\beta_6\text{IFDI}_{i(t-2)}+W(\delta_1\text{STU}_{i(t-2)}+\delta_2\text{INTE}_{i(t-2)}+\\&\delta_3\text{EMPL}_{i(t-2)}+\delta_4\text{RD}_{i(t-2)}+\delta_5\text{PRD}_{i(t-2)}+\delta_6\text{IFDI}_{i(t-2)})+\varepsilon\end{aligned} \tag{8-4-10}$$

3. 调节作用模型构建

在模型中加入吸收能力作为调节变量，分析吸收能力对高等教育服务出口影响区域创新的调节效应。

模型 3：潜在吸收能力对高等教育服务出口影响突变型创新的调节作用。

$$\begin{aligned}\text{RATECI}_{it}=&\lambda W\text{RATECI}_{it}+\beta_1\text{STU}_{i(t-2)}+\beta_2\text{PABC}_{i(t-2)}+\beta_3\text{STU}_{i(t-2)}\times\text{PABC}_{i(t-2)}+\\&\beta_4\text{INTE}_{i(t-2)}+\beta_5\text{EMPL}_{i(t-2)}+\beta_6\text{RD}_{i(t-2)}+\beta_7\text{PRD}_{i(t-2)}+\beta_8 I\text{FDI}_{i(t-2)}+\\&W(\delta_1\text{STU}_{i(t-2)}+\delta_2\text{PABC}_{i(t-2)}+\delta_3\text{STU}_{i(t-2)}\times\text{PABC}_{i(t-2)}+\delta_4\text{INTE}_{i(t-2)}+\\&\delta_5\text{EMPL}_{i(t-2)}+\delta_6\text{RD}_{i(t-2)}+\delta_7\text{PRD}_{i(t-2)}+\delta_8\text{IFDI}_{i(t-2)})+\varepsilon\end{aligned} \tag{8-4-11}$$

模型 4：潜在吸收能力对高等教育服务出口影响渐进型创新的调节作用。

$$\begin{aligned}\text{INTECI}_{it}=&\lambda W\text{INTECI}_{it}+\beta_1\text{STU}_{i(t-2)}+\beta_2\text{PABC}_{i(t-2)}+\beta_3\text{STU}_{i(t-2)}\times\text{PABC}_{i(t-2)}+\\&\beta_4\text{INTE}_{i(t-2)}+\beta_5\text{EMPL}_{i(t-2)}+\beta_6\text{RD}_{i(t-2)}+\beta_7\text{PRD}_{i(t-2)}+\beta_8\text{IFDI}_{i(t-2)}+\\&W(\delta_1\text{STU}_{i(t-2)}+\delta_2\text{PABC}_{i(t-2)}+\delta_3\text{STU}_{i(t-2)}\times\text{PABC}_{i(t-2)}+\delta_4\text{INTE}_{i(t-2)}+\end{aligned}$$

$$\delta_5 EMPL_{i(t-2)} + \delta_6 RD_{i(t-2)} + \delta_7 PRD_{i(t-2)} + \delta_8 IFDI_{i(t-2)}) + \varepsilon \quad (8-4-12)$$

模型 5:实际吸收能力对高等教育服务出口影响突变型创新的调节作用。

$$\begin{aligned} RATECI_{it} = & \lambda W RATECI_{it} + \beta_1 STU_{i(t-2)} + \beta_2 RABC_{i(t-2)} + \beta_3 STU_{i(t-2)} \times RABC_{i(t-2)} + \\ & \beta_4 INTE_{i(t-2)} + \beta_5 EMPL_{i(t-2)} + \beta_6 RD_{i(t-2)} + \beta_7 PRD_{i(t-2)} + \beta_8 IFDI_{i(t-2)} + \\ & W(\delta_1 STU_{i(t-2)} + \delta_2 RABC_{i(t-2)} + \delta_3 STU_{i(t-2)} \times RABC_{i(t-2)} + \delta_4 INTE_{i(t-2)} + \\ & \delta_5 EMPL_{i(t-2)} + \delta_6 RD_{i(t-2)} + \delta_7 PRD_{i(t-2)} + \delta_8 IFDI_{i(t-2)}) + \varepsilon \quad (8-4-13) \end{aligned}$$

模型 6:实际吸收能力对高等教育服务出口影响渐进型创新的调节作用。

$$\begin{aligned} INTECI_{it} = & \lambda W INTECI_{it} + \beta_1 STU_{i(t-2)} + \beta_2 RABC_{i(t-2)} + \beta_3 STU_{i(t-2)} \times RABC_{i(t-2)} + \\ & \beta_4 INTE_{i(t-2)} + \beta_5 EMPL_{i(t-2)} + \beta_6 RD_{i(t-2)} + \beta_7 PRD_{i(t-2)} + \beta_8 IFDI_{i(t-2)} + \\ & W(\delta_1 STU_{i(t-2)} + \delta_2 RABC_{i(t-2)} + \delta_3 STU_{i(t-2)} \times RABC_{i(t-2)} + \delta_4 INTE_{i(t-2)} + \\ & \delta_5 EMPL_{i(t-2)} + \delta_6 RD_{i(t-2)} + \delta_7 PRD_{i(t-2)} + \delta_8 IFDI_{i(t-2)}) + \varepsilon \quad (8-4-14) \end{aligned}$$

(二)高等教育服务出口对区域创新空间溢出效应的实证结果

1. 描述性统计与相关性分析

本节以 2019 年相关数据为样本,对所有原始观测数据进行描述性统计分析。表 8-8 是相关变量的描述性统计结果,包括平均值、标准差以及最大值和最小值。从表中可以看出,2019 年区域突变型创新均值为 4.1 万项,最大值达到 20.3 万项,而最小值却仅有 1232 项;区域渐进型创新的均值为 9.8 万项,最大值和最小值分别是 60.4 万项和 3785 项。可见,各地区创新产出参差不齐,差异较大;同时各地区平均接受来华留学生 1.6 万人次,接受最多留学生的地区达到 8.2 万人次,最少的地区仅有 27 人次,表明各地区接受留学生人次也存在较大差异。吸收能力在各地区间均存在较大差异:潜在吸收能力统计结果表明,各地区平均教育水平在 9.39 年左右,人均初中毕业水平;教育水平较高的地区达到 12.5 年,即高中毕业开始接受高等教育水平,较低的地区却仅有 8.02 年,初中尚未毕业;实际吸收能力在各地区间的差异更大(技术市场成交额最高达 4486.89 亿元,最低仅有 4.11 亿元),且平均水平普遍偏低。除此之外,各地区在国际化水平、劳动力市场情况、科研投入以及外资引进方面均存在较大差异。

表 8-8 描述性统计

变量	变量符号	平均值	标准差	最大值	最小值
突变型创新	RATECI	41021.23	50985.76	203311	1232
渐进型创新	INTECI	97984.87	132346.80	604389	3785
来华留学生	STU	16122.27	18491.97	82007	27

续表

变量	变量符号	平均值	标准差	最大值	最小值
潜在吸收能力	PABC	9.39	0.94	12.50	8.02
实际吸收能力	RABC	430.67	827.74	4486.89	4.11
国际化程度	INTE	0.12	0.12	0.47	0.01
失业率	EMPL	3.2	0.64	4.2	1.4
研发强度	RD	1.69	1.10	5.64	0.52
研发人力	PRD	134411.70	148161.00	565287	5656
外商直接投资	IFDI	135557.40	124319.70	409184.9	229.94

数据来源：由 Stata 计算整理得到。

相关性分析是一种初步研究各变量间不确定关系的统计方法。各变量间的相关系数可以在一定程度上反映各变量之间的相关程度，相关系数的正负可以反映影响的方向。相关性结果如表 8－9 所示，各解释变量和控制变量之间的相关性系数基本都在 0.5 左右，相关性较弱，但也出现了个别相关系数较大的现象。因此，在进行多变量回归分析前，我们还需要检验各个解释变量和控制变量之间的多重共线性。表 8－10 是各变量方差膨胀因子（VIF）检验结果，各变量 VIF 均小于 10，说明各解释变量与控制变量间不存在严重多重共线性，最小二乘法估计结果不会受影响。考虑到本节是基于空间角度进行参数估计，因此共线性对参数估计结果影响较小。

表 8－9　Pearson 相关系数表

变量	(1)	(2)	(3)	(4)	(5)	(6)	(7)	(8)	(9)	(10)
(1)RATECI	1									
(2)INTECI	0.893***	1								
(3)STU	0.483***	0.275***	1							
(4)PABC	0.414***	0.232***	0.778***	1						
(5)RABC	0.507***	0.248***	0.792***	0.655***	1					
(6)INTE	0.424***	0.500***	0.430***	0.354***	0.172***	1				
(7)EMPL	−0.421***	−0.315***	−0.440***	−0.430***	−0.549***	−0.202***	1			
(8)RD	0.584***	0.381***	0.873***	0.755***	0.803***	0.438***	−0.471***	1		
(9)PRD	0.920***	0.912***	0.475***	0.399***	0.419***	0.554***	−0.405***	0.581***	1	
(10)IFDI	0.764***	0.750***	0.416***	0.424***	0.305***	0.576***	−0.255***	0.493***	0.812***	1

注：① ***：$p<0.01$，**：$p<0.05$，*：$p<0.1$。

②数据来源：由 Stata 计算整理得到。

表 8－10 方差膨胀因子

变量	VIF	1/VIF
PRD	5.65	0.177021
IFDI	3.56	0.280677
RD	3.4	0.294247
STU	2.36	0.42359
INTE	1.64	0.61162
EMPL	1.18	0.844598

数据来源：由 Stata 计算整理得到。

2. 模型选择

在对数据进行空间计量分析前要对选择何种模型进行检验，最常用的检验方法是 LM 检验和稳健的 LM 检验。我们选用 LM 检验选择模型。表 8－11 是 LM 检验、稳健的 LM 检验、LR 检验以及 Wald 检验的结果。

表 8－11 LM 检验、稳健 LM 检验、LR 检验、Wald 检验结果

检验类型	Statistic	*p*
LM-Error	153.33	0.0000
Robust-LM-Error	60.74	0.0000
LM-Lag	129.37	0.0000
Robust-LM-Lag	36.78	0.0000
LR-SLM	59.41	0.0000
LR-SEM	114.57	0.0000
Wald-SLM	18.39	0.0053
Wald-SEM	26.36	0.0002

数据来源：由 Stata 计算整理得到。

从表 8－11 可以看出，空间滞后模型和空间误差模型的 LM 检验和稳健的 LM 检验结果均通过了 1% 的显著性水平检验，说明应该考虑采用空间杜宾模型；同时 LR 检验和 Wald 检验通过 1% 的显著性检验，拒绝原假设，再次证明应采用空间面板杜宾模型研究高等教育服务出口对区域创新的空间溢出效应。

3. **实证结果**

在确定空间杜宾模型后，还需要利用 Hausman 检验（Hausman，1978）选择定固定效应模型或随机效应模型。Hausman 检验结果通过 1%的显著性水平，拒绝原假设，表明应选用固定效应模型。固定效应模型对空间面板进行估计的结果见表 8-12。

表 8-12 空间杜宾模型估计结果

变量	模型 1 (RATECI)	模型 2 (INTECI)
RHO	0.250*** (3.928)	0.476*** (8.485)
STU	0.0777*** (2.731)	0.145*** (5.367)
INTE	0.120** (2.010)	0.228*** (3.965)
EMPL	−0.148 (−0.810)	−0.385** (−2.211)
RD	−0.055 (−1.391)	0.013 (0.080)
PRD	0.323** (4.0951)	0.166 (1.318)
IFDI	0.042 (1.175)	0.002 (0.063)
W * STU	0.117** (2.192)	0.037 (0.712)
W * INTE	−0.301*** (−3.226)	−0.367*** (−4.123)
W * EMPL	−2.153*** (−5.583)	−1.779*** (−4.541)
W * RD	−0.973*** (−2.691)	0.803** (2.335)

续表

变量	模型 1 (RATECI)	模型 2 (INTECI)
$W*$PRD	0.912*** (4.095)	−0.28 (−1.328)
$W*$IFDI	0.137** (1.980)	−0.016 (−0.143)
sigma2_e	0.0716*** (13.338)	0.0647*** (13.114)
Obs.	360.00	360.00
R^2	0.659	0.572
Number	30.00	30.00

注:①括号内为 T 值;*** :$p<0.01$,** :$p<0.05$,* :$p<0.1$。

②数据来源:由 Stata 计算整理得到。

模型 1 是突变型创新的估计结果(见表 8-12),从估计结果可以看出:被解释变量空间滞后项的回归系数 RHO>0,且在 1%的水平上显著,说明地区突变型创新之间存在显著的正向空间相关性。本地区的突变型创新会受到周边地区突变型创新的正向带动作用,周边地区突变型创新每提高 10%,则本地区的突变型创新会提升 2.5%。

突变型创新的空间滞后项 $W*$RATECI 的系数 $\lambda=0.25$,通过了 1%的显著性检验,这表明本地区的突变型创新不仅与本地区的突变型创新有关,同时与空间上相邻地区的突变型创新相关,并且这些空间上相邻地区的突变型创新对本地区创新有显著的正向促进作用,也就是说,从间接溢出途径来看,中国突变型区域创新存在十分显著的正向空间溢出效应。由于 $\lambda>0$,不但说明不同地区间突变型创新存在空间自相关性,而且相对于不相邻地区,相邻地区间的突变型创新产出对本地区的突变型创新产出影响更大,由此可以再次部分验证假设 H_{1a}。

STU 的估计系数 $\beta_1=0.0777$ 在 1%的水平上显著,说明高等教育服务出口对突变型区域创新具有显著的正向促进作用,高等教育服务出口的空间滞后项 $W*$STU 系数 $\delta_1=0.117$,且通过 1%的显著性水平检验,这表明本地区的突变型创新不仅与本地区的高等教育服务出口相关,同时与空间上相邻地区的高等教育服务出口有关,且相邻地区的高等教育服务出口对本地区的突变型创新有显著的促进作用,也就是说,高等教育服务出口对突变型创新具有空间溢出效应,假设 H_{2a} 得到验证。由此高等教育服务出口的发展可以为区域创新带来差异化知识（主要是国际学生所储备的知识），而差异化知识会增强个体层面知识的互补性，国际学生流入会增加地区劳动力多样性、增加本地知识多样性从而促进创新。同时，本地学生可以通过与国际学生之间面对面的交流沟通整合差异化的知识从而生成新的更具国际化属性的知识，新知识作为隐性资本可以促进创新活动的进程，因此高等教育服务出口发展可以促进创新活动的开展。

控制变量 INTE 和 PRD 系数估计分别是 0.12 和 0.323，且在 5%水平上显著，说明地区国际化程度正向促进突变型区域创新，研发人力投入正向促进突变型区域创新；$W*$ INTE 空间滞后项系数是 -0.301 并在 1%水平上显著，表明相邻地区国际化程度对本地区突变型创新具有显著的负向影响，这是由于相邻地区间的国际化存在竞争关系，某一地区国际化发展较好会将邻近地区的资源吸引过去，从而使得邻近地区的国际化对本地区的创新产生负向影响，空间滞后项 $W*$ PRD 的系数为 0.323 且通过了 1%的显著性水平检验，说明空间邻近地区的研发人力投入对本地区突变型创新有显著促进作用；EMPL、RD、IFDI 三个变量的估计系数分别为 -0.148、-0.055、0.042 且均不显著，但 EMPL 和 RD 的系数 <0，说明失业率和研发经费投入强度对本地区的突变型创新产生负向影响，同时，实际利用外商直接投资的促进作用亦不显著。空间滞后项 $W*$ EMPL 系数为 -2.153 并在 1%水平上显著，说明邻近地区失业率对本地区的突变型创新产生负向作用。空间滞后项 $W*RD$ 的系数为 -0.973 且通过了 1%的显著性水平检验，说明空间邻近地区的研发经费投入对本地区突变型创新有显著的负向作用，即区域研发经费之间存在着显著的竞争效应；空间滞后项 $W*$ IFDI 的系数为 0.137 且通过了 1%的显著性水平检验，说明空间邻近地区的实际利用外商直接投资对本地区突变型创新有显著促进作用。

模型 2 是渐进型创新的参数估计结果，从表 8 - 12 模型 2 的回归结果可以看到：被解释变量空间滞后项的回归系数 RHO>0，且在 1%的水平上显著，说明地区渐进型创新之间存在显著的正向空间相关性。本地区的渐进型创新会受到周边地区渐进型创新的正向带动作用，周边地区渐进型创新每提高 10%，则本地区的渐进性创新会提升 4.76%。

渐进型创新的空间滞后项 $W*$ INTECI 系数 $\lambda=0.476$ 且在 1%的水平上显著，说明渐进型创新也具有空间依赖性，这些空间上相邻地区的渐进型创新对本地区创新有显著的正向促进作用。

主要解释变量 STU 的回归系数 $\beta_1=0.145$ 且在 1%的水平上显著，说明高等教育服务出口对渐进型区域创新具有显著的正向促进作用，其空间滞后项 $W*$ STU 系

数为 $\delta_1=0.037$，但不显著，这表明本地区的渐进型创新仅与本地区的高等教育服务出口相关，空间上相邻地区的高等教育服务出口对本地区的渐进型创新的空间溢出效应不显著，也就是说，高等教育服务出口仅对突变型创新具有空间溢出效应，对渐进型创新的空间溢出效应不显著。假设 H_{2b} 未能得到验证。

4. **效应分解**

由于空间计量模型各个参数的经济含义较为复杂，分析过程中仅关注估计系数远远不够，因而，空间溢出效应检验成为空间计量模型估计后分析变量效应的重要组成部分。下面以空间杜宾模型为依据，通过求偏微分法来分析不同解释变量的直接效应和间接效应。

将空间杜宾模型改写成：

$$Y=(1-\rho W)^{-1}\alpha+(1-\rho W)^{-1}(X\beta+WX\theta)+(1-\rho W)^{-1}\varepsilon \tag{8-4-10}$$

易求解出 Y 对第 k 个解释变量 x_k 的 N 个空间单位（$x_{ik}, i=1,2,3,\cdots,N$）的偏导数矩阵：

$$\left[\frac{\partial Y}{\partial x_{1k}}, \frac{\partial Y}{\partial x_{2k}}, \cdots, \frac{\partial Y}{\partial x_{(N-1)k}}, \frac{\partial Y}{\partial x_{Nk}}\right]=\begin{bmatrix}\frac{\partial y_1}{\partial x_{1k}} & \cdots & \frac{\partial y_1}{\partial x_{Nk}} \\ \vdots & & \vdots \\ \frac{\partial y_N}{\partial x_{1k}} & \cdots & \frac{\partial y_N}{\partial x_{Nk}}\end{bmatrix}$$

$$=(1-\rho W)^{-1}\begin{bmatrix}\beta_k & \omega_{12}\theta_k & \cdots & \omega_{1N}\theta_k \\ \omega_{21}\theta_k & \beta_k & \cdots & \omega_{2N}\theta_k \\ \vdots & \vdots & & \vdots \\ \omega_{N1}\theta_k & \omega_{N2}\theta_k & \cdots & \beta_k\end{bmatrix} \tag{8-4-11}$$

其中，ω_{ij} 是空间权重矩阵 W 中第 i 行和第 j 列对应的元素。

根据 LeSage 等(2009)对平均直接效应和平均间接效应的概念定义，式(8－4－11)右边矩阵中对角元素平均值即平均直接效应，该矩阵的行或列中非对角元素之和的平均值即平均间接效应。矩阵行元素之和的平均值测算某一空间观测单位之外的其他观测单位某个自变量的变化对本空间观测单位因变量带来的平均影响；矩阵列元素之和的平均值测算本空间观测单位某个自变量的变化对其他空间观测单位因变量的平均影响。一般而言，这两种计算结果没有本质区别，但现有文献习惯性用列平均效应来解释间接效应。

表 8－13 是通过偏微分计算出各个变量的效应分解结果。

表 8-13　效应分解

变量	突变型创新			渐进型创新		
	直接效应	间接效应	总效应	直接效应	间接效应	总效应
STU	0.0870***	0.170**	0.257***	0.162***	0.187**	0.348***
	(2.948)	(2.564)	(3.273)	(5.322)	(2.036)	(3.191)
INTE	0.101*	−0.347***	−0.246**	0.188***	−0.462***	−0.273*
	(1.794)	(−3.129)	(−2.225)	(3.486)	(−3.321)	(−1.831)
EMPL	−0.286	−2.786***	−3.072***	−0.645***	−3.408***	−4.053***
	(−1.493)	(−5.987)	(−5.775)	(−3.543)	(−3.321)	(−5.711)
RD	−0.0976	−1.222***	−1.320**	0.128	1.439**	1.567**
	(−0.728)	(−2.569)	(−2.569)	(0.746)	(2.233)	(2.146)
PRD	0.373***	1.241***	1.614***	0.138	−0.355	−0.217
	(3.067)	(4.437)	(5.162)	(1.083)	(−0.935)	(−0.492)
IFDI	0.0529	0.191**	0.244**	0.00244	−0.0182	−0.0158
	(1.473)	(2.023)	(2.232)	(0.066)	(−0.143)	(−0.106)

注:①括号内为 T 值;*** :$p<0.01$,** :$p<0.05$,* :$p<0.1$。

②数据来源:由 Stata 计算整理得到。

1)直接效应

高等教育服务出口(STU)对突变型创新和渐进型创新的直接效应系数分别是 0.087、0.162,且二者均通过了 1%的显著性水平检验,说明本地区高等教育服务出口对本地区突变型创新和渐进型创新均具有显著的促进作用,即高等教育服务出口的增长可以为区域带来差异化的知识以及人力资本,从而促进中国区域创新水平的提升。

控制变量中,国际化程度(INTE)对突变型创新的直接效应系数是 0.101 且在 10%的水平上显著,而对渐进型创新的直接效应系数为 0.188 并通过 1%的显著性水平检验,说明本地区高国际化水平显著促进本地区两种创新的发展。失业率(EMPL)对突变型创新的直接效应系数是−0.286,但不显著;对渐进型创新的直接效应系数是−0.645 且通过 1%显著性水平检验,说明高失业率将会对本地区渐进型创新产生抑制作用;研发强度(RD)对突变型创新和渐进型创新的直接效应系数不显著,说明研发经费投入对本地区两种类型创新的直接效应不显著;研发人力(PRD)对突变型创新的直接效应系数是 0.373 且通过 1%显著性水平检验,则说明研发人员投入对本地突变型创新具有直接溢出效应,对渐进型创新的直接效应不显著；外商直接投资(IFDI)对两类创新的直接效应均不显著。

2)间接效应

高等教育服务出口 STU 对突变型创新和渐进型创新的间接效应系数分别是 0.170、0.187，且二者均通过了 10%的显著性水平检验，说明本地区高等教育服务出口对相邻地区突变型创新和渐进型创新具有显著的空间溢出效应，即邻近地区高等教育服务出口的增长可以为区域带来更为广泛的社会商业网络，进而促进本地区域创新水平的提升；高等教育服务出口对区域创新具有空间溢出效应。可能的原因是：首先，内生经济增长理论认为，专业化分工可以促进人力资本积累，人力资本作为创新的主体可以通过大脑整合差异化的知识，从而实现技术创新，进而产生递增收益实现经济增长。高等教育服务出口的发展可以为区域创新带来差异化知识(主要是国际学生所储备的知识)，而差异化知识会增强个体层面知识的互补性；国际学生流入会增加地区劳动力多样性，增加本地知识多样性从而促进创新。本地学生可以通过与国际学生之间面对面的交流沟通整合差异化的知识从而生成新的更具国际化属性的知识。新知识作为隐性资本可以促进创新活动的进程，因此高等教育服务出口发展可以促进创新活动的开展。其次，高等教育服务出口的发展还可以产生鲶鱼效应，对于高校来说，其目的是培育优质人才，而当所有学生的知识储备水平都相差无几时，科研过程会有一定的局限性，从而缺少发现新知识或者新技术的灵感。而国际学生的引入犹如在沙丁鱼槽中放入的鲶鱼，对于国际学生来说，其通过高等教育服务出口实现了出国留学的目的，而对于国内学生来说，新引入的国际学生为他们的科研活动带来了新的知识，促进国内学生国际化视野的培养，从而有助于产生有竞争力的科研产出，即高等教育服务出口对区域创新产生空间溢出效应。最后，国际高等教育服务出口的发展带来的不仅有差异化的知识，还有不同于本地居民的人际网络和商业网络。国际学生的流动可以增强本地学生的社会网络关系，促进差异化知识和技能的生产。在多元思维模式以及多样化知识的共同作用下，国内学生差异化的人际网络和商业网络关系会提升区域的创造力以及生产力，同时在特定地理环境中，具有不同知识储备的个体或群体组成的社会关系网络会进一步促进新知识的产生和转移。

控制变量中，国际化程度对突变型创新和渐进型创新的间接效应系数是分别是−0.347、−0.462 且均在 1%的水平上显著，说明邻近地区高国际化水平对本地区两种创新的发展产生显著的负向空间溢出效应；失业率对突变型创新和渐进型创新的间接效应系数分别是−2.786、−3.408 且均在 1%的水平上显著，则说明失业率对本地两种类型创新具有显著的负向空间溢出效应。研发经费投入对突变型创新的间接效应系数显著为负(−1.222，$p<0.01$)，说明研发经费投入对邻近地

区突变型创新具有显著负向空间溢出效应；对渐进型创新的直接效应系数显著为正，说明邻近地区研发经费投入将会对本地区渐进型创新产生显著正向空间溢出效应；研发人力资本对突变型创新的间接效应系数是 1.241 且通过 1%显著性水平检验，说明研发人员投入对本地突变型创新具有空间溢出效应，对渐进型创新的直接效应系数不显著；外商直接投资对突变型和渐进型创新的间接效应均不显著。

(三)吸收能力在教育服务出口对创新空间溢出中的调节作用实证结果

为了检验吸收能力(包含潜在吸收能力和实际吸收能力)对高等教育服务出口影响区域创新(包含突变型创新和渐进型创新)的调节效应，前文分别构建了含有变量交互项的空间面板模型[模型(8-4-4)至(8-4-14)]。表 8-14 显示了不同吸收能力对高等教育服务出口影响区域创新的调节效应的估计结果。其中模型 3、模型 4 是分析潜在吸收能力(PABC)作为调节变量对高等教育服务出口影响突变型创新和渐进型创新关系的调节效应估计结果，模型 5、模型 6 是分析实际吸收能力(RABC)作为调节变量对高等教育服务出口影响突变型创新和渐进型创新关系的调节效应估计结果。从估计结果表中可以发现：

模型 3 中，潜在吸收能力 PABC 的系数为 6.490 且通过 1%的显著性水平检验，交互项 STU * PABC 的系数为－0.796 并在 1%水平上显著，即高等教育服务出口与潜在吸收能力的交互项与突变型创新负向相关，这不仅说明潜在吸收能力的调节作用是显著成立的，同时还表明潜在吸收能力负向调节高等教育服务出口对突变型创新的空间溢出效应，假设 H_{3a} 得到验证，即潜在吸收能力弱化高等教育服务出口对突变型创新的促进作用。

模型 4 中，潜在吸收能力 PABC 的系数为 6.748 且通过 1%的显著性水平检验，高等教育服务出口与潜在吸收能力交互项 STU * PABC 的系数为－0.678 并在 1%水平上显著，说明潜在吸收能力对高等教育服务出口对渐进型创新的空间溢出效应具有显著的调节作用，假设 H_{3b} 得到验证。

模型 5 中，实际吸收能力 RABC 的系数为 0.467 且通过 1%的显著性水平检验，高等教育服务出口与实际吸收能力交互项 STU * RABC 的系数为－0.0388 并在 1%水平上显著，说明实际吸收能力对高等教育服务出口对突变型创新的空间溢出效应具有显著的调节作用，验证假设 H_{3c}。

模型 6 中，实际吸收能力 RABC 的系数为 0.414 且通过 1%的显著性水平检验，高等教育服务出口与实际吸收能力交互项 STU * RABC 的系数为－0.0359 并在 1%水平上显著，说明实际吸收能力对高等教育服务出口对渐进型创新的空间溢出效应具有显著的调节作用，假设 H_{3d} 得到验证。

吸收能力弱化高等教育服务出口对区域创新的空间溢出效应可能原因有：

其一，吸收能力与高等教育服务出口存在替代效应，高等教育服务出口对区域创新具有空间溢出效应，同时吸收能力对区域创新也具有空间溢出效应，二者之间存在替代关系。

其二，区域吸收能力强的地区留学生留在本地区的概率大，对本地区的贡献较高，从而降低了对周边地区的溢出效应。

其三，随着中国经济的发展、对创新的重视以及对创新投资力度的加强导致研发经费、研发人员投入对创新的促进作用比高等教育服务出口带来的促进作用更大，而潜在吸收能力更多的是实现对研发投入产生的新知识的获取及同化，从而弱化高等教育服务出口对区域创新的空间溢出效应。

其四，潜在吸收能力的代替变量为区域人均教育水平，而随着潜在吸收能力的提高，区域人均教育水平对高等教育服务出口带来的人力资本优势具有替代效应，当区域人均教育水平的质量与高等教育服务出口带来的国际学生的质量相近时，区域人力资本将会替代高等教育服务出口带来的人力资本，从而导致潜在吸收能力弱化高等教育服务出口对区域创新的空间溢出效应。

最后，对于实际吸收能力 RABC 而言，RABC 对高等教育服务出口与突变型创新之间的关系具有显著的负向调节作用，对高等教育服务出口与渐进型创新之间的关系调节作用不显著，这说明高 RABC 将会弱化高等教育服务出口对突变型创新的空间溢出效应，其主要原因是实际吸收能力是实现外部新知识的转化及商业化，RABC 的这个属性功能导致潜在吸收能力倾向于影响高附加值的突变型创新成果，对于低附加值的渐进型创新成果的影响不大，由此使得实际吸收能力只能调节高等教育服务出口对突变型创新的空间溢出效应。

表 8-14　空间杜宾模型估计结果

变量	模型 3 (RATECI)	模型 4 (INTECI)	模型 5 (RATECI)	模型 6 (INTECI)
RHO	0.089* (1.579)	0.445*** (7.739)	0.193*** (2.972)	0.406*** (6.809)
STU	1.815*** (5.994)	1.605*** (5.420)	0.187*** ((5.182)	0.240*** (6.942)
PABC	6.490*** (5.288)	6.748*** (5.632)		
STU×PABC	−0.796*** (−5.718)	−0.678*** (−4.976)		
RABC			0.467*** (6.518)	0.414*** (6.036)

续表

变量	模型 3 (RATECI)	模型 4 (INTECI)	模型 5 (RATECI)	模型 6 (INTECI)
STU×RABC			−0.0388*** (−4.733)	−0.0359*** (−4.589)
INTE	0.037 (0.653)	0.163*** (2.884)	0.102* (1.784)	0.199*** (3.586)
EMPL	0.059 (0.339)	−0.211 (−1.244)	0.020 (0.115)	−0.255 (−1.529)
RD	−0.075 (−0.457)	0.145 (0.903)	0.096 (0.550)	0.195 (1.179)
PRD	0.335*** (2.603)	0.030 (0.242)	0.317** (2.429)	0.057 (0.465)
IFDI	0.029 (0.890)	−0.010 (−0.299)	0.025 (0.740)	−0.015 (−0.449)
W×STU	1.587*** (2.772)	−0.61 (−1.104)	0.206** (2.420)	−0.034 (−0.417)
W×PABC	7.431*** (3.285)	−2.33 (−1.076)		
W×(STU×PABC)	−0.650**(1) (−2.511)	0.307 (1.234)		
W×RABC			0.221 (1.456)	0.040 (0.275)
W×(STU×RABC)			−0.021 (−1.200)	0.016 (0.968)
W×INTE	−0.254*** (−2.921)	−0.343*** (−4.020)	−0.361*** (−4.046)	−0.398*** (−4.654)
W×EMPL	−0.991** (−2.342)	−1.390*** (−3.213)	−1.180*** (−2.782)	−0.786* (−1.890)
W×RD	−1.031*** (−2.948)	0.541 (1.575)	−1.569*** (−4.417)	0.381 (1.123)
W×PRD	1.140*** (5.167)	−0.095 (−0.449)	1.226*** (5.523)	−0.123 (−0.593)

续表

变量	模型3 (RATECI)	模型4 (INTECI)	模型5 (RATECI)	模型6 (INTECI)
W×IFDI	0.115* (1.779)	−0.042 (−0.663)	0.033 (0.492)	−0.102 (−1.612)
sigma2_e	0.0615*** (13.406)	0.0591*** (13.151)	0.0627*** (13.370)	0.0573*** (13.195)
Obs.	360.00	360.00	360.00	360.00
R^2	0.59	0.48	0.74	0.55
Number	30.00	30.00	30.00	30.00

注：① 空间杜宾模型中自变量的空间滞后项考虑了其他地区自变量对区域创新的空间效应，吸收能力的调节作用同样如此。

② 括号内为 T 值；***：$p<0.01$，**：$p<0.05$，*：$p<0.1$。

③ 数据来源：由 Stata 计算并整理得到。

(四)稳健性检验

前文通过空间杜宾模型实证分析高等教育服务出口对区域创新的空间溢出效应，并利用交互项检验吸收能力的调节作用。结果表明，高等教育服务出口对突变型创新和渐进型创新都具有显著的正向空间溢出效应，且吸收能力的调节效应显著。但考虑到研究过程中可能会存在自我选择偏误或者样本选择偏误导致的内生性问题，致使研究结论存在偏差，故需要对前文的研究结论进行稳健性检验。

1. 空间权重矩阵替换

前文在回归过程中采用了空间权重邻接矩阵。为检验前文实证结果的稳健性，本节将采用替换空间权重矩阵的方法进行稳健性检验，采用的是空间权重距离矩阵(欧氏距离矩阵)进行空间杜宾模型的参数估计，具体元素见式(8-3-3)。表 8-15 是稳健性检验结果。

表 8-15　稳健性检验估计结果

变量	模型7 (RATECI)	模型8 (INTECI)	模型9 (RATECI)	模型10 (INTECI)
RHO	0.077* (1.825)	0.419*** (6.035)	0.149* (1.848)	0.300*** (3.849)
STU	1.795*** (5.601)	1.480*** (4.749)	0.137*** (3.969)	0.189*** (5.781)

续表

变量	模型 7 (RATECI)	模型 8 (INTECI)	模型 9 (RATECI)	模型 10 (INTECI)
PABC	6.560*** (5.140)	6.230*** (5.015)		
STU×PABC	−0.800*** (−5.431)	−0.636*** (−4.442)		
RABC			0.371*** (5.203)	0.325*** (4.765)
STU×RABC			−0.0326*** (−3.998)	−0.0325*** (−4.197)
INTE	0.129** (2.108)	0.156*** (2.619)	0.171*** (2.772)	0.180*** (3.084)
EMPL	0.162 (0.919)	−0.199 (−1.167)	0.169 (0.937)	−0.12 (−0.703)
RD	−0.0461 (−0.277)	0.119 (0.741)	0.0401 (0.224)	0.106 (0.630)
PRD	0.263** (2.048)	0.0371 (0.303)	0.286** (2.195)	0.0821 (0.678)
IFDI	0.0611* (1.757)	0.0163 (0.486)	0.0547 (1.588)	0.0145 (0.445)
W×STU	0.743 (1.176)	−0.508 (−0.851)	0.217** (1.982)	0.181* (1.718)
W×PABC	2.999 (1.161)	−3.926 (−1.615)		
W×(EXSTU×PABC)	−0.251 (−0.880)	0.354 (1.312)		
W×RABC			0.218 (1.217)	0.396** (2.336)
W×(EXSTU×RABC)			−0.0198 (−1.037)	−0.0127 (−0.711)
W×INTE	−0.309*** (−2.971)	−0.362*** (−3.497)	−0.294*** (−2.796)	−0.388*** (−3.810)
W×EMPL	−1.926*** (−4.182)	−2.203*** (−4.792)	−1.686*** (−3.630)	−1.322*** (−2.989)

续表

变量	模型 7 (RATECI)	模型 8 (INTECI)	模型 9 (RATECI)	模型 10 (INTECI)
W×RD	−1.266*** (−3.196)	0.0464 (0.121)	−1.313*** (−3.277)	−0.0045 (−0.012)
W×PRD	1.412*** (5.114)	0.0885 (0.353)	1.344*** (4.806)	0.0664 (0.267)
W×IFDI	0.0414 (0.490)	−0.135* (−1.654)	−0.0383 (−0.460)	−0.206*** (−2.626)
sigma2_e	0.0608*** (13.411)	0.0570*** (13.258)	0.0622*** (13.396)	0.0558*** (13.329)
Obs.	360	360	360	360
R^2	0.583	0.398	0.719	0.492
Number	30	30	30	30

注:①括号内为 T 值;***:$p<0.01$,**:$p<0.05$,*:$p<0.1$。

②数据来源:由 Stata 计算整理得到。

从空间杜宾模型回归结果中可以看出,因变量的空间滞后项系数 λ 分别是 0.077、0.419、0.149、0.300,且均显著,说明无论是突变型创新还是渐进型创新均存在空间依赖性,再次验证假设 H_{1a}。STU 的估计系数 $\beta_1>0$ 且在 1% 的水平上显著,说明高等教育服务出口对突变型创新和渐进型创新均具有显著的正向促进作用。

在模型 7 和模型 8 中,潜在吸收能力 PABC 的系数分别为 6.560、6.230 且通过 1% 的显著性水平检验,交互项 STU * PABC 的系数为 −0.800、−0.636 且在 1% 显著性水平上显著,即高等教育服务出口与潜在吸收能力的交互项与突变型创新和渐进型创新都负向相关,这不仅说明潜在吸收能力的调节作用显著成立,同时还表明潜在吸收能力对高等教育服务出口对突变型创新的空间溢出效应具有负向调节作用,即潜在吸收能力弱化高等教育服务出口对突变型创新的促进作用;潜在吸收能力对高等教育服务出口对渐进型创新之间的关系亦具有负向调节作用,即潜在吸收能力弱化高等教育服务出口对渐进型创新的促进作用,假设 H_{3a} 和 H_{3b} 再次得到验证。

在模型 9 和模型 10 中,实际吸收能力 RABC 的系数分别为 0.371、0.325 且通过 1% 的显著性水平检验,高等教育服务出口与实际吸收能力交互项 STU * RABC 的系数分别为 −0.0326、−0.0326 并在 1% 水平上显著,说明实际吸收能力对高等教育出口与突变型创新之间的关系以及对高等教育服务出口与渐进型创新之间的关系均具有显著的负向调节作用,假设 H_{3c} 和 H_{3d} 得到验证。

2. 效应分解

由于自变量的空间滞后项系数不能直接解释高等教育服务出口对区域创新的空间溢出效应,因此下文将进一步对模型进行效应分解。估计结果见表 8-16 和表 8-17。

在加入高等教育服务出口与调节变量实际吸收能力的交互项后,高等教育服务出口 STU 的直接效应系数在 1%显著性水平显著,说明高等教育服务出口对突变型创新和渐进型创新均具有促进作用。就间接效应而言,在加入交互项后,高等教育服务出口仅对渐进型创新具有溢出效应,对突变型创新的溢出效应并不显著,说明吸收能力对渐进型创新的负向调节作用比对突变型创新的负向调节作用更强。至于总效应,高等教育服务出口对突变型创新和渐进型创新的总效应均显著。证明前文结果具有一定的稳健性。

表 8-16　效应分解(突变型创新)

变量	直接效应	间接效应	总效应	直接效应	间接效应	总效应
STU	1.819*** (5.577)	0.997 (1.554)	2.815*** (4.675)	0.144*** (4.100)	0.283** (2.312)	0.427*** (3.361)
PABC	6.619*** (5.260)	4.008 (1.553)	10.63*** (4.600)			
PABC×STU	−0.808*** (−5.390)	−0.361 (−1.240)	−1.169*** (−4.311)			
RABC				0.377*** (5.467)	0.330* (1.766)	0.707*** (3.690)
RABC×STU				−0.0329*** (−4.111)	−0.0306 (−1.485)	−0.0635*** (−2.979)
INTE	0.125** (2.110)	−0.317*** (−2.871)	−0.192** (−2.122)	0.164*** (2.775)	−0.303** (−2.567)	−0.139 (−1.378)
EMPL	0.137 (0.799)	−2.063*** (−4.266)	−1.926*** (−3.546)	0.127 (0.712)	−1.937*** (−3.621)	−1.810*** (−2.972)
RD	−0.0518 (−0.314)	−1.356*** (−3.089)	−1.407*** (−3.065)	0.02 (0.114)	−1.496*** (−3.145)	−1.476*** (−2.915)
PRD	0.275** (2.145)	1.526*** (5.394)	1.801*** (5.956)	0.314** (2.397)	1.581*** (5.117)	1.895*** (5.624)
IFDI	0.0604* (1.794)	0.0555 (0.590)	0.116 (1.213)	0.0525 (1.578)	−0.0294 (−0.293)	0.0231 (0.221)

注:①括号内为 T 值;***:$p<0.01$,**:$p<0.05$,*:$p<0.1$。

② 数据来源:由 Stata 计算整理得到。

表 8 - 17 是渐进型创新的效应分解。

表 8 - 17 效应分解(渐进型创新)

变量	直接效应	间接效应	总效应	直接效应	间接效应	总效应
STU	1.505*** (4.808)	0.264 (0.294)	1.769* (1.909)	0.203*** (6.041)	0.339** (2.432)	0.542*** (3.676)
PABC	6.149*** (5.144)	−1.812 (−0.507)	4.337 (1.217)			
PABC×STU	−0.635*** (−4.415)	0.107 (0.262)	−0.528 (−1.266)			
RABC				0.352*** (5.361)	0.701*** (3.274)	1.052*** (4.685)
RABC×STU				−0.0335*** (−4.406)	−0.0335 (−1.424))	−0.0670*** (−2.694)
INTE	0.131** (2.363)	−0.480*** (−3.228)	−0.350** (−2.463)	0.162*** (2.938)	−0.452*** (−3.540)	−0.290** (−2.484)
EMPL	−0.392** (−2.186)	−3.791*** (−5.012)	−4.183*** (−4.890)	−0.194 (−1.115)	−1.892*** (−3.081)	−2.086*** (−2.971)
RD	0.139 (0.836)	0.189 (0.289)	0.329 (0.457)	0.121 (0.714)	0.0633 (0.119)	0.184 (0.317)
PRD	0.038 (0.295)	0.141 (0.331)	0.179 (0.377)	0.08 (0.634)	0.0966 (0.278)	0.177 (0.455)
IFDI	0.00454 (0.137)	−0.203 (−1.467)	−0.199 (−1.340)	0.0022 (0.070)	−0.272** (−2.401)	−0.270** (−2.237)

注:① 括号内为 T 值;***:$p < 0.01$,**:$p < 0.05$,*:$p < 0.1$。

② 数据来源:由 Stata 计算整理得到。

五、结论与建议

(一)研究结论

本章选取 2008—2019 年中国 30 个省际数据,通过空间计量模型实证分析高等教育服务出口对区域突变型创新和渐进型创新的空间溢出效应,在此基础上通过加入高等教育服务出口与吸收能力的交互项,深入分析了不同吸收能力对高等教育服务出口与区域创新之间关系的调节效应，主要研究结论有：

①高等教育服务出口具有空间依赖性，且在空间上呈现高高集聚、低低集聚特征。通过计算 2010—2019 年中国高等教育服务出口的全局 Moran's Ⅰ以及局部 Moran's Ⅰ分析其空间分布特征，研究发现高等教育服务出口的全局 Moran's Ⅰ均显著大于 0，说明高等教育服务出口具有正向空间自相关性，其空间依赖性随着时间的推移不断增强；各个年份的局部莫兰散点图表明，高等教育服务出口呈现高高集聚、低低集聚特征，即高出口地区与高出口地区相邻，低出口地区与低出口地区相邻。

②高等教育服务出口对区域创新具有显著的空间溢出效应。实证研究发现，高等教育服务出口对突变型创新和渐进型创新的系数均显著为正，即高等教育服务出口对区域创新具有显著的正向促进作用；高等教育服务出口的空间滞后项的系数均显著为正，说明邻近地区的高等教育服务出口对本地区的突变型创新和渐进型创新具有空间溢出效应。效应分解分析表明，高等教育服务出口对突变型创新的溢出效应系数为 0.17，对渐进型创新的溢出效应系数为 0.19，且二者皆通过 5％的显著性水平检验，说明高等教育服务出口的发展对区域创新具有空间溢出效应。

③吸收能力与高等教育服务出口呈现替代效应。采用吸收能力与高等教育服务出口的交互项研究发现，潜在吸收能力和实际吸收能力与高等教育服务出口的交互项系数均显著为负，说明吸收能力弱化高等教育服务出口对区域创新的空间溢出效应，且两种吸收能力对突变型创新的作用比对渐进型创新的作用更强烈。

（二）政策建议

①提高留学生培养质量。基于奖学金政策的梳理推导表明，奖学金政策具有一定的国际学生筛选功能，因而，在留学生招生中，高校应制订合理的留学生招生政策，充分发挥奖学金政策的优势，提高招收来华留学生的质量，同时要建立完善的留学生培养机制，保障留学生教育质量。

②建立完善区域间的国际人才储备联盟机制。由于高等教育服务出口对区域创新具有空间溢出效应。因此，为了推动创新，各地区在留学生招生培养方面，应实行联合培养，共同提高培养质量，充分利用高等教育服务出口对区域创新的空间溢出效应，提高中国区域创新能力。

③制订差异化的人才引进措施。以提高突变型创新能力为目标的区域，可以通过促进高等教育服务出口提升突变型创新能力，或者通过提高区域吸收能力途径实现区域突变型创新能力提升目标，但两种方式具有替代作用；以提高渐进型创新能力为目标的区域可以通过促进高等教育服务出口来提升渐进型创新能力，亦可以通过调高吸收能力促进渐进型创新能力提升。

④坚定推行高等教育国际化政策。高等教育国际化作为服务贸易的一个重要组成部分,不仅有助于推动服务贸易的发展,而且有助于改善本国的人力资本构成,提升人力资本的培养质量,还可以推动本国的创新水平。因而,在新冠疫情等教育国际化受阻情况下,我们应该迎难而上,继续坚持高等教育国际化的政策不动摇,切实推动高等教育国际化水平的不断提升。

(三)研究展望

我们虽然对高等教育服务出口和区域创新的空间分布特征进行了初步探讨,对高等教育服务出口对区域创新的空间溢出效应进行了检验,对吸收能力对高等教育服务出口与区域创新之间关系的调节作用进行了分析,得到了有意义的研究结论。但因为数据等的制约,研究仍有不足之处:

首先,全面测量教育服务出口。高等教育服务出口数据均来自《来华留学简明统计》,而该数据仅统计了来华国际学生的人数数据,并未对学费等项目进行统计,导致本研究的高等教育出口仅通过留学生人数测量,没有出口额测量;高等教育服务出口有四种形式,跨境交付、境外消费、商业存在和自然人流动(李明珠 等,2011),而来华国际学生仅是境外消费的主要指标。这样,由于没有统计境外办学、来华教师、来华访学者或者研究员等数据,在一定程度上缩小了高等教育服务出口的范围。

其次,运用微观样本。研究所使用的数据为中观的地区层面,而没有采用微观的高等教育机构数据。未来的研究可以将研究聚焦于微观角度,研究各个高等学校来华国际学生对高等学校创新产出的贡献,并从微观角度探索高等教育服务出口与区域创新之间的关系,继而从高校角度提出具体可行的促进区域创新发展的高等教育出口政策建议。

最后,研究吸收能力的非线性影响。既有文献讨论了吸收能力对创新的非线性影响,因此,未来的研究中,基于数据的改善,可以考虑采用门槛模型研究吸收能力的调节效应。

参考文献

白俊红，蒋伏心，2015. 协同创新、空间关联与区域创新绩效[J]. 经济研究，50(7)：174-187.

白晓煌，袁本涛，杨晓平，2018. 国际学生流动研究：分析框架、研究主题与影响因素：基于国外学者研究的视角[J]. 高教探索，(10)：123-128.

包群，许和连，2003. 出口贸易如何促进经济增长[J]. 上海经济研究，(3)：3-10.

贝克尔，2007. 人力资本理论：关于教育的理论和实证分析[M]. 郭虹，译. 北京：中信出版社：63.

贝克尔，2011. 经济理论[M]. 贾拥民，译. 北京：华夏出版社：123-125.

毕菲，2018. 中国人力资本投资对经济增长的影响研究[D]. 长春：吉林大学.

毕晓玉，2004. 中国重点大学课程国际化的理论与实践研究[D]. 武汉：华中科技大学.

毕晓玉，张晓明，2006. 内向型与外向型：中美高等教育国际化发展模式分析[J]. 现代大学教育，(1)：84-88.

才国伟，钱金保，2013. 解析空间相关的来源：理论模型与经验证据[J]. 经济学(季刊)，(3)：869-894.

蔡贤榜，2004. 发达国家高等教育服务贸易特点及其启示[J]. 高教探索，(2)：91-93.

蔡兴，冯志坚，刘亚军，2008. 服务业企业海外市场进入模式选择研究[J]. 世界经济与政治论坛，(2)：20-25.

曹广喜，陈理飞，2010. FDI 对中国都市圈创新能力溢出效应的实证研究：基于动态面板数据模型[J]. 科技进步与对策，27(2)：31-36.

岑亮瑜，朱顺林，2019. 资本扭曲影响中国对外直接投资的效应研究[J]. 科技与经济，32(4)：91-95.

陈海燕，2017. 高等教育国际化战略对教师群体特征的影响分析[J]. 大学(研究版)，(10)：15-20.

陈昊，陈小明，2011. 文化距离对出口贸易的影响：基于修正引力模型的实证检验[J]. 中国经济问题，(6)：76-82.

陈劲，陈钰芬，余芳珍，2007. FDI 对促进中国区域创新能力的影响[J]. 科研管理，(1)：7-13.

陈强，2014. 高级计量经济学及 Stata 应用[M]. 北京：高等教育出版社：575-586.

陈强,2015.计量经济学及Stata应用[M].北京:高等教育出版社:148.
陈武,王学军,2010.区域智力资本与区域创新能力:基于相关关系及其影响模型的实证研究[J].技术经济,29(2):22-27+53.
陈曦,2015.中国高等教育服务出口的竞争力及其影响因素分析[D].北京:中国青年政治学院.
陈夏瑾,2018.国际化视域下来华留学教育对区域经济发展的贡献研究:基于浙江省的实证调查[J].河北企业,(4):51-53.
陈学飞,2000.高等教育国际化:跨世纪的大趋势[M].福州:福建教育出版社:15-21.
陈学飞,2004.高等教育国际化的宏观考察[C]//中国未来研究会,中国管理科学研究院,北京大学教育学院.第三届中国科学家教育家企业家论坛论文集.北京:中国未来研究会,中国管理科学研究院,北京大学教育学院:19.
陈艳华,2007.中国教育出口现状分析及政策选择研究[D].西安:西北工业大学.
陈奕容,2007.多重动因结构:华裔留学生来华留学影响因素分析[D].厦门:厦门大学.
陈盈晖,2016. 中外合作办学概况[EB/OL].[2021-10-31]. http://sanwen8.cn/p/115V8kb.html.
陈宇,曲铁华,2015.高等教育国际化因素探析[J].中国高校科技,(1):73-75.
陈越,2016. 中国留学生教育服务贸易逆差研究[J]. 教育与经济,(4):70-76.
陈蕴哲,2016. 专家解读中国的国际教育:"留学赤字"亟待削减[EB/OL].(2016-12-25)[2021-07-15]. http://opinion. zjol. com. cn/mrwp/201612/t20161224_2300276.shtml.
程凤春,2005.教育质量特性的表现形式和内容:教育质量内涵新解[J].教育研究,(2):45-49.
程名望,2006. 中国农村劳动力转移动因与障碍的一种解释[J]. 经济研究,(4):68-78.
程鹏,2014.高校R&D知识溢出与区域创新能力:基于空间杜宾模型的实证研究[J].教育与经济,(6):60-68.
崔传斌,2010.全要素生产率国外研究文献综述[J].未来与发展,(10):97-100.
崔景颐,2018. 国际学生何以重要:英国国际学生的经济效益研究[J]. 中国高教研究,(6):83-89.
党文娟,张宗益,康继军,2008.创新环境对促进中国区域创新能力的影响[J].中国软科学,(3):52-57.
邓丹丹,2016.2016年中国高校科研质量排名出炉,汕大科研质量列第48位[N].汕头都市报,2016-01-13(2).

邓新明，许洋，2015. 双边投资协定对中国对外直接投资的影响：基于制度环境门槛效应的分析[J]. 世界经济研究，(3)：47－55＋128.

迪娜，2018. 哈萨克斯坦高等教育国际化影响因素研究[D]. 合肥：中国科学技术大学.

丁小浩，1995. 中国高等院校规模效益研究：对有关研究结果的回顾[J]. 教育与经济，(2)：1－5.

丁振华，2014. 高校绩效评价研究综述[J]. 江苏高教，(4)：64－66.

董桂才，马云缠，2016. 中国对外移民的区位选择及其影响因素：基于修正零值国际移民引力模型的分析[J]. 人口与经济，(2)：21－29.

董彦邦，2014. 中国大学科研影响力与科研协作力的特点分析：基于 2013 年荷兰莱顿大学排行榜的视角[J]. 高教发展与评估，(5)：19－28.

杜燕，2020. 从公共经济学角度来看国际化的工程学科教育：以上海交通大学密西根学院为例[J]. 大众标准化，(18)：80－81.

杜燕锋，2020. 高校海外分校面临的风险分析[J]. 现代教育科学，(4)：27－31.

范德成，李盛楠，2018. 考虑空间效应的高技术产业技术创新效率研究[J]. 科学学研究，36(5)：901－912.

方宝，武毅英，2016. 高等教育来华留学生的变化趋势研究：基于近十五年统计数据的分析[J]. 高等教育研究，37(2)：19－30.

方芳，刘泽云，2019. 经费投入对地区高等教育规模的影响[J]. 高等教育研究，40(1)：43－50.

方磊，赵紫剑，2020. 财政补贴政策对区域技术创新的门槛效应研究[J]. 经济问题，(9)：54－61.

冯颖，2008. 人力资本投资理论的发展脉络[J]. 科技信息（学术研究），(32)：51－52.

傅松涛，杨晓锋，2005. 中美教育服务贸易现状的比较分析及对策[J]. 河北大学学报(哲学社会科学版)，(5)：93－99.

龚斌，2021. 科技企业孵化器何以激活区域创新：风险投资与孵化基金的中介作用[J]. 科技进步与对策，38(1)：34－44.

龚静，尹忠明，2019. 产业转型升级对中国对外直接投资的影响研究：基于两步系统 GMM 估计的动态面板模型分析[J]. 国际商务（对外经济贸易大学学报），(4)：71－84.

巩雪，熊峰，2018. 来华留学生教育的对外投资驱动效应研究[J]. 南京理工大学学报(社会科学版)，31(3)：74－78.

谷克鉴，2001. 国际经济学对引力模型的开发与应用[J]. 世界经济，(2)：14－25.

谷媛媛，邱斌，2017. 来华留学教育与中国对外直接投资：基于“一带一路”沿线国家数据的实证研究[J].国际贸易问题,(4):83-94.
关兵,2009.出口贸易与全要素生产率:基于中国各省面板数据的实证分析[J].经济管理,31(11):32-37.
关兵,2010.出口贸易与全要素生产率增长的动态效应分析:基于中国省际面板数据的角度[J].国际商务(对外经济贸易大学学报),(6):74-80.
郭京京,眭纪刚,郭斌,等,2021.外商直接投资、产学研合作与地区创新绩效:来自中国省级面板数据的实证研究[J].管理工程学报,35(2):67-78.
郭俊,李凯,2011.中国大学校长国际化研究:以115所“211工程”高校校长为例[J].现代教育管理,(10):82-85.
韩丽丽,2017. 如何提升来华留学教育的竞争力:基于规模总量和学历结构视角的经验分析[J]. 北京师范大学学报(社会科学版),(5):18-30.
何穆彬,2012.入世后中国教育服务贸易发展研究[D].天津:天津财经大学.
侯文平,苏锦红,2018.中国对外直接投资区位选择影响因素研究[J].商业研究,(1):79-86.
胡凤玲,张敏,2014.人力资本异质性与企业创新绩效:调节效应与中介效应分析[J].财贸研究,25(6):121-128.
胡荣,宋凯,2014.高等教育国际化对研究生教育的影响分析[J].吉林省教育学院学报,30(10):1-4.
华萍,2005.不同教育水平对全要素生产率增长的影响[J].经济学,(5):147-152.
黄福涛,2003. 全球化时代的高等教育国际化:历史与比较的视角[J]. 北京大学教育评论,1(2): 93-98.
黄丽,2019. 中国高等教育服务出口贸易竞争力评价研究[D].湘潭:湘潭大学.
惠宁,马微,刘鑫鑫,2021.互联网发展对中国区域创新能力的影响及地区差异研究[J].北京工业大学学报(社会科学版),(2):51-70.
吉生保,李书慧,马淑娟,2018.中国对“一带一路”国家OFDI的多维距离影响研究[J].世界经济研究,(1):98-111+136。
冀相豹,葛顺奇,2015.母国制度环境对中国OFDI的影响:以微观企业为分析视角[J].国际贸易问题,(3):76-85.
江涛,2008. 舒尔茨人力资本理论的核心思想及其启示[J].扬州大学学报(人文社会科学版),12(6):84-87.
姜琪,王越,2020.政府质量、科技创新与绿色GDP:中国省际空间溢出效应及区域差异对比[J].贵州财经大学学报,(6):87-99.
蒋玉梅,刘勤,2015. 高等教育国际化视野下教师出国访学收益研究[J].开放教育研究,21(1):62-70.
金莉,2011.高等教育质量评估指标体系研究[D].重庆:西南大学.

金牛,2016. 中国教育服务贸易出口竞争力影响因素的实证研究[J]. 环渤海经济瞭望,(9):33-38.

金帷,2013. 国外高等教育国际化策略研究进展综述[J]. 比较教育研究,(7):73-78.

金帷,温剑波,2013. 如何定义高等教育国际化:寻求一个本土化的概念框架[J]. 现代大学教育,(3):5-9.

康志勇,2009. 出口与全要素生产率:基于中国省际面板数据的经验分析[J]. 世界经济研究,(12):50-57+85.

李灿美,冯遵永,2020. 基于GIS的高等教育中外合作办学规模的空间分布及其影响因素分析[J]. 江苏高教,(11):113-119.

李冬梅,张巧玲,2018. 中国高等教育服务贸易影响因素实证分析:基于学历生与非学历生视角[J]. 武汉商学院学报,32(2):42-46.

李航敏,2014. 中国高等教育服务贸易发展研究[D]. 北京:对外经济贸易大学.

李宏,何穆彬,2012. 中国教育服务贸易的现状及其国际竞争力[J]. 财经科学,(1):117-124.

李洪亚,宫汝凯,2016. 技术进步与中国OFDI:促进与溢出的双重考察[J]. 科学学研究,34(1):57-68.

李华,杜丹阳,吴爱萍,2020. 考虑吸收能力的区域创新多维溢出效应[J]. 科技进步与对策,37(9):79-86.

李建军,孙慧,2017. 全球价值链分工、制度质量与中国ODI的区位选择偏好:基于"一带一路"沿线主要国家的研究[J]. 经济问题探索,(5):110-122.

李婧,谭清美,白俊红,等,2009. 中国区域创新效率的随机前沿模型分析[J]. 系统工程,27(8):44-50.

李婧,谭清美,白俊红,2010. 中国区域创新生产的空间计量分析:基于静态与动态空间面板模型的实证研究[J]. 管理世界,(7):43-55+65.

李梅,2008. 高等教育国际市场:中国学生的全球流动[M]. 上海:上海教育出版社.

李梅,2021. 全球化新变局与高等教育国际化的中国道路[J]. 北京大学教育评论,19(1):173-188.

李美娟,刘睿,2012. 论中国国际教育服务贸易逆差的原因及对策[J]. 教育与经济,(3):38-42.

李明珠,2011. 中国金融服务业贸易模式和影响因素:基于1999—2009年数据的实证研究[J]. 特区经济,(5):74-75.

李淑艳,2019. 中国高校境外办学:特点、问题与推进策略[J]. 高校教育管理,13(1):98-103.

李四维,傅强,刘珂,2020. 创新驱动空间溢出与区域经济收敛:基于空间计量分析

[J]. 管理工程学报,34(6):191-201.
李素敏,2009. 高等教育国际化对中国高等教育发展的影响[J]. 高等教育研究,30(4):11-14.
李小红,方晓田,2018. 近十年高等教育之来华留学教育:成绩与挑战[J]. 国家教育行政学院学报,(4):58-64.
李小平,朱钟棣,2004. 国际贸易的技术溢出门槛效应:基于中国各地区面板数据的分析[J]. 统计研究,(10):27-32.
李新伟,王敬勇,2020. 互联网发展、技术溢出与区域创新能力[J]. 科技管理研究,40(22):7-14.
李玥,2014. 来华非洲留学生毕业归国意向的影响因素研究[J]. 商,(6):254.
李泽彧,陈杰斌,黄海群,2010. 高等教育质量影响因素新探:基于资源利益相关者及其诉求[J]. 泉州师范学院学报,28(1):72-76.
李政,杨思莹,何彬,2017. FDI 抑制还是提升了中国区域创新效率?:基于省际空间面板模型的分析[J]. 经济管理,39(4):6-19.
李政,杨思莹,2018. 财政分权、政府创新偏好与区域创新效率[J]. 管理世界,34(12):29-42+110+193-194.
李子联,2017. 关于高等教育质量研究的研究:基于文献计量和文本解读的分析[J]. 教育与经济,(4):26-32.
梁树广,2018. 高校科技成果转化效率的区域差异及其影响因素分析[J]. 统计与决策,34(12):86-89.
廖菁菁,2019. 高等教育海外分校研究:动因、类型与挑战[J]. 比较教育研究,41(2):27-35+44.
廖述梅,2011. 高校研发对企业技术创新的溢出效应分析[J]. 科研管理,32(6):11-17+35.
廖文武,陈文燕,郭代军,2012. 研究生教育质量影响因素分析与对策研究[J]. 研究生教育研究,(2):11-14.
林婴婴,2020. 文化距离对中国企业进入"一带一路"国家市场方式选择的影响研究[D]. 南昌:江西财经大学.
凌健,钱维路,2021. 中国高等教育国际化热点分析和前沿演进:基于 CNKI 数据库 1985—2019 年文献的可视化分析[J]. 教育探索,(3):7-14.
凌学岭,Chen Ling,王磊,2015. 中国高等教育服务进口影响因素的实证分析[J]. 国际商务研究,36(3):45-56.
刘海峰,2001. 高等教育的国际化与本土化[J]. 中国高等教育,(2):22-23.
刘和东,2013. 区域创新内溢、外溢与空间溢出效应的实证研究[J]. 科研管理,34(1):28-36.

刘红梅，姚秀丽，夏兴芹，等，2020. 高等教育服务贸易研究综述：基于 2005—2020 年文献[J]. 阿坝师范学院学报，37(3)：93－99.

刘经南，黄明东，2001. 试论中国高等教育的国际化[J]. 中国高教研究，(2)：25－27.

刘冷馨，2019. 逆全球化下高等教育服务贸易发展的趋势与建议[J]. 宏观经济管理，(6)：77－83.

刘那日苏，苏月，张建江，2020. 区域创新的空间溢出效应及其时滞变迁测度[J]. 统计与决策，36(18)：85－89.

刘琪，2019. 高等教育中外合作办学项目发展现状及策略[J]. 厦门城市职业学院学报，21(1)：26－33.

刘强，2018. 中国高校毕业率衡量高等教育质量何以可能：再论高校毕业率与高等教育质量的相关性[J]. 黑龙江高教研究，36(10)：32－36.

刘永松，段云龙，李银萍，2018. 基于属性测度的高等教育国际化文化距离测度模型研究[J]. 云南财经大学学报，(3)：101－112.

刘志民，杨洲，2018. “一带一路”沿线国家来华留学生对中国经济增长的空间溢出效应[J]. 高校教育管理，(2)：1－9.

柳劲松，刘桂华，2014. 区域高校科研质量综合评价研究：基于 31 个省份面板数据的定量分析[J]. 高等教育研究，35(9)：26－31.

鲁钊阳，廖杉杉，2012. FDI 技术溢出与区域创新能力差异的双门槛效应[J]. 数量经济技术经济研究，29(5)：75－88.

陆菁，凌慧，潘修扬，2019. 全面开放格局下的中国高等教育服务国际化：高等教育服务出口与留学生来华因素的实证分析[J]. 中国高教研究，(1)：22－27.

路爱国，2000. 全球化与资本主义世界经济：经济全球化研究综述[J]. 世界经济，(5)：64－74.

罗高屏，2005. 高等教育服务贸易：对 GATS 下相关内涵的述评[J]. 经济资料评丛，(3)：77－96.

吕杰昕，郑彩华，2010. 多元化视角中的高等教育产品属性[J]. 高教探索，(6)：19－24.

吕跃军，2007. 论高等教育产业的特征[J]. 文教资料，(11)：21－22.

马慧慧，2016. EVIEWS 统计分析与应用[M]. 北京：电子工业出版社：97.

马蓉，周亚梦，2020. 交通基础设施、人力资本与区域创新产出研究[J]. 统计与决策，36(24)：52－56.

梅红，任之光，宋晓平，2016. 高等教育特区建设与制度创新的实践与启示[J]. 西安交通大学学报(社会科学版)，36(4)：105－110.

孟丹，2019. 中国对“一带一路”沿线国家直接投资的影响因素研究[D]. 保定：河北大学.
孟望生,刘发跃,2016.人力资本投资理论回顾与评述[J].生产力研究,(11):153-156.
孟照海,2009.高等教育国际化的动因及其反思[J].现代教育管理,(7):16-19.
莫纪平,2002.加入WTO与中国高等教育贸易发展对策[J].教育探索,(3):23-26.
穆勒,1991.政治经济学原理(上卷)[M].北京:商务印书馆:98.
宁先圣,2006.论人力资本理论的演进及当代进展[J].社会科学辑刊,(3):39-42.
农春仕,2021.大学国际化评价指标体系的构建[J].黑龙江高教研究,39(2):47-52.
潘昆峰,马莉萍,2013.央属高校跨省招生名额分配行为研究:引力模型假设及其验证[J].高等工程教育研究,(6):114-121.
潘懋元,2000.高等教育大众化的教育质量观[J].江苏高教,(1):6-10.
潘沈仁,2014.FDI、进出口贸易对全要素生产率的影响[D].杭州:浙江理工大学.
潘文卿,2015.中国区域经济发展:基于空间溢出效应的分析[J].世界经济,38(7):120-142.
配第,2010.政治算术[M].马妍,译.北京:中国社会科学出版社:28.
珀纳,奥罗兹,刘博森,2015.促进学生流动:美国高等教育国际化的发展趋势[J].比较教育研究,(8):89-99.
祁大伟,2015.新创企业国际化动机对进入方式的影响研究:基于企业家精神的视角[J].现代管理科学,(5):48-50.
钱晓烨,迟巍,黎波,2010.人力资本对中国区域创新及经济增长的影响:基于空间计量的实证研究[J].数量经济技术经济研究,27(4):107-121.
仇怡,聂萼辉,2015.留学生回流的技术外溢效应:基于中国省际面板数据的实证研究[J].国际贸易问题,(2):34-42.
曲如晓,江铨,2011.来华留学生区域选择及其影响因素分析[J].高等教育研究,32(3):30-38.
任丽娟,2006.高等教育国际化研究[J].沈阳农业大学学报(社会科学版),(1):73-76.
任胜钢,2019.排污权交易机制是否提高了企业全要素生产率:来自中国上市公司的证据[J].中国工业经济,(5):5-23.
茹宗志,2005.中国国际教育服务贸易逆差的特征及危害[J].教育与经济,(2):64-64.
萨伊,1963.政治经济学概论[M].北京:商务印书馆:368-369.
单豪杰,2008.中国资本存量 K 的再估算:1952—2006年[J].数量经济技术经济研究,25(10):17－31.

申超,2014.高等教育国际化概念辨析[J].全球教育展望,43(6):45－53.

盛斌,廖明中,2004.中国的贸易流量与出口潜力:引力模型的研究[J].世界经济,(2):3－12.

施琴芬,吴祖麒,赵康,2003.知识管理视野下的隐性知识[J].中国软科学,(8):96－102.

石芳芳,陈增红,季少军,2016.中外合作办学学生学习效果研究[J].中国成人教育,(3):68－71.

史洁,2012.中国高等教育服务贸易国际竞争力研究[D].北京:首都经济贸易大学.

舒尔茨,1990.人力资本:教育和研究的作用[M].蒋斌,译.北京:商务印书馆:72－75.

宋华盛,2014.外国学生缘何来华留学:基于引力模型的实证研究[J].高等教育研究,35(11):31－38.

苏建军,孙根年,徐璋勇,2014.旅游发展对中国投资、消费和出口需求的拉动效应研究[J].旅游学刊,29(2):25－35.

苏屹,林周周,2020.基于消化吸收门槛的区域创新系统知识溢出效应研究[J].管理学报,17(3):411－421.

苏屹,闫玥涵,2020.国家创新政策与区域创新系统的跨层次研究[J].科研管理,41(12):160－170.

苏屹,林周周,王铁男,2021.中国省际知识溢出对区域创新绩效的非线性影响研究[J].管理工程学报,35(1):47－56.

孙超,王燕,2020.高新技术产业与生产性服务业协同集聚对区域创新效率的影响[J].科技管理研究,40(22):139－147.

孙祥龙,2020.新常态下地方综合科研机构在区域创新体系中的发展路径探索[J].产业与科技论坛,19(24):224－225.

覃壮才,2002.入世后中国教育服务的比较优势分析(上)[J].比较教育研究,(7):47－53.

谭伟红,2016.新加坡南洋理工大学的竞争优势研究:基于钻石模型的分析[J].西南大学学报(社会科学版),17(3):91－96.

谈小龙,高敏,2019.高水平行业特色研究型大学科研竞争力分析:基于 Scopus 数据库引文的一种分析方法[J].科技管理研究,39(19):131－140

唐浩元,王常华,2016.高等教育国际化影响因子研究[J].当代经济,(36):142－144.

唐心智,2009.中国对外直接投资的贸易效应分析[J].统计与决策,(12):

120-121.
田曼,2006. 关于中国高等教育服务贸易逆差的分析[J]. 黑龙江高教研究,(8):8-10.
屠新泉,2001. 入世与中国高等教育服务业的发展[J]. 国际贸易问题,(7):35-40.
万寅佳,2012. 高等教育国际化对中国本土学生的跨文化能力的影响[D]. 北京:对外经济与贸易大学.
汪涛,贾煜,王康,等,2018. 中国企业的国际化战略:基于新兴经济体企业的视角[J]. 中国工业经济,(05):175-192.
汪旭晖,2007. 高等教育国际化的动因与模式:兼论中国大学国际化的路径选择[J]. 辽宁教育研究,(8):90-93.
王崇锋,2015. 知识溢出对区域创新效率的调节机制[J]. 中国人口·资源与环境,25(7):77-83.
王春杨,兰宗敏,张超,等,2020. 高铁建设、人力资本迁移与区域创新[J]. 中国工业经济,(12):102-120.
王海花,杜梅,孙芹,等,2020. 高新技术企业认定与区域创新绩效:区域位置与吸收能力的调节作用[J]. 华东经济管理,34(3):37-43.
王辉,陈敏,2020. 基于两阶段DEA模型的高校科技创新对区域创新绩效影响[J]. 经济地理,40(8):27-35+42.
王建坤,韩琪,2012. 中国高等教育服务贸易逆差的探讨[J]. 国际贸易,(4):62-66.
王建梁,姚林,陈希,2015. 加拿大国际教育服务贸易经济收益分析及对中国的启示[J]. 高校教育管理,(2):79-84.
王立勇,马光明,王桐,2019. 中国教育服务贸易七十年:成就、经验与未来发展对策[J]. 国际贸易,(11):4-11.
王鹏,张剑波,2015. 研发的内外溢出效应与区域创新增长:基于2001—2012年中国省际面板数据的实证分析[J]. 软科学,29(4):25-28.
王盛水,2010. 大众化阶段的高等教育质量与人才培养[J]. 中国高等教育,(24):21-23.
王淑杰,邵磊,陈薪卉,2020. 财政透明与区域创新能力:基于中介效应模型和门槛效应模型[J]. 中央财经大学学报,(12):3-14.
王淑英,张水娟,王文坡,2018. R&D投入与区域创新能力关系及溢出效应分析:金融发展的调节作用[J]. 科技进步与对策,35(2):39-46.
王婷,刘毅,刘艳枫,2018. 创新驱动、教育发展与全要素生产率变化[J]. 西南民族大学学报(自然科学版),44(4):419-426.

王啸,2002. 全球化与中国教育[M]. 成都:四川人民出版社.

王心昱,白彦锋,2019. 中国高等教育留学竞争力研究:以北京市为例[J]. 公共财政研究,1: 36－51＋16.

王旭,陈蓉,李明宝,2018. 科技创新对区域经济的影响研究:基于省际面板数据的实证分析[J]. 工业技术经济,37(9): 39－44.

王雅洁,张淼,2020. 中国省域知识溢出对区域创新的影响研究:基于吸收能力的视角[J]. 华东经济管理,34(8):44－54.

王亚星,谭波,黄彦君,等,2015. 对外直接投资影响因素分析与中国的应对策略[J]. 现代管理科学,(3):3－5.

王雁,顾昌杰,2019. 中国与欧洲高等教育国际化模式的比较研究[J]. 内蒙古师范大学学报(教育科学版),32(2):1－5.

王业强,朱春筱,邢飞,2018. 大学国际化提高了区域创新能力吗?[J]. 财经研究,(6):4－17.

王迎新,2003. 论海外直接投资与贸易的关系[J]. 财贸经济,(1):80－86.

王增欣,2019. 中国对"一带一路"国家直接投资的区位选择[D]. 济南:山东大学.

王铮,2010. Malmquist 生产率指数方法中两种测度标准之间的比较研究[J]. 统计与决策,(4):21－23.

王正娟,2018. 中国教育服务贸易竞争力影响因素分析:基于钻石模型视角[J]. 现代经济信息,(21):144.

魏浩,籍颖,赵春明,2010. 中国留学教育服务贸易发展现状及国际竞争力[J]. 国际经济合作,(1):31－36.

魏浩,王宸,2011. 中国对外贸易空间集聚效应及其影响因素分析[J]. 数量经济技术经济研究,(11): 66－82.

魏浩,王宸,毛日昇,2012. 国际间人才流动及其影响因素的实证分析[J]. 管理世界,(1):33－45.

魏浩,陈开军,2015. 国际人才流入对中国出口贸易影响的实证分析[J]. 中国人口科学,(4):72－82.

魏浩,袁然,2018. 国际人才流入与中国企业的研发投入[J]. 世界经济,41(12):144－166.

魏浩,袁然,赖德胜,2018. 中国吸引留学生来华的影响因素研究:基于中国与全球172 个国家双边数据的实证分析[J]. 教育研究,(11):76－90.

温忠麟,张雷,2004. 中介效应检验程序及其应用[J]. 心理学报,(5):614－620.

文思君,唐守廉,2015. 基于经济与科技创新力指标的高等教育服务贸易预测模型研究[J]. 科学管理研究,33(4):26－29.

吴坚,2009. 当代高等教育国际化发展[M]. 北京:人民出版社.

吴磊，周洁，2010. Malmquist 指数法与中国全要素生产率研究：误解和争论[J]. 商业时代，(29)：4－5.
吴先明，张玉梅，2020. 国际化动因，生产率异质性与国有企业海外市场进入模式[J]. 系统工程理论与实践，40(10)：2581－2601.
吴亚慧，2019. 母国知识产权保护影响中国对外直接投资的机理与实证[D]. 浙江大学.
吴玉鸣，2007. 中国区域研发、知识溢出与创新的空间计量经济研究[M]. 北京：人民出版社：169－209.
夏凌艳，2017. 加强国际开放合作推进中国高校国际间教育与科研协作[C]//辽宁省高等教育学会. 辽宁省高等教育学会 2017 年学术年会优秀论文三等奖论文集. 沈阳：辽宁省高等教育学会：9.
香伶，2006. 新制度经济学对劳动力市场理论的影响[J]. 财贸经济，(1)：82－85.
肖海，刘芳，2007. 发达国家高等教育服务贸易现状、优势及中国对策[J]. 江西教育科研，(6)：31－34.
肖新成，2015. 基于推拉理论的高校毕业生就业地域选择的实证分析[J]. 高等农业教育，(7)：71－75.
谢健，2019. 英国大学海外分校办学的风险规避机制研究及启示[J]. 高校教育管理，13(5)：82－91.
邢志平，2018. 企业出口规模越大全要素生产率越高吗?：基于中国出口企业的经验分析[J]. 大连理工大学学报(社会科学版)，39(4)：21－28.
修国义，韩佳璇，陈晓华，2017. 区域创新驱动能力影响因素实证研究[J]. 金融与经济，(5)：49－54.
徐磊，黄凌云，2009. FDI 技术溢出及其区域创新能力门槛效应研究[J]. 科研管理，30(2)：16－25.
许和连，李丽华，2011. 文化差异对中国对外直接投资区位选择的影响分析[J]. 统计与决策，(17)：154－156.
许家云，李平，王永进，2016. 跨国人才外流与中国人力资本积累：基于出国留学的视角[J]. 人口与经济，(3)：91－102.
薛漫天，赵曙东，2009. 出口贸易对内资企业技术创新的影响：行业内与行业间溢出效应的检验[J]. 中国高等学校学术文摘·经济学，4(3)：449－460.
鄢晓，2016. 中国高校境外办学的动因分析和对策建议[J]. 高校教育管理，10(3)：66－70.
晏艳阳，吴志超，2020. 创新政策对全要素生产率的影响及其溢出效应[J]. 科学学研究，38(10)：1868－1878.
杨宏恩，孟庆强，王晶，等，2016. 双边投资协定对中国对外直接投资的影响：基于投资协定异质性的视角[J]. 管理世界,(4):24 - 36.

杨菊先,2004. 高等教育服务承诺与政府规制改革[J]. 现代大学教育,(3):94 - 98.

杨军红,2006. 来华留学生构成特点及影响因素分析[J]. 中南民族大学学报(人文社会科学版),(1):103 - 107.

杨启光,2011. 教育国际化:进程与发展模式[M]. 北京:社会科学文献出版社:103 - 105.

杨妍,2018. 浅析教育出口的影响[J] . 科教文汇,424(6):13 - 14.

杨莹莹,陈瑛,2019. 来源国视角下的国际旅游对 FDI 发展影响分析:以美国为案例地[J]. 社会科学家,(10):76 - 83.

杨钊,2008. 旅游移民研究体系及方法初探[J]. 地理研究,(4):949 - 962.

杨洲,刘志民,2017. 2001—2015 年中国来华留学生对经济增长贡献的弹性系数研究[J]. 高教探索,(12):47 - 51+108.

姚相如,马荣康,刘凤朝,2016. 出口深广度是否影响了出口企业的创新能力? [J]. 科学学与科学技术管理,37(6):55 - 65.

姚宇琦,韩宇堃,2011. 高等教育国际化动因分析[J]. 科技经济市场,(10):76 - 78.

叶琳,王增涛,2018. 中国高等教育国际化:一个类型框架与评价[J]. 比较教育研究,40(5):43 - 52.

叶霖莉,赵林海,2014. 对外贸易对经济增长的影响路径研究:以福建省为例基于中介效应的实证检验[J]. 重庆工商大学学报(社会科学版),31(6):50 - 56.

余官胜,杨文,2015. 中国企业对外直接投资的国内决定因素:基于投资规模的实证研究[J]. 经济经纬,32(4):61 - 66.

俞玮奇,曹燕,2015. 教育国际化背景下来华留学生的教育需求与体验分析:基于上海市八所高校的实证研究[J]. 高教探索,(3):90 - 95.

育文,1999. 走向世界的中国高等教育[J]. 中国高等教育,(19): 22 - 24.

袁本涛,潘一林,2009. 高等教育国际化与世界一流大学建设:清华大学的案例[J]. 高等教育研究,30(9): 23 - 28

袁金明,郭勇,2010. 中国高等教育服务出口贸易现状及发展策略[J]. 教育学术月刊,(12):42 - 45.

袁清,2019. 刍议来华留学生教育对中国的影响效应:以“一带一路”沿线国家贸易关系为例[J]. 浙江社会科学,(4):102 - 111+159.

岳敏,2018. 来华留学与中国对“一带一路”沿线国家直接投资的实证研究[D]. 北京:北京外国语大学.

翟婧彤,张军涛,2020. 城市规模、创新能力与空间溢出效应:以长江三角洲城市群为例[J]. 当代经济管理,42(12):30 - 37.

张春燕，2013. 国际旅游与中国文化软实力关系研究[J]. 现代商贸工业，25(23)：3－6.
张杰，李勇，刘志彪，2009. 出口促进中国企业生产率提高吗[J]. 管理世界，(12)：11－26.
张磊，2014. 国际服务贸易视角下来华留学教育规模增长因素研究[D]. 天津：天津师范大学.
张宁宁，张宏，杨勃，2019."一带一路"沿线国家制度风险与企业海外市场进入模式选择：基于中国装备制造业上市公司的实证分析[J]. 世界经济研究，(10)：119－133＋136.
张秋燕，齐亚伟，2016. 地区规模、集聚外部性与区域创新能力：对中国工业行业的门槛效应检验[J]. 科技进步与对策，33(8)：35－40.
张曙霄，孙媛媛，2008. 中国和印度教育服务贸易比较及启示[J]. 外国教育研究，(1)：75－79.
张玮佳，2015. 中国公派出国留学对大学教师学术成果影响研究[D]. 广州：华南理工大学.
张旭，郭菊娥，郝凯冰，2016. 高等教育"供给侧"综合改革推动创新创业发展[J]. 西安交通大学学报(社会科学版)，36(1)：26－35.
张应武，2007. 对外直接投资与贸易的关系：互补或替代[J]. 国际贸易问题，(6)：87－93.
张永昌，2007. 中国教育服务贸易境外消费的国际竞争力研究[J]. 国际服务贸易，(1)：187－198.
张玉明，聂艳华，李凯，2009. 知识溢出对区域创新产出影响的实证分析：以高技术产业为例[J]. 软科学，23(7)：99－102.
张治河，郭星，易兰，2019. 经济高质量发展的创新驱动机制[J]. 西安交通大学学报(社会科学版)，39(6)：39－46.
赵大丽，江媛，孙道银，2018. 基于吸收能力中介作用的知识获取与区域创新能力研究[J]. 科技管理研究，38(19)：146－153.
赵黎明，2011. 外国留学生教育产业发展研究[J]. 航海教育研究，28(2)：118－120.
赵伶俐，2013. 基于云计算与大数据的高等教育质量指数建构：技术、理论、机制[J]. 复旦教育论坛，11(6)：52－57.
赵青霞，夏传信，施建军，2019. 科技人才集聚、产业集聚和区域创新能力：基于京津冀、长三角、珠三角地区的实证分析[J]. 科技管理研究，39(24)：54－62.
赵爽，李春艳，2018. 城市化对中国服务业全要素生产率影响的门槛效应[J]. 税务与经济，(4)：28－34.
赵永亮，2012. 移民网络与贸易创造效应[J]. 世界经济研究，(5)：57－64.

赵宇,金子祺,2012. 高校内部隐性知识的内涵与特征[J]. 教育探索,(1):10-11.
赵哲,陶梅生,2011. 全球化背景下的高等教育国际化多维动因探析[J]. 中国成人教育,(1):47-49.
中国教育年鉴编辑部,2004. 中国教育年鉴[M]. 北京:中国大百科全书出版社.
钟龙彪,刘力,2013. 国际旅游发展背景下的中国国家形象传播[J]. 对外传播,(7):41-43.
周念利,2010. 基于引力模型的中国双边服务贸易流量与出口潜力研究[J]. 数量经济技术经济研究,27(12):67-79.
周平录,李东红,邢小强,2020. 转型经济中双向FDI与区域创新效率:制度环境的调节作用[J]. 国际经济合作,(2):116-128.
周群英,2010. 高等教育国际竞争力比较研究[J]. 武汉理工大学学报(社会科学版),23(6):903-908.
周永源,张国军,2018. 中国高等教育服务贸易发展现状、问题及对策[J]. 国家教育行政学院学报,(7):53-58.
朱福林,2010. 中国服务贸易进出口结构对全要素生产率影响的实证研究[J]. 上海商学院学报,11(5):80-84.
朱俊杰,徐承红,2017. 区域创新绩效提升的门槛效应:基于吸收能力视角[J]. 财经科学,(7):116-128.
朱天星,张孟才,陈晶,等,2013. 基于国际学生流动视角的高等教育国际化影响因素研究[C]. 吉林:辽宁省高等教育学会学术年会第四届中青年学者论坛.
朱文,张浒,2017. 中国高等教育国际化政策变迁述评[J]. 高校教育管理,11(2):116-125.
朱益明,1996. 教育质量的概念分析[J]. 比较教育研究,(5):55-56.
朱云,2012. 高校内部隐性知识转移投资研究[D]. 青岛:山东科技大学.
朱治亚,2020. 高等教育国际化的策略研究:以新加坡南洋理工大学为例[J]. 成都大学学报(社会科学版),(1):105-111.
朱治亚,王海艳,潘荣杰,2020. 美国高等教育国际化竞争力研究及其启示[J]. 黑龙江高教研究,(12):68-74.
庄园园,2020. 区域知识溢出对外资企业创新绩效的影响[D]. 昆明:云南财经大学.
邹统钎,胡莹,2016. 旅游外交与国家形象传播[J]. 对外传播,(5):22-24.
AHMAD S, HUSSAIN M, 2015. An Investigation of the Factors Determining Student Destination Choice for Higher Education in the United Arab Emirates[J]. Studies in Higher Education, 42(7): 1324-1343.
AHMAD S Z, HUSSAIN M, 2015. An investigation of the factors determining

student destination choice for higher education in the United Arab Emirates [J]. Studies in Higher Education,42(7):1324 - 1343.

AIGNER J,CHU S F,1968. On Estimating the Industry Production Function [J]. American Economic Review,(13):568 - 595.

ALFARO L,CHANDA A,KALEMLI-OZCAN S,et al. ,2012. FDI and Economic Growth The Role of Local Financial Markets[J]. Journal of International Economies,64(1):89 - 112.

ALLEN A,HARVEY R L,1994. Assessing Quality in Further and Higher Education[M]. London: Jessica Kingsley.

ALM J,WINTERS J V,2009. Distance and intrastate college student migration [J]. Economics of Education Review,28(6):728 - 738.

ALOYO N, WENTZEL A,2011. The Potential Skills Contribution of International Students to South Africa [J]. Africa Education Review, 8(2): 336 - 354.

ALTBACH P G,2014. The Giants Awake: The Present and Future of Higher Education Systems in China and India[J]. Education Policy Analysis Archives,22:1 - 32.

ANDERSON E,1986. Gatignon H. Modes of Foreign Entry: A transaction cost analysis and propositions[J]. Journal of International Business Studies, 17 (3):1 - 26.

ANNA W, 2014. International Student Mobility: Approaches, Challenges and Suggestions for Further Research[J]. Social and Behavioral Sciences, 143: 19 - 24.

ANSELIN L, 1988. Spatial Econometrics: Method Sand Models [M]. Dordrecht:Kluwer Academic Publishers.

ANSELIN L,ANIL B K,FLORAX R, et al,1996. Simple Diagnostic Tests for Spatial Dependence [J]. Regional Science and Urban Economics, 26 (1): 77 - 104.

ANSELIN L,KELEJIAN H H,1997. Testing for Spatial Error Autocorrelation in the Presence of Endogenous Regressors[J]. International Regional Science Review,20(1 - 2).

ANSELIN L,SMIRNOV O,2006. Efficient Algorithms for Constructing Proper Higher Order Spatial Lag Operators [J]. Journal of Regional Science,36(1): 67 - 89.

ANTONINA L,2017. Transnational Higher Education and International Student

Mobility: Determinants and Linkage a Panel Data Analysis of Enrolment in Australian Higher Education [J]. Higher Education, 73: 637 - 653.

ARUM S, VENTER J W V, 1992. The Need for a Defination of International Education in U.S. Universities[J]. Journal of Studies in International Education, 10(3): 241 - 260.

ASA H, 2012. The Individual Education Plan: A Gendered Assessment Practice? [J]. Assessment in Education: Principles, Policy & Practice, 19 (4): 469 - 485.

ASTONE N M, MCLANAHAN S S, 1994. Family Structure, Residential Mobility, and School Dropout: A Research Note [J]. Demography, 31 (4): 575 - 584.

AWOKUSE R, 2014. The Individual Education Plan: A Gendered Assessment Practice? [J]. Assessment in Education: Principles, Policy & Practice, 19 (4): 469 - 485.

BALDWIN R E, MARTIN P, OTTAVIANO G, 2001. Global Income Divergence, Trade, and Industrialization: The Geography of Growth Take-offs[J]. Journal of Economic Growth, 6(1): 5 - 37.

BARANCHENKO Y, YUKHANAEV A, PATOCLO, 2016. Exploring Erasmus student mobility in Ukraine: A case study[J]. Journal of Eastern European and Central Asian Research, 1(3): 38 - 44.

BARGER S S, 2004. The Impact of International Students on Domestic Students in U.S. Institutions of Higher Education[D]. The University of Wisconsin-Madison.

BARKEMA G, BELL J, PENNINGS M, 1996. Foreign Entry, Cultural Barriers, and Learning[J]. Strategic Management Journal, 17(2): 151 - 166.

BARNETT R, 2013. Power, Enlightenment and Quality Evaluation[J]. European Journal of Education, 29(2): 165 - 179.

BARRA C, ZOTTI R, 2018. The Contribution of University, Private and Public Sector Resources to Italian Regional Innovation System (in) Efficiency[J]. The Journal of Technology Transfer, 43: 432 - 457.

BELOTTI F, HUGHES G, PIANO M A, 2017. Spatial Panel-data Models Using Stata[J]. The Stata Journal, 17(1): 139 - 180.

BENHABIB J, SPIEGE M, 2005. Human Capital and Technology Diffusion 2002 [C]//AGHION E, DURLAUFED S. Handbook of Economic Growth, 1 (13): 935 - 966.

BIRAIMAH K L,2013. The Longitudinal Effects of Study Abroad Programs on Teachers' Content Knowledge and Perspectives : Fulbright-Hays Group Projects Abroad in Botswana and Southeast Asia[J]. Journal of Studies in International Education,17(4): 313 - 333.

BLANCA L D,ANGELES E,NURIA E H,2013. Being Highly Internationalised Strengthens Your Reputation: An Empirical Investigation of Top Higher Education Institutions[J]. Higher Education,66:619 - 633.

BORENSZTEIN E, GREGORIO J D, LEE J W,1998. How Does Foreign Direct Investment Affect Economic Growth? [J]. Journal of International Economics,(45):115 - 135.

BUCKLEY P J,CASSON M C,1976. The Futere of Multinational Enterprises [M]. London: Macmillan.

BUESA M,HEIJS J,BAUMERT T,2010. The Determinants of Regional Innovation in Europe: A Combined Factorial and Regression Knowledge Production Function Approach[J]. Research Policy,39(6):722 - 735.

CANTWELL J,1989. Technological Innovation and Multinational Corporations [M]. Oxford:Basil Blackwell.

CARLA S,RAYMOND J G M,FLORAX P R,2004. Determinants of the Regional Demand for Higher Education in The Netherlands: A Gravity Model Approach[J]. Regional Studies,38(4):375 - 392.

CARLOS R G,RICARDO B M,PETR M,2011. The Determinants of International Student Mobility Flows: An Empirical Study on the Erasmus Programme[J]. Higher Education,62(4):413 - 430.

CASTRO P,WOODIN J,LUNDGREN U,et al. ,2016. Student mobility and Internationalization in Higher Education: Perspectives from Practitioners[J]. Language & Intercultural Communication,16(3):1 - 19.

CATE G,2008. Policy Options for Managing International Student Migration: The Sending Country's Perspective[J]. Journal of Higher Education Policy and Management,30(1):25 - 39.

CATTANEO M,2017. Effects of the Financial Crisis on University Choice by Gender [J]. Higher Education,74(5):775 - 798.

CHAO C,2015. Decision Making for Chinese Students to Receive their Higher Education in the U. S. [J]. International Journal of Higher Education,5(1): 28 - 37.

CHEN J,2019. Interaction between the Internationalization of Higher Education and the Economic Development of China[C]//Institute of Management Science and Industrial Engineering. Proceedings of 2019 5th International Workshop on Education, Development and Social Sciences(IWEDSS 2019). Institute of Management Science and Industrial Engineering: 6.

CHEN T, CHEN X M, WANG C, et al., 2018. Export Behavior and Firm Innovation: New Method and Evidence[J]. Economics Letters, 170: 76 - 78.

CHEN Y P, 2005. Skill-Sorting, Self-Selectivity, and Immigration, Policy Regime Change: Two Surveys of Chinese Graduate Students' Intention to Study Abroad[J]. The American Economic Review, 95(2): 66 - 70.

CHEN Y Y, YOUNG M N, 2010. Cross-border mergers and acquisitions by Chinese listed companies: A principal-principal perspective[J]. Asia Pacific journal of management, 27(3): P. 523 - 539.

CHIAPPINI R, 2012. Off Shoring and Export Performance in the European Automotive Industry[J]. Competition and Change, 16(4): 322 - 341.

CHOUDAHA R, 2017. Three waves of International Student Mobility (1999—2020)[J]. Studies in Higher Education, 42(5): 825 - 832.

CHOW C G, SHEN Y, 2006. Demand for Education in China[J]. International Economic Journal, 20(2): 129 - 147.

CHOWDHURY A, MAMTA B, 2012. Growth and Dynamics of Australia's Education Exports[J]. Applied Economics, 67(8): 79 - 81.

CHRISTIANE T, 2014. Should I Stay or Should I Go? An Analysis of the Determinants of Intra-European Student Mobility[J]. Population Space Place, (20): 465 - 479.

COHEN W M, LEVINTHAL D A, 1990. Absorptive Capacity: A New Perspective on Learning and Innovation[J]. Administrative Science Quarterly, 35(1): 128 - 152.

CRISCUOLO P, NARULA R, 2008. A Novel Approach to National Technological Accumulation and Absorptive Capacity: Aggregating Cohen and Levinthal[J]. Eur J Dev Res 20(1): 56 - 73.

CULLINAN J, DUGGAN J, 2016. A School-Level Gravity Model of Student Migration Flows to Higher Education Institutions[J]. Spatial Economic, 11(3): 294 - 314.

CZINKOTA M R, GROSSMAN D A, JAVALGI R R G, et al., 2009. Foreign Market Entry Mode of Service Firms: The Case of U. S. MBA Programs[J]. Journal of World Business, 44(3): 274 - 286.

DANG L J,ZHAO J F,2020. Cultural Risk and Management Strategy for Chinese Enterprises' Overseas Investment[J]. Elsevier Inc. ,61(2):35 - 46.

DECRAMER A,GOEMINNE S,SMOLDERS C,2013. The Impact of Internationalization on Volume and Quality of Scholarly Publication performance [J]. Public Money & Management,33(2): 111 - 117.

DELGADO-MÁRQUEZ B L, ESCUDERO-TORRES M Á, HURTADO-TORRES N E,2013. Being Highly Internationalised Strengthens Your Reputation: An Empirical Investigation of Top Higher Education Institutions[J]. Higher Education,66(5): 619 - 633.

DELGADO-MÁRQUEZ B L, HURTADO-TORRES N E,BONDAR Y,2012. Internationalization of Higher Education in University Institution Rankings: The Influence of National Culture[J]. Journal of International Education & Leadership,8(2): 265 - 284.

DON H,2011. Achievements and Consequences of Two Decades of Quality Assurance in Higher Education: A Personal View from the Edge[J]. Quality in Higher Education,16(2): 351 - 363.

DUNDAR H,LEWIS D R,1995. Departmental Productivity in American Universities: Economies of Scale and Scope[J]. Economics of Education Review,14 (2): 119 - 144.

DUNNING J H,1977. Trade,Location of Economic Activity and the MNE: A Search for An Eclectic Approach[M]. The International Allocation of Economic Activity,London: Macmillan: 395 - 418.

DUNNING J H,1981. International Production and the Multinational Enterprise [M]. London: Allen & Uniwin,34 - 35.

DUNNING J H,1988. The Eclectic Paradigm of International Production: A Restatement and Some Possible Extensions[J]. Journal of International Business Studies,19(1):1 - 32.

DUNNING J H,1993. The Internationalization of the Production of Services: Some General and Specific Explanations[C]//AHARONI Y. Coalitions and Competition. The globalization of Professional Services. London: Routledge.

EDRAK M B,2015. Internationalization of Higher Education: Key Factors Attracting International Students to Study in Private Higher eEducation Institution in Malaysia [J]. Journal of Education & Social Policy,2(4):183 - 190.

EGGER P,2001. European Exports and Outward Foreign Direct Investment: A

Dynamic Panel Data Approach[J]. Review of World Economics, 137(3): 427-449.

EGGINS H, WEST P, 2010. The Global Impact of the Financial Crisis: Main Trends in Developed and Developing Countries[J]. Higher Education Management and Policy, 22(3): 1-16.

ELISA L P, 2009. Analysis of Korean Students' International Mobility by 2-D Model: Driving Force Factor and Directional Factor[J]. Higher Education, 57:741-755.

ENGEC N, 2006. Relationship Between Mobility and Student Performance and Behavior[J]. The Journal of Education Research, 99(3):167-178.

ERHAN A, FREDERIC D, CAGLAR O, et al., 2015. A Global Assessment of Human Capital Mobility: The Role of Non-OECD Destinations[J]. World Development, 65:6-26.

ERRAMILLI M K, RAO C P, 1993. Service Firms' International Entry-mode Choice: A Modified Transaction-cost Analysis Approach[J]. Journal of Marketing, 57(3):19-38.

FAGGIAN A, FRANKLIN S A, 2014. Human Capital Redistribution in the USA: The Migration of the College-bound[J]. Spatial Economic Analysis, 9(4):376-395.

FARE R, GROSSKOPF S, LOVELL C A K, 1994. Productivity Change in Swedish Pharmacies 1980—1989: A Nonparametric Malmquist Approach[J]. Journal of Productivity Analysis, (3):85-101.

FARREL M J, 1957. The Measurement of Productive Efficiency[J]. Journal of the Royal Statistical Society, (120):253-290.

FLETCHER R, 2001. A holistic approach to internationalisation[J]. International Business Review, 10(1):25-49.

FRANCIS L C, 2012. Organizing Student Mobility: Education Agents and Student Migration to New Zealand[J]. Pacific Affairs, 85 (1):137-160.

GEORGE A B, MOOSUNG L, JIANG K, et al., 2016. The Flow of International Students from a Macro Perspective: A Network Analysis[J]. Compare: A Journal of Comparative and International Education, 46(4):533-559.

GEORGE J B, 2015. Economics of Migration[M]. Elsevier Inc.

GLOBEMAN S, 1979. Foreign Direct Investment and Spillovers Efficiency Benefits in Canadian Manufacturing Industries [J]. Canadian Journal of Economics, (12):42-56.

GOLDBERG I, BRANSTETTER L, GODDARD J G, et al., 2008. Globalization and Technology Absorption in Europe and Central Asia: The Role of Trade, FDI, and Cross-border Knowledge Flows[R]. The World Bank.

GONZALEZ C R, MESANZA R B, MARIEL P, 2011. The Determinants of International Student Mobility Flows: An Empirical Study on the Erasmus Programme[J]. Higher Education, 62(4): 413-430.

GROSSMAN G M, HELPMAN E, 1991. Innovation and Growth in the World Economy[M]. Cambridge: MIT Press.

GROSSMAN G M, HELPMAN E, 1994. Endogenous Innovation in the Theory of Growth[J]. Journal of Economic Perspectives, 8(1): 23-44.

HAAN H D, 2014. Internationalization: Interpretations among Dutch Practitioners[J]. Journal of Studies in International Education, 18(3): 241-260.

HALL R, JONES C, 1999. Why Do Some Countries Produce So Much More Output Per Worker Than Others[J]. Quarterly Journal of Economies, 114(1): 83-116.

HARVEY L, GREEN D, 1993. Defining Quality[J]. Assessment and Evaluation in Higher Education, 18(1): 9-34.

HARZING A, GIROUD A, 2014. The Competitive Advantage of Nations: An Application to Academia[J]. Journal of Informetrics, 8(1): 29-42.

HAUSMAN J A, 1978. Specification Tests in Econometrics[J]. Econometrica, 46(6): 1251-1271.

HAUSSEN T, UEBELMESSER S, 2016. Student and Graduate Migration and Its Effect on the Financing of Higher Education[J]. Education Economics, 24(6): 573-591.

HE W, BOATENG A, RING P, 2019. Motives, Choice of Entry Mode, and Challenges of Bank Internationalization: Evidence from China[J]. Thunderbird International Business Review, 61(6).

HEAD K, RIES J, 2001. Overseas Investment and Firm Exports[J]. Review of International Economics, 9(1): 1-27.

HELPMAN E, 1995. Growth Empirics: A Panel Data Approach[J]. The Quarterly Journal of Economics, (110): 1127-1170.

HELPMAN E, MELITZ J M, YEAPLE R S, 2004. Export Versus FDI with Heterogeneous Firms [M]. Pittsburgh: American Economic Review, 94(1): 300-316.

HYMER S H, 1960. The International Operations of National Firms: A Study of

Direct Investment[M]. Cambridge:MIT Press.

IVAN S,ALENKA B L,2016. The impact of the internationalisation of higher education on academic staff development-the case of Slovenian public universities[J]. Studies in Higher Education,41(2): 364 - 380.

JANG J,2009. Analysis of the Relationship between Internationalization and the Quality of Higher Education[D]. University of Minnesota.

JIANG G, KOTABE M, ZHANG F, et al. , 2020. The Determinants and Performance of Early Internationalizing Firms: A Literature Review and Research Agenda[J]. International Business Review,29(4):1 - 14.

JIANG N,CARPENTER V,2011. Market Entry Dynamic Framework for Higher Education Internationalization[J]. Journal of International Education in Business,4(2):141 - 158.

JIANI M A,2017. Why and How International Students Choose Mainland China as a Higher Education Study Abroad Destination[J]. Higher Education,74(5):563 - 579.

JOSE G,2016. Universities as Multinational Enterprises? The Multinational University Analyzed through the Electic Paradigm[J]. Multinational Business Review,12(7):23 - 28.

KALVEMARK T,VENTER J W V,1997. National Policies for the Internationlisation of Higher Education in Europe[R]. Wellington: Stockholm: Hagskoleverket Studies,National Agency for Higher Education.

KINDLEBERGER C P,1969. American Business Abroad:Six Essays on Direct Investment[M]. NewHaven:Yale University Press.

KNIGHT J,1994. Internationalization: Elements and Checkpoints[J]. Canadian Bureau for International Education,(7): 619 - 633.

KNIGHT J, 2003. Updated Internationalization Definition [J]. International Higher Education,33: 2 - 3.

KNIGHT J,2006. Internationalization of higher education: New Directions,New Challenges[M]. Paris: International Association of Universites:16 - 20.

KOGUT B, ZANDER U, 1993. Knowledge of the Firm and the Evolutionary Theory of the Multinational Corporation[J]. Journal of International Business Studies,24(4):625 - 645.

KOLSTAD I,WIIG A,2010. What determines Chinese outward FDI? [J]. Journal of World Business,47(1):26 - 34.

KUMAR S,RUSSELL R,2002. Technological Change,Technological Catch-up, and Capital Deepening: Relative Contributions to Growth and Convergence [J]. American Economic Review, 92 (3): 527 - 548.

KYVIK S, KARSETH B, BLUME S, 1999. International Mobility among Nordic Doctoral Students[J]. Higher Education, 38(4): 379 - 400.

LALL S, 1983. The New Multinationals[M]. Chichester: John Wiley&Sons.

LAUFS K, SCHWENS C, 2014. Foreign Market Entry Mode Choice of Small and Medium-sized Enterprises: A Systematic Review and Future Research Agenda[J]. International Business Review, 23(6): 1109 - 1126.

LEPPEL K, 1993. Logit Estimation of a Gravity Model of the College Enrollment Decision[J]. Reasearch in Higher Education, 34(3): 387 - 398.

LESAGE J, PACE R K, 2009. Introduction to Spatial Econometrics[M]. Boca Raton: CRC Press Taylor & Francis Group, Taylor and Francis Taylor and Francis: 25 - 43.

LI J T, 2016. A Global Experiment in the Internationalization of Chinese Universities: Models, Experiences, Policies, and Prospects of the Confucius Institutes' First Decade[J]. Chince Education&Society, 49(6): 411 - 424.

LI X, ROBERTS J, 2012. A Stages Approach to the Internationalization of Higher Education? The Entry of UK Universities into China[J]. Service Industries Journal, 32(7 - 8): 1011 - 1038.

LINDA V B, REINNHILDE V, 2013. The Determinants of Student Mobility in Europe: the Quality Dimension[J]. European Journal of Higher Education, 3 (2): 172 - 190.

LINDBERG M E, 2009. Student and Early Career Mobility Patterns among Highly Educated People in Germany, Finland, Italy, and the United Kingdom [J]. Higher Education, 58(3): 339 - 358.

LIPSEY R, WEISS M, 1984. Foreign Production and Exports of Individual Firms [J]. Review of Economics & Statistics, 66(2): 304 - 308.

LIU S G, ZHANG H, LIU C Y, et a., 2019. Spatial Evolutionary Pattern and Regional Innovation Efficiency of European Union[J]. IOP Conference Series: Earth and Environmental Science, 234(1): 1 - 7.

LUCAS R E, 1988. On the Mechanics of Economic Development[J]. Journal of Monetary Economics, (22): 3 - 42.

LUO, Y D, 2001. Determinants of Entry in an Emerging Economy: A Multilevel Approach. Journal of Management Studies, 38(3): 443 - 472.

LUO Y D, XUE Q Z, HAN B J, 2010. How Emerging Market Governments Promote Outward FDI: Experience from China[J]. Journal of World Business, 45(1):68 - 79.

MA W H, YUE Y, 2015. Internationalization for Quality in Chinese Research Universities: Student Oerspectives[J]. Higher Education, 70(2): 217 - 234.

MADHOK A, 1998. The Nature of Multinational Firm Boundaries: Transaction Costs, Firm Capabilities and Foreign Market Entry Mode[J]. International Business Review, 7(3):259 - 290.

MARCO S, MATTIA C, JEROEN H, et al., 2016. Why Do Higher Education Institutions Internationalize? An Investigation of the Multilevel Determinants of Internationalization Rationales[J]. Higher Education, 72:685 - 702.

MARIOTTI S, MARZANO R, PISCITELLO L, 2021. The role of family firms' generational heterogeneity in the entry mode choice in foreign markets[J]. Journal of Business Research, 132(C): 800 - 812.

MATEL M, CATTANEO M, HUISMAN J, et al., 2016. Why Do Higher Education Institutions Internationalize? An Investigation of the Multilevel Determinants of Internationalization Rationales [J]. Higher Education, 72 (5): 685 - 702.

MAZZAROL T, SOUTAR G N, 2002. "Push-Pull" Factors Influencing International Student Destination Choice[J]. International Journal of Educational Management, 16(2): 82 - 90.

MCALEER M, NAKAMURA T, WATKINS C, 2019. Size, Internationalization and University Rankings: Evaluating and Predicting Times Higher Education (THE) Data for Japan[J]. Documentos de Trabajo del ICAE.

MCKELVEY M M, HOLMEN M, 2009. Learning to Compete in European Universities: From Social Institutions to Knowledge Business[M]. Cheltenham: Edward Elgar.

MEI T G, 2015. External Drivers of Entry Mode Decisions of a Higher Education Institution[J]. Asia Pacific Journal of Marketing & Logistics, 28 (1): 124 - 140.

MICHAEL R C, DAVID A G, 2009. Foreign Market Entry Mode of Service Firms: The Case of U.S. MBA Programs[J]. Journal of World Business, 44 (3):274 - 286.

MICHEL B, ROMAIN N, LIONEL R, 2014. Determinants of the International Mobility of Students [J]. Economics of Education Review, (41):40 - 54.

MIN B S, FALVEY R, 2018. International Student Flows for University Education and the Bilateral Market Integration of Australia[J]. Higher education, 75(5):871－889.

MOK K,2016. Employability and Mobility in the Valorisation of Higher Education Qualifications: The Experiences and Reflections of Chinese Students and Graduates[J]. Journal of Higher Education Policy and Management,38(3): 264－281.

MOK K H,ONG K C,2014. Transforming from "Economic Power" to "Soft Power": Transnationalization and Internationalization of Higher Education in China[M]//LI Q,GERSTL-PEPIN C. Survival of the Fittest. Heidelberg: Springer Berlin:133－155.

MOK K H,HAN X,2017. Internationalization and Transnationalization of Higher Education: A review of the Asia Pacific Region[M]// MOK K H. Managing International Connectivity,Diversity of Learning and Changing Labour Markets: East Asian Perspectives. Singapore: Springer Singapore: 47－72.

MORAN P A P,1948. The Interpretation of Statistical Maps[J]. Journal of the Royal Statistical Society, Series B (Methodological),10(2):243－251.

MORSHIDI S,RAZAK A A,KOO Y L,2011. Trade in Services and Its Policy Implications: The Case of Cross-Border Transnational Higher Education in Malaysia[J]. Journal of Studies in International Education,15(3):241－260.

MUKHERJI N,SILBERMAN J,2013. Absorptive Capacity,Knowledge Flows, and Innovation in U. S. Metropolitan Areas[J]. Journal of Regional Science, 53(3):392－417.

NAIDOO V,2007. Research on the Flow of International Students to UK Universities: Determinants and Implications[J]. Journal of Research in International Education,6(3): 287－307.

NAIDOO V, 2009. Trade Commitments in Education Services: The Need to Move Out of the Current Impasse [J]. Journal of world trade, 43 (3): 451－477.

NAIDOO V,WU T,2014. Innovations in Marketing of Higher Education: Foreign Market Entry Mode of Not-for-profit Universities[J]. Journal of Business & Industrial Marketing,29(6): 546－558.

NAMCHUL L, 2000. Educations and Economic Growth in KOREA, 1996 to 1997[J]. Journal of Applied Business Research,(4): 83－93.

NCKOS P R,FCLARETC K,GEORGE M A,2013. Internationalization in Tertiary Education: Intra-European Students Mobility[J]. Legal Issues of Economic Integration,28 (3):457 - 481.

NECATI E,2006. Relationship between Mobility and Student Performance and Behavior[J]. The Journal of Educational Research,99(3):167 - 178.

NELSON R, PHELPS E,1966. Investment in Humans, Technological Diffusion,and Economic Growth[J]. American Economic Review,(56):69 - 75.

NIETH L,BENNEWORTH P,2020. Challenges of Knowledge Combination in Strategic Regional Innovation Processes: the Creative Science Park in Aveiro [J]. European Planning Studies,28(10): 1922 - 1940.

NYAHOHO E,2011. International Trade in Education Services: Its Scope and Challenges Associated with Liberalisation[J]. Journal of Economic and Social Policy,14(1):1 - 32.

NYLAND C, 2013. Governing the International Student Experience: Lessons from the Australian [J]. International Education Model Academy of Management Learning & Education,4(12):656 - 667.

ŐMÍVES P M,2014. Staff Mobility as an Aspect of the Quality Assurance in Hungarian Universities[J]. Procedia-social and Behavioral Sciences,(152): 1189 - 1193.

ORG Z,1962. The Economic Implications of Learning by Doing [J]. Review of Economic studies,(29):155 - 173.

OYEWOLE O,2009. Internationalization and its Implications for the Quality of Higher Education in Africa[J]. Higher Education Policy,(22): 319 - 329.

OYLER L K,2009. Higher education goes global: A comparative study of internationalization at an American and Australian universites[C]. University of South Carolina: Ann Arbor,126 - 127.

PAL P R,MCNAUGHTAN J, GARCIA H,2020. Defining midevel career motivation and primary work responsibilities in international higher education [J]. New Directions for Higher Education,189:103 - 116.

PALOMA C,JANE W,ULLA L,et al. ,2016. Student Mobility and Internationalisation in Higher Education: Perspectives from Practitioners [J]. Language and Intercultural Communication,16(3):418 - 436.

PAREY M,WALDINGER F,2011. Studying Abroad and the Effect on International Labor Market Mobility: Evidence from the Introduction of Erasmus [J]. Economic Journal,121(5): 194 - 222.

PARK E L,2009. Analysis of Korean Students' International Mobility by 2 - D

Model: Driving Force Factor and Directional Factor [J]. Higher Education, 57(6):741-755.

PAROLA F, SATTA G, PERSICO L, et al., 2017. Entry mode choices in international markets: examining the antecedents of service firms' strategies [J]. International Journal of Globalisation & Small Business, 5(1-2):34-57.

PAUL B, TERRY P, 2003. The Internationalisation of Higher Education: Exporting Education to Developing and Transitional Economies [J]. International Journal of Educition Development 23(2):215-232.

PAUL J, 2001. Competition in UK Higher Education: Applying Porter's Diamond Model to Geography Departments[J]. Studies in Higher Education, 26(2):223-251.

PEINADO, ESTHER SÁNCHEZ, 2007. Mode of entry in service firms: strategic variables and characteristics of services influencing the internationalization process[J]. Advances in International Marketing, 7(17):159-192.

PLA-BARBER J, LEÓN-DARDER F, VILLAR C, 2011. The Internationalization of Soft-Services: Entry Modes and Main Determinants in the Spanish Hotel Industry[J]. Service Business, 5(2):139-154.

POLANYI M, 1958. Personal Knowledge: Towards a post-critical philosophy [M]. Chicago: The University of Chicago Press.

PRITEHETT L, 2001. Where has all the Education Gone? [J]. World Bank Economic Review, 15:367-391.

RAMASAMY B, YEUNG M, Laforet S, 2010. China's Outward Foreign Direct Investment: Location Choice and Firm Ownership [J]. Journal of World Business, 47(1).

RAUL C, HANS D W, 2015. Determinants of Mobility of Students in Europe: Empirical Evidence for the Period 1998-2009[J]. Journal of Studies in International Education, 19(3):265-282.

RAY S, DESLI E, REVIEW A E, et al., 1994. Productivity Growth, Technical Progress, and Efficiency Change in Industrialized Countries[J]. American Economic Review, 84(1): 66-83.

REN X Y, YANG S L, 2020. Empirical Study on Location Choice of Chinese OFDI [J]. Elsevier Inc., 61.

RIVZA B, TEICHLERU, 2007. The Changing Role of Student Mobility [J]. Higher Education Policy, 20(4):457-475.

ROBERT J M, ROBERT J G, 2012. Undergraduate Regional Migration in the

UK: Perspectives on Local Markets and Trends for Gender and International Student Groups[J]. Studies in Higher Education,37(8):901 - 924.

ROBERT P,DUNWORTH K,2012. Staff and Student Perceptions of Support Services for International Students in Higher Education: A Case Study [J]. Journal of Higher Education Policy and Management,5(12):517 - 528.

RODMAN K, BILOSLAVO R, BRATOŽ S, 2013. Institutional Quality of a Higher Education Institution from the Perspective of Employers [J]. Minerva,51(1): 71 - 92.

RODRIGUEZ G C,BUSTILLO M R,MARIEL P,2011. The Determinants of International Student Mobility Flows: An Empirical Study of the Erasmus Programme[J]. Higher Education,62(4):413 - 430.

ROGA R,LAPIA I,MÜÜRSEPP P,2015. Internationalization of Higher Education: Analysis of Factors Influencing Foreign Students' Choice of Higher Education Institution [J]. Procedia- Social and Behavioral Sciences, 213: 925 - 930.

ROMER P,1990. Endogenous Technological Change[J]. Journal of Political Economy,(98):71 - 102.

ROSENTRAUB M S, JOO M, 2009. Tourism and Economic Development: Which Investments Produce Gains for Regions? [J]. Tourism Management, 30(5):759 - 770.

RUGMAN A M,BUCKLEY P J,CASSON M,1977. The future of the multinational enterprise[J]. Southern Economic Journal,44(2):410.

SCOTT J C, 2006. The Mission of the University: Medieval to Postmodern Transformations [J]. Journal of Higher Education,77(1):1 - 39.

SEEBER M,CATTANEO M,AND HUISMAN J,et al. ,2016. Why do Higher Education Institutions Internationalize? An Investigation of the Multilevel Determinants of Internationalization Rationales [J]. Higher Education, 72 (5): 685 - 702.

SOAM S K,KALPANA SASTRY R,RASHMI H B,2007. Trade in Educational Services: An Overview of GATS and Policy Implications for Higher Agricultural Education in India [J]. The Journal of Agricultural Education and Extension,13(1):49 - 68.

SOLOW R,1957. Technical Change and the Aggregate Production Function[J]. Review of Economics and Statistics,(39):312 - 320.

SRIKANTHAN G, DALRYMPLE J F, 2003. Developing Alternative Perspectives for Quality in Higher Education[J]. International Journal of Educational Management,17(3): 128 - 129.

STIRLING A,2007. A General Framework for Analysing Diversity in Science, Technology and Society[J]. Journal of The Royal Society Interface,4(15): 707 - 719.

STROMQUIST N P,2007. Internationalization as a Response to Globalization: Radical Shifts in University Environments [J]. Higher Education,53(1): 81 - 105.

STUENETAL,2012. Skilled Immigration and Innovation: Evidence from Enrolment Fluctuations in US Doctoral Programmes[J]. Economic Journal,122 (5):1143 - 1176.

SURDU I,MELLAHI K G,2018. Emerging Market Multinationals' International Equity-based Entry Mode Strategies[J]. International Marketing Review, 35(2):342 - 359.

TARIQ S,2019. Choice of Market Entry Mode is Contingent on Environment: Integrating the Resource Dependence and Contingency Theory Perspectives [J]. International Journal of Science and Business,3(5):173 - 182.

TAYAR M,JACK R,2013. Prestige-oriented Market Entry Strategy: The Case of Australian Universities[J]. Journal of Higher Education Policy and Management,35(2): 153 - 166.

TEICHLER U,2004. The Changing Debate on Internationalisation of Higher Education[J]. Higher Education,48(1): 5 - 26.

TINBERGEN J,1942. Zur Theorie der Langfristigen Wirtschaft Sent Wick Lung [J]. Weltwirtschaftliches Archiv:511 - 549.

TINBERGEN J,1962. Shaping the World Economy,Appendix VI: An Analysis of World Trade Flows[R]. New York: Twentieth Century Fund.

VANGELIS T,2018. An Adapted Porter Diamond Model for the Evaluation Of Transnational Education Host Countries[J]. International Journal of Educational Management,32(2):227 - 240.

VERNON R,1971. Sovereignty at Bay: The Multinational Spread of U. S. Enterprises[M]. York: Basic Books.

VOSSENSTEYN H,Need A,Phil R K,2017. Internationalization and Quality of Higher Education, A Closer Look at the Impact of Cultural Diversity[J]. Higher Education,29(8): 1 - 29.

WALKER T,1993. The New European Education[J]. Europe,329(15):30.

WANG C Q, HONG J J, KAFOUROS M, et al. , 2012. What Drives Outward FDI of Chinese firms? Testing the Explanatory Power of Three Theoretical Frameworks[J]. International Business Review, 21(3):425 - 438.

WANG K, XU H, JI X M, et al. , 2020. An Empirical Analysis of the Impact of Absorptive Capacity and Spillover Effects on China's Regional Innovation Capability[C]. Springer International Publishing.

WARD C, 2001. The Impact of International Students on Domestic Students and Host Institutions: A Literature Review [M]. Ministry of Education: 859 - 872.

WEI H, 2013. An Empirical Study on the Determinants of International Student Mobility: A Global Perspective[J]. Higher Education, 66 (1):105 - 122.

WELCH L S, LUOSTARINEN R K, 1993. Inward-outward Connections in Internationalization[J]. Journal of International Marketing, 1(1): 44 - 56.

WELLS LT, 1983. Third World Multinational: The Rise of Foreign Direct Investment from Developing Countries[M]. Cambridge: MIT Press.

WEN W, HU D, HAO J, 2018. International Student Experience in China[J]. International Journal Of Education Development, (61):204 - 212.

WILKINSS, 2016. Establishing International Branch Campuses: A Framework For assessing Opportunities and Risks[J]. Journal of Higher Education Policy & Management, 38(2):167 - 182.

WILLIAM H, BERQGUIST S F, 1995. Quality Through Access, Access with Quality: The New Imperative for Higher Education[J]. Journal of Academic Libtarianship, 22(2): 148 - 149.

WILLIS M, 2006. The Development and Application of a Market Entry Process for Foreign Universities Entering the Chinese Higher Education Market[J]. Journal of Marketing for Higher Education, 16(2):45 - 82.

WOJCIECHOWSKI L, 2013. The Determinants of FDI Flows from the EU - 15 to the Visegrad Group Countries: A Panel Gravity Model Approach[J]. Entrepreneurial Business and Economics Review, 1(1):7 - 22.

XU K, HITT M A, MILLER S R, 2020. The Ownership Structure Contingency in the Sequential International Entry Mode Decision Process: Family Owners and Institutional Investors in Family-dominant Versus Family-influenced Firms[J]. Journal of International Business Studies, 51(2):151 - 171.

YANG C H, LIN H L, 2012. Openness, Absorptive Capacity, and Regional Innovation in China[J]. Environment and Planning A, 44(2):333 - 355.

YASAR K,2011. Student Mobility Reviewed: Attraction and Satisfaction of International Students in Turkey[J]. Higher Education,62(5):573 - 592.

YERAVDEKAR V R, TIWARI G, 2014. Internationalization of Higher Education and its Impact on Enhancing Corporate Competitiveness and Comparative Skill Formation [J]. Procedia-Social and Behavioral Sciences, (157): 203 - 209.

YING L G,2003. Understanding China's Recent Growth Experience: A spatial Econometric Perspective [J]. The Annals of Regional Science, 37 (4): 613 - 628.

YING L G,2010. Measuring the Spillover Effects: Some Chinese Evidence[J]. Papers in Regional Science,79(1):75 - 89.

YONG K L,LIU Y X,2016. The Contribution of Inward FDI to Chinese Regional Innovation: The Moderating Effect of Absorptive Capacity on Knowledge Spillover[J]. European of International Management,10(3):284 - 309.

YOUNG A,2003. Gold into Base Metals: Productivity Growth in the People's Republic of China During the Reform Period [J]. Journal of Political Economy,111(6):1220 - 1261.

ZAHRA S A,GERARD G,2002. Absorptive Capacity: A Review,Reconceptualization, and Extension[J]. The Academy of Management Review, 27(2): 185 - 203.

后 记

自 2017 年获得国家自然科学基金资助的研究项目“中国高等教育国际化进入方式选择研究”以来，围绕高等教育国际化问题，我们团队从高等教育国际化方式和国际学生流动（高等教育服务贸易）两个方面进行了系列研究。《中国高等教育国际化研究》就是我们团队集体合作的初步研究成果。该成果从选题到数据收集，从实证分析到内容撰写凝聚了我们团队所有成员的智慧和心血。

按照著作内容的排序先后，参与研究的研究生分别有余芳、任超、王庆斌、闫莹、李伟、杜思毅和白月七位同学。他们分别参与了本著作相应部分文稿的数据收集及撰写工作。在此，我要向七位同学表示衷心的感谢，感谢同学们为本著作所做的努力与贡献！在我们研究及著作的撰写过程中，我们参考了大量国内外相关文献，在此一并向相关作者表示真诚的谢意！

当然，本著作的最终顺利出版离不开西安交通大学出版社领导和编辑的大力支持。柳晨编辑对著作的文字、图表编排等方面均进行了认真细致地修改与校对，在此，对柳晨编辑的辛勤劳动表示诚挚的感谢！最后，还要感谢国家自然科学基金委员会和西安交通大学人文社会科学学术著作出版基金对本著作出版的资助！

王增涛

2021 年 12 月